版权声明

Moral and Political Essays, ISBN978 0 521 34818 8, written by Seneca, Lucius Annaeus and edited and translated by John M. Cooper and J. F. Procopé, first published by Cambridge University Press 1995.

All rights reserved.

This simplified Chinese edition for the People's Republic of China is published by arrangement with the Press Syndicate of the University of Cambridge, Cambridge, United Kingdom.

© Cambridge University Press & Peking University Press 2010

This book is in copyright. No reproduction of any part may take place without the written permission of Cambridge University Press or Peking University Press.

This edition is for sale in the mainland of China only, excluding Hong Kong SAR, Macao SAR and Taiwan, and may not be bought for export therefrom.

此版本仅限中华人民共和国境内销售，不包括香港、澳门特别行政区及中国台湾。不得出口。

政治与法律哲学经典译丛
Classic Works of Political and Legal Philosophy

道德和政治论文集

〔古罗马〕塞涅卡（Lucius Annaeus Seneca）著
〔美〕约翰·M. 库珀（John M. Cooper）
〔英〕J. F. 普罗科佩（J. F. Procopé）编译

袁瑜琤 译

北京市版权局著作权合同登记号　图字：01-2009-3916

图书在版编目(CIP)数据

道德和政治论文集/(古罗马)塞涅卡著;(美)库珀,(英)普罗科佩编译;袁瑜琤译. —北京:北京大学出版社,2010.2
（政治与法律哲学经典译丛）
ISBN 978-7-301-16848-6

Ⅰ.道… Ⅱ.①塞… ②库… ③普… ④袁… Ⅲ.塞涅卡,L.A.-哲学思想-文集 Ⅳ.B502.43-53

中国版本图书馆 CIP 数据核字(2010)第 016153 号

书　　　名：	道德和政治论文集
著作责任者：	〔古罗马〕塞涅卡　著　〔美〕约翰·M.库珀　〔英〕J.F.普罗科佩　编译　袁瑜琤　译
责 任 编 辑：	王　晶
标 准 书 号：	ISBN 978-7-301-16848-6/D·2541
出 版 发 行：	北京大学出版社
地　　　址：	北京市海淀区成府路 205 号　100871
网　　　址：	http://www.pup.cn　电子邮箱：law@pup.pku.edu.cn
电　　　话：	邮购部 62752015　发行部 62750672　编辑部 62752027　出版部 62754962
印 刷 者：	北京山润国际印务有限公司
经 销 者：	新华书店
	650 毫米×980 毫米　16 开本　28.5 印张　345 千字
	2010 年 2 月第 1 版　2010 年 2 月第 1 次印刷
定　　　价：	49.00 元

未经许可,不得以任何方式复制或抄袭本书之部分或全部内容。
版权所有,侵权必究
举报电话:010-62752024　电子邮箱:fd@pup.pku.edu.cn

简　目

全书导读　　　　　　　　　　　*1*
论愤怒　　　　　　　　　　　　*29*
论仁慈　　　　　　　　　　　　*167*
论个人生活　　　　　　　　　　*225*
论恩惠　　　　　　　　　　　　*243*

详　目

编辑说明	1
关于文本	3
缩略语对照	5
全书导读	1
塞涅卡：生平、公职和著作	1
塞涅卡和斯多葛派哲学	7
写作风格	20
塞涅卡哲学著述的影响	25

论愤怒
——写给诺瓦图斯

导读	31
写作对象和日期	31
结构和立意	32
斯多葛学派关于激情的理论	33
愤怒之矫治	39

学术背景	42
政治背景	43
第一卷	46
序言	46
愤怒有多可怕	46
问题	49
愤怒是个什么东西？	49
愤怒是自然的事情吗？	52
愤怒有用处吗？或者愤怒能够控制吗？	54
愤怒在战争或和平时的用处	56
愤怒与惩罚	62
愤怒与心智之强大	71
第二卷	75
问题	75
愤怒是自愿的吗	75
愤怒与残暴	79
对邪恶发作愤怒是美德吗？	80
愤怒可以对抗轻蔑吗？	86
你可以彻底摆脱愤怒吗？	87
愤怒和高贵品格	90
愤怒和演讲术	91
愤怒激发美德吗？	92
矫治之道	92
内容划分	92
如何避免愤怒附体	93
孩子的教育	93
给成年人的建议（一）预备	97

给成年人的建议（二）如何遏止愤怒之爆发	100
给成年人的建议（三）注意愤怒的丑陋和危险	111

第三卷 — 115

序言 — 115
为什么愤怒一定要治愈　115

矫治之道 — 120
内容划分　120
（一）如何避免愤怒的攻击　121
（二）如何控制自己的愤怒　127
处方　127
事例　132
进一步的建议和反思　146
（三）如何矫治别人的愤怒　161

结论 — 163
生命短暂，不要浪费在愤怒上　163

论仁慈
——写给尼禄

导读 — 169
写作对象和日期　169
论题和结构　170
塞涅卡论君主权力　172
仁慈的品质　175
结束语　177

第一卷 — 179
序言　179

给君主的一面镜子	*179*
内容划分	*183*

仁慈之卓然优异 — *183*

仁慈,君主的美德	*183*
奥古斯都的榜样	*191*
国王与僭主	*197*
"祖国之父"	*201*
发布命令的模式	*203*
惩罚的原则	*208*
残忍之可怕	*212*

第二卷 — *216*
序言 — *216*
仁慈的本质 — *218*

定义及其相反的情况	*218*
仁慈、怜悯与宽恕	*220*

论个人生活
——写给塞壬努斯

导读	***227***
题目、流传和写作对象	*227*
主题	*228*
提要	*229*
论个人生活	***232***
序言	*232*
一个斯多葛学派哲学家能选择他的个人生活吗？	*233*
斯多葛学派和伊壁鸠鲁学派的态度	*233*

主题划分	234
两个国家	235
自然、沉思默想与政治生活	236
有哪个国家适合有智慧的人？	241

论恩惠
——写给埃布提乌斯·里博拉里斯

导读	245
写作对象和日期	245
题目和内容	246
背景和资源	249
提要	251
第一卷	256
序言	256
施惠与受惠时所犯的错误	256
美惠三女神	260
恩惠是什么？	265
不知感恩：人性中的恶之恶	269
（一）要给予什么恩惠	272
第二卷	279
（二）如何施行恩惠	279
（1）施行要及时	279
避免失礼	283
有的恩惠要公开施行，有的则要成为秘密	285
避免提醒，而要施加新的恩惠	286
避免傲慢	288

要考虑受惠者的真正利益	*290*
避免做任何会给你带来耻辱的事情	*291*
注意你自己和接受者的位置	*292*
传球游戏	*294*

（三）接受恩惠时要注意的问题 *295*

要自问清楚你允许谁对你施与恩惠，以及什么才算是恩惠	*296*
欢欢喜喜地接受	*302*
忘恩负义：主要原因是自大、贪婪和嫉妒	*304*
怀着欢喜的心情接受恩惠就是对它的回报	*309*

第三卷 *315*

忘恩负义 *315*

忘恩负义：最糟糕的形式是遗忘	*315*
忘恩负义应当被诉诸法律吗？	*319*
对忘恩负义的惩罚	*330*

奴隶和主人 *331*

奴隶可以给他的主人以恩惠吗？	*331*
奴隶给主人恩惠的事例	*335*
结论：唯一的高贵即美德	*339*

父母和孩子 *341*

孩子们可以胜过父母的养育之恩吗？	*341*
斯多葛学派的五个三段论	*348*
这些论述会叫孝行更有人情味	*349*

第四卷 *353*

恩惠与感恩，它们本身就是施行的目的吗？ *353*

斯多葛学派异于伊壁鸠鲁学派的观点	*353*
神施行恩惠不考虑报答	*356*
区分仍然有其必要	*362*

在哪种意义上说恩惠是"一个不能清偿的借贷"？　　*364*

　　恩惠必须施行，即使以危险或者损失为代价　　*365*

　　道德美感就是施行恩惠的充分动机　　*368*

　　我们的个人利益与此无关　　*373*

对那忘恩负义之人，我还要施行恩惠吗？　　*378*

如果我不能确定那个人，我怎么做？　　*388*

总是应当抱持感恩之情吗？总是应当回报恩惠吗？　　*395*

人物传略　　*397*

索引　　*403*

古罗马简史　　*431*

译者的话　　*436*

编 辑 说 明

本书最初的分工安排是,"全书导读"(除了"写作风格"部分)、各作品导读、和《论个人生活》以及《论恩惠》的注释由 J. M. 库珀执笔,英文翻译(以及标明塞涅卡论述进程的各个次级标题)、"人物传略"和《论愤怒》、《论仁慈》的注释由 J. F. 普罗科佩来完成。但是,两位作者相互订正、补充了很多的内容,以至于就全书的任何部分而言,都不好再说各负其责或相互推诿。

要表达的感激之情自然很多。J. M. 库珀要感谢 Kathleen Much,Alexander Nehamas 和 J. B. Schneewind。J. F. 普罗科佩要感谢 Robert Coleman,John Crook,Richard Duncan-Jones,Brad Inwood,Caroline Moore,Michael Reeve,Malcolm Schofield 和 Edward Shils。而 J. M. 库珀要感谢"行为科学高级研究中心"(Center for Advanced Study in the Behavioural Sciences)的热情关照和他所在的"安德鲁·W. 莫伦基金会"(Andrew W. Mellon)的经济资助。

关于文本

本书所使用抄本的渠道来源各不相同。就此有一种不错的摘要总结,见 L. D. Reynold ed., *Texts and Transmission: A Survey of the Latin Classics* (Oxford 1983), pp. 363—9. 我们所使用的《论愤怒》和另外一篇对话录的主要抄本是 *Ambrosiana*(A)本,它们在1058 和 1087 年之间在那不勒斯附近的卡西诺山那里手抄而成,并保存在米兰的安布罗修图书馆(Ambrosian Library);《论仁慈》和《论恩惠》两文的主要文本则是 *codex Nazarianus*(N),它们抄写于公元 800 年前后的意大利北部,现存于梵蒂冈图书馆(Vatican Library)。其中《论仁慈》的保存情况要比其他几种作品的抄本明显地恶劣。

除注脚标明的以外,我们翻译《论愤怒》和《论个人生活》使用的文本来自 *Senecae Dialogi*, ed. L. D. Reynolds (Oxford 1977)。而《论仁慈》和《论恩惠》遵照 C. Hosius' Teubner edition (Leipzig 1914)版本,该版本经由 J. W. Basore 重印,汇入他的 Loeb Classical Library,是即 *Seneca: Moral Essays* I (1928) and III (1935);该两文还借鉴了 Bude editions of F. Prechac, (*Seneque: De la clemence* 3rd edn (Paris 1967), 和 *Seneque: Des bienfaits* 3rd edn (Paris 1972))。

而有关的现代版本则倚重于为数众多的、从伊拉斯莫(Erasmus)以降的早期学者,其中有些文本和评注内容在本书的脚注中有所提及,其中大多数只提及不同文本的作者名字(例如:Gronovius, Vahlen, Gertz, Koch, Sonntag, Kronenberg),而省掉了其他信息。但是,此处要专门提及三位作者,正文中频频提到了他们的作品,他们就是:W. H. Alexander (Seneca's *De Beneficiis Libri VII* (University of California Press, Classical Philology 1950),这是一篇专题研究论文,它接续此前两篇更早的作品,即"Notes on the *De beneficiis* of Seneca" (*Classical Quarterly* 28 (1934) pp. 54f.)和"Further Notes on the Text of Seneca's *De beneficiis*" (*Classical Quarterly* 31 (1937) pp. 55—9);J. Calvin ("Calvin's commentary on Seneca's De Clementia", with Introduction, Translation and Notes by F. L. Battles and A. M. Hugo (Leiden 1969));和 J. Lipsius (cited from *L. Annaei Senecae opera quae extant, integris Justi Lipsii, J. Fred. Gronovii, et selectis Variorum Commentariis illustrata* (Amsterdam 1672)))。

缩略语对照

古代作品及其摘录汇编一般以如下脚注方式注出

Aelian, *Varia Historia*.	*Varia Historia* by Claudius Aelianus (c. AD 170–235), a collection of historical anecdotes.
Diogenes Laertius (D.L.)	*Lives of Eminent Philosophers* by Diogenes Laertius (early third century AD), a compilation of information about the lives and opinions of famous philosophers.
Gnomologium Vaticanum	*Gnomologium Vaticanum*, ed L. Sternbach (Berlin 1963).
Long–Sedley	*The Hellenistic Philosophers I, Translations of the Principal Sources with Philosophical Commentary*, by A. A. Long and D. N. Sedley (Cambridge 1987).
Stobaeus (Didymus)	The enormous *Anthology* compiled by John of Stobi (fifth century AD), ed. C. Wachsmuth and O. Hense (Berlin 1884–1912). Book II (pp. 37–152) contains a substantial extract from *On Philosophy: Ethics*, a doxographical work by Arius Didymus, friend of the emperor Augustus.
SVF	*Stoicorum Veterum Fragmenta*, ed. J. von Arnim (3 vol. plus a fourth of indices) (Teubner 1905–24), the standard collection of fragments of the 'Old Stoics,' Zeno and Chrysippus and their pupils.

Valerius Maximus　　*IX Books of Memorable Deeds and Sayings*, a compilation for the use of orators, by Seneca's elder contemporary, Valerius Maximus.

Other standard collections of ancient material are cited simply by the name of their editors: e.g.

Baehrens　　*Poetae Latini Minores*, ed. E. Baehrens (Leipzig 1878–80).
Diels–Kranz　　*Die Fragmente der Vorsokratiker*, ed. H. Diels and W. Kranz (Berlin 1961).
Nauck–Snell　　*Tragicorum Graecorum Fragmenta*, ed. A. Nauck and B. Snell (Hildesheim 1964).
Rose　　*Aristotelis qui ferebantur librorum fragmenta*, ed. V. Rose (Leipzig 1886)
Sandbach　　*Plutarch's Moralia XV – Fragments*, ed. F. Sandbach, (Harvard Loeb 1969).
Usener　　*Epicurea*, ed. H. Usener (Stuttgart 1966).
Wehrli　　*Die Schules des Aristoteles*, ed. F. Wehrli (Basel 1944–59).

A few modern works also make repeated appearances in the footnotes, notably:

Crook　　J. A. Crook *Law and Life of Rome* (London 1967).
Griffin　　M. T. Griffin *Seneca: A Philosopher in Politics* (Oxford 1976).
Syme　　R. Syme, *The Roman Revolution* (Oxford 1960).
Veyne　　P. Veyne, *Bread and Circuses*, English edn, Intr. O. Murray (Harmondsworth 1990).

另有三种很有帮助的作品集是：
Seneca, ed., C.D.N. Costa, London 1974.
Sénèque et la prose latine, Entrétiens Hardt 36, 1992.
ANRW Aufstieg und Niedergang der Römischen Welt II 36.3, a volume 其中第三种是关于罗马帝国斯多葛学派的专门文集，其中有大量的关于塞涅卡的文章(pp. 1545—2065)。

全 书 导 读

塞涅卡:生平、公职和著作

塞涅卡是古代用拉丁语写作的斯多葛派哲学的主要代表人物。在古代保留下来的全部斯多葛学派著述中,塞涅卡的传世文集《道德文集》(*Moral Essays*)具有最为厚重的内容,本书就选取了其中比较多地涉及政治内涵的篇章。他出生在西班牙南部的科尔多瓦,时间约在公元前4年—公元前1年之间,取名叫卢基乌斯·安涅乌斯·塞涅卡(Lucius Annaeus Seneca)。科尔多瓦在当时是所在行省内一个主要的罗马文化中心。他的父母也是在西班牙出生,但他们的家族起源于意大利。他们属于骑士经济阶层(equestrian order)*,这是罗马的一个上流阶层,它在传统上远离政治,追

---

* 所谓骑士,原本是包括元老在内的整个贵族阶层,公元前123年,盖尤斯·塞普洛尼乌斯·格拉古(Gaius Sempronius Gracchus)立法将元老从普通骑士中分开,并把后者定为骑士经济阶层(Ordo Equester)。在罗马的政治中,骑士经济阶层的成员都拥有强大的富豪政治力量,而且他们的商业活动是没有受到限制的。元老的儿子以及其他元老家族的非元老成员都被纳入骑士经济阶层,他们有权穿有紫色条纹的短袖束腰外衣作为他们本来属于元老院一员的象征。——译者注

求商业贸易和财富,并因此区别于元老院家族的传统。塞涅卡父亲的名讳也是卢基乌斯·安涅乌斯·塞涅卡,他成年以后曾在罗马定居许久。他在年轻时喜欢上演讲术,在那里参加了若干演说名流的辩论和修辞训练。后来,为了监督他的三个儿子在罗马的学业和职业生涯,他又回到了罗马,而把他在西班牙的财产留给他的妻子照管。这位老塞涅卡写了一部罗马史,内容涵盖从公元前1世纪中叶的罗马内战,到公元1世纪30年代,这一著作没有流传下来,或许压根就不曾面世发行。他还把他年轻时在罗马的修辞学校里所亲见的诸多事件,写成回顾报告和评述,而只有他晚年所写的报告和评述部分地保留下来,这还是由于他儿子的请求,这就是所谓的《论辩》(*Controversiae*)和《说辞》(*Suasoriae*)。①

关于小塞涅卡的生平,对于他三十几岁以前的事情,我们所知甚少。他在罗马长大成人,接受教育。他的父亲原本希望他会像他的兄长安涅乌斯·诺瓦图斯(Annaeus Novatus)那样,走上一条从政的道路,并把他安排到罗马精通演讲术的名流们身边。这一熏陶痕迹,明白地展现在他的论文集中,他谈论哲学的著作不论在风格上还是在结构上,都体现着罗马的修辞造诣。虽然如此,小塞涅卡在哲学上也接受了一个中规中矩的教育,并且也是在罗马;他从未为研究哲学而前往雅典。在他晚年写的《致卢奇里乌斯的道德书札》(*Moral Letters to Lucilius*)②中,他有多处满怀深情地提到他早年的哲学老师以及他们给他的深刻影响:索提翁(Sotion),一位来自亚历山大城的希腊哲学家,哲学宗旨不详;阿塔罗斯(Attalus),斯多葛派哲学家,或许来自小亚细亚的帕加玛;还有帕皮里乌斯·法比安努斯(Papirius Fabianus),他早先是一名演说家,曾在著

---

① 洛布经典图书馆(Loeb Classical Library)中有 M. Winterbottom 的译本。更多关于老塞涅卡的内容,参见 Griffin, pp. 29—34。

② 尤其参见其中的 *Letters* 100(on Papirius Fabianus)和 108(on Sotion and Attalus)。

名的、并且地地道道的罗马哲学家昆图斯·绥克图斯(Quintus Sextius)③的学校里接受教育。遗憾的是,塞涅卡没有告诉我们他在那些哲学家的指导下阅读过哪些东西,从他们的讲座中听到了什么,但是,塞涅卡终生奉行的斯多葛派哲学观念一定形成于这个时期,也一定在这一时期,他开始广泛地阅读斯多葛学派的著作,并把它们融入他自己的作品中。

塞涅卡在他的《书札》中常常提到,他的身体状况从青年时代开始就比较虚弱。他好像在二十几岁或者是三十岁出头的时候,曾在埃及度过了一段时间,疗养他的结核病,负责照料他的是他的姨妈(她的丈夫是当地罗马军事部门的一名行政长官,即 prefect)。他 31 岁时从埃及回来,这之后(在 32 到 36 岁之间)他才真正向他父亲所指望他的政治生涯迈出了第一步。得益于他的姨妈的影响,塞涅卡获得了他的第一个职位,做了一名度支官或是财务官,并被编制到元老院,当时的皇帝可能是提比里乌斯(Tiberius,他于公元 37 年去世)。在这个十年结束的时候,他已声名鹊起,成了罗马鼎鼎大名的演说家。提比里乌斯的继任者是卡里古拉(Caligula,公元 37—41 年在帝位),根据苏维托尼乌斯(Suetonius,《卡里古拉传》,LIII)的说法,他对塞涅卡的成就感到恼怒不堪,以至于要不是塞涅卡有结核病(据说这个病反正都会很快叫他死去),他当时就会被处以死刑。这个有点儿不靠谱的奇闻,来自公元 3 世纪的罗马史学家狄奥·卡西乌斯(Dio Cassius)讲述。叫人惋惜的是,塞涅卡在这一时期及此前有没有文学或哲学著作,我们不甚了了:唯一的例外是《致玛西亚的慰藉书》(Consolation to Marcia)。塞涅卡所有的

---

③ 塞涅卡受到了绥克梯乌斯的希腊文著作(这些著作早已失传,我们几乎一无所知)的深刻影响,并认为绥氏实际上属于斯多葛学派,但塞涅卡又说绥氏本人并不承认这一点(Letter 64. 2)。

传世著述看来都是他在公元41年流放科西嘉岛之后的事情。④

公元41年1月,卡里古拉被谋杀,他的叔父克劳狄乌斯(Claudius)登上帝位。这一年的晚些时候,大约在秋季,塞涅卡被控以和卡里古拉的妹妹通奸的罪名,在有皇帝本人出席的元老院里受审,并最终被判处死刑。皇帝赦免了他的死罪,代之以流放烟瘴之地科西嘉岛⑤,塞涅卡因此在那个岛上困顿八年。公元49年,克劳狄乌斯和卡里古拉唯一活着的妹妹阿格里皮娜(Agrippina)成婚,她迅即设法召回塞涅卡,甚至还叫他出任"副执政"*(praetorship)一职,这是一个仅次于执政官(consul)的职位。其时塞涅卡年纪在五十和五十四岁之间。据塔西陀(*Annals* XII 8)说,阿格里皮娜认为塞涅卡文采飞扬,把他迎接回来将会赢得公众的称道。他已经是人们心目中卓越的演说家、诗人,和哲学作家。⑥

但是,阿格里皮娜还有另外一个用意。她想借此把她12岁的儿子——也就是后来的皇帝尼禄(Nero)——塞进帝位继承人的顺序中来,并要优先于克劳狄乌斯自己的儿子布立塔尼库斯(Britannicus),布立塔尼库斯在年龄上小了几岁。(第二年,克劳狄乌斯收养了尼禄,尼禄遂为长子,她酝酿的这一计划于是得以实现。)塞涅卡知恩图报,承担起教育尼禄的责任。于是塞涅卡就开始了他参

---

④ 前文两个段落的叙述主要根据 Griffin, pp. 34—59 and 397, 详细记述内容可参阅该著作。

⑤ 塞涅卡曾写作了《致母亲赫尔维亚的慰藉书》(*Consolation to his Mother Helvia*),安慰他的母亲,因为他的母亲为他的流放之耻而悲伤,在这个作品中,塞涅卡把这个岛屿描述为"一块荒凉而遍布荆棘的岩石"(7.9),气候恶劣,大海既没有为它提供河流,也没有提供港湾。

* 这个官职汉译比较杂乱,此处系根据维基百科的译法。——译者注

⑥ 他在流放期间似乎专注于文学创作,他在《致母亲赫尔维亚的慰藉书》中(1.2, 20.1—2)很好地说明了这一点。在科西嘉岛,他还写作了第三部慰藉书,即《致波利比乌斯的慰藉书》(*Consolation to Polybius*)(系一封乔装改扮的、旨在请求重返故土的书信),并写就了《论愤怒》的大部甚或全部内容。他给他的父亲写的《一生》(*Life*)(已轶)和一些诗句(讽刺短诗,肯定还有一部分悲剧作品)在他返回故土之前也应当已经问世。如此看来,塔西陀记述阿格里皮娜所以要召回塞涅卡,于此有据可循,尽管塞涅卡卷帙浩繁的传世哲学著作主要还是成形在流放结束之后。

与皇帝家务的履历，经时多年，并最终宿命般地把自己葬送在那里。塞涅卡作为"家庭教师"的职责并不包括哲学启蒙：根据苏维托尼乌斯(《尼禄传》，LII)的说法，阿格里皮娜认为哲学对一位打算做皇帝的人来说，是一个不适当的课目，并因此把它摒弃在教育大纲之外。即使在后来的几年里，当不再禁止讲授这一课目时，尼禄也是另找别的哲学教师，而不是请益于——至少不是正式地请益于——塞涅卡。对这位皇子的正规教育来说，塞涅卡的身份仅仅是修辞教师。但是，他同时也肩负着进行道德启蒙和政治实践一般指导的责任，于是，塞涅卡的斯多葛学派旗帜张扬起来。正是在这个职位上，在尼禄于公元54年登基后不久，塞涅卡给他宣讲了一堂斯多葛学派的课程："君主之鉴"，这也就是他的《论仁慈》。

尼禄做皇帝时尚不满17岁。有好几年的时间，塞涅卡是他幕后最重要的导师，为他准备演讲稿，并在帝国政事任命上施加影响。⑦ 在塔西陀看来(Annals, XIII 2 4—5)，尼禄做皇帝的最初几年，帝国政府之所以克己奉公、运转良好，是因为塞涅卡和他的同僚布鲁斯(Burrus)的品德。布鲁斯是一位能干而正直的侍卫队长官。但是，塞涅卡施加影响的渠道是非正式的，或者说是非官方的，而且，我们也很难说清这位皇帝在发号施令时，在多大程度上反映了塞涅卡的政策或建议。公元59年，阿格里皮娜去世(尼禄下令谋杀了她)，塞涅卡和布鲁斯的影响力因此而迅速地衰弱下来；很快人们就发现，尼禄当初所以要依赖他们，主要是为了抵制他母亲参政的野心。阿格里皮娜既已不再成为障碍，尼禄刚愎、邪淫、嗜血的品性也就马上表露出来。再也没有人可以牵制他，他也就无所顾忌起来。早在公元55年，在塞涅卡和布鲁斯还能够最有

---

⑦ 塞涅卡本人在公元51年或52年是一个代理执政官(当"正式"执政官缺位时，代理执政官代理几个月以补足其任职期限)。他的兄长安涅乌斯·诺瓦图斯在此前一年曾获此荣耀。

效地施加影响力的时候,出于被夺位的忧心,尼禄就安排人在一次家宴上毒死了13岁的布立塔尼库斯,并且尼禄当时还亲眼目睹了这一现场。公元62年,布鲁斯去世,塞涅卡明白这是他告退的时候了,他已无能为力。他要求退休,这位皇帝不允许;如果塞涅卡离他而去,这件事情会给他带来恶评。但是,形式上虽然一如既往,塞涅卡从此再也没有充当尼禄的顾问和代理。在接下来的日子里,他很少出现在这个城市里。两年以后,他再次告退。尼禄准许了他的请求,并将他供职期间所积攒起来的大部分财富收回。但是,在接下来的公元65年,塞涅卡被指控参加了一个牵涉甚广的阴谋——他的侄子、诗人卢坎(Lucan*)看来是其中的主谋之一。塞涅卡接受了质询,并被皇帝命令自裁谢世,他于是就割断自己的静脉,结束此生。⑧

现存的塞涅卡哲学著作,大部分都是公元49年他结束流放之后的作品⑨,这也就是他参与皇帝家务的时期,和后来相对短暂的赋闲时期(公元62—65年)。《致卢奇里乌斯的道德书札》和七种《自然问题》(Naturales Quaestiones)——这些也是写给卢奇里乌斯的⑩——

---

* 39年—65年,罗马诗人,最著名的著作是史诗《法沙利亚》(Pharsalia),描述恺撒与庞培之间的内战,被誉为是维吉尔《埃涅阿斯》之外最伟大的拉丁文史诗。——译者注

⑧ 塔西陀专门描述了塞涅卡的审问和赴死(Annals XV 60—4),他赴死的举止显然借鉴了柏拉图在《斐多篇》中所描述的苏格拉底的样子。塞涅卡甚至还进而饮下一杯毒草汁,但这杯毒药还没有来得及发挥药力他就死掉了(63.3)。据塔西陀认为,尼禄没有证据证明塞涅卡参与了这场阴谋,并且一年之前就打算了毒死塞涅卡(XV 45)。就此以及塞涅卡晚年其他事迹的详细讨论,参见 Griffin, pp.66—128。

⑨ 很多学者认为他的悲剧作品也属于这一时期,并且多数是在公元五十年代写成的。塔西陀把塞涅卡创作悲剧作品和尼禄的偏好联系起来(Annals XIV 52)。有关探讨参见 M. Schanz and C. Hosius, *Geschichte der Romischen Literatur* (Munich, 1935), pt 2, pp.456—59。别的学者坚持认为这些悲剧主要是在流放科西嘉岛期间(公元41—49年)写作的,see P. Grimal, *Seneque* (Paris 1981, in the collection Que sais-je?), p 427。

⑩ 这位卢奇里乌斯是塞涅卡的朋友,与塞涅卡同龄,属于骑士经济阶层,来自那不勒斯附近的庞贝。他写诗和哲学随笔,同时供职于帝国在西西里以及其他地方的政府部门。详细资料,See Griffin, p.91。

属于最后的赋闲时期。本书由几篇翻译过来的论文组成,其中的《论恩惠》当时并未完稿。相反,《论愤怒》在公元52年就写成了,其中主要内容可能在他流放之前或期间既已写好。为尼禄写就的《论仁慈》脱稿于公元55—56年间,也就是尼禄统治的早期;而《论个人生活》的成稿日期不得考证,但肯定是在公元48年之后,又基本上可以肯定早于公元63年,因为它是要献给塞壬努斯(Serenus)的,而塞壬努斯很可能就是在这一年辞世。作为斯多葛学派哲学理论的作品,本书所选的四篇论文都在各自的意义上反映了作者对罗马帝国政治最为切身的熟悉和体会。而这个切身的体会在多大程度上影响作者行文之时的选择取舍,读者们必须作出自己的判断。

塞涅卡和斯多葛派哲学

斯多葛派哲学早在塞涅卡出生前三个世纪,即由季蒂昂的芝诺(Zeno of Citium,公元前335—前263年)在雅典创立。芝诺的继承人进一步发挥、加工了他的学说,其中最为著名的是索利的克吕西波(Chrysippus of Soli,约公元前280—前207年)。实际上,所谓的"斯多葛主义",一般就是指克吕西波留下来的学说体系。塞涅卡对此学说领略独到,本书的选文即贯穿这一"主义"。

塞涅卡属于晚来的罗马斯多葛学派。学术界通常把这一哲学流派划分为三个发展阶段。在雅典"**古老的斯多葛学派**"阶段,这一学术流派初步成形,并组织成一个体系完整、可以传承的哲学门派,其内容包括逻辑学、认识论、自然理论、伦理学和政治学。在公元前三、二世纪,这一门派遭遇了阿塞西劳(Arcesilaus,公元前316/5—前242/1)和卡尼德斯(Carneades,公元前214/3—前129/8)等学院怀疑派论者的挑战,它也因此作出了进一步的修正和完善，首先有克吕西波，接下来是巴比伦的第欧根尼（Diogenes of Babylon，约公元前240—前152年）和他的继承人塔尔苏的安提帕特（Antipater of Tarsus，在公元前137年之前辞世）捍卫了这一门派。接下来是"**中期的斯多葛学派**"（约公元前150—前50年），代表人物是潘尼提乌（Panaetius，约公元前185—前109年），还有他的门生波昔东尼（Posidonius，约公元前135—前51/50年）和赫卡顿（Hecaton，约公元前100年），其活动中心仍然在希腊（雅典和罗德岛），这个门派此时经历了诸多的新发展。最后，出现了塞涅卡和缪索尼乌斯·卢浮斯（Musonius Rufus，约公元30—100年）、爱比克泰德（Epictetus，约公元55—135年）和马可·奥勒留（Marcus Aurelius，公元121—180年）（后三人都是使用希腊语写作，而不是拉丁语），这就是"**罗马的斯多葛学派**"，它宣讲的对象是罗马版图内的罗马人，而弘扬的内容也是面向大众的斯多葛主义"生活的哲学"。

有的学者批评说，斯多葛学派发展到中期和罗马时期，已经偏离了它的学术论旨和正统，但这个说法有很大的夸张成分。塞涅卡以及后来的其他作者，实际上并没有扔掉传统斯多葛学派伦理学、心理学、神学或自然哲学的任何精髓。但是他们的确拓展了论题，开创了新局面。举例来说，最初的斯多葛派哲学家花了大量心思，来描述一个完美的、十足"有德行的人"——也就是"有智慧的人"——的心智状态和生活方式。但是，面对着那些并非十足完美、并且自知不能变得十足完美、却又诚心希望尽可能活得更好的人，塞涅卡以潘尼提乌为榜样，探讨的是这些人应当如何安排他们的生活。再例如，塞涅卡没有写作中规中矩的学究式哲学论文，用来同别的哲学同行相互纠缠问难，而是把斯多葛派哲学解释给那些通情达理的读者，告诉他们怎样把这道理融进他的——

或她的⑪——生活。塞涅卡所有的哲学著作,都是在追问现实生活中的伦理问题;至于逻辑学、物理学、认识论或者形而上学,他很少顾及。甚至那本称为《自然问题》(*Investigations into Nature*)的著作,他在序言以及别的章节中也是反复强调,其写作用意在于宣扬道德教育。但是无论如何,在所有的基本问题上,尤其是在关乎道德哲学的问题上,塞涅卡的出发点就是地地道道的芝诺和克吕西波的立场。他的思想境界固有其突出的独到之处,但从未脱离前人的哲学基础。

我们在此不妨简单地梳理一下这一哲学体系的内容。⑫ 斯多葛学派承袭了柏拉图《蒂迈欧篇》(*Timaeus*)的说法,认为宇宙本身是一个有生命有理性的动物,地球处于这个宇宙的中心,围绕中心的是由固定的恒星构成的"球形层"。⑬ 他们把这个"宇宙—动物"等同于天地间的神,也就是宙斯(罗马人称朱庇特)。它的身体就是宙斯的身体;它的心智(Mind)也就是宙斯的心智,这个心智从身体内部指使着身体的运动,并维系其内部存在的多样性和有序性;这个心智具有完美而且十足的理性,完美地适合于主宰这一身体。这个自然世界发生的每一件事,都是出于他的思考,并合乎一个至善的理性,它们对这个神圣而有生命的宇宙来说,都是

---

⑪ 他有两篇论说文(《致玛西亚的慰藉书》和《致母亲赫尔维亚的慰藉书》)实际是写给女性的。但与此同时,塞涅卡像别的古代作家一样,并不刻意使用"中性化的"语言。他总是说"wise man(有智慧的男人)",用它来泛泛指代"wise humen-being(有智慧的人)",并且他总是本能似的把道德主体看做是男性的。

⑫ 接下来的内容是简略叙述斯多葛学派的世界观和伦理学说,它们并不是塞涅卡在本书各篇要阐述的内容,而是各篇的预设前提。有关内容参见 Long-Sedley, Chapters 46—7, 53—5, 57—63. 西塞罗的《论目的》第三卷(*On Ends* III)中包含了泛泛的斯多葛学派的伦理学、行动哲学和政治理论。

⑬ 对斯多葛学派而言,宇宙仅限于这个唯一的世界,而伊壁鸠鲁学派则坚持认为我们的世界仅仅是无限空间中无限多个世界中的一个(Epicurus, Letter to Herodotus 45 = Long-Sedley IA). 参见《论恩惠》IV 19。

必要的一部分。⑭在众神之外(或者说,在以各种不同面目出现的宙斯本身之外)⑮,只有人类是拥有理性的动物。在这个地球之上,只有我们是这样的个体存在,宙斯(或者称为自然)凭借着每一个个体自主运用的理性能力来统治我们。就此看来,在这个宇宙秩序中,在宙斯的创世计划中,我们享有一个特殊的、并且是特别荣耀的位置。我们和宙斯一样拥有运用理性的力量,这就给了我们一个紧密的认同感(solidarity),叫我们彼此之间以及我们和宙斯之间分享一个共同的目的。

这一信念贯穿在塞涅卡此处这四篇论文的社会思考中。就像宙斯那样,我们也拥有**我们自己**的思考与抉择的力量,因此我们有能力改变我们自身,改变我们周围的世界。我们如何使用这一力量,如何——独立地以及彼此合作地——组织我们的生活、社会和文化,这完全取决于我们自己。但是,我们只有凭借天赋的理性才能把握这一力量,因此这个力量要服从理性之法则。如何看待某

---

⑭ 在此要把塞涅卡拉丁文的斯多葛学派神学词汇翻译成英语颇为不易。对我们而言,一个约定俗成的做法是,当我们不用冠词"a"或者"the",而直接写出"God"时——作为一个专有名词,且第一个字母大写,我们有一个源自基督教的语境,即这位神必定是一个人,他被称为"God"。但是,斯多葛学派视"God"为一个自然的物质,一种火。他们把"god"定义为"有智慧、有计划的火,它有条不紊地朝着世界的创立而演进"(Long-Sedley 46A);并且他们理解的"nature"(自然),就是"god"的另一个层面而已,其含义没有分别(Diogenes Laertius VII 156)。现在,"火"通常是一个不可数名词,就像"空气"或者"水",用小写字形,并且可带可不带冠词(例如:"the hottest element is fire")。严格地讲,斯多葛学派文本译文中的"god"或者"nature"也应当这样使用,但是叫人颇感踌躇的是,斯多葛学派所谓的"火"具有神圣属性,它带有有些确定的人格属性。它等同于奥林匹斯山上的"众神和人的父亲"宙斯,它享有智慧;它带着目的而行动,它执行计划;它时时有其性别,"god"是男性,而"nature"则是女性;并且有的时候它被径直称呼为一个人。正文中有几个段落(例如《论个人生活》4 f.;《论恩惠》IV 5—8),其人格形象十分明显,以至于不得不用大写字母来拼写。如果读者看到我们的英文译文里既有"nature"又有"Nature",既有"god"间或又有"God","fortune"一词也是如此,那么,这种前后不一的现象对应着塞涅卡自己的神学词汇内涵上的变动。我们的读者在遇到这些单词时,不妨问一问,我们采用大写或者小写是不是有我们的考虑。他们也可能会联想到,这种神性的"物质"和神性的"人"的混淆,给后来的基督教神学家带来说不清的麻烦。

⑮ See Diogenes Laertius, VII 147. 塞涅卡在《论恩惠》IV 7 f. 处,就这个话题有一个雄辩的解释。

一问题,如何应对某一场合,当我们作出抉择之时,理性的发挥有好坏之别,而抉择所依赖的理性基础也有优劣之分。我们尽可以有失理性地轻信一个东西,我们也尽可以选择一个常人的理性标准所不便接受的生活方式。但是,我们的思考和行动违犯了理性之法则,我们就要理所当然地遭受责难。

我们还享有另一层的幸运。任何生物,不论是植物还是动物,都可能生长成或是不能生长成该物种完美的自然成熟状态,它因此能够无拘无束地尽其天赋,或是不能无拘无束地尽其天赋。于是,一个动物或植物也具有我们乐于——尽管是不恰当地⑯——称为"善"的那种气质,这就体现在它的完美生长及其成熟之后无拘无束的能力中。但是,因为我们是理性的动物,**我们的**天赋能力的完美发育和运用真正是万物灵长。当我们运用我们的理性来抉择思考与行动时,如果我们的一举一动合乎完美的理性,我们所做的也就是宙斯本人为之不辍的活动。宙斯对事物的洞悉当然远远超乎人类;但是他运用理性的方式及其评价标准却完全与我们的理想的理性状态相同。要知道,宙斯的理性就是完美的理性本身。与这种运用理性的活动相比,任何非理性存在的生活即使是发展到其完美的极限,实际上都是相当低级的,不论是在质量上还是在价值上都是如此。为突出这一差别,斯多葛派哲学家所说的"善",只是用来描述宙斯的生活和行动,以及那些将其理性思考和抉择能力发挥到完美状态的人的生活和行动。⑰ 对于别的任何动物而言,不管它的活动多么圆满,它的经历又是如何恰到好处,它最为完美的生活也不可以被标榜为"善",这生活本身不是"善",动物也没有"善"的概念。当然了,这并不是说这个样子的生活是**恶**的。这个问题在于,因为别的动物不能进行理性的思考,它们的生活有

---

⑯ 参见后文 p. xx。
⑰ See Seneca Letter 124 especially 8—15.

其适当的评价标准,而这与善恶无关。一个非人的动物,它的生活是不是健壮自在,这取决于它在成熟期内在多大程度上满足了它不受拘束的天赋能力。即使如此,它的活动和经历仍然不能归于善或恶,而只能算作是"更被喜欢的"或者"要被拒绝的"。⑱

当然,就人类的自然禀赋来说,其内容绝不限于思考和抉择的能力。我们首先是有生命的物体,我们拥有的机能大多数都和别的动物一样,它们的活动由不得我们的理性思考和抉择。生物学意义上的生长和活动、以及感官的快乐和苦痛体验,这些都在我们的理性控制能力之外——我们充其量只能决定如何**利用**它们。虽然如此,这些内容都是我们生命的某一个方面,这些方面对于我们作为人类存在来说很有关系,就正如那些为我们的生活不可或缺的内在与外在条件。同样,别人在运用他们的思考和抉择能力时,他们对待我们的方式对我们的生活也很有关系。但是,作为有理性的存在,我们和宙斯有着同等的地位,这就意味着所有那些方面以及它们所发生的事情,对我们整个的生命品质而言,远远没有我们通常以为的那样重要。因为,除了我们自己和别人的行为,每一件事情的发生都是由宙斯直接控制;它所以要发生,乃是由于宙斯知道的原因;它是宙斯——同时也就是这个世界——正在进行着的、整个的生命中一个必要组成部分。我们生物学的生长、生理学的状况以及外在的自然世界现象加给我们的有形影响——概括而言就是我们的肉体生活,都是如此,都由宙斯控制。同样,我们自己和别人的自决行动也要产生影响,但只要它们还要取决于自然法则,只要这自然法则还要由宙斯的判断来决定,那么,它们也就是由宙斯控制的。但是,我们自己的肉体生活,以及所有别的生物的肉体生活,都是更大的整个世界一体生活的一部分。这样说来,

---

⑱ 参见后文 p. xxii。

凡是发生到我们身上的事情,只要它们是宙斯决定的直接结果,我们就应当承认它们是我们生活——作为宙斯生活不可缺少的部分——真正需要的东西。⑲ 于是,如果我们要叫我们自己实际的推理能力变得完善,首先也是最关键的一步就是要认识到——并且要尽可能地确信不疑:任何事情以任何合乎自然法则的方式发生到我们身上,都是对我们生活历程的积极贡献。就如塞涅卡所描述,这都是自然的展现而已,它们推进了宇宙的目的,而我们作为宇宙的一部分,有理由对它们表示感激。⑳ 所以,所有以某种方式影响我们的外在环境和现象,以及我们身体的内在环境和现象(我们运用思考和抉择能力除外),都是自然的展现。它们不允许被视为是对我们的损害或者伤害。当我们的肉体生活被正确地理解为整个宇宙生活的一部分时,所有的这些展现,都将被视为是对我们肉体生活的促进。于是,降临到我们自己或者我们所爱的人身上的每一个疾病、每一个叫人痛不欲生的灾难,都是一个应当被积极担待、被认可如此的东西。

我们个体生活的品质,根本上取决于我们计划未来、并实施计划之理性能力的积极运用。宙斯自己可以控制自然的历程,但是那丝毫也不意味着我们应当消极地面对生活。因为我们就像宙斯一样,为了**利用**理性而被赋予了理性——这就是尽最大可能地控制我们自己的生活。㉑ 通过体验和观察自然本身,我们可以知道一个人的成长和接下来的生命历程所当遵循的自然法则,我们也可以知道别的动物的自然法则。但这些法则是不是在任何情况下都能被认识到,这是另外一个问题:常常是,它们不能。人们生下来

---

⑲ 爱比克泰德曾援引克吕西波的话说:"如果我确实知道我(根据宙斯的决定)现在注定要生病,那么我简直就要希望去生病。我的脚也是如此,如果它有智慧,它也会巴不得沾染泥泞。"(Long-Sedley,58J = *SVF* III 191)。

⑳ 《论恩惠》VI 23.3—5,并参见《论愤怒》II 27.2 和此处注脚 42。

㉑ See Long-Sedley, 57A(5) = Diogenes Laertius, VII 86.

就严重地畸形而残障；他们因为可怕的疾病或者灾难而夭折。或者是，他们对斯多葛学派认为显而易见的那个事实——我们的自然天性就是要过互助合作的生活——不管不顾，反而会选择自私的、反社会的、暴力的生活方式。我们已经知道，即使是发生这样的事情，它们——包括这种自私、反社会和暴力行为对行为人自己以及别人造成的肉体影响——对那些直接或间接遭受它们影响的人们来说，也仍然是一个积极的贡献。但是，那些发生到我们身上的事情，究其原因，很少会与我们自己的抉择毫不相干：对那降临到我们身上的自然灾害或是别人的恶意行为，我们的作为或者不作为——有的时候清白无辜、有的时候不是——都起了推波助澜的作用。即使对我们生物学的生长和肌体功能而言，情况也是如此，尽管这些事情最是远离我们自己的抉择和行动。我们的抉择和行动，势必会影响到将来的结局。

那么，我们如何运用我们的抉择能力呢？我们应当怀着什么样的目的？斯多葛学派的回答是：我们应当尽可能完美地遵循自然为人类生活确立的、并为我们所知道的法则，这就是我们的目的。这些自然法则包括保持良好的健康、维系舒适生存所需的充分的物质资源、创造良好的家庭生活、尽可能彻底地避免身体的痛楚等——以及人类共同体里的每一个成员要对别人尽到互助合作的义务。在我们抉择我们的行动目标时，这一类的事宜——按照斯多葛学派的划分方法——就是"应当被选择的"，而它们的对立面则是"应当被拒绝的"。所有的这些事宜因此都有明确的——即使是次要的——价值，并且斯多葛派哲学家还主张，它们应当被关心、被追求或者被避免，因为有的东西值得拥有或者戒除，这要视情况而定。② 我们应当最大限度地把握我们运用理性并进行抉择的能力，以实现"应当被选择的"事宜，并避免"应当被拒绝的"东西。我们应当关心我们的健康、我们肉体的康乐和舒适、我们的家人和朋友、我们的工作以及我们共同体的道德、社会和经济福祉；我们应当使尽我们的全部气力，来保护并促进这些方面的利益。这样做的时候，我们也就最大限度地控制了我们的生活。而如果我们做到尽我们的最大努力，来捍卫这些自然法则，那么，我们就做好了我们的分内之事。其余的事情，就留给别的人和宙斯吧。

故此，要想完美地运用我们的理性能力，首先就要求我们认识到，人类在理性活动之外方方面面的生活，自然都已为我们确立了法则，我们此时要做到的就是充分理解这些法则。

所有的评价和抉择，都应当基于对这些法则的清醒追求。其次，它也需要一个牢固的信念，即一旦你尽了自己最好的努力，不管外在的结果如何，对你来说那都是、且只能是应当肯定的。如果你用尽了所有合乎理性的努力，但还是没有实现你的目标，那么就事论事地说，那也不是损失。很显然，宙斯没有打算叫那个结果发生。如果是这样，你的失败就将促进整个世界的生活，并因此也促进了你自己的生活，因为我们每一个人的肉身生活都只是整个世界生活的一小部分。对所有别的人来说，情况也是如此——甚至就算他们没有作出他们的最大努力。就他们而言，没有什么失败、也没有什么叫人失望的事情会降低他们生活的真正品质。同样，当你的努力真的实现了目标时，你的生活也绝不比没有实现目标会更好。不论发生什么事情，那在你的生活中都是应当接受的，都

---

② 这是正统斯多葛学派理论的一个核心内容，甚至爱比克泰德都认可了这个观点，而尽管他是如何强烈地强调要漠视任何"外在之物"所带来的福祉。克吕西波曾就此和他的斯多葛学派同道阿里斯顿（Ariston of Chios）进行争论，后者主张这样的"外在之物"并不是既非善又非恶，而是既不具备正面价值、又不具备负面价值。See Long-Sedley, 2G, 58A—G.

是一段积极的进程。我们已经知道,生活中可以用"善"或"恶"来描述的行为,只有运用理性进行思考、评价和抉择的行为。所以,要想完美运用我们的理性能力,第三个同时也是最后一个要求就是,我们要深入地体会到,对一个人而言堪称善恶、可以叫我们的生活变得更好或者更坏的事情只有一件,这就是我们这个能力的修养与运用。凡是理性完美的人,他就过着善而幸福的生活,这也就是一个人所可能的最好的生活——而不论别的、"外在"方面的事情如何。另一方面,凡是理性能力没有完善起来的人,就都过着恶的、失败的生活——并且不论别的方面的情况如何。

这种完善的理性状态,在斯多葛学派看来就是美德。㉓ 如果你有着完善的理性,你就拥有人类的美德,笼统而言如此,从各个具体方面来说也是如此。它包括充分理解并信守(commitment)自然为个人生活和家庭生活所确立的法则——知道你应当努力做到什么、避免什么,在你的个人生活中如此,在你的家庭和朋友中间也是如此。但是它也包括理解并信守在和你的市民同胞、你的事业伙伴以及一般的人类打交道时的所有自然法则。所以,传统的规范——不论是个人生活中的检点与从容中道,还是人们作为理性的存在,基于彼此之间的认同和伙伴关系而形成的社会道德:公正、尊重他人、互相帮助——所确认的信守义务,都在美德这里找到了它们的表达基础。把两种行为规范一并视为美德所规定的法则,而不作特殊的区分,这在古人那里是一个典型的做法。这样一来,按照斯多葛学派的理论,在传统中得到确认的全部美德——智慧、自律、自我实现的勇气以及行事公正、尊重他人、关心他人福祉等——在经过一番修正之后,就都成为我们完善而一致的理性状态的一个侧面。实际上,我们现在可以看出,在斯多葛学派理论那

㉓ See Diogenes Laertius, VII 94, *sub fin.*

里,对一个人而言全部的善与恶、对我们生活得更好与更坏而言全部的意义攸关,都在于我们的举止是不是合乎美德。有德行的人过着善而幸福的生活,那也就是对一个人来说最好的生活,最圆满的生活——而不论别的方面的情况如何。相反,凡是德行有失的人,不论别的方面的情况如何,他的生活都存在着残缺和荒谬,他就不能逃脱恶的窠臼(并且这就意味着不幸福)。

在他的哲学写作中,塞涅卡无需详细解释这个根本的理论,他所关心的是这个理论对普通人的实际意义。并且,这个意义所向很是广泛。例如,基于我们共同的理性,人类彼此之间以及人类与宙斯之间存在着认同,这就意味着任何敌意、愤怒和凶残都是错误的(《论愤怒》的主题)。这也是为什么君主应当仁慈(《论仁慈》),为什么退休生活完全可以和肩负公职时一样有意义(《论个人生活》),以及为什么我们在对别人施行恩惠时应当奉行利他主义(《论恩惠》)。关心他人与社会的福祉,这是自然为我们确立的法则,它需要我们每一个人理解并遵行。我们应当尽我们最大努力来实现的目标,就是一个有德行的社会和一个治理良好的国家。但是,要实现的这个目标却是一个"外在之物",它充其量具有第二位的重要性。即使是在最为邪恶的社会和最为糟糕的政治环境里,单独的个人仍然可以过上善的生活,就像苏格拉底和加图那样。并且,个人赢得善的生活才是真正有意义的内容。

这样说来,塞涅卡的作品明显地疏远了政治性的话题[24],这也正是别的斯多葛学派作品所共有的倾向。但是,无可否认的是,这个学派的创始人看来写过关于政治的作品,这就是芝诺的那部声誉不佳的《共和国》(*Republic*),它看起来就是继柏拉图的《理想国》

---

[24] 后来它对 16、17 世纪思想家如贾斯特斯·利普西斯(Justus Lipsius)的"清静无为主义"(quietist)态度产生了深刻影响。See Q. Skinner, *The Foundations of Modern Political Thought* (Cambridge 1978), I pp.76—8.

之后的一部政治理论著作,芝诺在此规划了一个理想的社会共同体,这个共同体通过共同体主义的制度和市民的道德品格而实现了最大限度的和睦生活。他所设想的是一个有着斯巴达的影子的城邦,里面住着有德行、有智慧的人,这个城邦是一个清晰可辨的"polis",即"生活在同一个法律之下的同一个地区的一个人群"。㉕但是,后来克吕西波把它重新解释成一个宇宙的"众神和人的城市"。克吕西波此时的理论是围绕人类的道德潜质而展开,并对人类提出了很高的道德要求——此时的人类不再是市民,而是"理性的动物";并且这个理论不再将"法律"(law)视为一套规则,而是理性发出的约束性召唤。㉖ 这个观念影响到罗马法学家对"ius gentium"即"存在于所有法律体系之中的一套共同的规则"㉗、及其与"ius naturale"即"自然法"关系的思考。通过罗马法学家,这个观念注入一个悠久而且重要的关于"自然权利"的政治思想传统之中。但是,塞涅卡对它却很少在意。本书中的四篇论文固然不免牵涉社会与政治哲学㉘,但是,塞涅卡并不是作为一个"政治理论家"来写作,他也不是任何政治论纲的鼓吹者,他对权力划分无话可说,对权威来源或者政府形式等话题实际上也无话可说㉙,对社会治理也少有谈及。他对制度变革也不置一词,他对制度性的东西不感兴趣。他颇为雄辩地认为,奴隶也是一个完全的人,他完全可以像自由人一样施行恩惠(《论恩惠》III 18—28)。但是,这并不意味着奴隶制度是一个应当废除的社会邪恶。奴隶制度不过是一个外在的障碍,有德行的好人能够克服这个障碍。同样,一个国家

㉕ *SVF* III 329.

㉖ See the important recent monograph by M. Schofield, *The Stoic Idea of the City* (Cambridge 1991), particularly pp. 96f., 102f., 138.

㉗ P. Stein, *Roman Law* (*The Cambridge History of Medieval Political Thought*, ed. J. H. Burns, Cambrage 1988), p. 44.

㉘ 即使是《论愤怒》都有其政治维度。参见我们给该部分所做的导读。

㉙ 但是注意《论仁慈》I 1.2 和《论恩惠》II 20.2。

的制度并不能决定这个国家的福祉;它的市民和统治者的品质则具有远为重要的意义。实际上,读者在读完这些作品后会很容易形成一个印象,即只要塞涅卡自己以及他的谈话对象——一位未来的行省总督、帝国的皇帝、一位禁卫军长官和一个显贵人物㉚——这样的上流人物能够自我修养出一副温润的气质和仁慈、慷慨的心肠,那么,社会上的所有事情都会好起来。但是,《论恩惠》这样的著作很难被认为㉛"似乎是政治斗争的媒介",尽管塞涅卡在这个文章里以及别的地方所说的一些话,有很多内容为后来的政治理论作家在进行他们自己的政治论争时提供了一个道德内涵。㉜

  换句话说,塞涅卡是作为一个伦理学者来写作的——并且是一个主张反躬自省的伦理学者。作为一个斯多葛学派的人物,他认为最重要的是你自己的心智状态,你的态度和道德努力;除此而外都是"外在之物"。所以,他是作为一个指导老师在和他的读者单独谈话,他给读者的建议首先是如何治愈他们自己的心智,如何养成仁慈、温厚和利他主义的美德。他试图叫他的读者们通过他的斯多葛派哲学的观点看清问题,他试图加深他们的信念,即斯多葛派哲学的观点反映了世界的真理,反映了在一定的人类自由限度内谋求体面的人类生活的途径。并且,他运用他非凡的修辞技巧来鼓舞他的读者们,要他们竭尽其力,不要叫那些有违真正的生活之道的激情和行为反复发生。

㉚ 参见我们所做的导读中的"写作对象"部分。
㉛ 持肯定观点的有 F. Chaumartin, ANRW II 36. 3, p.1703。
㉜ 例如,塞涅卡和别的罗马作家对贪婪和奢侈享乐所做的讽刺挖苦,可以被奎齐亚迪尼(Guicciardini)和马基雅维利(Machiavelli)援引过来作为证据,以证明奢侈享乐的习惯和对财富的追求,对政治自由来说乃是一种威胁(see Skinner, Foundations. I pp. 162f.)。并且,塞涅卡在《论仁慈》中的很多主张——如君主应当善良、慷慨、和蔼等等——成为文艺复兴时期探讨"君主之镜"时老生常谈的话题,并因此成为马基雅维利批判的一个靶子。See Q. Skinner. *Machiavelli*: *The Prince* (Cambridge 1988), Introduction, pp. xv, xvii, xxi, xxiii。

写 作 风 格

塞涅卡是一位接受过演讲术训练的哲学家,是一位运用高超的修辞才华来指导、劝说或者纯粹是吸引读者来接受斯多葛学派的理论学说的斯多葛派哲学家。他并不是第一位把修辞学运用到教育目的上的斯多葛派哲学家,该学派中最重要的代表人物克吕西波就曾这样做过。㉝ 但是塞涅卡的著作作为一种传播哲学的媒介,其劲道十足的修辞技艺叫后来的人们褒贬不一。

塞涅卡的作品,被认为是奥古斯都去世后一个世纪里所流行的那种锋芒毕露、文风华丽的拉丁语文艺作品中的典范。这个时期的流行风格,其特征就是字里行间透露着机敏,它追求简捷和风趣,追求警句式的精辟用语,追求即时的印象效果㉞,而塞涅卡为此使用了大量巧妙的对比句式。西塞罗㉟喜欢使用复杂而完整的句式,各种从句层叠反复,而塞涅卡的散文则主要倚重精练的短语排比。他的句子通过各种的句法格式拆分开来,每一个部分都做到了简练,并且有必要的话,这种简练要以语义含混为代价;而通过运用比喻、双关语以及连词("和"、"但是"和"因为")的省略,各部分之间的对比效果进一步地彰显出来。诗歌用语和口语的穿插运用,也使得他的词汇格外地丰富多彩起来。

㉝ *SVF* II 27.
㉞ 关于塞涅卡的散文风格, see the Introduction (especially pp. XV—XCV) to W. C. Summers, *Select Letters of Seneca* (London 1910) and R. G. Coleman, "The Artful Moralist: A Study of Seneca's Epistolary Style," *Classical Quarterly* 68 (1974), pp. 276—89.
㉟ 接下来的文字主要借鉴了 Coleman 的文章,尤其是第 285—287 页。

结果就成了这样一个风格㊱,它华丽的内容与其说实现了整体的论证,不如说是吸引了更多的注意力,这是一个更具有诱惑力、更刺激也更娱乐的风格,但它却不太适合严谨的表述,不太适合传递更为强烈的感染力。它的机敏固然是一个好东西,但同时也不免过分之嫌,正如麦考莱(Macaulay)㊲抱怨的那样:"几乎没有哪一个句子不可以被援引复述,但是一口气读下去,感觉就像吃一顿除了鳀鱼酱之外别无一物的大餐。"毫无疑问,塞涅卡完全有能力运用朴实的文笔,有能力进行冷静的陈述,正如他驾驭那个煽情的功夫。在《论仁慈》(19)中讲述奥古斯都和秦纳那个堪称经典的故事,他俨然一派大家,在他演说家的素质养成中,各种的语气文体都是其应有的内容。㊳尽管如此,各种警句隽语从不曾淡出他的行文,他的修辞技艺一直显得过分。

　　针对塞涅卡的作品还有一个更为严厉的指责,这就是批评他缺乏连贯的条理。典型的塞涅卡式的章节段落固然华丽而充满魅力,叫他的读者目不暇接地在闪着光彩的字里行间一路跑下去,直到最后一个叫人击节的警语,但读者却不很清楚这个段落的各个部分是如何罗列到一起来的。用"没有石灰的沙子"把它粘到一起——这是卡里古拉那句著名的评论㊴,它不仅可以很好地指称塞

㊱ 在17世纪的时候,很大程度上是因为塞涅卡在此时的作家之中备受推崇,这种文风很快就弥漫到英语中来,这17世纪也正是英语散文发展史上的决定性时期。(See G. Williamson, *The Senecan Amble: A Study in Prose from Bacon to Collier* (London 1951))。而塞涅卡那种雕刻一般的遣词造句方式,也使得他成为当代政论隽语(sound-bite)的鼻祖。

㊲ G. O. Trevelyan, *Life and Letters of Lord Macaulay* (London 1908), p.324 (quoted by Coleman, pp.286f. n.6)。

㊳ 例如在《论恩惠》第三卷第35—38章,在从平铺直叙的斯多葛学派哲学推理过渡到那个滔滔不绝的结束演说时,他表现得是如何从容得体。

㊴ Suetonius, *Life of Gaius Caligula* (53.2)。

涅卡的散文,而且更适合于他的论文写作上。㊵ 他的论文颇有颠三倒四之嫌㊶,前后文存在明显的不一致和断然的不连贯之处,它们叫读者时时感到不知所云,弄不清那样说话的确切道理是什么。塞涅卡行文的章节段落和他的论文一样,都是"文学的",而不是逻辑的。实际上,他的行文倾向于通过内涵思想上的联系,来实现一个句子与下一个句子之间的衔接,"这是一个精心布置的行文方式,在这个推进过程中,某一个特定的意思内涵或者是一组意思内涵要通过若干不同的角度来解释,每一次解释都加强一次说服力度。这种方法不是哲学家那种通过合乎逻辑的开篇、正文和结尾而形成一个严谨论证的方法,而是一个传教士的方法。"㊷读者们在从一组思想内容过渡到另一组思想内容时,尤其容易迷失他们自己的所在。㊸

"塞涅卡写作像公猪抽筋儿……撒尿。"㊹在塞涅卡的散文风格和论文结构中,那种明显的颠三倒四的"抽筋儿"迹象,都是他那个时代演讲术的烙印。罗马帝国的第一个世纪是一个讲求"雄辩"(declamation)的世纪,这种雄辩是一种模拟法庭辩论和政治辩论的教室演练,它越来越不被当做真实的公众演讲的修养准备,而成为一门为了辩论而辩论的艺术。㊺ 辩论者的主要目标仅仅是为了赢得同侪的喝彩。故此,即时的影响效果也就是他们要追求的意义,

---

㊵ 关于塞涅卡小品文的行文方式,see J. R. G. Wright, "Form and Content in the Moral Essays", in *Seneca*, ed. C. D. N. Costa (London 1974), pp.39—69. Also E. Albertini, *La Composition dans les ouvrages philosophiques de Seneque* (Paris 1923).

㊶ 佛朗图(公元2世纪)对此进行了不遗余力的责难:Marcus Cornelius Fronto, *E-pistles*, Loeb edn (191a), II p.102.

㊷ Coleman, p.285.

㊸ 为此,我们在译文中加入了我们自己拟定的各个次级标题,以标明正在探讨的各个主题的顺序,同时也标明了各个主题间的转换。

㊹ 这句俏皮话据说是17世纪的学者 Ralph Kettel 的言论,他是牛津大学三一学院的院长:*Aubrey's Brief Lives* (ed. O. Lawson Dick, Harmondsworth 1972, p.347).

㊺ See, for a start, Summers, *Select Letters*, pp.xxxi—xxxii.

而进一步的论证反倒不是很有关系。讲授雄辩学问的学校所着意培养的是那些花里胡哨的修辞技巧,尤其是所谓的 sententiae,即奇崛的警句隽语,就此,塞涅卡和他的哥哥根据他们的父亲所言,都是深谙此道的。⁴⁶ 但是,塞涅卡的风格和作品所以如此,还有另外一个起作用的因素。他不是在创作学校里的论文,而是在对着一群受过教育的普通民众做演讲。在他的那个时代,这样做的一个常规途径就是写作论文(essay)或者布道式的说教,而这个东西直到最近还被学者们称呼为"漫骂"(diatribe)⁴⁷,同属此一类的还有所谓的爱比克泰德(Epictetus)的"漫骂"和犬儒学派的鼓吹者泰勒斯(Teles,公元前3世纪)的一些言论。与别的哲学对话形成鲜明对比的是,这些作品立意所在不是要彼此配合,探究真理,而是把作者已然洞悉的真理直言不讳地铺陈出来。他们的首要目标就是抓住听众或者读者的注意力,而同时又不需要听众或者读者太多的专注深思。为此,他们所需要的差不多就是生动感人的修辞而已,并最好避免作进一步的复杂论证。但是,他们也还是带有对话的一个特征的,尽管其形式有些松散。那个没有特别注明的对话者("但是,有的人会说……"),不过是用来转换话题和补充论证漏洞的一个便利手段而已,而他提出的反对意见也不过就是为了被驳倒、或是把谈论话题带回那些纯粹的道德问题——这些问题在犬儒之徒看来,才是那个真正有意义的哲学领域。⁴⁸

但无论如何,塞涅卡的道德论文比起爱比克泰德或者泰勒斯

---

⁴⁶ *Controversiae* I Pref. 22.

⁴⁷ See H. D. Jocelyn, "Diatribes and Sermons", *Liverpool Classical Association* 7. 1 (1982), pp. 3—7.

⁴⁸ 这个对话者的存在,或许就是保存在安波罗修(Ambrosian Library)图书馆的那十二篇论文的手稿,其题目都称为 *Dialogi*("对话录")的原因,其中就有《论愤怒》和《论个人生活》。据昆体良(Quintilian)(IX 2.31)所云,在修辞中表示虚构对话的术语是 δταλογοξ(拉丁文是 *sermocinatio*)。塞涅卡的作品因为反复利用那个对话者的形象,想来也可冠以"对话录"的标题,尽管这会叫人联想到那些最为著名的哲学作品,即柏拉图的对话录。

的作品来,不论在抱负上还是在成就上,都堪称远远胜出。首先,这些道德论文所以成为完整的作品,在于作者完善的修辞训练养成。其中包括组织一部作品的通行方法、一个演讲标准的"组成部分"、讨论一个主题时的常规路数与常规标题等。塞涅卡是精通这些学问的。例如,在本书的全部四篇作品中,他都例行了把所要探讨的材料"划分"为各主要问题的程序。[49] 在提出了要探讨问题的框架后,塞涅卡至少在遵循着他的宏观布局来行文,尽管在如何把握具体的讨论细节上他还不是很肯定。[50] 在他行文结构显得松散的地方,他就直截了当地叫那个对话者出场,好对行文的思想内容进行整合。但是,这个松散的过渡却是经过精心安排的。对所讨论的内容,他早已成竹在胸,他能够游刃有余地运用这种松散的过渡手段。有的时候,他会不露痕迹地从一个话题转移到另一个话题[51]——而这种叫人始料未及的方向变换,会达到读者亦步亦趋的效果。他能够驾轻就熟地使用他的材料,把它们填补到当下的语境中来,表面上是在抵触前文说过的话,实则是在进行矫正,通过反复的表述而揭示出他所探讨主题的众多方面[52],并消解任何的反对意见。

塞涅卡的道德论文——以及他的道德书札——能够完整成篇,还有第二个同时也是更重要的一个因素,这就是他一以贯之的斯多葛学派的哲学理念。本书中他的全部四篇论文的目标,就是向罗马公众宣扬这个理念,或是其中的某一方面,并把他的学派里抽象的学说转化为罗马现实生活——商业交往、法庭活动以及诸

---

[49] 《论愤怒》I 5.1,II 8.1,III 5.2;《论个人生活》2.1;《论恩惠》I 11.1;《论仁慈》I 3.1,20.1(Calvin 对此评价说:"这个划分使得整个论文脉络清晰了很多,而如果他的整个作品都这样处理,效果会更好。")

[50] 比较 Wright,p.59。

[51] 例如《论恩惠》III 17.4—18.1。

[52] 因此才有了他对愤怒和仁慈的若干个定义(《论愤怒》I 2.4—3,《论仁慈》II 3.1)。

如此类——中的语言。⁵³ 他所做的这个努力常常是出奇的成功,相当完美地契合了所探讨主题的严肃性。塞涅卡在标榜他的斯多葛派哲学时,完全可以更为从容一些。但是,他却是频频擎起他们所奉行的理念,即宇宙是一个理性存在的共同体,众神为我们树立的榜样,他也频频提到理性寄予我们的要求,提到人类——自由人、解放自由人和奴隶——基于天赋理性的美德而彼此认同并结合起来,而这个认同本身正是宇宙秩序的反映。这个理念是他最有震撼力的作品中最重要的力量所在,这尤其体现在《论恩惠》第四卷的内容中。

塞涅卡哲学著述的影响

那些用希腊文写作的哲学家——包括爱比克泰德(Epictetus)和马可·奥勒留,这两位是谙熟罗马事务的斯多葛学派哲学家——都从不留意用拉丁文写就的哲学作品。这也就难怪,这些作家不会援引塞涅卡的内容,也不会讨论他的观点。只有普鲁塔克(Plutarch,约公元50—120年)提到过他的名字——并且也只是在一则轶事中作为尼禄的劝告者而出现。⁵⁴ 但是,哲学家们忽略了塞涅卡,这也可以从他的著述特点上找到原因。我们知道,他写作的不是学究式的中规中矩的论文(treatise),而是面向受过教育的大众的论说(essay)。而后来的作家们要想了解斯多葛派的哲学及其发展,有着别的更好的参考资源。⁵⁵

---

⁵³ See the fine essay by M. Armisen Marchetti ("La Metaphore et l'abstraction dans la prose de Seneque", *Entretiens Hardt* 36 (1991), 99—139), particularly pp. 109—14.

⁵⁴ 《论控制愤怒》(*On the Control of Anger*),461f—462a。普鲁塔克在他的《加尔巴传》(*Life of Galba*)(20.1.1)第二次提到了塞涅卡。

⁵⁵ 进一步参见 G. M. Ross, "Seneca's Philosophical Influence" (Costa, ed., *Seneca*, pp.116—165), p.119 n.7. 后来的异教徒和基督徒作家那里关于塞涅卡的资料,大量地收集在 W. Trillitzsch, *Seneca im literarischen Urteil der Antike* I, Amsterdam 1971)。

而后来用拉丁文写作的作家们，尤其是基督教作家们，则看起来更为推崇塞涅卡，尤其是在他的故乡伊比利亚（Iberia），他在那里至今仍然被尊为首屈一指的西班牙作家。㊺ 在 16 世纪的时候，葡萄牙布拉加（Braga）的枢机主教圣马丁（公元 580 年）写了一部关于主教美德的小著作，它的材料几乎都是从塞涅卡那里拿来，而它（通常就冠以塞涅卡的名字）也成了中世纪流行最广的著作之一；并且，圣马丁主教也在塞涅卡著作的基础上写了一篇《论愤怒》。塞涅卡的格言和隽语——它们的出处不甚明了——也以汇编的形式，在古代晚期和中世纪也曾广泛流行。㊻

随着古典文化的复兴，从 14 世纪中期一直到 17 世纪中期，在所有古代哲学家中，塞涅卡成为最受人们推崇、并有着最广泛的读者的作家。彼特拉克（Petrach，1304—1374 年）称他为最伟大的道德教师，并在借鉴塞涅卡式的斯多葛派哲学的基础上，建立起他自己的生活哲学。伊拉斯莫（Erasmus，1467—1536 年）在 1516 年第一次出版了塞涅卡的著作全集，接下来又在 1529 年出版了全集的第二个版本（在文献学方面有许多改进）。年轻的加尔文（Calvin）曾给《论仁慈》写了一篇评论（1532 年）。㊼ 在 16 世纪后半叶和进入 17 世纪的时候，塞涅卡的声誉和影响达到了巅峰。蒙田（卒于1592 年）尽管信守皮浪的（Pyrrhonian）绝对怀疑主义，但是他的《随笔集》频频引用并发挥塞涅卡的见解（主要取自他的《书札》（Letters））。为了构建一个无所不包的"新斯多葛学派"哲学体系，不论是在形而上学方面、还是在道德哲学方面，取代从中世纪一直传承下来的亚里士多德的哲学体系，比利时哲学家、学者贾斯特斯·利普西斯（Justus Lipsius，1547—1606 年）几乎完全照搬了塞涅卡的学

㊺ 参见 K. A. Bluher, *Seneca in Spanien*（Munich：1969），这本书记述了塞涅卡从 13 世纪到 17 世纪在西班牙的影响，并对更早的历史也做了有益而充分的介绍。

㊻ 参见 Trillitzsch, *Seneca*, I pp. 211—21，II pp. 393—419。

㊼ 它至今仍有很高的价值。请参见 Battles and Hugo 精美的双语版本。

说。利普西斯对塞涅卡所作的评释著作在17、18世纪反复出版，在很长的时间里发挥着巨大的影响。此后，塞涅卡一直是新斯多葛学派哲学运动的主要来源。但是，在它的影响下发展起来的现代科学和"新"哲学，逐渐摆脱了它们的古代原型而成为独立的范畴，塞涅卡的影响于是开始衰落。而他的著作的非学究式写作特色，以及修辞上的浮华风格，都叫他日益远离了和那些中规中矩的哲学家们相提并论的机会。他对人生所做的斯多葛学派的解说，已然失掉了往日曾经的魅力。到了本世纪，学院里的哲学家们很少有人注意到他的存在，尤其是在那些说英语的国家，塞涅卡的职业生涯和写作风格总会激起一种清教徒式的敌意来。

但是，对今天的我们来说，正如对16世纪的斯多葛学派哲学的复兴者们一样，塞涅卡仍然是古代斯多葛派哲学的最佳代表。在这里，我们是在一种奢侈的享受之中，从头至尾地阅读一位斯多葛学派代表人物的哲学作品，这种阅读乐趣在别的作家那里很难找到。对那些要了解、要学习斯多葛派哲学和生活态度的人来说，塞涅卡的思想仍然是一种丰富的、确切地说是不容错过的资源。

论愤怒

——写给诺瓦图斯

导　读

写作对象和日期

《论愤怒》的写作对象是作者的兄长卢基乌斯·安涅乌斯·诺瓦图斯(Lucius Annaeus Novatus)。他曾为演说家优尼乌斯·迦流(Iunius Gallio)收养，并承袭了这位养父的名字，因此后人多称他为卢基乌斯·优尼乌斯·迦流·安涅努斯(Lucius Iunius Gallio Annaeanus)，他就是众所周知的那位"亚该亚方伯"(Proconsul of Achaea)*，他拒绝审判格林多的犹太人对圣保罗所提起的诉讼(使徒行传,18:12—17)。在塞涅卡被赐死的时候,他也不得不用自杀的方式结束了自己的生命。

迦流在公元51—52年间担任"方伯"之职,在此之前某一时间他已经拥有了他的新名字。《论愤怒》的写就一定是在他取得新名字之前,但又当是在卡里古拉(Caligula)被刺杀之后,本文反复声讨了卡里古拉(Ⅰ20.8,Ⅱ33.36,Ⅲ18.3—19.5)。

---

* "方伯"系和合本圣经的措词,也就是我们通常所谓的"总督"一职。——译者注

结构和立意

塞涅卡的《论愤怒》像那个时代的其他论文随笔一样,在就某一激情(emotion*)或道德弱点进行探讨时分成两个部分:先是理论上的**问题**探讨(I—II 17),接下来就是**矫治之道**(II 18—III)。第一卷序文部分指出愤怒之可怕(I—2.3),接下来首先定义什么是愤怒(2.4—4),然后追问"愤怒是自然之事吗?"(5. f),"它可以有所节制吗?"(7. f),"它是否有现实的用场?"(9—19),以及"它和心智(mind)之强大是否相关?"①(20. f)。第二卷也是从类似的问题开始,"愤怒是不由自主的吗?"(II 1—4),"它是由于我们周围的邪恶而引起的吗?"(II 6—10),"它是否可以对抗轻蔑?"(II f.),"它可以被彻底摆脱吗?"(12—14),"它和高贵品格有任何关系吗?"(15 f.),接下来就开始了本文的第二个主要论题:如何矫治这种激情(18)。接下来它论述如何陶冶孩子的性格(19—21),成年人如何避免坏脾气的发作(22—36)。第三卷又有一个序文指出愤怒的可怕之处(1—5.1),然后就开始切入正题(5. 2),先是建议如何保持一个良好的心态(5.3—9),接下来是一长串的箴言,如何预见或克制愤怒的发作(10—38),中间穿插了大量应予避免或效仿的事例(13.7—23),再其次是一些提示,如何平息别人的愤怒(39. f),最后是一段华丽感人的结束语(41—3)。通篇论述不拘形式,有多处有意出现的反复或不合常规的布局。

在写作《论愤怒》时,塞涅卡宣称他的用意在于矫治:告诫我们如何"平息愤怒"。但是,只有我们切实知道我们要矫治什么、并且

---

* 如下文所述,它的内涵包括积极的和消极的两种心理偏执状态,本文虽译遵循以往者为"激情",但似乎"情绪"一词更为贴切。——译者注

① 希腊人和罗马人在传统上赞美那些把崇高抱负、高贵美德和高扬自尊完备于一身的人。参见后文 I 20。

诚心希望矫治我们自己以及别人的这一激情(emotions)，塞涅卡的忠告才会奏效。所以，在提出忠告之前，塞涅卡首先必须解释明白愤怒是什么。他还必须叫我们信服斯多葛派哲学的有关观点，即激情乃是那种有违自然的悖谬性格和心智的产物，他们把那种性格和心智称为"恶"（希腊文是 χαχτα，拉丁文是 vitium)，那激情也是有害无益的；而愤怒又是所有激情中最为邪恶者。斯多葛学派和同时代别的门派哲学家一样，他们所谓的激情（希腊文是 παθοξ，拉丁文是 adfectus），乃是心智和情感上的偏执状态，这既包括积极的亢奋状态，也包括某些消极的状态如焦虑、沮丧或者怨恨。并且和别的哲学家一样，他们认为激情乃是一种反应，它尤其在感受到有意识加害的不公正或者虐待、侮辱或者轻蔑之时而发生；在他们看来，激情并非仅仅是对一般意义上的欲望或者期待受挫的反应。② 在塞涅卡看来，愤怒是"所有激情中最为恐怖而疯狂的一种"（I 1），这种激情冲动最为凶猛而又缺乏内涵，我们也最应当避免或者至少控制它。他在《论愤怒》前半部分的理论探讨，用意就是叫他的读者认同这一观念，从而叫他们能够接受接下来的矫治。实际上，在塞涅卡看来，愤怒无论如何都不该发作，这一信念本身就是避免发作愤怒的主要矫治途径。

斯多葛学派关于激情的理论

塞涅卡和他的斯多葛学派同道们，对泛泛的激情而尤其是对

---

② 在 I 2.5 节，塞涅卡提到小孩子们跌倒摔伤自己时的"愤怒"，我们也许会认为这正是这种受挫的反应，但塞涅卡把这定义为"准愤怒"（quasi-anger)，他同时强调，孩子们的哭叫是这种"准愤怒"的反应，它表达了孩子们不免稚气的对地面、玩具或者别的没有生命的物体的责备。在 II 26.1—5，他说到对动物或者没有生命的物体——它们都是不能蓄意伤害我们的东西——发作愤怒是何其荒唐。就当代人们对愤怒的解释来看，如果一个机器出现故障，如果下雨搅和了一次野炊，或者是一条狗扰了这个野炊，人们感到愤怒并没有什么东西违背逻辑。

愤怒何以如此贬斥呢？为什么他们不能像我们今天的多数人所肯定的那样认为，即使在通常情况下要避免激情的**放纵**，愤怒、沮丧或者怨恨有时候也仍然是自然而正当的表现呢？进一步而言，在某些场合下一个人没有作出那样的反应，是不是不近人情呢？塞涅卡本人在《论愤怒》的第一部分回答了这个问题；塞涅卡行文的字里行间渗透着斯多葛学派的激情论内容，我们在此不妨把它梳理出一个简单的眉目来。

  我们在对待激情时所抱持的基本认可的态度，在柏拉图的《理想国》和亚里士多德的伦理学著作那里都有正面的论证，这一点不会叫我们感到意外。在他们之后的时代里，柏拉图哲学和亚里士多德哲学战胜了其他学说，他们看待激情的观点也就成为中世纪和现代哲学的通识，而只有17世纪伊壁鸠鲁哲学和斯多葛主义的复兴对他们构成了短暂挑战。在柏拉图和亚里士多德看来，激情或者"热情"（passion）或者"感情"（affection）——这三个字眼涵盖同一个现象——乃是对我们生活中的某些重大事件、或者是对未来的预期重大事件的评价性反应；并且，它是来自我们心灵（psyche）的某一个部位，而不是来自那个决定人之为人——因而是责任主体——的本质性的"理性"禀赋。按照这一理解来看，愤怒就是一种激动的心情，当我们强烈地感到遭受了非同小可的不公正待遇或轻蔑时，它就会出现——实际上是爆发，而毫不关乎我们的**思考**或是我们当时对所发生事实的判断为何。我们也许会想：不公正或者轻蔑之事并没有真正发生，那仅仅是一个误会，激动不安是毫无道理的。但是，我们心灵的另一"部位"却一而再、再而三地说：它就是发生了！即使"我们的理性告诉我们说"我们并没有遭受作践，我们还是会有被作践的感觉。

  从这个观点来看，激情是一股不由自主的力量，"我们"——作为必须审时度势的理性而负责任的主体——对它并非主宰，有的时候我们就不可能控制住这股力量。结果就是，我们会嘲弄我们自己良好的判断力，并对那些不值得愤怒的事情——以及我们当时自己判断认为不值得愤怒的事情——作出愤怒反击。当然，情况也常常是这样，即我们所以发作愤怒，是因为它完全符合我们对所发生事情、对我们的遭遇和我们应当如何反击的判断，在这种情况下，愤怒可以被视为对"我们"的帮助。③ 但是，我们既然要做负责任的成年人，既然要根据我们自己对真实和至善的判断来抉择，我们就要学会控制，不叫我们的激情任性发作，除非在我们审时度势的场合和把握得体的限度上。在柏拉图和亚里士多德看来，伦理自律在很大程度上在于我们要逐渐地陶冶心灵的那一个"部位"，直到我们不再因为外在情势而冲动到不可收拾的地步，以至于陷入"我们"——作为理性和算计的主体——认为有失分寸的激情中来。

斯多葛派哲学家反对这种关于激情是什么、它与本质的"理性"禀赋的关系、它如何影响一个人的行为、进而一个负责任而理性的成年人需要什么样的修养等的学说。④ 他们认为——实际上柏拉图和亚里士多德也这样认为，不管什么时候，我们由于激情的冲动而作出了"我们"（即我们身体之内那个理性的、算计的、负责任的主体）所不能接受的事情，我们都要不折不扣地为我们的所作所为承担责任。但是，在柏拉图和亚里士多德看来，责任乃是基于我们当时没有控制住我们自己，或者再往前说，基于我们事先没有养成控制这一本能冲动的能力。实施这一行为的不是我们身体内部那个理性的、算计的主体，确切地说，我们心灵中那一别的"部位"才是爆发力量之所在，这力量就体现在发作的激情之中。"我

---

③ 塞涅卡有好多言辞来反驳柏拉图—亚里士多德学说的这一结论，即愤怒常常帮助我们作出正确的伦理判断，并——举例来说——惩罚那加害者（I 7, 9, 17; II 6—9）。

④ 关于斯多葛学派论述激情，see Long-Sedley, Chapter 65。

们"所以要承担责任,是因为"我们"当时以及事先的**不作为**。

在斯多葛派哲学家看来,柏拉图—亚里士多德的心理学分析及其道德甚至法律归责的逻辑,是完全不能被接受的。他们认为,当人们在激情冲动之下行事荒谬,如果坚持说"他们"(理性的、算计的、负责任的主体)并没有真正地参与其中,"他们"不过是应当干预、而没有做到干预并阻止这一行动,这个解释方式本身就是荒谬的。尤其是,这个解释会成为人们的托词,最终贻害自己。以愤怒为例,真实的情况是:"他们"在因为冲动而身不由己地作出有悖于良好判断的举动之前,"他们自己"的观点已经彼此分歧,到底发生了什么?应当采取什么样的行动?在爆发愤怒之时,"他们"——而不是他们心灵的别的什么部位——的判断是他们遭受了侮辱,并必须以牙还牙。如果与此同时"他们"还判断说事实并非如此,那仅仅是因为"他们"的两种观点彼此分歧,"他们"还不能决定顺应并坚持哪一个观点。当他们最终"身不由己"的时候,那主张报复的观点在"他们"那里占了上风;"他们"采纳了这个意见,并充分坚持了这个意见,直到决定行动,进行愤怒地报复。自始至终,这个理性的、算计的主体实际上一直在参与行动。如此说来,没有谁可以为自己轻松地开脱,说什么"是魔鬼(也就是躲藏在心灵的某一个部位的愤怒)叫我这么做的!"⑤也许仅仅是刹那的抉择、刹那的情势判断导致了这个发作,这个情势在此前片刻也不能被预见,而且在发作之后也许马上就会对这个抉择感到懊悔不迭,但是,这个主体自己的抉择、这个主体自己对情势的判断——而不是别的什么东西——要对这个行动负责。所以,斯多葛派哲学坚持认为,激情乃是"理性"禀赋本身可能陷入其中的一种状态。它

---

⑤ 再后来,基督教修道院作家做得更为彻底,他们把道德缺失的原因彻底外化,把它归咎于拟人化的"邪恶的精神"(也就是贪吃、通奸、懒惰、愤怒以及别的基本罪孽),而不是归咎于心灵中较为次要部位上什么东西。这两种解释理论所针对的遁词在根本上是一致的。

们是对我们生活中重要事件的评价性反应或者预期,并且它们体现着我们的"理性"禀赋本身所坚持的观点。⑥

但是,斯多葛派哲学走得还要更远。在柏拉图—亚里士多德的学说看来,道德自律的最终目标是锻炼他们所谓的心灵之另一"部位",直到它不再为外界情势所激动,**除非**在我们审时度势的场合和把握得体的限度上。但是,塞涅卡确切地指出,(19.2),这个说法意味着总是有那么一些场合,激情发作得很是适时,当此之时,"理性"禀赋是认可这一发作的,并且实际上是有理由、有节制地利用了这一激情对外在环境作出反应,而这个外在环境也正是"理性"禀赋和那个"部位"要共同面对的环境。对这个说法,斯多葛派哲学家也是不遗余力地反对。在他们的学说中⑦,对一个"人"来说唯一能够称为善或恶的东西,乃是他自己的心智状态,只有这个东西才堪当人的终极追求。对一个"人"来说,所有外在的东西都是次要的;第一重要的乃是他对待那些东西的方式:他如何接近它们或者如何摆脱它们。换言之,真正重要的乃是一个人在心智上如何看待它们。但是所谓的激情,总是针对诸般外在之物而发作,针对一个人的境遇而发作⑧:一个人感到别人轻贱了自己或者自己珍视的某人某物时,就会愤怒;一个人对父母或者友人的辞世感到悲哀;一个人为在某个竞赛中夺冠而欣喜;一个人为他的孩子取得的成绩或者成功而骄傲;一个人为自己面临的困难重重或者自己的无能为力而沮丧或者焦虑。进一步而言,激情(既然其定义就是亢奋或者压抑——总归是偏执——的心智状态,甚至从外表看来)揭示出一个事实,即所有这些事情都实在重要。当一个人为死者哀

---

⑥ 当然,这并不是说一个人的"理性"禀赋只有这一种发作激情的观点;他还尽可以同时持有别的观点——不管是如何地摇摆不定还是犹犹豫豫。

⑦ 参见"全文导读",p xxiii。

⑧ 在希腊语中,表述"激情"的标准单词是 παθος,它原本的意思是对一个人"所发生的事",他或她所遭遇的事情。

伤时,他感到孤立无助,生活失去了价值,他再也找不到开心的理由。而成功或者被赏识所带来的骄傲,或者由于挫折或者不被赏识而生出的怨恨,会叫一个人感到整个生活都大放光彩或者枯萎凋零。但是,如果斯多葛派哲学家所言不虚,一个人心智状态上的涵养才是终极追求的唯一内容的话,那么,那些反应实际上统统都被夸张了。对身外之事反应如此,就表明一个人心智上的过分和荒谬。

  一个人对生活中诸般际遇作出如此激情冲动的反应,这无异于向人们表明,他的心智状态缺少了某些涵养,而在斯多葛派哲学看来,那正是人类终极追求中不可或缺的东西。故此,一个人要彻底远离激情,这具有真正重要的意义。因为对一个人来说,所有的激情都是不得体的表现,"外在"之物对其生活的真实意义不当如此,"外在"之物对其心智状态的影响也不当如此。一个希望按照自己的判断——何者为真、何者至善——来生活的负责任的成年人,必须学会不要用激情化的、也就是被扭曲的方式来看待事情。斯多葛学派强调彻底根除激情,至此,他们的基本观点已经全部解释清楚,但是我们要知道,这些说教仅仅适用于那些"激情"式的——也就是偏执而过分的——情感、欲望和其他反应。冷静而理性的欲望、生活面临威胁时的理性审慎、和用在惩罚邪恶的理性决心,这些则是完全可以接受的,斯多葛学派理论实际上正是要倡导这些内容。⑨ 从这一点来看,不难理解塞涅卡何以把愤怒视为最糟糕的激情。它是最偏执、最暴力的激情,也最容易叫人们行事悖谬,违背他们"良好的判断"。

---

 ⑨ 参见 Diogenes Laertius, VII 116。

愤怒之矫治

我们已经知道,斯多葛学派把愤怒以及别的激情视为人的理性能力脱离了正轨,确切地说就是反常,而不是心灵中别的什么部位发出的冲动。相应地,他们的矫治手段是强化和矫正这个理性能力。他们不施行"非理性的"(non-rational)治疗——即那种不需要患者自我反省的治疗方法,如用来缓解愤怒情绪的音乐。塞涅卡作为一个斯多葛学派的人物,也不会像普鲁塔克(一个柏拉图学派的信徒)所做的那样,利用一种专门的方法来锻炼心灵中那个"非理性的"部位,直到它的反应合乎理性所作出的正确判断。因为,斯多葛学派把各种的激情都等同于理性能力所作出的"判断"——或者更确切地说是"错误的判断"。他们的矫治方法是用正确的判断取代错误的判断,并且通过改造并加强理性能力,尽可能稳固地提供正确的判断。

在斯多葛学派看来,任何激情实际上都包含了一个双重的错误判断。一个是对过去或者未来的重要事件的反应,它包含着对这个事件的善恶价值判断——例如,你孩子的死亡是一件十分可怕的坏事情。但是,克吕西波认为,这其中还必然有一个进一步的判断:在叫悲伤等激情爆发之前,你必须进一步作出判断认为,作出悲痛之举并撕扯自己的头发是正确而适当做法,更确切地说是你理性的义务。所以,斯多葛学派对任何激情的矫治方法都要落实到两层说服道理上来。首先,必须叫那个遭遇激情的人认识到,无论什么事情已经降临或者即将降临到他的身上,它都不是他想象的那样好、或者那样坏;其次,即使它是那样好或者那样坏,他自己的激情反应总归是一个很糟糕的过失。在克吕西波看来,这第二层道理的意义更为重要得多,因为它可以适用到那些善恶判断标准有别于斯多葛学派的人们身上。⑩ 与此差不多,在塞涅卡的《论愤怒》中,最重要的矫治手段就是尽可能有力地叫我们认识到,愤怒是如何地令人厌恶、可怕而又危险。第一、二卷开头处和第三卷结尾处的几个段落措词华丽,它们所说的内容也正是整个作品前半部关于愤怒之理论探讨内容的主旨。

在塞涅卡把话题明确转移到矫治建议上时,这两层说服的内容就不再严格区分了。⑪ 第二卷后半部分的核心章节(第26—34章)建立在愤怒的这个定义上,即"向那个对你施加了不公正伤害的人施以惩罚的燃烧着的欲望"——这个定义在第12节被归功于波昔冬尼(Posidonius)。塞涅卡系统地提出了一连串的反思意见,指出你实际上并没有被"伤害"(26 f., 29 f.),你没有遭遇任何的"不公正"(28,31.1—5),而对冒犯行为"施以惩罚的燃烧着的欲望"则是心胸狭隘的、有失人性而且不明智的、丑陋而且危险的,在任何情况下你都不应当抱有这样的欲望。⑫

应当注意的是,这一连串的意见都明确针对一个复杂的心理过程中的一个阶段。在这个相对短暂的时间里,也就是你感受到挑衅并决定如何作出反应时,这些意见最具有针对意义。但是,在发作愤怒的过程中,还有一个较早的和一个稍后的阶段,塞涅卡对这两个阶段也提出了有益的建议。首先就是,你可以事先做很多的预防工作,防止发作愤怒的性情和倾向。针对"易怒性"(irascibility)就像针对愤怒之发作一样,也有很多的矫治方法。塞涅卡给出了两种预防方法。你可以给孩子们培养出一副好的脾性⑬;而作

---

⑩ 参见 SVF III 474。

⑪ 接下来的文字极大地倚重了 P. Rabbow 敏锐的分析内容,P. Rabbow, *Antike Schriften zur Seelenheilung und Seelenleitung* I, (Leipzig and Berlin 1914)。

⑫ II 31.6—36。这些章节所包括的内容(例如对"心智的强大"的看法),很多都是前面"理论的"部分的重复加工(参见 31.6, n. 48)。但在第三卷就要结尾的地方(24—38),这些内容又被拿回来说了一通。

⑬ 这是 II 19—21 章的话题,并且那很可能是波昔冬尼的言论。

为一个没有接受特殊培养的成年人,你也可以进行一定的自我修养,尽力叫你自己少发脾气。例如,"不要轻信人们说的全部事情"(II 22—5),"不要任性和过分敏感"(25),"不要因为做了太多的事情而疲惫不堪"(III 6.3—7.2),"选择容易打交道的朋友"(III 8)。但是,还有一个阶段是你已经被激怒了,你能感觉到你自己正在愤怒起来,但尚未发作。塞涅卡在这里稍稍重复了一下他的建议:"这个时候不要做任何事情——甚至都不要表现出你的愤怒。"⑭这个建议有双重目的。在开始的时候,这可以预防你由于愤怒而作出任何可怕的事情来。(塞涅卡举出大量的例子说明,这样的行为会是如何可怕。)同时它也是对这个激情本身的矫治手段。抑制愤怒的表情,也就抑制了愤怒本身。用一个比喻来说就是,你"切断了它环行的线路"。⑮

塞涅卡在使用这些材料时,可远远没有我们这里的陈述所力争做到的清晰条理。愤怒也许是"理性"能力的一种状态,一个人正是通过其理性能力来决定相信什么、如何行动。但是,如果你认为仅仅凭着这个辩论说服,就可以治愈一个人发作愤怒的癖性,或者叫他在被激怒的时候克制住愤怒的发作,那么你就实在天真了。(实际上塞涅卡和别的斯多葛学派哲学家也不这样认为。)人们可以拒绝接受一个辩论过程所得出的结论,尽管他们找不到任何合适的反驳理由。那倾向于发作愤怒的人可以不管不顾地拒绝听取任何解释理由,或者如果他事前是肯于倾听的,但一旦感到受了羞

---

⑭ 特别参见 III 10—13。
⑮ 和《论愤怒》中别的矫治方法不同,这一个"非理性的"(non-rational)机械式矫治方法,比斯多葛学派的历史还要久远。我们找到一些类似的材料,可以追溯到毕达哥拉斯的门徒那里——他们比芝诺早一代人的时间(参见后文 III 10 的有关内容)。对塞涅卡所论述的这个阶段来说,这个矫治方法的意义很容易解释。相比于别的激情而言,愤怒更能扭曲你的判断;而一旦你陷入愤怒的情绪影响中,你就不再能进行有条理的思考;于是理性的矫治手段也就成为不可能了。那么,剩下的唯一手段就是叫每一件事情都"隐忍不发"。

辱,就又不肯听了。他需要**训练**他的"理性"能力,巩固它,强化它,以便叫他学会本能地、自动地把他自己或者别人的理性给他揭示出来的正确的东西,当做真理来接受。塞涅卡的《论愤怒》就为这样的道德和智力训练提供了一个论证说明。它不免啰嗦而夸张的雕饰辞藻,大量堆砌的历史典故[16],反复不断的主题交织,还有它无休无止的重复——这固然叫整个辩论拖泥带水,但却给人们留下清晰的印象——方方面面,用意都在于教育读者。它们的目的不是仅仅叫读者理解塞涅卡要说的是什么,而是要叫这理解深深地嵌在他的心底,叫他再也不要沦为愤怒的牺牲品。

学术背景

古希腊罗马时代关于愤怒的著述有很多。我们所知的以"论愤怒"为题著述文章的,就有犬儒传教者彼翁(Bion,约公元前325—255年),斯多葛学派的安提帕特和波昔东尼,和塞涅卡的老师索提翁(Sotion),伊壁鸠鲁学派的斐洛德摩(Philodemus of Gadara),还有普鲁塔克,以及塞涅卡本人。(其中后三位作者的著述流传下来。)以"论激情"为题的著述也有很多,其中最为著名的是克吕西波的文章。这个文章包括三卷关于激情的"理论"问题探讨,和一卷[17]的矫治方法。塞涅卡的《论愤怒》也是这样,此类著述的通行格式就是理论在前,继以实用建议。[18] 看来肯定无疑的是,塞涅卡在写作时参考了克吕西波的《论激情》和波昔东尼的

---

[16] 就此参见 R. G. 梅耶(R. G. Mayer),"塞涅卡作品中的罗马历史典故"(Roman Historical Exempla in Seneca'),Entretiens Hardt 36(1991),pp.139—71。

[17] 或许该卷是一个独立的著述:关于克吕西波论述激情的有关事宜,我们主要参照了嘉林(Galen)的资料,而他在这个问题上有些叫人摸不清头绪。

[18] 西塞罗在其《图斯库兰谈话集》(Tusculan Disputations)的第三卷、第四卷中采用了同样的格式。

《论愤怒》。[19] 他应当还参考了他的老师索提翁的《论愤怒》,他有一个段落看来就是在援引老师的话[20];他还在两个段落中提到了罗马哲学家绥克梯乌斯(Sextius)(公元前 1 世纪)[21],其中第一段看来是摘录的某个专门论述愤怒的章节。

塞涅卡所借鉴的资源就这么多。[22] 塞涅卡的文章,是唯一一个基本完好地保存下来的斯多葛派哲学家论述愤怒(或者说一般的激情)的著作。它表述华丽,旁征博引历史典故,并避免循规蹈矩的技术细节,对富有学养的一般读者而言颇具魅力。这些特征以及塞涅卡式的重复拉杂,也许会叫哲学家们感到无奈,但是,这篇论文随笔用一种令人赞叹的细致笔调,描绘出"古老的斯多葛学派"和"中期的斯多葛学派"对愤怒以及其他激情的解析,并尽可能地提出了实用建议。我们也许会惋惜,公元前 3—1 世纪之间克吕西波、波昔东尼以及别的斯多葛学派职业学者的希腊文著述没有保存下来,但是,塞涅卡的《论愤怒》尽管不合乎技术性规范,仍不失为斯多葛学派就伦理和道德心理进行哲学思考的绝好典范。

政 治 背 景

为什么有如此多的著述论及愤怒?为什么像塞涅卡的兄长诺

---

[19] 他实际上并没有提及克吕西波,并且只是在由拉克唐修(Lactantius)保存的第一卷阙文部分才提及波昔东尼(参见后文 I 2.3)。他也许看见过波昔东尼那个明确称作"论愤怒"的作品,对于这个作品,我们除了题目之外一无所知,这个题目还是来源于孟菲斯出土的纸莎草文献上(公元 3 世纪),参见 Fragment F36 in L. Edelstein and I. Kidd, *Posidonius I: The Fragments* (Cambridge 1972). See Kidd's comments, *Posidonius II. The Commentary* (Cambridge 1988), I pp. 178—9。

[20] 在 II 10.6 处,他重述了索提翁的《论愤怒》中一句话,斯托贝斯(Stobaeus)(III 20.53)收集的内容可以印证这一点。

[21] II 36 和 III 36。

[22] 在 19 世纪和 20 世纪早期,学术界都在追问这个资源问题,他们相信像塞涅卡这样的作家,只可能是抄袭并糟蹋了某些更为优秀的前人的著述。关于最近一个这样看待塞涅卡的例子,see J. Fillion-Lahille, *ANRW* II 36.3, pp. 1619—38。

瓦图斯这样的一个人需要这么一个著述？我们无须假定古罗马人和希腊人的脾气比我们要坏。但是，在古代，某些人滥施淫威的可能性看起来确是远远超出现代社会的人，在现代社会暴力是专制政府特有的现象。那些掌握权力的人一旦雷霆震怒，便是灾难无边。自从在特洛伊战争中，阿基里斯的愤怒"给阿凯安人带来数不清的不幸"以来，这就是一个浅显易懂的道理。但是，在权力独裁的地方，愤怒导致的灾难后果才真正明显。那些君主——波斯的、希腊的和罗马的——的淫威，就是愤怒导致残暴的非常例证。这就是为什么塞涅卡讲述了那么多关于冈比西斯（Cambyses）、大流士（Darius）、薛西斯（Xerxes）、亚历山大大帝（Alexander the Great）和当地暴君卡里古拉的故事。[23]（《论愤怒》此处提前论证了仁慈——凶残的对立物——的可贵，那是以后的《论仁慈》的内容。）但是，小的人物也有机会制造大的灾难，尤其是当他属于罗马统治阶级时，诺瓦图斯就处在这个位置上。在他供职期间，一个行省总督[24]拥有君主的权力、以及军事力量。即使在个人私下的生活中，这个阶级的人物都实际上享有君主一般的权力，不免颐指气使甚至虐待他的众多附庸和奴隶——只不过有的时候这会是一种危险。[25] 他一旦发作愤怒，就会给社会带来很多的麻烦，尽管作为那个时代的一个道德说教者、一个斯多葛学派的人物，塞涅卡更为关心的是愤怒对其人自身的野蛮影响。

诺瓦图斯作为这个阶级的一个代表，看来正是《论愤怒》一文

---

[23] 特别参见 II 33.3—6, III 16—20。

[24] 如那个容易愤怒的格涅乌斯·皮索（Gnaeus Piso）（《论愤怒》I 18. 3—6）。另一个有着邪恶脾气的行省总督的例子是西塞罗的兄弟昆图斯（Quintus）。参见西塞罗，《致兄弟昆图斯的书札》（*Letters to his Brother Quintus*）I 1.27—9, 2. 5—7。

[25] 参见 III 5.4 和 III 40.2—5 中费迪乌斯·朴立奥（Vedius Pollio）的故事。

面向的对象。㉖ 无论如何,塞涅卡的建议看来是相当成功的——或是它压根儿就没有必要。作为亚该亚的总督,诺瓦图斯在审判格林多地方的犹太人和使徒圣保罗的官司时,表现出的克制和技巧令人称赞(使徒行传,18:12—17)。㉗ 他因为他的"优雅"而被后人称颂。㉘

㉖ 他似乎并没有什么愤怒方面的麻烦(参考塞涅卡,《自然问题》(*Investigations into Nature*)4 Praef. II. Fillion-Lahille (ANRW II 36. 3 , pp. 1616—19)认为,《论愤怒》实际上是为新近做了皇帝的克劳狄乌斯而写的,这个新皇帝有些残忍,他在登基的时候声称,他的愤怒"持续的时间不会很长,且不会有害,而且不会是无缘无故的"(苏维托尼乌斯,《克劳狄乌斯传》(*Life of Claudius*)38.1.)。

㉗ See Griffin, p. 83 and n. 5.

㉘ 塞涅卡,《自然问题》(*Investigations into Nature*)4 Praef. II; Statius, Silvae II 7. 31f.

第 一 卷

序 言*

愤怒有多可怕

1 （1）诺瓦图斯，你叫我写点什么，谈谈如何平息愤怒。我想，你这样格外地担心愤怒这个东西，你是有道理的；愤怒乃是所有激情（emotion）中最为可怕、最为疯狂的那个东西。别的激情或可包涵些许的平静和隐忍，愤怒则是十足的冲动和发作。这是一股出离人性的狂乱欲望，它要晓以颜色，它要血债血还，它无所顾忌但求加害，愤怒有如利刃，叫那快意复仇的人也毁灭自己。

（2）于是，有明于事理的人就把愤怒形容为"短暂的疯癫"[①]；

---

* 本英译本中卷下的各章节标题系英文版编者所加。

[①] 比较贺拉斯（Horace），《书札》（*Epistles*）I 2.62；监察官加图在普鲁塔克笔下的言辞（《国王和将军语录》（*Sayings of Kings and Generals*，199a），斐洛德摩（Philodemus），《论愤怒》（*On Anger*，XVI 36—20）。把愤怒和疯狂联系起来是一个常见的事情，而不论是言简意赅还是长篇大论，参见塞涅卡《论愤怒》I 1.3，II 25.1，35.5，III 1.5，34.2；西塞罗，《图斯库兰谈话集》（*Tusculan Disputations*）IV 77；柏拉图，《法律篇》934d；亚里士多德，《尼各马可伦理学》1147a 15—17；伊壁鸠鲁，Fragment 484 Usener, etc. 在现代英语中，当我们说某人"疯狂了"时也还做这样的联系。

那种不管不顾的行事方式,它们如出一辙。不顾体面,没有信守,一意孤行,刚愎自用,激愤于荒诞不经,哪管它是非曲直,这就是愤怒,它颇有那种鱼死网破的狼藉之相。(3)如果你肯于观察,你就可以发现:叫愤怒附体,人就疯癫了。疯癫最明白的表现是,眼神偏执而咄咄逼人,脸色阴郁,形象狰狞,举手投足猝不及防,怒极而喜,气喘如牛。而愤怒的标志也正是那样:(4)眼睛要冒出火光来,脸色紫红,血脉贲张,嘴唇颤抖,牙关咬紧,毛发根根直立,呼吸嘶嘶作响,语不成句,或沉吟或咆哮,四肢僵硬,又击掌又顿足,整个身体都随时暴起,"恐怖有力仇恨的模样"②,那是一个自甘堕落的、扭曲变型又狰狞骇人的脸,你简直就不知道该说它可憎呢,还是说它丑陋。

(5)别的激情或可以掩饰,深藏不露。愤怒则是堂而皇之,它就表现在脸上;并且越是厉害,它就越是堂皇。你知道,任何动物在直立起后腿准备攻击的时刻,都会有先兆;当它就要爆发野性的时候,它的整个身体就不再是那种恬然常态。(6)野猪会咬牙,会磨牙,嘴角会泛起泡沫;公牛会晃动犄角,践踏沙地;狮子会嘶吼;毒蛇会鼓起脖子;而患了狂犬病的狗则阴森恐怖。愤怒降临,没有哪一种动物不会野性十足地展示凶猛。③ 我知道,别的激情也很难掩饰。欲望、恐惧和沾沾自喜亦有其迹象,可以事先预见。实际上,那些来得更为强烈的波动在出现之前,都会在脸上有所表现。这样说来,既然别的激情也是要暴露出来,它们彼此有什么差别吗?愤怒到底最是突兀。

---

② 原拉丁文看来是押韵诗的残句,不得而知。
③ 在斯多葛学派看来,严格地讲,动物不会有愤怒体验(参见后文,I 3. 4—8)。因为它们不能理性地思考,它们不能持有信念,所以,它们任何被激起的残暴感觉都本质上异于人类的愤怒。根据斯多葛学派的观点,后者乃是基于这一信念而产生,即一个人受到了不公正的对待(参见后文"愤怒的定义",I 2)。但是,塞涅卡要把这一字眼适用到动物相应的心理状态上也未尝不可。就如他在《论恩惠》II 34.1—5 中所坚持的那样,这种引申式的用法是一种类比和比拟,它既合乎实际需要也完全恰当得体。

2 （1）就看它的后果和它可能导致的损失吧。还不曾有哪场天灾有甚于愤怒者，给人类造成更为悲惨的下场。你会看见屠杀、毒害，看到低级法院里充斥着指控和龌龊的倒打一耙，城市夷为平地，整个国家沦为废墟，那些有着君主身份的人也在光天化日之下被拍卖为奴隶，城门失火且殃及池鱼，大片大片的土地为外侮付之一炬。（2）只要你肯留心就会发现，多少通都大邑都已颓废成土，不留遗迹——是愤怒摧毁了城池；沙漠绵延，荒无人烟——是愤怒洗劫了生机。再看看那因为其霉运而留在人们记忆中的首领们——愤怒把一个人刺杀在他的床上，另一个被槌杀在盛大的宴席④，第三个人则在法庭里当着众审判官的面而被撕碎⑤；愤怒叫一个弑父的人血淋淋地杀死他的父亲，叫一个奴隶亲手割断他贵为人君的主人的喉咙，愤怒把第三个人大张四肢地钉死拷问。⑥（3）历数这许多，我们还只是数落的那些单个受死的人。如果你要把这些死于愤怒火焰的个人放到一边，情况会是怎样呢？那就看看屠刀之下血流飘杵的事吧，看看那受命屠戮平民的军队，还有那些不问青红皂白被统统处死的人们……⑦

【愤怒把所有至善至义的东西都颠倒过来。无论是谁，一旦叫愤怒附体，就会忘掉自己所当为。愤怒所至，父亲成为敌人，儿子要杀死父亲，亲娘沦为继母，公民变成寇仇，国王也要成为暴君。】

---

④ 或许影射的是亚历山大大帝的朋友克里图斯（Clitus）的命运（see III 17.1）。
⑤ 据 Lipsius 认为，此处或许影射的"同盟战争"结束时保民官阿瑟利奥（Asellio）在公元前89年受私刑一事（阿庇安（Appian），《内战记》（*The Civil War*）I 54；Valerius Maximus, IX 7.4）。
⑥ 或许影射亚里士多德的庇护人、阿塔内斯的僭主赫米亚斯（Hermias），他在公元前341年因为和马其顿结盟而被大流士三世钉死在十字架上。
⑦ 此处阙文。我们根据后来作家所显然援引此处的文字而补充两个段落。该第一段取自西班牙布拉加的枢机主教马丁（Martin of Braga）（6世纪）的《论愤怒》第二卷。

问　　题

愤怒是个什么东西？

【愤怒乃是"燃烧着的进行雪耻的欲望"，或者按照波昔东尼的说法，是"向那个对你施加了不公正伤害的人施以惩罚的燃烧着的欲望"。有人这样定义它："所谓愤怒，就是一种心智激动状态，它要对那作出伤害或意欲作出伤害之人施以伤害。"⑧】

（4）……似乎逃避我们的看护或者鄙夷我们的权威。⑨ 你可能会说，告诉我，民众为什么对角斗士们发作愤怒呢，并且那愤怒真是不公正⑩，角斗士们拒绝死亡，这民众都会感到被伤害了？民众断定自己是被轻视了。从表情、姿态和狂热上来看，民众从看客变成了敌人。（5）这算是什么呢，它反正不是愤怒。它是一种**准愤怒**，就像那跌倒的孩子想要捶打地面的表现一样。他们常常不知道他们为什么愤怒——他们**就是**愤怒了，没有原因，也没有被冒犯，但是确有某些被冒犯的印象⑪，确有某些惩罚的欲望。所以，他

---

⑧　这三个定义来自拉克唐修（Lactantius，公元4世纪早期）《论神的愤怒》。实际上，拉克唐修从塞涅卡那里摘引了四种定义，因为他（在这三个之后）还接着摘引了3.3："亚里士多德的定义和我们的定义相差不多：他说'愤怒乃是燃烧着的偿还痛苦的欲望'。"在这些定义中，第一种是古希腊哲学中最为一般的说法，第二种是经过斯多葛派波昔东尼（公元前1世纪）修正的定义，第三种可能是伊壁鸠鲁学派的定义（比较于斐洛德摩（Philodemus）的《论愤怒》XLI 29 f.），而第四种来自亚里士多德的《论灵魂》（403a 30 f.）。塞涅卡的成就在于综合了这几个定义；他关心的不是这几个定义之间的区别，而是它们的共同之处，这就是"报复"。在《论仁慈》II 3，他也是用这种综合的办法定义仁慈。

⑨　我们此处的推断是：塞涅卡正在检讨上述各种定义的反对意见，例如，当一个角斗士受到另一个角斗士的攻击时，人们会对这个角斗士"愤怒"地咆哮，但是，根据那些定义，这显然不能算作愤怒，因为这些人并没有受到伤害。

⑩　对波昔东尼之定义的一个挖苦。

⑪　一个专门术语。斯多葛派哲学论述激情时，心智接受"印象"（希腊文是 φαντασια）并发出"同意"（希腊文是 συγχαταθεσιξ），于是发起"冲动"（希腊文是 ορμη）或者激情反应。进一步参见 II 1—4。在斯多葛派哲学看来，儿童还不能进行理性的思考和抉择，他们非理性的发作充其量类似（成年人的）愤怒，却又和愤怒不是一个东西。

们就用虚张声势的捶打欺骗自己,在假想的求饶的眼泪中快慰自己,这种虚假的报复也就驱散了虚假的不幸。

3（1）也许你会说,"我们的愤怒,常常不是对那已经伤害了我们的人,而是对那将要伤害我们的人;这就向你表明,愤怒并非基于冒犯而产生。"⑫不错,我们对那将要伤害我们的人发作愤怒,但是,它的真正用意在那实施伤害行为的主体。任何人,只要处于即将加害的状态,就等于已经开始加害。（2）也许你会说,"有一种事实是,最弱小的一方常常对最强大的一方愤怒,而这显然不能实施惩罚行为,于是你就可以知道,愤怒并不是进行惩罚的欲望。"首先,我们说那是一种实施惩罚的**欲望**,而不是能力;事情当然有可望而不可即的时候。其次,还没有谁卑微到**想都不能想**叫那最高大的人物遭受惩罚的事儿。当下手报复的机会到来,我们每一个人都是孔武有力的人。

（3）亚里士多德的定义和我们的定义相差不多⑬:他说"愤怒乃是燃烧着的偿还痛苦的欲望"。这个定义和我们的定义有什么区别,要解释清楚得花很长的时间。也许你对我们两方的定义都不赞同,你会说动物在没有被虐待挑唆的时候就会发作愤怒,它们甚至没有进行惩罚或伤害什么的想法。那也许仅仅是它们干了什么;而不是它们想干什么。（4）对这种说法,我们必须指出,野蛮动物的所作所为不算愤怒,只有人才能够愤怒。愤怒也许算是理性的敌人。这样说来,没有理性也就没有愤怒。野蛮的动物只有冲动,只能发作一阵子的疯狂、凶猛和进攻。但是它们不会愤怒,正如它们不会耽于享乐,尽管它们比起人类来更不会节制。（5）所以,我们没有理由相信这个诗人说的这些话:

---

⑫ 这个反对意见看起来来自那些接受了第三种（伊壁鸠鲁）愤怒定义的论辩对手。此后的反对意见也许出自同一渊源。

⑬ 塞涅卡说话的身份是一个斯多葛派哲学家,此处以及Ⅰ6.5以及其他地方出现的"我们的"一词,意指"我斯多葛派哲学家的"。

> 野猪忘记了它的愤怒,野鹿仰仗着它的速度
> 还有那个狗熊,它把健硕的雌牛追逐。⑭

他所谓的"愤怒",意思就是"兴起"、"冲撞";野猪不懂得宽恕,也不会懂得愤怒。(6)动物没有语言,也没有人类的激情,尽管它们的某些冲动和人类激情相似。难道不是这样吗,如果它们能够爱和恨,它们也应当能够拥有友谊和宿怨、分歧与和睦。所有的这些,动物身上也只是有一点儿的痕迹而已。它们真正属于人类心底里的善与恶。(7)这世间没有哪一种受造之物,像人这样被赋予了精明、远见、慎重和深思熟虑;它们不仅被排除在人类的美德之外,它们也没有人类的邪恶。⑮ 它们的整个结构,从内到外都异于人类;它们的"统治本源"(ruling principle)⑯也完全不一样。每个动物都会发出一种声音,但那却是一个不适于清晰表达的声音,含混而不成其为语言。它们也都有舌头,但那舌头不能做灵活的运动。动物灵魂(soul)上的统治本源也是这样,它本身还不够精致。它所接收的外界图形和印象足以唤起冲动,但这却是杂乱无章的。(8)这些冲动开始也许是强烈的,但是它们不能导致焦虑、悲伤或愤怒,而只能是某种类似这些激情的东西。这就是为什么它们会迅速消退,并颠三倒四地彼此转换。那些动物,刚刚还在异常的狂暴和惊骇之中,转而就吃东西;刚刚还在四处狂奔和咆哮,一下子就老老实实地入睡了。

4 (1)愤怒是什么,我说得足够多了。"愤怒"和"一个人容易愤怒"的区别也就很明显了。这区别正如醉酒和酒鬼的区别,正如吓一跳和胆小鬼区别。一个叫愤怒附体的人,不一定是容易愤

22

---

⑭ 奥维德(Ovid),《变形记》(*Metamorphoses*) VII 545 f。

⑮ 出现在柏拉图《拉齐斯》(《论勇气》,*Laches*) 196e—197b 处的苏格拉底,已经预见了斯多葛学派会否定动物拥有美德或邪恶,因为它们对任何事情都没有知识或理解。

⑯ 这是斯多葛派哲学的又一个专门术语:本源(希腊文是 ηγεμονιχον),在斯多葛派心理学中指灵魂的"命令中心",它是感知、冲动和思考的场所。

怒的人;容易愤怒的人有时候并不发作愤怒。(2)在希腊文中,有众多的名词分别指代彼此各不相同的某一种愤怒,我就不再赘述了。⑰ 我们的语言缺少对应的词汇,尽管我们也会说某个人"尖刻"和"辛辣",以及"暴躁"、"狂乱"、"叫嚷"、"怪癖"或"乖张"——所有这些都属于愤怒啊。(其中你还可以加上"疑神疑鬼",这是又一种畸形变态的愤怒缘由。)(3)有的愤怒大喊大叫着就平息下来;有的则没完没了;有的动手不动口;有的一通诅咒叫骂就发泄完毕;有的光是抱怨和怒骂还不能拉倒;有的却是阴沉着闷不作响。五花八门的病态,还可以接着说上一千个样子来。

愤怒是自然的事情吗?

5 (1)我们问过了愤怒是什么,是不是别的动物也会愤怒,愤怒本身和容易愤怒有什么不同,有多少种愤怒。现在,我们要问一问:愤怒是否合乎自然,是否有所裨益,以及是否在一定程度上值得肯定?

(2)愤怒合乎自然吗?如果我们打量一下人的样子,答案就很明白了。当一个人心智明朗的时候,有什么比他更温文尔雅?但愤怒附体,有什么比他更残忍?有什么比人更关爱别人?但愤怒附体,有什么比他更具敌意?人为了相互帮助而降生世间,但愤怒叫彼此打碎砸烂。一个叫大家择善睦邻,另一个却是以邻为壑。一个志在帮助,另一个却在伤害;一个甚至要救助那素不相识的人,另一个在最亲密的人面前也会大光其火。人啊,他甚至会舍生取义,但当愤怒附体,一切都将成为灾难。(3)自然的创造如此完美无瑕,如果要把这个野蛮残暴的污点加到它上面,有什么比这想

---

⑰ 罗德岛的安德罗尼柯(Andronicus of Rhodes,公元前1世纪)在他的《论热情》(On Passions)中区分了至少五种形式的愤怒(SVF III 397)。参见西塞罗,《图斯库兰谈话集》IV 21。希腊的斯多葛派哲学家以专著于这样的细节问题而著名。

法更愚昧呢？我说过,愤怒汲汲于惩罚。这样的欲望却要托庇于最为和平的地方——也就是人的心底,这断然不合乎人的自然本性。人的生活依赖于善良、和睦;当靠着相互的爱而不是恐怖结为一体的时候,人类就是一个相互扶持的集体。⑬

6 (1)"那么请告诉我,有的时候惩戒难道不是必要的吗?"当然必要！但是,这惩戒和愤怒无关,这惩戒乃是基于理性。它不是要加以伤害,而是靠伤害的形式实现矫治。为了叫那弯曲的矛柄挺直,我们要使用火;在使用楔子的时候,我们用力敲打楔子,不是要把楔子折断,而是要把它派上用场。在矫正那些扭曲堕落了的人物时,我们也是这样利用肉体或者精神的痛苦。(2)你知道,在没有什么大的问题的时候,一个医生首先尝试的治疗办法是适当地改变病人的日常步调。他从饮食和锻炼上下手,试图仅仅通过改变病人的生活方式实现康复。医生首先想到的是节制。如果这套节制的办法不奏效,他就会进一步从规定的饮食中删除或消减一些部分。如果病人仍然不见好转,他就会把病人的饮食全部拿走,饿其体肤,以求缓和。如果这些较为温和的办法不奏效,他就切开病人的一条静脉,并向他的四肢上用力,持续不断进而给病人造成感染和折磨——只要结果有益于健康,这办法就不算是残酷的。(3)与此相仿,法律监护者和国家统治者的适当做法,是尽量通过言辞并且是温和的言辞,来矫治人们的性格——规劝他们尽其义务,赢得他们的心智来追求高尚和公正,叫他们厌恶过错、欣赏美德。接下来,他应当进而使用比较严厉的言辞,但还要限于规劝和谴责。最后,他应诉诸惩罚,但这也须限于轻微的、容易恢复的惩罚——极刑只能用于极端的犯罪;除非死刑对被处死者本

---

⑬ 在斯多葛学派看来,自然规定了人类的属性是相互协作的社会动物,并献身于全人类公共的善。在《论仁慈》和《论个人生活》的开头和《论恩惠》的中心,也都出现了这一见解。

人也有益处，否则不当处死任何人。(4) 他和医生的区别在于：当医生不能挽救生命的时候，他就叫那生命在安乐中离去；但是法律监护者和国家统治者要把他处以极刑的人，以一种公开羞辱的方式处死，不是因为他喜欢恣意惩罚——有智慧的人[19]总是远离这种非人道的野蛮！而是要借此形式敬告世人。这些被处刑的人活着也与"善"无关——他们也不想有关。至少，他们的死可以帮助公共的善！[20]

如此看来，人的自然属性不是渴望惩罚；那么，愤怒也就不合乎人的自然属性，因为愤怒汲汲于惩罚。

(5) 我不妨也借助柏拉图的一些佐证——在别人的观点和我们契合的时候，援引那些观点有什么坏处呢？他说过，"伤害不是好人的功能。"[21]而惩罚的确带来伤害，所以惩罚和好人不相干。基于同一原因，愤怒也和好人无关，因为惩罚总是伴随着愤怒。如果一个人不会在惩罚中感到欣喜，他也就不会执迷于那种汲汲于惩罚的激情。所以，愤怒并非自然。

愤怒有用处吗？或者愤怒能够控制吗？

7（1）情况真的可以是那个样子吗，愤怒尽管违背自然，但常常可以为我所用？"它可以唤起并激励我们的心智。在战争中没有愤怒，勇气本身也就不能成其功勋——没有愤怒的火焰燃烧，人们也就没有胆量面对危险。"因此有人就认为，最好的方式是节制愤怒，而不是彻底根除愤怒。他们要把愤怒限制在一个得体的限度内，不叫它表现得过分，而又要有必要的保留，以求果敢的行

---

[19] 塞涅卡在使用这个字眼的时候，通常指的是理想的完人，他们修养深厚，内省不忧，无往而不适。

[20] 比较16.2—3 和19.5—7 等相似段落的内容。在塞涅卡看来，合乎人道的、理性的、矫治的惩罚，实际上可以适用到杀死幼童和集体屠杀的程度。参见15.2 和19.2。

[21] 柏拉图，《理想国》335d。

动和饱满的士气与力量。㉒（2）【好啦，】首先，根除破坏力量要比统治它更容易，事先拒绝它要比事后节制它更容易。因为，一旦这破坏力量已经形成，它就会比它的统治者更强大，就再也不能根除或者消减。（3）另外，那被赋予了统治权的理性㉓，它本身只有在远离激情时才具有力量；理性沾染了激情，它就可能已经丢失了自身。且智力（intellect）一旦被搅乱，它反而沦为那搅动力量的奴仆。（4）有些东西在刚要冒出来的时候，我们还能控制它；随后，它们就具有扫荡我们的力量，事情的进展就不可以再逆转。自由坠落的身体就没有办法控制它们自己，它们不能延缓或者阻止那个向下的过程。任何深思熟虑和悔改的打算都不会起作用，因为重力势不可挡，它们只能听之任之，叫它们不喜欢的坠落过程走完。和这个道理一模一样，如果心智屈服于愤怒、爱情和别的激情，它就再也不能节制这种冲动。它注定要被席卷而走，并顺着自己的重力坠落渊底，这是任何落体的大势所趋。

8（1）最好的做法，就是激动刚一冒头儿就把它压制回去，打消愤怒的萌芽，而不是纵容屈服。一旦它开始驱使我们偏离正轨，要回归大路就很难了。感情（affection）一旦成为一股强大的力量，我们再心甘情愿地给它一些合法的说法，那么理性就什么也不是了。从此开始，它就要为所欲为了，而不必你的允许。（2）要我

㉒ 塞涅卡在攻击亚里士多德及其同道的观点，即一般意义的美德乃是对各种欲望和激情的"平均"或者适度感知的稳定性格（参见《尼各马可伦理学》II 5—7），并且，"性格温和"这一特定美德在于根据环境需要保持适度的愤怒（上引，IV 5）。但是，塞涅卡要批驳的主要论点——愤怒在激励智力及智力美德以力量与果敢时不可或缺——并不是亚里士多德的核心要义，而充其量只是其理论的一个解释应用而已。（甚至这一点也还没有定论。）塞涅卡并不是就此攻击亚里士多德的第一人。参见西塞罗，《图斯库兰谈话集》(Tuscular Disputations) IV 43—7；斐洛德摩，《论愤怒》xxxi 24—xxxiv 6.

㉓ 在逍遥学派所赞同的观念里，理性是理性、热情是理性的乘马，这一认识追溯到柏拉图（《斐多篇》253c—256b）。而斯多葛学派——如塞涅卡此处所梳理清楚——不是把理性和激情当做各自独立的主体功能，而是同一个心智（mind）的变换之物。（参见《导读》pp.7f.）

说，敌人必须被阻击在最前线;当他们冲进城门来,他们的俘虏们就不能再叫他们接受什么"底线"。一个事实是,心智并不是站在局外,不是从外面窥探着感情,并阻止这感情积聚得过分强大——心智本身也要纵身到感情里面呢。相应地,心智此前所背叛并削弱的那个健康有益的力量,再也无由恢复过来。(3)我说过,它们并不是彼此独立、各占一隅。理性和感情,乃是心智向较好或者较坏方面的一种转化。那么,理性一旦向愤怒让步,叫自己匍匐在地,又如何能够重新振作起来呢?如果各种卑污的混合体占了上风,理性又如何从这混乱中解救自己呢?(4)也许你会说,"但是有的人能够控制他们的愤怒。"因此他们并不按照愤怒的吩咐去做事——还是某些事?如果不按照吩咐去做,那么在行动的时候,显然没有必要求助于愤怒,因为它并不是你所说的什么比理性更有力量。(5)现在谈下一个问题:愤怒比理性强大呢,还是弱小?如果是强大,理性如何能够限制它?正常情况是,脆弱的一方才会屈服。如果愤怒比较弱小,理性就无需愤怒来帮助。它自己就完全能够做好,而不需一个脆弱的盟友。(6)"但是有人在愤怒的时候就控制住了自己,安分守己。"什么时候?在愤怒自己平息离去的时候而已,而不是在它高涨之时——它在高涨之时强大无比。(7)"好啦,人们即使在愤怒中,有时候也会赦免他们憎恨的对象,不加伤害,不染一指,难道不是这样吗?他们没有及时罢休吗?"他们罢休了。但是时机呢?是在感情对抗感情,恐惧或者贪欲开始发号施令的时候。一切都安静下来了,但不是出于理性,而是基于各个感情之间一个邪恶而不可靠的弭兵协议。

愤怒在战争或和平时的用处

9 (1)还有呢,愤怒之中也没有可以利用的内容。用愤怒激励心智,不会产生作战的气概。美德不需要邪恶来帮衬;美德本身自我完满。每当需要奋勇斗志的时候,这个斗志不是在愤怒中爆发,而是要审时度势地投入到作战行动中,就如石弩射出了飞石,飞石的射程要由弓弩手掌控。(2)亚里士多德曾说,"愤怒是有用处的;没有愤怒,没有愤怒填满心智并点燃那里的狂热激情,就不能赢得一场战斗。但是,愤怒不可以当做司令官,它只能充当一个列兵。"㉔这样说也是荒谬的。如果它听从理性的命令,它就不再是愤怒了,要知道愤怒的标志就是恣意妄为。但是,如果它违背叫它按兵不动的命令,并肆意残暴,那么它在灵魂里就不是一个听话而有用的扈从了,正如一个违抗军令的士兵。(3)所以,如果它接受限制,它就不再是愤怒,它就需要一个别的名字,我们所理解的愤怒是一个无拘无束、无法无天的东西。而如果它不接受限制,它就是破坏性的,不能充当一个有用的助手。所以,它要么根本不是愤怒,要么就一无是处。(4)一个人实施惩罚,却不是出于汲汲于惩罚的贪婪,而是因为他应当这样做,这个人的所作所为就不能归于愤怒。一个好的士兵,就是知道如何服从命令、执行任务的士兵。激情不论充当扈从还是充当司令官,都是一样地邪恶。

10 (1)所以,理性永远不会求助于那些盲目而不受拘束的冲动,它本身不能驾驭那样的冲动,它对付它们的做法只能是用相似的冲动对抗冲动,比如用恐惧对抗愤怒、用愤怒对抗懒惰、用贪婪对抗恐惧。(2)要理性在邪恶那里寻求庇护,这是多么恐怖的事情啊,就叫美德远离这恐怖吧!如果心智要在自己做下的邪恶里求得安全,那就无由实现可靠的和平,骚乱和动荡就不可避免。

㉔ 这句话从亚里士多德的传世著述中找不到出处。塞涅卡或许援引了他的某个散佚对话,或是把后来的逍遥学派某个作者的话误认为是他的,如德奥弗拉斯特(Theophrastus)或者西耶罗尼姆斯(Hieronymus of Rhodes),但也可能是,他只是为了突出这个话题,而把这些话归于亚里士多德。(无论如何,他这些军事词汇很可能来自逍遥学派作者那里,斐洛德摩的《论愤怒》XXXIII 22—8 可能也曾这样引用。)实际上,单从说话的强调上看,也很难把此处的内容归于亚里士多德。在《尼各马可伦理学》中,和此处援引最接近的或许是 1116b23—1117a9 处解释并批驳的内容。

心智一旦沦为感情的仆役,离开愤怒就没有勇敢,离开贪婪就没有进取,离开恐惧就没有宁静,这心智就将注定生活在一个暴政里。叫美德屈就于邪恶,你难道不会感到羞愧?(3)还有呢,如果理性的力量离不开感情,那么理性就已经失去了任何的力量。它将开始模仿并配合感情;它们还能分别彼此吗?因为说来说去,感情缺少理性就没有智慧,而理性没有感情就百无一用。一个配合另一个,谁也离不开谁。但是,把感情等同于理性,哪个人胆敢有这样的主张?

(4)你也许会说,"激情确实有些用处,如果它能适度。"此言差矣,除非它的本质是有用处的。但是,如果它不能听命于理性,所谓的适度就意味着,感情越少就伤害越少。而适度的感情就等于适度的邪恶。

11 (1)你也许会说,"在敌人面前,愤怒还是必要的。"没有什么地方比那里更不需要愤怒的了。那里所需要的不是不可遏止的冲动,而是随机应变的灵活反应。那野蛮人身强体壮、茹毛饮血,为什么一败涂地了呢?如果不是愤怒,还有什么能够成为他自己致命的敌人呢?那些角斗士们也是如此,他们尽管一身的武艺,但是愤怒叫他们无处藏身。(2)还有呢,当理性恪尽职守时,愤怒还有什么用场呢?你真以为猎人会对他的猎物发作愤怒?它来他就打,它逃他就追,所有这一切是靠着理性,而不是愤怒。当成千上万的辛布里人和条顿人翻过了阿尔卑斯山,情况又怎么样呢?是什么叫他们损失如此巨大,以至于都不需要一个报信的使者,单是道听途说的消息就足以把那不幸传到他们的家乡呢?㉕如果不是因为愤怒取代了勇气的位置,还能是什么原因呢?愤怒势不可

㉕ 塞涅卡在回忆马略(Gaius Marius)在 Aquae Sextiae(近代的 Aix-en-Provence)打败条顿人的故事(公元前102年)和在 Vercellae 打败辛布里人的故事(公元前101年),其时条顿人、辛布里人还有别的日耳曼人已经侵入罗马的高卢地区和北意大利。

挡,把所有的障碍都夷为平地,但更常见的后果是摧毁它自己。
(3) 还有什么比日耳曼人士气高涨的吗?在冲锋陷阵时还有比他们更凶猛的吗?武器还有比他们更锋利的吗?他们生下来就是为了战争,除了武器他们什么都不关心。还有什么东西比他们更能承受各种恶劣条件呢?他们的气候固然恶劣,但他们大多数人都不穿衣服,也不需要容身之所。(4) 但是,就是这些日耳曼人,在看到真正的军队之前,就被西班牙人、高卢人和散兵游勇一般的亚洲人、叙利亚人屠杀殆尽㉖,他们之所以这样轻易牺牲,正是因为他们动辄发作愤怒。他们——从肉体到灵魂——不单对舒适、享受和财富陌生,而且不知道什么是理性和纪律。不需多说什么了,我们显然应当复兴我们古老的罗马传统!(5) 是什么叫法比乌斯(Fabius)重振我们国家摇摇欲坠的声威?他知道如何隐忍,他们推迟和拖延,这是一门彻底避开愤怒锋芒的战术。如果法比乌斯苦于愤怒的压力,而不惜铤而走险,这个国家早就灰飞烟灭了——它当时已陷入最后的绝境。* 他为了这个国家的命运殚精竭虑,把握它的机会——稍有不慎都将意味着满盘皆输。他完全摆脱了悲痛和复仇的搅扰,慎重地寻找每一丝有利的战机。在战胜汉尼拔(Hannibal)之前,他战胜了愤怒。㉗ (6) 西庇阿(Scipo)又是怎么样呢?他丢开汉尼拔、迦太基军队以及愤怒指向的所有目标,他把战场带回了非洲,他的行动如此持重,以至于那些不怀好意的人认为他懒散懦弱。(7) 另一个西庇阿又如何呢?他驻扎在努曼提亚,

---

㉖ 一般是外国盟军首先投入战斗,而罗马军团随后才发起冲锋。

* 第二次布匿战争初期,法比乌斯作为罗马军事统帅,不顾罗马元老院的压力,命令罗马军队与士气正盛的汉尼拔军保持距离,避免决战,拖延等待战机。另,此即我们一般熟知的"费边主义"的费边,本文为统一译法,将此"费边"译为"法比乌斯"。——译者注

㉗ 汉尼拔率领的迦太基军队在坎尼把罗马军队打得溃不成军(公元前216年),此后罗马军队在法比乌斯(Fabius Maximus Verrucosus Cunctator)(被讥称为"迁延者")的主持下得以恢复元气。

平静地隐忍着他的不安——这也是整个国家的不安,因为征服努曼提亚花掉的时间超过了征服迦太基。他把敌人重重包围起来,最终叫他们倒在他们自己的剑刃上。㉘ 愤怒永远是无济于事的,即使是在战役或战争中。它汲汲于置敌人于死地,从而就疏忽了它自己的防御。真正慎重的勇气乃是知己知彼,控制自己,蓄势待发。

12 (1)"那么请告诉我,如果一个好人看到他的父亲被杀死、他的母亲被侮辱,他也不发作愤怒么?"不,他不应当发作愤怒;他应当惩罚和保护。难道儿子的孝心没有愤怒就不足以投身行动吗?你也许会接着争辩,"那么就请告诉我,如果他看到他的父亲或者儿子在接受外科手术,这个好人也不会心疼或晕厥吗?"我们知道,女人们每当看到哪怕是最轻微的危险迹象,也会有这样的表现。(2)好人要做好他的分内,但却不忧不惧;他要做一个好人值得做的事,而不做不当做的事。"我的父亲就要被杀死了——我要保护他;他已经被谋害了——我要复仇;这样做不是出于我的痛苦,而是因为我应当。"(3)"好人看到发生在他朋友身上的不公正,就会感到愤怒。"当你这样说时,德奥弗拉斯特(Theophrastus)㉙啊,你就亵渎了勇敢的教义。你偷换了法官和听众的立场。当那样的事情发生到朋友身上时,任何人都会感到愤怒;你因此就判定,他们做什么都是理所当然的。几乎每个人都会为他自己的激情找到辩护理由。(4)但是,如果热饮料没有被服务到位,如果一

㉘ 塞涅卡所指的是大西庇阿(Scipio Africanus Major)侵入非洲(公元前204—202年)和小西庇阿(Scipio Africanus Minor)征服西班牙努曼提亚(公元前134—133年)的故事,后者此前曾摧毁迦太基(公元前146年)。

㉙ 埃雷索斯的德奥弗拉斯特(Theophrastus of Eresos,约公元前370—288/5年)是亚里士多德的继承人,逍遥学派的领导者。塞涅卡此处和后文14.1所援引他的话,在任何别的地方都找不到佐证,这些话或许只是他的观点表述,而不是严格摘引自他的著作。See William W. Fortenbaugh, *Quellen zur Ethik Theophrasts* (Amsterdam 1984), Fragment 110.

件玻璃器皿被打碎,如果一只鞋子上溅上泥点儿,他们的表现也会是那样。这样的愤怒,其发作动机不是出于友爱,而是出于脆弱,就像因为失去父母而痛苦不已的小孩子们那样——他们同样会为失去玩具而痛哭不已。(5)对朋友遭遇不公正而感到愤怒,是心智脆弱的表现,而不是忠实的表现。真正得体而有尊严的做法,是着手保护父母、孩子、朋友和邻人们,这是基于义务的召唤,这是意志、判断和远见的体现,而不是什么放荡不羁的冲动。没有哪种激情比愤怒更汲汲于惩罚。正因为如此,惩罚就不当听命于愤怒。一意孤行而又失于明智,任何燃烧的欲望几乎都是这样,愤怒因此就成了自己的障碍,阻止它奔向自己的目标。所以,不论是在和平的时候,还是在战争的时候,愤怒都不会有什么用场。实际上,它让和平看起来像战争;咄咄逼人的时候,愤怒就忘记了"战神马斯不偏不倚"的古训,它情不自禁,沦为别的什么东西的傀儡。

(6)还有呢,弱点有的时候也能成就一些事情,但这不应当成为借助弱点的理由。发热能缓解身体的某些不适,但是,这并不意味着没有发热反而不好——这个治疗方法叫人厌恶,它叫人的健康归功于疾病。同样的道理,愤怒有的时候也不免有预料之外的用处——就像毒药、堕落或者某一次的海难。但是,这不能说明愤怒就是好东西了,因为生命也常常被毒药所拯救。

13 (1)还有呢,值得拥有的东西总是多多益善。如果正义是一个好东西,就没有人会说把它挖去一点儿会更好。如果勇气是一个好东西,就没有人会叫它丧失一部分。(2)如此说来,针对于愤怒也是如此,也应当是越多越好。叫好东西再多一点儿,谁会拒绝呢?但是,愤怒积聚起来,总会超出人们打算利用的程度;愤怒本身又怎能不是这样呢。㉚ 没有哪种善,会因为增加而变

㉚ 换句话表述:"但是愤怒增加起来却是有害的。所以,愤怒的存在就是有害的。"

成恶。

（3）你也许会说，"愤怒是有用处的，因为它叫我积极投入战斗。"照这个道理来说，醉酒也将是有用的——它叫人无所顾忌而果敢；很多人都证明，在喝了酒的时候作战更出色。照这个道理来说，你会说为了有力量，精神失常和疯癫是必要的——疯狂常常叫人更强壮。（4）请告诉我，难道没有这样的时候吗，恐惧竟然导致了果敢，而对死亡的恐惧甚至叫那最懒惰最懦弱的人投入战斗？但是，愤怒、醉酒、恐惧以及诸如此类的别的什么状态，都是邪恶而不可靠的冲动。它们并不是形成勇气的素质——美德不需要邪恶——而只是给那也许会懒散或者懦弱的灵魂一点儿刺激而已。（5）没有谁会由于愤怒而更勇敢，除非他缺少了愤怒压根儿就不能勇敢起来。愤怒从来就不是勇气的救助，而是代替了勇气。

这又如何解释呢？如果愤怒是一个好东西，那么它就会随着道德的完善而趋于极致。但是，动辄发作愤怒的人却是小孩子、老人和病人。任何脆弱的东西都本能地倾向于抱怨。

愤怒与惩罚

14 （1）德奥弗拉斯特说，"一个好人忍不住要对坏人发作愤怒。"[31]照这个道理来说，一个人越好，他就越容易发作愤怒。你敢肯定，一个不憎恨任何人的人，不会反而更为平静、远离激情吗？（2）他为什么要憎恨那行为不端的人呢？他们所以作出他们的不端行为，正是因为过错。一个明辨是非的人，没有理由憎恨那些误入歧途的人。如果他那么做了，他就会憎恨他自己。他应当认为

---

[31] 参见前文 12.3 和 n.29.

他自己也常常做得不好,自己的行为也常常需要原谅㉜——于是,他的愤怒就要迁到自己头上。一个公正的法官,不论是在他自己的案件中还是在别人的案件中,应当适用一样的裁定。(3)叫我说,没有谁可以宣称自己完全清白;任何说自己无罪的人,他盯住的只是证人席,而不是自己的良知。用父亲般的温厚精神对待那些做错事的人,而不是给他们一顿乱棒,要把他们召唤回来,这将是何等的仁慈啊!对那些因为不熟悉道路而迷失在田野里的人,最好是带领他们回到正路上,而不是不问青红皂白地驱散。

15 (1)行为不端的人应当因此被挽救回来,或靠规劝或靠暴力,或温和或严厉;对他作出的矫正,不仅是为了别人的利益,更多地还是为了他自己。那样做也许要诉诸惩戒,但不是诉诸愤怒。病人什么时候会是愤怒的对象呢?"但是他们无可救药!对他们就无可奈何,不能寄予希望。"那么,就把他们从人类的社会中剔除吧——他们走到哪里都只会添乱!那就用这仅剩的一个办法,叫他们停止为非作歹吧!但是,这样做并不是诉诸憎恨。(2)当我把他从他自己那里拯救出来时,我是在最大程度地帮助他,我为什么要憎恨他呢?毫无疑问,没有谁在做肢体切除时会憎恨自己的肢体。他的行动不是愤怒的指使,而是一个痛苦的矫治。我们把狂犬消灭;我们杀死未经驯服的野牛;我们用刀子屠宰有病的绵羊,以免它们传染整个羊群;我们把那些出生时不正常的幼仔处理掉;对于婴儿也是如此,如果他们天生脆弱或者不健全,我们就把他们溺死。但是,这样做并不是愤怒指使的工作,而是理性——把那健康的和没有价值的分离出来。(3)在实施惩罚的时候,没有什么比愤怒更不合适了,因为靠着慎重判断而实施的惩罚,能更好地实现矫正。因此,苏格拉底才会对奴隶们这样说:"如果我没有

㉜ "我也做错了"式的反省作为矫治愤怒的前提条件,实际上不止一次地被强调出来。参见 II 28.6,III 1,25.2。

愤怒,我就要责打你了。"㉝他要把对奴隶的责骂推迟到一个更清醒的时刻;在这个时候,他要责备的是他自己。苏格拉底尚且不敢把他自己交给愤怒,那么我来问你,谁还能把他的感情节制在适度?

16 (1) 如此说来,要消除过错和犯罪,就不能在愤怒中实施惩戒。愤怒本身就是灵魂上的不端表现,一个人不能贼喊捉贼地矫正别人的错误行为。㉞"那么,请你告诉我,我不该对一个强盗发作愤怒吗?或者不该对一个投毒的人发作愤怒?"不该。因为,当我接受放血疗法的时候,我不会对自己发作愤怒。(2) 作为矫治手段,我可以使用每一种惩罚。你还只是处于过错的萌芽阶段,你的过错固然轻微但却频繁:训斥,先是在私下里进行,然后在公开场合进行,旨在责令改正。但是,你走得太远了,不是简单的言辞所能矫治:你的人身自由要受到限制,这是一个正式的羞辱。进一步,由于你自己的原因,你需要打上更为强烈的烙印,要有更多的体会:你将被流放到一个陌生的环境中。虽然如此,在你身上,邪恶的东西如此顽固,它需要更为严厉的矫治:这就要诉诸公开的脚镣和监牢。(3) 还有呢,你的灵魂已无可救药,它可谓恶贯满盈;你不需要借口——你也从来不缺少作恶的借口——就做得出来,作孽本身就是要作孽的理由。你已经把满满一杯的邪恶一饮而尽,它已经叫你毒心害脾,要救治你的邪恶就只能把这一切都去

㉝ 在 III 12.5—6,塞涅卡又讲到柏拉图的同一个故事。普鲁塔克(《答克罗特》(*Against Colotes*)1108a)、和 Diogenes Laertius (III 26)也讲了这个故事。西塞罗(《图斯库兰谈话集》IV 78 和《论共和国》I 59)还有别的作家把这个故事说成是柏拉图的朋友、毕达哥拉斯学派的阿契塔(Archytas,公元前 4 世纪)的故事,他或许才是这个故事的原型(参见后文 III 10.),而只有塞涅卡此处把这个故事归到苏格拉底身上。"惩戒在实施的时候不要带着愤怒"的原则已经在 I 6.1 处出现过,它换个说法就是"不要在愤怒中惩罚",还要反复出现若干次,这既是作为避免错误惩罚的告诫(II 22.4,III 32.2),也是一个遏止愤怒的手段(II 29.1,III 12.4)。

㉞ 比较普鲁塔克,《论愤怒之控制》(*On the Control of Anger*)459c:"我开始认识到,与其叫我自己为了改造他人而陷于刻薄、愠怒,还不如叫我的奴隶们在放纵中变得更坏。"

论愤怒·第一卷

除。这样子的怙恶不悛,你是在自求弃世。我们只好勉为其难;我们将去除那个叫你害人害己的疯狂;这种糟蹋别人也糟蹋自己的日子就要一去不返,我们现在能为你做的唯一好事就是死亡。我这是尽可能地为他好,我为什么要对他发作愤怒呢?杀戮有的时候是最好的怜悯方式。㉟(4)如果我作为一个训练有素的专家,走进一家医院或者有钱的人家㊱,我不会对每一个人都开出同一个药方,因为病患各不相同。在我看来,人们所犯的过错也正是如此形形色色。当我被邀请来矫治这些过错时,我必须为每一个人的病患开出合适的药方——一个人可以通过羞耻感来治愈,另一个需要流放,第三个需要施以痛苦,另一个需要贫困,另一个需要用剑。(5)所以,即使我需要反穿官服,并用喇叭召集众人㊲,我也不是带着怒气或者憎恨出现在法官席上,而是带着法律;我将用温和而庄重的——而不是疾言厉色的——声调宣布那些严肃的话语;我将严厉而不带愤怒地命令必须执行法律;当我命令那有罪的人要被斩首时,当我把那弑父的人缝进麻袋时㊳,当我处死一个士兵时,当我叫那叛国的人或人民的公敌站上塔尔皮亚山崖*时㊴,我不会带着愤怒,我脸上的表情和内心的感受,如同碾死一条毒蛇或者有毒的昆虫。(6)"为了惩罚,需要及时的愤怒。"请告诉我,法律会对它素不相识的人表现出愤怒吗?要知道它从来没有见过那个人,

34

㉟ 本段落和 I 6.3f.,比较柏拉图《高尔吉亚篇》477e—481b 中关于惩罚的理论。对于像本文的写作对像诺瓦图斯这样的即将出掌生杀大权的人物来说,这个段落具有突出的意义。

㊱ 手稿原文是 exercitatus et sciens. 富人的家庭蓄有成百上千的奴隶,它也许十分需要一个专门的医生。

㊲ 以表示审判案件涉及死刑。

㊳ 参见《论仁慈》I 15.7 和注脚。

* 塔尔皮亚山崖,古罗马卡皮托拉山西南角的一个山崖,相传曾有个叫做 Tarpeian 的罗马女祭司因为出卖罗马城而被处死并扔下这个山崖。从此罗马人在这里处死卖国贼成为传统。——译者注

㊴ 并且从此扔下去。这是传统的处死谋杀犯和叛国者的方式,在塞涅卡时代仍偶尔使用。参见塔西陀,《编年史》II 32.5.

它希望从来就没有那个人。这就是应当抱持的心态,它不是愤怒,而是决心。因为,如果好人对坏人坏事应当感到愤怒,那么也应当对坏人发迹的事儿感到怨恨。有钱的恶棍作威作福,而这些恶棍原本一钱不值,有什么比这更叫人不能容忍的事儿呢?但是,好人面对那些人的发迹不会怨恨,面对他们的犯罪也不会叫愤怒附体。一个好的法官谴责那应当被谴责的行为,但他并不憎恨它们。

(7)"那么请告诉我,那有智慧的人在对付诸如此类的问题时,难道他的心智不会有什么异样的波动吗?"会的,这我承认。他会感到一丝轻微的触动。就像芝诺所说,即使创伤已经痊愈,有智慧的人的灵魂也会留下伤痕。[40] 他也会感到一些阴影,但不会自陷于各种感情之中。

17 (1)亚里士多德说过,有些激情运用得好的话,可以充当武器。[41] 如果它们像战争中的武器那样,可以凭着意志而拿起放下,那样说也就是正确的。但是,亚里士多德要交给美德的这些武器,却是自行其是地投入战斗,而不必劳动战士的手。他们占有我们;不是我们占有他们。(2)我们不需要别的武器;自然女神已经赋予了我们理性,这就足够了。她赋予我们的东西是坚固而持久的,是放之四海而皆准的,它却又不是双刃的剑,不会伤及它的主人。理性本身不仅具有远见卓识,而且也足以投身行动。实际上,有什么比叫理性求助于坏脾气更愚蠢呢?比叫那坚不可摧的、值得信赖的、健康的东西求助于摇摆不定的、不值得信赖的、病态的东西更愚蠢?(3)即使是在投身行动的时候——此时愤怒似乎有其必要的帮助,理性本身不也是拥有远为强大的力量吗?理性一旦通过判断认为应当做一件事,它就坚持自己的判断。舍此之

---

[40] 关于芝诺的这一言论,塞涅卡是我们唯一的依据(SVF I 215)。
[41] 参见上文9.2。

外,它不会找到更好的选择。所以,它坚持它所作出的那些决定。(4)愤怒却常常因为怜悯而收敛回来。因为它没有一以贯之的力量。就像起于河面和沼泽的流风,它拔地而起,浩荡不可收拾,没有什么能够阻止它,(5)它来得可谓气势汹汹,但终归荡然没有了踪迹。愤怒所计较的,只有残酷和花样翻新的惩罚,但是当惩罚的时机到来,它却又委顿不振。感情总是倏忽溃败;理性却是一贯持平。(6)进一步说,即使在愤怒持续下来的场合,我们有的时候也会发现,如果有好几个人应当去死,愤怒在杀死两三个的时候却停止下来。它最初的几家伙是野蛮有力的,这就如同毒蛇刚刚爬出洞时,它的毒液是致命的;但反复用上几次,它的牙齿也就失去毒性了。(7)如此说来,同等的犯罪接受不同的惩罚,或者那犯罪较轻的反而受到较重的惩罚,只因为愤怒首先找到了它。总而言之,愤怒反复无常。有的时候它发作得太过厉害,有的时候却半途而废。它肆无忌惮,颠三倒四,刚愎自用,一意孤行,偏执于一孔之见,即使荒谬也无由改悔。

18（1）理性给双方以时间,然后还要休庭,好叫自己有足够的工夫辨明真相;愤怒却是屁股着了火。理性希望通过公正的裁判,愤怒却希望它早已决定的事情看起来公平。(2)理性只考虑争议的事情本身,而不牵扯瓜葛;愤怒却斤斤计较于无关的琐细。自负的表情、高亢的声调、冒失的言辞、举止过分做作、立场过分张扬、甚至是良好的公众声望,所有这一切都会叫愤怒更加高涨。因为憎恨辩护人,它就常常宣判那被指控的人有罪。就算是事实摆在它的眼前,它还是痴痴呆呆地坚持它的错误。它拒绝承认自己的错误,在它看来,就算开始就属荒谬,坚持这份荒谬也比改变初衷更为体面。

36

(3) 我还记得格涅乌斯·皮索(Gnaeus Piso)⑫,他是一个没有什么缺点的人,但是他却刚愎自用,把固执当做坚定。在一次发作愤怒时,他命令处死一名士兵,因为那士兵从外面回来时身边少了他的同伴,于是他认为要么把那个同伴找来,要么就是那个士兵谋害了那个同伴。那个士兵恳求给他时间,查明真相,但是他的请求被拒绝了。他被宣布有罪,并被押解到军营外面,他伸出了他的脖子等待受死,但是就在此时,那个以为被谋杀了的同伴回来了。(4) 负责施刑的百夫长叫他手下的人把长剑收起,把这个被判了罪的人押回皮索面前,并试图为皮索本人开脱罪责——因为命运女神已经给那个士兵开脱了罪责。一大群士兵簇拥着这两个士兵,在军营兴高采烈的人群中,这两个士兵拥抱在一起。皮索雷霆震怒,登上他的中军大帐,命令把那两个人一齐处死,一个是没有犯谋杀罪的士兵,一个是没有被谋杀的士兵。(5) 有什么会比这更叫人不齿?为一个人昭雪意味着处死两个人。并且,皮索还加上了第三个人。他命令把那个将有罪的士兵带回来的百夫长也一并处死。他们三个人就在那同一个地点被处以死刑,原因仅仅是一个人清白无辜!(6) 坏脾气要罗织发作愤怒的借口,手段真是高超!它会说,"你,我命令要处死,因为你已经被宣判有罪;你,因为你是导致你的同伴被定罪的原因;还有你,因为你违抗长官叫你执行死刑的命令。"它信口雌黄,就罗列出三项罪名。

19 (1) 叫我说,愤怒有这种邪恶:它拒绝被统治。即使在真理面前,如果真理看起来和它的愿望恰好相反,它也会怒气冲天。

---

⑫ 格涅乌斯·加尔普利努斯·皮索(Gnaeus Calpurnius Piso)于公元前7年任执政官,在公元17年被提比里乌斯任命为叙利亚总督,辅佐并监控日耳曼尼乌斯·恺撒(Germanicus Caesar),皮索和后者发生了争吵,并因为后者的死亡(公元19年)而被审判,在审判终了之前皮索就选择了自杀身亡。塔西陀(《编年史》II 43.2)形容他是"一个勇猛而不服输的人物,从他父亲那里继承了桀骜不驯的性格",他反对恺撒及其政策,在奥古斯都确立起其绝对地位很久之后,他仍然在反对这个新的政治秩序。

它大喊大叫,横冲直撞,浑身战栗,攻击它认定了的那些敌人,辱骂和诅咒声铺天盖地。(2)理性和这些事情了不相干。理性总是沉默安静,但如果有必要,它会牺牲掉一个完整的家庭;对那些成为全体公民的祸害的家庭,它要把他们剔除出去,包括妻子儿女,所有的成员;它要推到他们的房子,把它们夷为平地㊸;它要叫自由的敌人连同其名字都销声匿迹。㊹但是,它在做这些时,无需咬牙切齿或者摇头摆尾,或是做任何与法官的角色不相适合的事情;法官在就那些重要的事情发号施令时,他们的表情要尽可能地镇定平静。(3)西耶罗尼姆斯(Hieronymus)说,"当你要打击一个人时,有必要先咬住你的嘴唇吗?"㊺如果他看见一个总督从法官席上跳将起来,从执法小吏的手上抢过法西斯㊻,一边还撕扯着他自己的官服,不知他会做如何感想;而这一切,仅仅是因为别人在撕扯他们自己的衣服时动手太慢了。㊼(4)有必要把桌子踹翻在地吗?有必要把高脚杯摔碎吗?还是把自己撞到柱子上?有必要撕扯自己的头发吗?有必要敲打自己的大腿吗?还是捶打自己的胸膛?你肯定看见过这种劲头十足的愤怒的疯狂。因为它不能随时随地

㊸ 塞涅卡或许正在回忆塞浦路斯·梅里乌斯(Spurius Maelius)的死刑,他出身古罗马的庶民阶级,因为被怀疑想当僭主恢复王政而于公元前439年被处死(李维 IV 15.8)。

㊹ 在马尔库斯·曼利乌斯(Marcus Manlius Capitolinus)被当做叛国者而从塔尔皮亚山崖上扔下去之后(但见前文16.5),曼利乌斯的家族就不许再有人冠以"马尔库斯"的名字(李维 VI 20.13)。

㊺ 这意思是:要掩饰并控制你的感觉,而不是因为咬牙切齿、撕扯衣服等举动暴露并夸张这感觉(Hieronymus Fragment 21 Wehrli)。罗德岛的西耶罗尼姆斯(Hieronymus of Rhodes)是逍遥学派哲学家,文献史学家,生活工作在雅典,大约公元前290年至230年,没有著述传世。

㊻ 所谓的法西斯,就是一捆棍棒,最初还在中间插上一柄斧头,由仆从执法小吏拿着站在发号施令的罗马官员面前,象征官府的威仪。到了现代,它被墨索里尼和他的法西斯党拿过来当做了标志。

㊼ 人们通常用撕扯衣服的方式来表达自己的悲伤,尤其是在被定罪量刑时。但是,作为一个官员,只是因为没有能把别人宣判成死罪而发作愤怒,这就全然是荒唐无耻了。

地发泄到别人身上,它就转向它自己。而那些人身边最亲近的人不得不拉住他们,并哀求他们和他们自己讲和。

(5)当一个人并非出于愤怒而执行正当的惩罚时,他就不会有上述的任何表现。他常常释放那被证明有罪的歹徒,只要那个人的悔过充分证明他还有希望。如果他发现,那邪恶并非根深蒂固,而只是——像他们说的那样——停留在灵魂的"表面",他就会给他一个合情合理的赦免,而无须加诸伤害。(6)有的时候,他对那严重犯罪的制裁反而轻缓,对那轻微犯罪反而加重,只要一个仅仅是过失而非无可救药的残暴[48],而另一个则是隐藏着秘密的、病入膏肓的狡诈。两个犯有同等罪行的人会接受不同的惩治,如果一个人事出粗心,而另一个人是积极地蓄意加害。(7)不管在什么时候,也不管是那种惩罚,他的施治原则是通过惩罚要么改造邪恶,要么剔除邪恶。不论在哪种情况下,他都不是关注过去,而是面对未来。(柏拉图说过[49],一个明于事理的人所以实施惩罚,不是因为已经发生的犯罪,而是要阻止正在发生的犯罪。也就是说,过去是不能挽救回来的,而未来则是要预防的。)并且,他要叫那些最终不得好下场的邪恶之人成为邪恶的典型,他要公开地处死他们,这不仅是要叫他们的生命走向终结,而更要叫他们的死亡威慑他人。(8)你知道,任何负有权衡、裁量此等事务责任的人,在掌握了这个需要十分审慎的事物——生杀予夺的权力——时,都必须远离激情的干扰。这是一柄剑,愤怒是一个邪恶的受托人。

---

[48] 参考 II 5.3。
[49] 《法律篇》934a—b。

愤怒与心智之强大

20 （1）你也不要以为，愤怒对心智的强大有所裨益。[50] 那不是强大，而是病态的夸张。身体上的疾病会感染出脓包，但那不是"成长"，而是过度的发炎。（2）那些被成为超人的幻想而搅乱深思的人，自认为拥有了高尚卓越的气质。但是，他们骨子里空虚得很。那些没有根基的东西终会垮掉。愤怒便是没有根基的，它没有坚固持久的基础可以依赖。它外强中干，他和心智的强大两不相干，就像草率的狂妄和勇气两不相干，就像厚脸皮和信心两不相干，就像残暴和严厉两不相干。[51]（3）我告诉你，在高尚与自大之间，有着巨大差距。坏脾气不会产生任何壮观或者慷慨的硕果。恰恰相反，我认为它正是那种病态的、不能快乐的心智的标志，它知道它自己的脆弱，它随时都会被搔到痛处，就像那发炎的躯体，就算是最轻微的触摸都会叫它呻吟。如此说来，愤怒尤其是女人和婴儿的弱点。"但是，男人也会沾染它。"是的，男人也会有女人和婴儿的气质。

（4）"那么，请告诉我，愤怒的话语滔滔而出，难道不是更像强大心智的呼声吗？"你所说的是无知的呼声，而不是真正的强大，就

---

[50] 在古代的很长时期里，所谓的"心智的强大"（*magnitudo animi*，μεγαλοφυχια）有两个对立的内涵。亚里士多德在他的《后分析篇》中曾提及它是一个典型的模棱两可的字眼，一方面它意指"拒绝被侮辱"，也就是英雄阿基里斯所抱持的态度，他要求他的敌人承认他的强大；另一方面意指"拒绝向运气低头"，它乃是苏格拉底这样的人的标志，他们如此强大，以至于不为外在事物所影响。"心智的强大"一般取第一种意思。但是斯多葛派哲学家把它等同于"优越于环境"（*SVF* III 264, 265, 269, 270），这体现在苏格拉底和加图（Cato）等人的身上。于是，对塞涅卡而言，这个概念对所谓的美德问题也就至关重要了。我们将会发现，心智的强大完全取决于不要愤怒行事，这一认识作为矫治愤怒的方法不止一次地被提及（II 32.3, III 25.3, 28.6, 32.3）。（在《论恩惠》III 18.4 中，这一概念在斯多葛学派中的又出现了不同的内涵：心智的强大不仅是阿基里斯这等贵族英雄的特权，它甚至可以体现在奴隶的身上。）

[51] 参见《论仁慈》II 4.

像那句糟糕透顶的名言:"叫他们憎恨吧,只要他们还知道惧怕。"㊾
你知道,这句话从苏拉(Sulla)的时代就开始流行!㊿ 我不知道哪一
个更糟糕,是被别人憎恨呢,还是叫别人惧怕?"叫他们憎恨吧。"
他知道,他将是诅咒、阴谋和残酷弹压的对象。那么他如何应对
呢? 他想到了对付憎恨的有效手段,叫他们不知所措!"叫他们憎
恨吧",然后呢,"……只要他们还知道顺服",不,不。"……只要他
们还知道同意?"不。那应当是什么?"……只要他们还知道惧
怕!"事已至此,我就不指望被爱戴啦。(5)在你看来,那是一个强
大精神说的话吗? 你要是这样认为,你就错了。那不是强大,而是
高压。你不必相信那发作愤怒的人说出的话,他们的腔调咄咄逼
人,他们的心智却是胆战心惊。(6)你也不要以为李维(Livy)的话
说得就正确;这个训练有素的作家说什么"一个强大而不是好品质
的人物"。㊼ 这两个东西不能分开。要么它同时也是好的,要么强
大就无从谈起。因为,在我看来,"心智的强大"乃是一种不可动摇
的、内在的坚固和稳定,它甚至从头到脚都是如此——不健全的人
不可能具有这样的品质。(7)不健全的人物可能是吓人的、躁狂
的、要做破坏的,但他们不可能是强大的。因为强大所以成其为强
大,乃在于它的善的德行。(8)当然,他们的言辞、举止和外在身
份,会叫人们相信他们的强大;他们说出来的一些辞藻,也许会叫

㊾ 这句话也出现在《论仁慈》I 12.4 和 II 2.2 中,它来自卢基乌斯·阿克奇乌斯(Lucius Accius)的悲剧《阿特柔斯》(*Atreus*)(Fragment 168, *Remains of Old Latin*, Loeb edn. London 1936 II, p.382)。

㊿ 阿克奇乌斯(公元前170—90 年)实际上在苏拉最为残暴的统治之前十年就去世了。卢基乌斯·科尔涅利乌斯·苏拉(Lucius Cornelius Sulla)(公元前138—78 年)是一个倒行逆施的政治家,他所为后人记述者,是他最终打败他的政敌盖尤斯·马略(Gaius Marius)的追随者后,他对待异己的残暴行为。参见人物传略和《论仁慈》的导读。

㊼ 李维 Fragment 66 Weisssenborn-Muller。

你以为是一个强大心智发出的声音。盖尤斯·恺撒不就是这样吗(55):他对上天发作愤怒,因为上天把他醉心模仿——而不是观赏——的小丑们的叫嚷声音湮没了,因为上天用雷电威胁了他的花天酒地(可惜的是,没有击中目标),他用荷马的诗句向朱庇特挑战——一次性命相抵的挑战:

"是叫我把你拎起来呢,大人,还是你把我拎起来。"(56)

真是疯狂!他以为朱庇特本人都不能伤害到他,甚至是他可以加害于朱庇特。在我看来,正是因为他的那句话,那些决计要杀 41
死他的人更加获得了磨刀霍霍的动力。(57) 一个人竟然不能容忍朱庇特,那么人们对这个人的容忍也就到了极限尽头。

21 (1) 如此说来,愤怒与强大或者高贵没有丝毫瓜葛,那种对众神和众人不屑一顾的矫情作态也与强大或者高贵没有瓜葛。如果谁以为愤怒表明了一个强大的心智,那么他对那种自我陶醉的白日梦也当如此看待——它梦想着自己诞生在象牙床上,身披紫色王袍,安居金屋,大肆封赏土地,圈占整个海洋,把河流变成瀑布飞流,把森林变成空中花园。(2) 贪婪也将是强大心智的一个标志——它心满意足的是,打量着成堆的金子和银子,享有一个行省一般大小的地产,它封赐给属员的土地比一般执政官的还要广阔。(3) 同样,肉欲也将如此——它能游过海峡,阉割成群的男孩,在那做丈夫的人的利剑下视死如归。* 同样,野心也是如此——它不满足于一年一任的荣耀,如果可能,它将叫一个人的名

(55) 他更为人所熟知的称谓是卡里古拉(Caligula)皇帝(公元37—41年);塞涅卡写作《论愤怒》时,他肯定已经死亡,并且无人为此哀悼。

(56) 《伊利亚特》(*Iliad*)XXIII 724(Pope's translation)。

(57) 在四年为阴谋笼罩的统治之后,卡里古拉被杀死在他在罗马的宫殿里。

* 此处所指或许既有神话故事也有当时罗马的世风;希腊神话中有青年勒安得耳(Leander)每夜泅渡达达尼尔海峡去与情人海洛(Hero)相会,后淹死。——译者注

字挤满执政官的名册㊳，叫他的纪念活动遍布全世界。（4）但是，所有的这些，不论它们能走出多远，扩张多宽，它们都还是狭窄、无耻和卑贱。只有美德才是卓越高尚。那些不能保持平静的事物，无一堪称强大。

㊳ 执政官选举任期只有一年，但是皇帝们则做到了连选连任。奥古斯都（Augustus）在公元前31—23年间连年都是执政官。

第 二 卷

问　题

愤怒是自愿的吗

1（1）在第一卷里,诺瓦图斯,我们堆砌的材料足够多了,探索邪恶的道路就容易走下去了。现在,我们站到了这个光秃秃的路面上。我们的问题是,愤怒是不是一个抉择的后果,或者仅仅是一个冲动,换句话说,它的发作是不是出于自愿——或者说,就像我们内心的大多数事情那样,乃是基于我们完全的认知而发生。（2）我们的讨论必须切入这些话题,以便我们最终上升到一个高尚一些的话题。这也就像我们的身体组织,骨骼、肌肉和关节承载着整个的躯体和生命,它们虽然不表现在外,但在生长时它们总是走在前面。接下来才是身体的外观结构,外表的美丽和表情借此展示出来。在所有这些内容之后,那最惹人注目的东西就出现了;当一个身体最终成形,就要看它的气色如何了。

（3）毫无疑问,愤怒正是由于被冒犯的感觉而开始发作。但是,是不是被冒犯的感觉一经出现,不需心智的任何参与,愤怒就立即发作？还是在它开始发作之前,需要心智的某种认可？(4)在我们看来,它并非自行其是,而只能是基于心智的同意。先是有一个自己被冒犯的印象,继而出现报复的欲望,再进而就有了两个判断:这个伤害是不应当发生的,并且应当去实施一个惩罚——所有这些环节,不是一个纯粹不由自主的冲动内容。冲动不过是一个简单的过程,而我们在此面对着一连串的几个因素——意识、屈辱、定罪、报复。没有心智的认可,它无论遭遇什么事情,这些都无从发生。

2 (1)你会问,"这个问题要说的是什么问题呢？"我们在此会知道愤怒是什么,如果愤怒开始就不是基于我们的意志而产生,那么它就不会屈服于理性。不由自主的活动既不能被克服,也不能被回避。就像当冷水溅到我们身上,我们要寒颤,或者在碰到什么东西时我们一下子推开,就像坏消息叫我们的毛发直立,污言秽语叫人脸红,就像看到绝壁万仞叫人眩晕。所有这些,没有哪个是我们能够把握的东西;不论有多少的理性,也不能叫它们不要发生。(2)但是,愤怒**是**基于授意而发作。因为它是心智自愿的过失,它和那些在特殊的身体条件下注定要发生的那些反应不一样——那些反应就算是那最有智慧的人也不能避免;当然,那些反应也有一个心智上的震惊,单就这一点来说,它们和我们感到被冒犯时的体会是一样的。(3)这种震惊,即使在我们观看舞台表演或者阅读久远过去的故事时,也会体验到我们身上。对于克劳狄乌斯(Cludius)放逐西塞罗或者安东尼(Antony)杀死西塞罗的做法,我们总是会有愤怒的感觉。对马略(Marius)拿起的武器或者苏拉(Sulla)的"公敌宣告",谁能无动于衷呢？对狄奥多图斯(Theodotus)和阿吉拉斯(Achillas)或者是那个作出了谋杀的男孩儿,谁能不感到异常恼火呢?① 有的时候,我们会因为唱歌、剧烈的节奏或者号角声而激动不安。我们的心智也会为阴森森的绘画而震动,为哪怕是最为公正的惩罚场面而震动。(5)这就是为什么我们会跟着别人的大笑而大笑起来,为什么一群默哀的人叫我们感到压抑,为什么我们会对与我们毫不相干的冲突感到义愤填膺。但是,所有的这些都不是愤怒,就像我们看到舞台上遇难的船只也会皱眉,但那不是悲痛;就像在坎尼战役之后,汉尼拔大兵压境会叫读者感到震动,但那也不是恐惧。② 不,所有这些都是心智的活动,但它却没有诉诸行动的积极愿望。它们不是感情,而只是开启感情的预备和序曲。(6)这就好比在和平的时候,一个穿了平民服装的战士也会在号角声中竖起耳朵,而战马也会在兵器叮当声中奋起前蹄。有人说,亚历山大一听到色诺芬图斯(Xenophantus)吹笛子的声音③,就伸手找他的武器。

3 (1)这些都是偶然的心智冲动,都不足以名之为"激情"。可以这样说吧,它们都是心智所遭遇的东西,而不是心智所执行的事情。所谓激情,它不在于那个被感受到的印象所产生的刺激,而

---

① 在这一部分,塞涅卡在回忆共和国过去几十年的主要事件:(1)西塞罗在公元前58年经由P. 克劳狄乌斯煽动而遭放逐,并在公元前43年死在马可·安东尼的士兵手上(参见普鲁塔克,《西塞罗传》,30—33页和46—48页);(2)盖尤斯·马略在公元前88年攻陷了罗马城,独裁官苏拉在公元前84年提出了他的"公敌宣告"(proscription)(把公民的名字公布其上,宣布他们是不受法律保护的人,并将他们的财产充公);庞贝在公元前48年的法萨卢(Pharsalus)战役败给恺撒,逃亡到埃及后被杀死(年幼的国王托勒密八世在他的家庭老师的指示下,叫他的将军阿吉拉斯杀死了庞贝。(参见普鲁塔克,《庞贝传》,77—80页。)

② 这是一个修辞上的夸张。汉尼拔在公元前211年之前从没有来到过罗马,而这已经是坎尼战役(公元前216年)的5年之后,并且他来这里仅仅是为了分散正在围困卡普亚的罗马军队的注意力。参见李维,XXVI 7—11。

③ 这是一种叫奥罗斯(aulos)(一种像双簧管的芦笛)的笛子,传统上使用在军事场合。但是,狄奥·克里索斯顿(Dio Chrysostom)(《演说》I 1—2)和别的作家都把这个吹笛子的角色指为另外一个著名的吹奏者,提莫休斯(Timotheus)。因为文中说的色诺芬图斯成名的年代要晚到公元前283/2年,而亚历山大逝世于公元前323年,所以他不太可能为亚历山大吹奏过芦笛。

在于它要叫一个人屈服于这个印象、并随之实施进一步的行动。（2）如果谁认为，面色苍白、流淌的泪水、性的兴奋、深深的叹息、眼睛里一闪即逝的光芒或者类似的东西，是激情的标志或者是某种心智状态的证明，他就错了；他就没有看明白，这些仅仅是身体上的波动。（3）事实是，就算是最为勇敢的人，在穿上铠甲时也常常要面色苍白；最为残暴的战士在听到战斗信号时，他的膝盖也要有一些的颤抖；在两兵相接时，那伟大非凡的将军也会把心提到嗓子眼上来；最是雄辩的演说家在准备演说时手指都会发麻。（4）但是，愤怒不可以仅仅是一种活动；它必须是爆发出来，因为它是一种冲动。但是，没有心智的认可，这个冲动就无从发生；它也不可能在实施报复或者惩罚时，不为心智所知。假定某人认为他自己被伤害了，他希望实施报复，但有什么东西劝阻了他的行动，并且他很快就平静下来——就此，我也不称它为"愤怒"，因为这是一种听从理性的心智活动。所谓愤怒，是一种胜出了理性的活动，理性只能跟在它的屁股后面。（5）所以说，被冒犯的印象所刺激出现的最初心智波动，与其说是愤怒，还不如说是那个印象本身。而接下来的冲动，它不仅是记录、而且是强化了那个印象，它就属于愤怒之列了，它是根据自己的计算而决意实施报复的一种心智活动。并且毫无疑问，就如恐惧意味着逃遁，愤怒意味着攻击。如此说来，你还会真的认为没有心智的认可，就可以追逐或者回避什么事情吗？

4 （1）如果你想知道激情如何开始、生成或者发作，那么，那最初的活动是不由自主的，它是激情的准备——权且这样表述吧，它还仅是一个威胁。接下来就是自愿的了，但尚不迫切，例如，我会认为我应当实施报复，因为我已经被冒犯了；或者他应当被惩罚，因为他已经犯罪了。第三个阶段就确实不能再控制了；要报复，不是出于"应当如此"了，而是要不惜一切代价。它已经彻底打垮了理性。(2)第一个阶段是心智上的震动,我们不能靠理性回避它,就像我们不能回避我刚才提到的那些物理的身体反应一样——当别人打瞌睡时就有打瞌睡的意思,而手指划过眼睛前面就要眨眼。这些都不能通过理性克服,尽管习惯养成和刻意努力可以减轻它们。而那种基于抉择而实施的活动,可以通过抉择而消除。④

愤怒与残暴

5 (1)我们还要讨论一个问题,就是有的人嗜血成性。他们在杀人时,既不是因为受到了伤害,也压根儿没有想到会受到伤害,他们是出于愤怒吗?(阿波罗多鲁斯和法勒里斯会是很好的例子)。⑤ (2)那不是愤怒,而是残暴;它不是因为受到了伤害而施加伤害,而是为了施加伤害而丝毫不顾忌反遭伤害;这是一个肆虐蹂躏的冲动,不是为了报复,而是为了寻欢作乐。(3)这种邪恶的根源实际上就是愤怒。它醉生梦死,不能自拔,进而忘记了仁慈,在心智里把所有的人性都驱逐出去,并最终化身为凶狠本身。所以,那一种人在开怀大笑、恣意为欢的时候,脸上绝对不是愤怒的样子,而是惨毒的从容。(4)他们说,汉尼拔在看到堑壕里流淌的都

---

④ 塞涅卡此处对激情是如何开始的论述,就我们掌握的资料来看,比初期的希腊斯多葛学派的任何资料都表达得更为有条理。那些资料一般都是简单地说到一个"印象",心智给它一个"认可",于是引起激情。他们没有像塞涅卡此处所做的这样,提及一个"不由自主的活动,激情的准备"或者"最初心智波动",在它被认可、进而愤怒本身(或者别的激情)主宰心智之前,它"记录"了这个印象。别的资料可谓是言简意赅的斯多葛学派理论,而塞涅卡则给我们描绘了全貌。或者是他融合了后来修正了内容(例如波昔东尼的内容),但这并没有在根本上背离这一理论体系。参见 Letter 113.18;和盖里乌斯的《阿提卡之夜》(Aulus Gellius's Attic Nights) XIX 1.14—20。

⑤ 法勒里斯(Phalaris)——在公元前 570 年前后是西西里岛阿克拉加斯的僭主(他有一个臭名昭著的恶嗜,就是将活人放在铜牛里烤死),和阿波罗多鲁斯(Apollodorus)——在公元前 279—276 年为马其顿帝国卡桑德拉的僭主(他在一伙篡位同谋的支持下攫取了君主的位子而成为僭主,为了笼络他们的忠诚,他杀死了一名叫"海棠"(Chaenomeles)的年轻人,叫他们吃掉)是残暴的化身。

是血时,大声欢呼"呜呀呀,真是美景!"⑥假若血流成河或者积成湖泊,在他看来还不美丽之极吗!难怪你比什么都喜欢这个情景,你天生就是为了杀戮,你在襁褓中就开始对杀戮着迷!命运女神的谬爱跟随了你二十年的残暴行径,你的眼睛无处不沉溺于它们所贪婪的情景。你会在特拉西米恩和坎尼看到它——并且最终是在你的家乡迦太基!⑦ (5)在不久之前,沃勒塞斯(Volesus)⑧——神明的奥古斯都手下的亚细亚总督,在一天之间砍下了三百个人的头颅。当他在尸首中踱步的时候,他的脸上得意洋洋,他就像干了一件什么壮丽非凡的大事情,他用希腊语欢呼"呜呀呀,真是国王的伟绩!"如果他真要做国王,他会干出什么事来呢?这不是愤怒,而是一个更为厉害的、不可救药的邪恶。

对邪恶发作愤怒是美德吗?

6 (1)"美德在看到可耻之事时应当发作愤怒,正如它看到那高尚的事物就表示喜爱。"你是不是想说,美德既要卑微,又要伟大?但是,说这话的那个人正是这个意思呢,他要叫美德高尚起来,又要叫美德卑微下去,因为面对礼遇所表现出来的欢喜总是惬意而慷慨的,而对别人的罪过发作愤怒总是污秽而狭隘的。(2)美德不会允许它自己在遏制邪恶的同时,反而模仿邪恶。在它看来,愤怒本身是要接受惩治的⑨;不端行为引发了愤怒,但愤怒一点儿

---

⑥ 汉尼拔的残暴,在罗马作家和演说家那里乃是老生常谈的话题。例如参见李维 XXI 4.9, XXIII 5.12。但塞涅卡此处这一尖刻的说法在别的地方不曾见到(但可以与罗马历史学家瓦勒里乌斯(Valerius Maximus)进行比照)。

⑦ 汉尼拔曾在特拉西米恩湖(Trasimene of Tuscany)取得了重大的胜利(公元前217年),接下来又在坎尼(Cannae in Apulia)取得了重大胜利,罗马军队在这两次战役中伤亡惨重。塞涅卡此处提到汉尼拔有修辞夸张之嫌:罗马军队在西庇阿(Scipio Africanus)的率领下,最终是在北非的扎马(Zama)击败了汉尼拔,而不是在迦太基当地。

⑧ 沃勒塞斯(Lueius Valerius Messalla Volesus),公元12年前后任亚细亚总督,他的残暴导致奥古斯都把他起诉到元老院。

⑨ 参见柏拉图的故事,III 12.5。

也不比那不端行为更好，而是常常比它更糟。高兴和欢喜是美德的自然品质；而愤怒与悲伤一样，都不合乎高尚的美德。沮丧与易怒结伴而行；所有的愤怒都要化为沮丧，要么是悔恨的沮丧，要么是受挫的沮丧。(3) 还有呢，如果有智慧之人的天性就是要对不端的行为感到愤怒，那么不端行为越严重，愤怒就越厉害，并且还要常常感到愤怒。接下来就是，有智慧的人不仅是针对场合而发作坏脾气，而是要习惯性地坏脾气。但是，如果我们相信在他的心智里，是容不下大大发作、常常发作愤怒的，我们为什么不能叫他彻底摆脱这个激情呢？(4) 因为，如果一个人的举止沾染上愤怒，愤怒在他身上也就不受限制。他用同等的愤怒对待不同的过错的话，他就有失公允；而每当有值得他发作愤怒的犯罪发生，他就大光其火的话，他实际上就要十分善于愤怒。

7 (1) 一个有智慧的人，他的心智状态如何要取决于别人的邪恶，这将是一个耻辱——还有什么比这更甚的吗？是不是苏格拉底就没有能力叫他回到家时的表情，和离开家时的一样了呢？⑩ 而如果有智慧的人有义务对那不道德的行为感到愤怒，有义务对犯罪感到震惊或者沮丧，那么，还有什么比做有智慧的人更麻烦吗？他整个的生命都要花费在坏脾气和悲伤上。(2) 随时随地，他都会发现不能赞同的事情。每当他离开他的家门，他就必须穿行在罪犯们中间，他们巧取豪夺、花天酒地而不知羞耻，但结果却发了大财。不管他把眼睛瞧向哪里，他都会发现一些叫他愤慨的理由。如果他要强迫自己在应当愤怒的时候就发作愤怒，他的能力就将叫他自己失望了。(3) 拂晓时分，成百上千的人涌到广场上来——他们的诉讼是多么龌龊啊，而他们的辩护人更是龌龊加

---

⑩ 苏格拉底的一项令名就是总是保持着一样从容自若的表情。参见西塞罗，《图斯库兰谈话集》III 31，《论义务》(*On Duties*) I 90，和 *Gnomologium Vaticanum* 573 里所汇集的资料。

上三分！一个人因为遗嘱问题来起诉他的父亲，而早知结果如此，他当初就应当做得更好一些。另一个来起诉他的母亲。第三个人漫天说谎，否认他显然脱不了干系的一个罪行。一个人被选举为法官，来给自己胡作非为的事情定罪；而那听众们为花里胡哨的辩护所迷惑，站到坏人的一边。

8（1）为什么要说出诸般细节呢？当你看到广场上挤满了人，全部的市民都涌进这里，当你看到那圆形的竞技场里人头攒动⑪，你可以肯定，这里有多少的人，就有多少的罪恶。（2）你会发现，这里的人们虽然脱掉了士兵的服装，但他们仍然彼此为敌。有的人为了蝇头小利而毁掉别的人；如果不损害别人，没有谁能够占到便宜；他们憎恨那有钱的富人，又嘲弄那没有钱的穷人；在尊贵的人物面前，他们感到压抑，而对那不如他们的人，他们自己又专横骄矜。形形色色的贪欲激励着他们，为了享乐和占有一些很是无聊的东西，他们全然不顾其余。这里的生活，和那角斗士学校里一模一样——彼此为邻就是彼此为敌。（3）你在这里看到的，是一群野蛮的动物，只不过动物中间相安无事，它们不会撕咬它们的同类，而这些人却要彼此撕成碎片，他们借此体会快慰。他们和那不会说话的野兽，区别还不仅于此。动物对饲养它们的人是温顺的；而谁养育了人类的疯狂，这疯狂就要吃掉谁。⑫

9（1）那有智慧的人一旦开始感到愤怒，这愤怒就将无休无止。犯罪和邪恶无处不在，简单的惩罚根本不能把它们清理干净。人们比赛谁更邪恶，这个风气愈演愈烈。每一天都会发现，为非作歹的花样越来越多，廉耻也就越来越少。对善良和公正的关心荡然无存；物欲横流，无孔不入。犯罪不再遮遮掩掩——它们堂而皇之地出现在你面前。邪恶已然"君临"，它俘虏了每一颗人心，以至

---

⑪ 一个露天圆形竞技场就是一个封闭的马车赛场。
⑫ 根据 Reynolds 建议，此处原文是 *nec hoc uno... differunt*；[*quod*]。

于何谓清白,它不仅仅是少见,而简直就是天方夜谭。(2)破坏法律的不仅仅是个人,也不是一小撮,这一点你不必心存疑问。就像有号角吹响一般,四面八方风行而起,人世间混淆了正义与邪恶的界限:

49

> 寻求庇护的客人反被主人谋害
> 兄弟间的情意一去不回
> 女婿勾索老丈人的性命
> 妻子和丈夫不共戴天
> 后娶的老伴给儿子预备好了毒药
> 儿子也在打探老子的运数流年⑬

(3)历数这些,只是微不足道的一小部分啊!我们还没有说到同室操戈的军队祸乱,没有说到宣誓效忠不同党派的父子为敌,没有说到那称作公民的人亲手把自己的祖国陷于战火⑭,没有说到那凶恶的骑兵,他们一队一伙四处搜查被"公敌宣告"之人的栖身之所⑮,没有说到水井被投毒⑯,和那人为的灾祸,没有说到给被围困的父母在挖一道壕沟,没有说到监狱人满为患,和各处的城市硝烟四起,没有说到谋求君主专制、毁灭国家福祉的阴谋,也没有说到那些在犯罪(只要它们还被视为犯罪)的行为中宣泄的荒淫——强奸和性犯罪,这种事情甚至都用上了嘴。(4)此外还有,国家间的背信弃义,撕毁条约,强者劫掠毫无抵抗能力的弱者,还有阴谋,偷盗,欺诈,抵赖债务——就是三个广场都不足以对付他们啊!如果你希望那有智慧的人要对这些犯罪感到愤怒,就当是这些邪恶

---

⑬ 奥维德,《变形记》I 444—8(德里登译本,有改动)。
⑭ 就如公元前88年苏拉攻陷了罗马城。参见普鲁塔克,《苏拉传》9.6。
⑮ 参见前文,II 2.3。
⑯ 根据弗罗鲁斯(Florus)的《罗马史纲要》(Epitome)I 35.7,曼尼乌斯·阿奎留斯(Mnius Aquilius)(公元前129年任执政官)在镇压(东方的太阳国国王)阿里斯东尼克斯(Aristonicus)起义联盟时,在亚细亚作出的一个惨绝人寰的事件。

行为要求这样的愤怒,那么,他岂止是要发脾气,而是要发疯啊!

10 (1)相反,你如果认为没有谁应当对错误感到愤怒,你就做对了。很显然,对那在黑暗中摔跟头的人,或是因为耳朵失聪不能听到命令的人,没有谁会感到愤怒。或者是对那些孩子们,他们疏忽了他们应当做的事,而把注意力转移到游戏或者他们那个年龄的愚蠢的笑话上。或者是对病人,对老人,对困顿不堪的人。我们既然是凡夫俗子,就不能避免这些不幸:心智里的黑暗,不能避免的作恶,以及更为甚者——对作恶的迷恋。(2)要避免对个别人的愤怒,你就必须宽恕整个群体,你就必须宽恕人类。如果你对年轻人和老年人的过错感到愤怒,你也要对婴儿愤怒:他们将来要有过错。没有人对孩子们感到愤怒,他们太幼稚了,还不能辨别事物的不同。但是,"是一个人"比"是一个孩子",是更好的宽恕理由,也是更正义的宽恕理由。(3)因为我们天生就是这样的动物——心智患病的机会不会比肉体患病的机会少,这还不限于愚蠢和迟钝,还包括滥用我们的精明,人们彼此效仿邪恶。一个人跟着前人踏上一条错误的路,当然就有理由说,他是迷失在一条公共大道上。(4)一个将军对个别的士兵施以严惩;但当整个军队都开小差时,他就只能表现仁慈了。是什么叫有智慧的人远离愤怒?行为不端者实在众多。他知道,当大家都犯错误时,发作愤怒是有失公平的,也是不安全的。

(5)赫拉克利特(Heraclitus)每当走出家门,看到他周围那么多悲惨地生活着——或者是悲惨地死掉——的人的时候,总是要哭泣。他甚至怜悯他遇见的那些快乐而富有的人。那就是他的善意,只是他太过虚弱了;他自己就在这被悲悯者之列。相反,他们说,德谟克利特(Democritus)在公众面前没有不面带微笑的时候,任何严肃的事情在他看来都根本不值得认真看待。⑰ 如果所有的事情要么需要发笑,要么需要哭泣,哪里还有愤怒的余地呢?

(6)有智慧的人不会对行为不端的人感到愤怒。为什么?他知道,没有人生来就有智慧,而是充其量可以变得有智慧,不论是在哪个年纪上,有智慧的人总是寥寥无几。他已经看尽世事沧桑。心智正常的人都不会对大自然感到愤怒。森林里的蒺藜秧不会长出苹果,荆棘和灌木丛也不会硕果累累,那对坏事感到愤怒的人也应当对此感到惊讶。而事实是,面对自然出现的欠缺,没有人感到愤怒。(7)所以,面对荒谬和错误,那有智慧的人应当平静而公正;他是那些行为不端者的矫治者,而不是他们的敌人,每一天的开始他都要想一想"我就要见到许多酗酒、淫荡、忘恩负义和贪婪成性的人了,还有许多因为野心而躁狂不已的人"。⑱ 他将用医生看待病人的温和眼光来看待所有的这一切。(8)试想,当一条船的船板松动,开始拼命地漏水,船的主人会对水手们或者对船本身发作愤怒吗?不,他会赶紧对付这个问题,堵住漏水,再把水舀出船舱,修补明显的漏洞,再一刻不停地修补那些看不见的、隐藏的缝隙,因为那舀出去的东西又正在涌回来。对待滔滔不止的邪恶,也

---

⑰ 赫拉克利特哭泣的故事和德谟克利特大笑的故事,塞涅卡在《论心智的和平》15.2—5还要进一步谈及;他的老师索提翁也曾为同一目的使用过这些故事,他当时的表述是:"在有智慧的人那里,愤怒全然不见,赫拉克利特陷入眼泪之中,德谟克利特则是笑声。"(Stobaeus, III 20.53)这是这两个人物第一次作为彼此的衬托而这样援引一处,这个说法是希腊化时期杜撰的产物,笑着的德谟克利特出现的比较早些(西塞罗,《论演讲术》II 235)。这两个形象与历史上的赫拉克利特和德谟克利特的关系颇成问题。赫拉克利特早在提奥夫拉斯图斯(Theophrastus)的时候就已经和"忧郁症"或说"黑色症"联系到一起(Diogenes Laertius, IX 6),但是那不过是"黑色的胆汁"(μελαινα χολη)过多而已,并且那意味着情绪上的不稳定,而不是忧伤(比照赫拉克利特的名言:"万物皆动")。并且,德谟克利特的确曾经写过如何维持"好的精神"(ευθυμιη)和快乐生活的作品,但是,他留给后世的残卷中没有哪一点表明像此处传说的这样,他有对着人们或者他们的不幸大笑的倾向。

⑱ 这个"praemeditatio"或者对可能降临到一个人身上的苦恼而进行的"事先的冥思",是斯多葛学派心理治疗的一般训练。在II 31.2—5,塞涅卡还要回到这个话题。并参见《论恩惠》IV 34.4.

需要这样子的坚持不懈——不是要阻止邪恶,而是不叫邪恶得逞。

愤怒可以对抗轻蔑吗?

11 (1)有人会说,"但是愤怒是有用处的。它叫你避免被轻蔑,并威吓那邪恶的人。"首先,如果愤怒有恐吓的力量,那么这恐吓本身同样叫人厌恶;而叫人害怕比叫人鄙视还要危险。但是,如果它没有这个力量,它就会发现它更容易被轻蔑了,它摆脱不了嘲弄;没有什么比色厉内荏更干瘪的东西了。(2)其次,要说越有恫吓力量越好,这也没有道理。我不希望叫有智慧的人听到:"野兽的武器也就是有智慧之人的武器——叫人害怕。"最后,发热、通风和恶性溃疡都叫人害怕,但那些东西里面没有什么善可言。相反,它们彻头彻尾地污秽、肮脏、病态——那正是它们叫人恐惧的原因。同样,愤怒本身是令人厌恶的,它一点儿也不用害怕;但是,就像丑陋的面具会激起小孩子的恐惧,愤怒也会叫大多数人感到恐惧。

(3)并且,恐惧总是要报应到那制造恐惧的人身上,这又是怎么一回事呢?坦然不惧的人,也不会叫人感到恐惧。在此你可以回忆一下拉贝里乌斯(Laberius)的话——说这话时正是内战如火如荼的日子,它表达了公众的情感,震撼了所有的人:

> 那个叫许多人恐惧的人,必有许多的恐惧。[19]

(4)自然早已规定,靠着恫吓显示威风的,自己首先心存恐惧。即使是一丁点儿的响动,也会叫狮子的心脏如何战栗啊!即

---

[19] 德齐穆斯·拉贝里乌斯(Decimus Laberius,约公元前106—43年),是文艺笑剧的领军人物,活跃在共和国后期几十年的舞台上。这一行文字(Mime 126, *Comicorum Romanorum praeter Plaudi et Syrri quae feruntur sententias fragmenta* (Leipzig 1898) ed. O. Ribbeck pp.361,1)由拉贝里乌斯自己说出,他扮演的角色是一个叙利亚奴隶,他在恺撒面前直指恺撒说出这一句台词。

使是最凶残的动物，也要为一个陌生的影子、陌生的响动、陌生的气味而骚动不安。那激起恐惧的东西，必然也在悚然战栗。如此说来，就没有理由叫那有智慧的人希望被别人害怕，或者叫他认为愤怒是一个了不起的东西，因为它叫人害怕；那些最叫人厌恶的东西——毒药、有传染力的骨头[20]、咬伤——也都叫人害怕。（5）这就难怪，成群的野兽会被一根拴着羽毛的绳子驱赶进陷阱里——这根绳子就是一个"恫吓"，它叫它们恐惧不已。愚蠢的动物才害怕愚蠢的东西。一辆马车走起来，那转动的轮子把狮子赶回他的笼子里；而一头猪的嚎叫会叫一头大象受到惊吓。

所以，愤怒会带来恐惧，就像一个影子对于孩子，或者一枝红色的羽毛对于动物。但它本身却没有什么坚强有力的东西；它只会叫那些脆弱的心智在意。

你可以彻底摆脱愤怒吗？

12（1）"如果你要摆脱愤怒，你就必须首先把这世界的邪恶清除干净。但是，两者都不能做到。"首先，冬天虽冷，但可以感觉不到冷，最热的月份虽热，但也可以感觉不到热。一个人可以找到一个合适的地方，来抵御季节的严酷；或者仅仅通过身体的忍耐，可以决定对冷和热的感觉。（2）（接下来说，把这话颠倒过来说会怎么样呢：你在发作坏脾气之前，必须根除心智上的美德，因为美德和邪恶不能共存。要说一个好人同时也发作坏脾气，就如同说一个健康的病人一样不可能。）

（3）"要叫心智彻底摆脱愤怒是不可能的。人的自然本性不允许如此。"但是，还没有什么东西如此艰难险阻，以至于人的心智不能克服它，持之以恒的温习不能跨越它。没有哪种感情如此激

---

[20] 这里所指看来是施魔法时使用骨头一事（参见贺拉斯（Horace），《抒情诗》（*Epodes*）5，17—24）。

烈、如此顽固,以至于不能通过锻炼来驯服。(4)心智能够实现它做主的任何事情。有的人已经做到永远不露出微笑[21];有的人戒掉了酒,有的则戒色,有的远离任何种类的液体。还有人不需要太多的睡眠,长时间保持清醒而不感疲劳。[22] 人们也学会了在一条细细而又倾斜的绳子上跑步,搬动巨大的乃至于超人的重负,潜到深深的水底而不需要一口呼吸。此外还有一千个例子,人们锲而不舍的决心克服了每一个困难,并且只要人的心智决意担当,没有什么事情不可能。(5)我刚提到的这些例子中,那坚定的决心所获得的报酬是微不足道的。叫自己走一条绷紧的绳子、肩上背起一个巨大的重量、睡眠时张着眼睛或者摸到海底,这算不得什么辉煌成就。但是,不管结果如何微不足道,任务总归是通过不懈的努力而完成了。(6)如此说来,当看见是什么样的奖赏在等候我们——心智里不受打扰的快乐和平,我们不应当接受一番磨砺吗?想一想,摆脱了愤怒(它乃是最为严重的邪恶),以及和它相伴的疯狂、野蛮、残忍、凶狠等诸般激情,这将意味着什么吧!

13 (1)我们不能用愤怒有其用场或者不可避免等说法,当做自己沉沦的挡箭牌和借口。我来问你,有那种邪恶找不到它的理由?你不能说它不能够剔除掉。那些折磨我们的疾病是可以治愈的;我们生下来本是天真无邪的,只要我们希望好起来,自然本身就会帮助我们。有的人说什么通向美德的路是陡峭崎岖的,这真是无稽之谈[23];不是那样的,我们通向美德的大路很是平坦。

---

[21] 诗人卢奇里乌斯(Lucilius)宣称演说家马尔库斯·克拉苏(Marcus Crassus)终生只笑过一次。(西塞罗,《论目的》(*On Ends*) V 92)

[22] 据普林尼说(《博物志》(*Natural History*) VII 172),梅塞纳斯(Maecenas)——奥古斯丁的朋友、维吉尔和贺拉斯还有别的诗人的保护人——在他生命的最后三年里不曾睡上一个小时,尽管这多半是由于神经衰弱,而不是道德努力的结果。

[23] 自从赫西奥德(Hesiod)(《劳动与时日》(*Works and Days*, 287 ff.)以来,"两条路"的说法就是一个老生常谈。公元前5世纪时智者普罗狄克斯(Prodicus)曾为(处在十字路口的)赫拉克勒斯(Heracles)讲解了这两条路的区别(参见色诺芬,《回忆苏格拉底》(Memorabilia) II 1.21—34)。就塞涅卡此处的叙述,比较《论恩惠》II 18.2。

(2) 我这样跟你说,不是出于清谈的雅好。通向幸福的大路是容易走的;启程吧,这有何难,你有吉祥的预兆,这是众神自己的好事呢。比起这来,从事你的工作反而要艰难得多。没有什么比心智的和平更为悠闲自得,没有什么比愤怒更叫拖累多多;没有什么比仁慈更为轻松自在,没有什么比凶残更叫人不得安宁。洁身自好便可从容不迫,淫荡骄奢则要鸡犬不宁。总而言之,谨守美德很容易,而培养邪恶却要费一番心机。(3) 愤怒必须远离——甚至那些说应适当节制愤怒的人,在一定程度上也同意这一点。它应当被彻底根除,它永远一无是处。摆脱了愤怒,就可以找到一条更平易、更便捷的路,消除犯罪,惩罚并改造邪恶。有智慧的人要做好每一件事,而无须借助任何邪恶的事情,而不能掺杂他最怕掺和的内容。

14 (1) 所以,永远不要允许愤怒,尽管有的时候会假装愤怒,因为听众们迟缓的心智需要激励,就好像我们用马刺和燃烧的木棍来驱赶慢慢吞吞的马匹一样。有的时候,当理性不能带来结果,就需要叫人们感到恐惧。但是,这样做当然并不意味着,发作愤怒比感到悲伤或者恐惧更有用处。

(2) "但是,就没有什么场合会激发人的愤怒吗?"那正是最需要克制愤怒的时候。把握住心智是很容易的,要知道,甚至运动员——尽管他们从事的是最浅薄的人类活动——都要忍受击打和痛苦,消耗对手的力量,捕捉机会而不是靠着愤怒进行还击。(3) 他们说过,那个最伟大的体操竞技教练皮鲁斯(Pyrrus)㉔,总是要求他指导的人员远离愤怒,因为愤怒会扰乱艺术,并且只会寻找机会造成伤害。这样说来,我们常见的是,理性要求忍耐,而愤怒

㉔ 别的资料一无所知。角斗士们也会从他们的训练者那里接受这一建议,这就促使斯多葛派哲学家按提帕特思考,他们在竞技场上是否会用到一点儿的愤怒(斐洛德摩,《论愤怒》XXXIII 34—40)。

则要求复仇,我们刚刚摆脱了我们开始的不幸,就又掉进一个更大的不幸里。(4)因为没有镇定自若地忍受一个侮辱字眼,而终于被流放;因为不愿意悄无声息地隐忍一个微不足道的伤害,而终于惨遭一个塌天的厄运;因为对那些许的自由瑕疵感到愤慨,而终于背负沉重的奴役之轭。

愤怒和高贵品格

15 (1)"你看看那些自由的民族,如日耳曼和赛西亚人——他们动辄发作愤怒,你就会发现,愤怒有其高贵的成分。"这个问题是,那些天生勇敢和强壮的性格,在变得有教养之前,总有一个发作愤怒的倾向。而有的天分只出现在比较好的性格里,这道理就如有的土地尽管无人照顾,但却肥沃,能长出茁壮的灌木丛来,而郁郁葱葱的林地则是富饶土地的象征。(2)天生勇敢的性格同样具有易怒的一面;热烈而火爆,他们容不下任何脆弱和疲软。但是,他们的魄力存在着不足,任何基于纯粹自然之慷慨而长成的东西都是这样,它们还需要陶冶和修养。除非它们赶紧接受训练,否则那勇敢的天分就会变为习惯性的骄矜和鲁莽。(3)我来问你,那比较温柔的弱点,比如怜悯、迷恋和害羞,不也要沾染到那比较温和的心智上吗?我常常要用一个人自己身上的邪恶,来证明他的天分原本是善的,但是,邪恶终归还是邪恶,尽管它们带着一些优秀的迹象。(4)还有,那些因为勇猛而自由的民族,就像狮子和狼而已;他们不会服从,但是他们也不会发号施令。他们性格中的力量缺少人性,那是不可驯服的野蛮。(5)帝国一般总是掌握在气候比较温和的民族手中。那些向着寒冷的北方绵延的民族,有着诗人所说的性格:

"桀骜不驯,全然像他们自己的气候一样。"㉕

16 (1)"最高贵的动物被认为是那些浑身充满愤怒的动物。"要给人找一个榜样,却找到那些用冲动代替理性的动物之中,这样做有失妥当;人是用理性代替冲动。但是,即使是在它们的场合,也不是所有的动物都利用同一种冲动。暴躁有利于狮子,恐惧有利于雄鹿,侵略有利于苍鹰,逃遁有利于鸽子。(2)但无论如何,要说最好的动物就是最容易发作愤怒的动物,这也不符合事实。我可以很肯定地承认,那些靠捕获猎物充饥的野兽,越是愤怒就越是出色;但是,我却要赞美公牛的忍耐和马对笼头的服从。进一步地说,当你掌握了一个神圣的宇宙秩序,这个秩序只有人——在所有的动物之中——能够理解并独自模仿,为什么还要指给人看那些不幸的形象呢?㉖

(3)"容易发作愤怒的人被认为是最坦荡的人。"相比于行骗和欺诈之徒,他的确显得坦荡,因为他不虚伪。但是,我不认为那是坦荡,那是鲁莽。我们用这个词儿说那愚蠢、任性、放荡以及所有缺少智识的邪恶行为。

愤怒和演讲术

17 (1)"一个演说家有的时候发作愤怒会更好一些。"不,应当是假装发作愤怒。演员也是如此,当他们说他们的台词,要调动观众的胃口,他们不是靠愤怒附体,而是靠好的表演。同样,面对着陪审团,在公众集会上,或者别的什么需要叫别人的心智跟着我们意志走的场合,我们自己要表现出或愤怒、或恐惧、或可怜的样子,叫这些激情渗透进他们中间;并且情况常常是,真正的情感永

㉕ 作者不详;这一句诗出现在 Baehrens, pp. 359.25。
㉖ 进一步参考《论个人生活》4,《论恩惠》IV 4 ff。

远也实现不了的效果,却被它的模仿实现了。㉗

愤怒激发美德吗?

(2)"缺少愤怒的心智是迟钝的。"是这样,如果心智里没有什么比愤怒更有力量的话。但是一个人不当别人的猎物,也不应当就去做强盗;一个人既不要同情也不应当残暴。一种心智状态太过软弱,另一种太过强硬。一个人应当取其中道,便可采取坚定的行动,不是靠愤怒,而是靠力量。

矫 治 之 道

内容划分

18 (1)探讨完基于愤怒而出现的问题,我们接下来谈谈它的救治方法。在我看来,救治方法分成两个部分:不要陷入愤怒㉘,不要在愤怒的状态下作出错误的事情来。在关照身体的时候,有的话是关于怎样保持健康的,有些话是关于如何恢复健康。同样,一套规则用于避免愤怒,另一套用于约束愤怒。㉙

㉗ 西塞罗在《图斯库兰谈话集》IV 43 和 55 也有这一论述,他对愤怒的看法和斯多葛学派是一样的。但是,在专门讨论修辞的《论演讲术》(*On Oratory*)中,他却说,一个演说人要想激怒陪审团,就要首先激怒他自己(II 189 f.)。

㉘ 此处以及后来的章节,塞涅卡模糊了他在 I 4.1 曾经清楚指出的区别,即"易怒性"或者坏脾气和实际发作的愤怒之间的区别。于是,对"如何避免陷入愤怒"的建议,一方面是如何戒除易怒性,一方面是尽管还是容易发作愤怒,但如何叫愤怒不要发作。关于教育的建议(19—21)和一些救治成年人的方法,如警惕轻信和自我放纵(22—24)是笼统地针对坏脾气的,而 26—34 的反省是用来应对特殊场合的愤怒之发作的。

㉙ 这样比拟成药物有失精当,因为保持健康和恢复健康之间的对比——换言之就是避免疾病和治疗疾病之间的对比,应当严格地等同于避免愤怒和矫治愤怒之间的对比;但是,塞涅卡没有说"治疗"它,而是"约束"它和在它的影响下"不要作出错误的事情来"。他几乎没有区分避免愤怒之下的错误和真正矫治或剔除它之间的区别。实际上,有些治疗方法,尤其是反复说到的"且慢,不要在愤怒中惩罚"(22.4,29.1,III 12.4—7,29.2,32.2),是针对着这两个方面的——矫治和限制伤害。

如何避免愤怒附体[30]

就避免愤怒来说,这里有几句好良言,它们适用于我们整个的一生。这几条建议就冠以"教育"和"后来的时期"等标题。(2) 教育需要投入的精力多多——当然回报也是多多。心智在没有成熟的时候比较容易塑造,而一旦随我们成熟定型,再要剔除它的毛病就比较困难了。

孩子的教育

19 (1) 从自然属性来看,最容易愤怒的乃是"热性"的心智。有四种元素——火、水、空气和土,并且每一种都有它对应的属性——热、冷、干燥和湿。元素的不同混合产生区域、物种、身体和品格上不同变化;并且,某一种气质倾向,乃是其中某一种主导元素的反映。因此,我们说某一个地方"湿",某一个地方"干燥",有的地方"冷",而有的地方"热"。(2) 这个差别同样适用于动物和人。一个人包含着多少的水分或者热量,这很有关系;因为任何一种元素的主导作用都决定着他的品格。心智里**热**的自然天赋叫人易怒,因为火既活跃又桀骜不驯,而**冷**的成分则叫人腼腆,因为冷是迟缓凝滞的东西。(3) (相应地,我们的学派里有人断言[31],愤怒所以被激起来,乃是由于心脏附近的血液沸腾;并且,他们所以认为发作愤怒的部位就是这里,正是因为胸膛是整个身体里最热的

---

[30] 第二卷的剩余内容都是关于如何避免愤怒附体的建议。当你开始感到愤怒时应当如何应对,这些问题留待第三卷。

[31] 或许是波昔东尼(公元前 1 世纪初):著名的医学作家嘉林(Galen,约公元129—99 年)曾记述说,波昔冬尼确实曾主张"胸腔比较大、体温比较热的动物和人更为活泼,而臀部比较大、体温比较冷的则更为胆小"(《关于希波克拉底和柏拉图的学说》(*On the Doctrines of Hippocrates and Plato*),v 5.22 = Fragemnt 169. 85—8 Edelstein-Kidd);而且,把激情以及所有别的心智活动都安排在心脏上,这也是斯多葛学派内通行的说法。而愤怒会叫心脏周围的血液沸腾的说法则可以追溯到亚里士多德(《论灵魂》(*On the Soul*)403a31)。

地方。)(4) 那些包含更多**湿**（水分）的人，愤怒是一点一点地积聚起来的，因为没有既成的热量，它尚需要刺激酝酿——这就是为什么孩子和妇女的愤怒是逐渐加强的，开始的时候比较轻微，并且不怎么叫人害怕。当生命进入**干燥**的阶段，愤怒就凶猛而强烈，但是它不会再增长，不会有明显的加强，因为**热量**迅即开始减退，冷就尾随而至。老年人脾气古怪而爱发牢骚，就像有病的人、养病的人、或者那些由于极度疲惫或者失血而把热量耗尽的人一样。(5) 这情况就如同由于饥渴而体力不支的人，如同患了贫血病、营养不良或走向死亡的人。葡萄酒激发愤怒，因为它增加热量；因为自然禀赋的不同，有的人要喝得酩酊大醉才能沸腾，有的人只需微微酒意就沸腾起来。因为这个原因，动辄愤怒的人是那些金发而红脸膛的人，他们天生就具备了这样一副颜色，而别的普通人在发作愤怒时才是这个样子。你知道，他们的脉搏不稳定，并且容易激动。

20　(1) 但是，天赋固然叫某些人容易愤怒，还有许多外在因素也会产生这样的效果。有些人会由于疾病或者身体伤害而陷入这一状态，有些人则因为疲惫或者长时间地缺乏睡眠、因为连夜的忧虑、或者因为情爱的渴望与痛苦而陷入这一状态。[32] 还有，任何对身体或者心智造成伤害的东西，都会导致一个不健康而挑剔牢骚的禀性。(2) 但是，所有这些还仅是初始原因。最有力量的因素还在于习惯；坏的习惯直接通向失败。

要想改造一个人的自然禀赋当然不是一个简单的事情。在出生时一旦混合了各种元素，要想改变它们就属不可能的了。虽然如此，理解了它们的存在仍然是有用处的，以便叫那热的气质远离葡萄酒——柏拉图就不准孩子们沾染这些东西，禁止向着火吹送火。[33] 他们甚至都不允许吃下太多的食物，那会叫他们的身体膨胀

---

[32]　比较亚里士多德，《修辞学》II 2. 1379a10—29。
[33]　柏拉图，《法律篇》666a。

起来,并叫他们的心智也跟着骄傲自满起来。(3)他们应当从事训练和劳动,但又不至于叫他们感到疲劳,旨在减少而不是耗尽他们的热量,叫那过分的热情平息下来。游戏也是有帮助的;适度的快乐叫心智放松,实现平衡。(4)那些拥有比较潮湿、比较干燥或比较冷的禀赋的人,没有发作愤怒的危险;他们要担心那些不免迟钝的缺点——胆小、固执、绝望、多疑。这样子的性格需要平抚,需要安慰,需要把欢乐调动起来。因为针对愤怒和抑郁要使用不同的救治方法,它们需要的治疗手段不但彼此不同,而且简直南辕北辙,哪一种缺陷太过明显,我们就要弥补哪一种缺陷。

21 (1)我坚持认为,最为有益的帮助乃是叫孩子们从一开始就得到良好的培养。但是,培养步骤不是想当然的,因为我们必须留意,既不要叫孩子们滋长愤怒,又不要耽误他们的自然禀赋。(2)这件事情需要精心的考虑。需要助长的品质与需要压制的品质,是靠彼此相似的方法来养成,就是最为精心的人也很容易被这相似性迷惑。(3)自由自在会叫一种气质增长,而拘束会叫它窒息。得到赞美感到自信的时候,它就显得神气;但这些因素也会助长骄傲自大和暴躁。我们的未成年人必须沿着这两个边界之间的大路成长,他的步伐有时候需要勒住,有时候需要鞭策。(4)他不应当经历那些盛气凌人或阿谀奉承的东西。他永远不可以卑躬屈膝地提出自己的要求,也不可以因此而得到好处。相反,他得到的任何奖赏应当符合他的品质,符合过去的成绩或者未来的希望。(5)在和同龄人竞赛时,我们既不能允许他失败,也不能叫他感到愤怒,而要尽力叫他成为对手们的朋友,以便叫他养成一个习惯,即竞赛的目的不是要伤害什么,而是要赢得竞赛。在任何优胜或值得表扬的场合,我们应当允许他骄傲,但不允许他自矜自夸。快乐导致得意洋洋,而得意洋洋导致自大的头脑和过分的自负。(6)我们应当给他一些自由的时间,但是又不能叫他滑向懒散和游手好闲。我们应当叫他远离享乐。没有什么比溺爱娇惯的教育更养成人们的坏脾气了。这就是为什么越是宠爱一个独子、越是放纵一个被监护人,他就越是没有出息。如果他从没有被拒绝过什么东西,如果他总是有一个操心给他擦掉鼻涕的母亲,如果他总是被怂恿和他的家庭老师作对,那么,他将永远也不能直面生活中的挫折。(7) 你肯定已经发现,一个人发了财,他的愤怒也就跟着这财运一路攀升。这尤其体现在那些有钱人身上,体现在贵族身上,体现在高官身上——他们的心智里不论有什么样不负责任的愚蠢想法,身边总会有及时的风儿叫它高高飘扬。成功会蓄养坏脾气,因为有一群马屁精围绕在两只自鸣得意的耳朵旁:"你是说,**他**敢顶撞你吗?""你太不拿着你的尊贵身份当回事儿啦","你简直小瞧了你自己"——诸如此类,就是最好使的心智,就算它开始时清醒而坚定,也很难抵挡这些东西。(8) 孩子们应当远离奉承;他们应当听见事实本身。他们甚至有时需要感到恐惧,并且要一直心怀恭敬。他们在长辈面前要袖手站立。他们不能靠着发作愤怒达到目的;当他们平静下来,他们可以得到他们靠着嚎叫不能得到的东西。他们应当在父母面前享用父母的财富,但却不可以胡作非为。他们的错误应当被指出来接受批评。(9) 他们要有善良的教师和家庭老师,这很有意义。任何天真的东西都会亲近它最喜爱的东西,并会长成它的样子。很快,年轻人身上就体现出他的保姆和家庭老师的品格来。(10) 一个孩子从柏拉图的学园回到家里,看到他的父亲在咆哮,就会说:"我在柏拉图的学园里从没有看见过这个。"㉞他就将马上模仿他的父亲,而不是柏拉图,这还用疑问吗!(11) 最重要的是,这个孩子的食谱一定要简单,他的衣服不能贵重,他的生活方式要向同侪看齐。如果从一开始,你就叫他

㉞ 我们不知道塞涅卡从哪里找来这个故事。别的地方没有谈到过它。

和大多数人站在一样的水平上,那么,当有人和他比肩时,他就不会感到愤怒。

给成年人的建议(一)预备

不要轻信最坏的一面

22 (1)前面所言适用在孩子们身上。就我们自己而言,在谈及缺陷和应对缺陷的建议时,就不能归咎于出生的运气和接受的教育了。现在要解决的问题正是那些运气和教育的后果呢。(2)那么开门见山,我们应当解决的是首要原因;而我们自以为被冒犯的想法,就正是坏脾气的原因。㉟ 我们不应当轻信这个想法。即使对那明摆着公开了的事情,我们也不应当立即接受;有的时候,谎言就是打着真理的幌子。(3)我们应当总是给我们自己以时间;时间的流逝会揭示出真理。我们不应当叫耳朵殷勤地听从指控的声音,而要认识到我们人类天生的一个缺点,这就是乐于相信我们没有被告知的事情,并且在得出一个判断之前就叫脾气发作。(4)另外,不仅指控会叫激起我们的愤怒,怀疑也是如此,我们会把某一个人的表情和微笑作出最坏的解释,并因此对清白无辜的人发脾气。所以,我们必须为那不在场的人辩护,对抗我们自己,叫愤怒的判决暂且缓行。迟到的惩罚仍然可以执行;而一旦执行完毕,它就再不能当做没有发生。

23 (1)你知道那个著名的刺杀暴君的人,他还没有完成他的任务就被抓住了,希庇亚斯(Hippias)用酷刑折磨他,叫他说出同谋来。他就把希庇亚斯的朋友——他们就正好站在身边呢,和那些最警惕希庇亚斯安全的人的名字说了出来。那些人的名字一个一个地说出来,他们的死刑也就一个一个地命令下去。当这个暴

㉟ 参见12节愤怒的定义。

君问是不是还有漏掉的,回答就是:"就你自己了。别的关心你的人,我一个也没有漏掉。"㊱愤怒的结果就是,叫暴君成了刺客的同谋,并用他自己的剑屠戮了他的卫兵。(2)亚历山大(Alexander)有着远为超凡脱俗的勇气。他的母亲在写给他的信中说,要提防他的医生给他投毒,他读了这个信,就端起他的药一饮而尽;他更加相信他自己对朋友的判断。㊲(3)他值得享有——实际上是鼓舞了——朋友的忠诚。我认为这个事儿在亚历山大身上尤为可贵,因为没有谁比他更有资格发作愤怒。温和的美德在帝王身上越是稀少,它就越是值得赞美。(4)这一点说到伟大的尤里乌斯·恺撒,以及他在内战中取得胜利之时所表现出的雍容大度也是如此。在他面对成堆的写给格涅乌斯·庞贝(Gnaeus Pompey)的信件时,那些写信的人看来要么是恺撒的敌人,要么是那些骑墙的人,恺撒把这些信件径直付之一炬。恺撒的愤怒一般总是有节制的,尽管如此,他还是刻意避免任何的愤怒;他相信最优雅的宽恕形式,就是忽略朋友的过错。㊳

24 (1)最大的伤害来自轻信。常常是,你甚至不应当去听什么闲言碎语,因为就某些事情而言,被欺骗也比起疑心要好一些。你应当叫你的心智远离疑心和猜忌——它们的影响就是无事生非:"他的问候怪怪的","他扭头避开了我的亲吻","他突然就岔开了我们已经开始说到的话题","他没有邀请我赴宴啊","他的脸看起来相当地不怀好意"。(2)要证明自己疑心的东西,总是不

㊱ 希庇亚斯在公元前527—510年间是雅典的僭主。这是一个为人们反复传说的故事,它更多说法是发生在西西里岛或者南意大利,而侠义的刺杀者则是哲学家埃利亚的芝诺(Zeno of Elea)。(值得注意的是,希罗多德在其记述希庇亚斯的内容里丝毫没有说到这个故事。)参见 Diogenes Laertius, IX 26; Valerius Maximus, III 3 Ext. 2.

㊲ 这则轶事有很多作者都提到过,只不过写信的人换作了亚历山大的副手帕米尼翁(Parminon)(例如普鲁塔克,《亚历山大传》19. 3)。

㊳ 普林尼也讲述了同一个故事(《自然史》VII 94)。恺撒对待被征服的敌人的仁慈和大度,即使像西塞罗这样的敌人都是承认的(《致友人书札》Letters to His Friends IV 4.4;《为马伽鲁斯辩护》(In Defence of Marcellus)19)。

会缺乏证据。但是你所需要的,乃是用坦荡善意的心胸作出你的判断。我们只应当相信我们亲眼看到的东西和明白无误的东西。每当我们的疑心证明是荒谬的,我们就应当责问我们的轻信。这样的斥责,会叫我们养成习惯不再轻信。

不要弱不禁风地敏感

25 (1) 依次接下来就是:不要对细枝末节的俗务感到恼怒。一个奴隶笨手笨脚、喝的水有些生冷、睡椅一塌糊涂、餐桌摆放得漫不经心——只有傻子才为这等事情发作脾气。一阵清风吹来就起一身的鸡皮疙瘩,这就是一个有病的人啊。眼睛看到一件白色的衣裳也会眩晕,它们一定是哪里有故障了。只有那最无聊的二流子看到别人工作也会感到自己的胸口疼。(2) 我们听说,门底里德斯(Mindyrides)是锡巴里斯城的市民㊴,他曾看见一个锄地的人把鹤嘴锄舞动得太高。他抱怨说那个人叫他感到疲惫,他禁止那个人在他的视野里劳动。还是他,曾抱怨说他睡觉用的玫瑰花瓣硌疼了他的脊梁。(3) 当心智和身体堕落到淫乐之中,就没有什么还能忍受——不是因为东西太坚硬了,而是因为你太柔软了。为什么别人打喷嚏或者流鼻涕会叫你发疯呢?为什么别人懒得起身赶走的一只苍蝇,或者是一条犬挡在路上,或者是粗心的仆人把钥匙掉在地上,会叫你大发雷霆?(4) 一个男人,如果他的耳朵会因为拖拽长凳发出的响动而受到伤害,你还能指望他对公民们的责难、对元老院集会的诽谤等闲视之吗?如果他因为一个奴隶没有把雪融化而大发脾气,他还能够忍受夏天里长途跋涉的饥渴

㊴ 锡巴里斯是位于南意大利的一个希腊城邦,而"锡巴里斯人"的形象(门底里德斯)在希罗多德(VI 127.2)时代就是一个大名鼎鼎的穷奢极欲的人。这个田间劳作的人的故事,有好几个古代作家提到过;而那个玫瑰花瓣的故事也在伊良(Aelian)那里提到过(伊良,《各种历史》(Varia Historia)9,24)。

吗?⑩ 如此说来,没有什么比不加节制的自我放纵更能养成坏脾气了。这样的心智必须受到严格的训练,以便担当得起一个沉重的打击。

给成年人的建议(二)如何遏止愤怒之爆发⑪

它们不可能冒犯了你,或者不可能想要冒犯你

26 (1)我们发脾气,要么是对那不可能冒犯我们的东西,要么是对那可能冒犯我们的东西。(2)前者包括那些没有感觉的东西,就如我们会把书卷扔出很远,因为它的字体太小,或者因为它有错误而把它撕碎,我们也会因为衣服没有叫我们满意而撕碎它们。对它们感到愤怒,何其愚蠢啊!它们不该得到我们的愤怒,它们也不能体会到这愤怒。(3)"你难道没有看见,这些东西是谁制作的,就是谁得罪了我们。"首先,我们常常还没有分清谁是谁就开始发脾气。其次,那工匠们也会拿出有理有据的借口来:有人做得还不如他呢——他手艺欠佳并不是存心冒犯你;那个不如他的人不是没有冒犯你吗?最后,一腔坏脾气不对着人,而是对着这些东西发作,还有什么比这更疯狂的吗?

(4)但是,如果说对那些没有生命的东西发作愤怒是愚蠢的,对动物发作愤怒也是一样的愚蠢;动物不可能心存冒犯我们的意志,它们不会冒犯我们。你知道,没有心存故意,就不会有犯罪。所以它们可能伤害到我们,就像一块铁或者一块石头那样;但是,它们不能冒犯我们。(5)但是,有的人就认为他们自己被小觑了,

---

⑩ 饮料一般用融化雪的办法来降温制冷(参见《书札》78.23;和色诺芬,《回忆苏格拉底》Ⅱ1.30)。普鲁塔克在其随笔《论控制愤怒》(*On the Control of Anger*, 461b)中,使用了与塞涅卡此处同样的例子。

⑪ 作为矫治基础的是Ⅰ2.3节所引用的愤怒的定义,尤其是那个归于波昔东尼的定义:"向那个对你施加了不公正伤害的人施以惩罚的燃烧着的欲望"。此处的反思内容乃是要说服你(1)你没有真正被冒犯(26—7,29—30),你的遭遇并非"不公正"(28,31.1—5)和(3)报复总是一件坏事(31.6—4)。

因为同一匹马对一个驭手驯服,而对别人就又踢又咬;这事好像是动物自己的决定,而不是亲切的熟悉或者驾驭技术,叫它对某些人更驯服,而对别的人则不肯驯服。(6)还有,如果对这些东西感到愤怒是愚蠢的话,那么,对小孩以及那些并不比小孩更明智的人发作愤怒,同样是愚蠢的。在所有这些得罪的场合,说到底,如果法官讲道理的话,缺乏良好的意识就意味着无罪。

27 (1)还有一些存在也不会施加伤害,它们拥有的力量不会是不仁慈的或者不健康的。例如,长生不死的众神既不希望制造麻烦,也不会制造麻烦。他们的自然本质乃是温和善良,他们不会冒犯别人,正如他们不会冒犯自己。(2)那么,因为大海的狂暴、因为过多的降雨、或者因为冬天的漫长而数落他们,这就是对上述真理的愚昧无知;要知道,那所有的事情不论是阻碍了我们还是成全了我们,都不是严格地针对我们的。我们并不是这个世界的春暖花开的原因。这些事情遵行它们自己的法律,那个法律统治着神圣的事情。其中的力量势无可挽,如果我们以为自己是这个力量所针对的目标,我们就过分自负地看待了我们自己。它们没有什么要冒犯我们。实际上,我们终归结底从中获得恩惠。㊷

(3)我说过,有的角色不具有伤害我们的力量,而有的角色不具有伤害我们的意愿。其中后者就包括好的行政官员、父母、老师和法官。对待他们的斥责,就如同对待外科医生的手术刀、节食疗法或者别的什么现时折磨,它们的意义在于未来的健康,我们要怀着同样的心态来接受。(4)假定我们曾经被处以惩罚;我们不应当仅仅想到我们遭遇了什么样的痛苦,而应当想到我们曾经做了些什么,我们要把整个生活都考虑进来。如果我们肯对自己从实

㊷ 季节的变化和其他自然现象不是直接针对我们的个人利益或困苦而发生,而是符合了广阔宇宙的需要,我们是这个宇宙的一部分。于是,它们间接地满足了我们的利益,我们也有理由对它们感激。进一步参见《论恩惠》IV 23, VI 20.1, 23.3—5。斯多葛学派这一重要学说可追溯到柏拉图(《法律篇》903b—d)。

招来,我们会给自己判定一个更为严厉的惩罚呢。

我们没有谁完美无瑕

28 (1)如果我们希望我们在每一件事情上都有公正的判断,我们就必须立足于这个信念,即我们没有谁是一个完人。因为这正是叫人们耿耿于怀的问题所在——"我没有做错任何事情!""我什么也没有做!"恰恰相反,你什么都不愿意承认!任何拒绝或者惩罚都会叫我们感到屈辱,而与此同时,我们不仅怙恶不悛,还要强词夺理。(2)在每一种法律看来,谁敢说他自己清白无辜呢?就算说他敢这样自认——在遵纪守法的意义上是好人,这可谓是一个十分狭义的清白;比较于这些法律的条条框框,道德义务的原则要宽泛得多,虔诚、人道、公平和诚信的要求还有很多,而这些都不是记载在法律典籍上。(3)但是,甚至在那个十分狭义的定义上来看,我们的无辜也不能成立。我们已经做了某一些事情,而还有一些事情呢,我们也已经计划了,或者想要去做了,或者感到着手的倾向了。有些场合,我们所以无辜,仅仅是因为没有得以成功。

(4)这个想法,会叫我们更加通情达理地对待那行为不端的人,也乐于接受指责,并且至少可以避免对好人发作愤怒——如果连好人都会叫我们发作愤怒,那么谁人还不会呢?——尤其是,避免对众神发作愤怒。我们所经历的任何事情,不是因为众神的任何过失,而是由于我们凡人世界的法律。"但是,疾病和痛苦在折磨着我们!"如果你注定生活在一个破碎的房子里,有些事情就必须忍受。㊸(5)现在假定有个人说你的坏话,那么想一想,你是不是没有说过他的坏话呢?想一想你说过多少人的坏话呢?在我看来,有的行为我们不应当认为是冒犯我们,而是对我们的报复;还

㊸ Gronovius 版原文是 *utique aliqua fungendum.*

有的行为所以发生是出于我们自己的立场,或者是由于强迫,或者是由于无知。我们应当认识到,甚至那些明明白白故意冒犯我们的人,在进行冒犯的时候也不是单纯地为了冒犯行为本身。一个人也许会为了哗众取宠而陷于冒犯;或者他之所以会作出某件事情,不是因为要叫我们难堪,而是因为他不首先冷落我们就不能得到他想要的东西。另外,拍马屁的肉麻行为也常常是令人作呕的。(6)一个人能够想到,他自己如何常常陷入捕风捉影的疑心,他有多少尽职尽责的工作恰恰看起来不正义,他曾经憎恶过多少的人,而现在开始喜欢他们,那么,他就可以避免不问青红皂白的愤怒了,尤其是如果每一次面对窘境,他能够平静地对自己说:"我自己也是这样做呢。"

(7)但是,在哪里你能找到这样一个明于事理的法官呢?对每一个人的妻子想入非非,并对他的风流韵事振振有词:道理很简单,谁叫那个女人属于别人呢!就是这么一个人,不允许他自己的老婆被别人瞧一眼!那最热心要求信任的人,会有可能背弃这种信任;那要绞杀谎言的人,自己就是一个作伪证的人;那急急挑起诉讼的人,不能容忍一件官司缠上他自己;仆人要贞洁,远离诱惑,这靠主人来看守,而这主人自己却没有这样的防备呢。(8)别人的过错就在我们眼前,我们自己的就背在肩上。这就是为什么一个儿子因为他的晚宴亵渎了神灵,而被他那更为堕落的父亲苛责;而那对自己行为从不检点的人,却不允许别人放纵自己;一个杀人犯会遭到一个暴君的痛恨,而一个贼偷儿会叫那抢劫庙产的人暴打一通。实际上啊,叫许多人感到愤怒的不是那罪孽,而是那罪人。反躬自问会叫我们变得更加宽容,如果我们开始检点:"我们肯定也做过类似的事情吧?我们肯定也犯过这样的错误。这样谴责它,是不是合乎我们自己的利益?"

他们会浑水摸鱼呢

29 (1)矫治愤怒最好的办法是叫它且慢。在愤怒就要开始,你请求你的愤怒暂且缓行;你不是请求它的宽恕,而是要它拿出一个判断。没头没脑的攻击总是劈头盖脸;而如果叫它缓行,愤怒也就会悻悻离去。并且,不要指望一下子就把它彻底打消;只要一步一步慢慢来,你就会把它统统平息。

(2)那叫我们颇感不安的事情,有的是转告而来,有的是我们亲身见闻。告知我们的,不能就不加迟疑地信以为真。许多人说的不是事实,有的是想欺骗,有的则是因为他们自己就被欺骗了。一个人会为了邀宠而编造出不幸,以便博得一些的同情。另一个人则怀着一个恶毒的愿望,打碎那坚固的友谊。还有一种人㊹,他只是为了远远地看一场勾心斗角的竞技,就设计别人火拼一起。(3)如果有人因为一笔小数目的钱,来到你的面前要求裁决㊺,没有证人,这个案子就无从证明,而没有宣誓,这个证词就没有意义;你会叫两造各陈己见,你会给他们时间,并且不止一次地听审,因为你只有不惮麻烦才会问明事实的真相。你的**朋友**会当场就被定罪吗?在听他陈述或者审问他之前,在叫他知道谁是指控者或者指控的罪名为何之前,你就会发一通的脾气吗?我的意思是说,你已经听明白两造的原委了吗?(4)那向你打报告的人,如果要当面对质落实的话,他就会踌躇起来:"不要把我牵扯进去啊!如果你要叫我去证人席上,我就说什么也不知道。我说的没错,你要是不信,我就再也不跟你讲什么啦!"他一边怂恿你,一边却要自己远离争议是非。不管是谁,如果他只肯神秘兮兮地跟你一个人说话,他的话也就差不多一钱不值。伪君子和真小人,哪一个更不正义呢?

30 (1)有的事情则是我们亲身所见。此时,我们应当审视那实施者的身份和意图。叫我们心烦意乱的也许是一个孩子——

㊹ Haase版删掉 *suspicax* 一词。
㊺ 此处也许值得重新提及,塞涅卡的写作对象诺瓦图斯是一个公仆,他肩负着各种的司法职能,实际上他在格林多也正是如此(使徒行传,XVIII 12—17)。

那就要考虑他的年龄,他不知道他在做什么。或者是一个父亲——或许他为我们付出太多了,他有权利那样对待我们,或许那冒犯我们的做法是他在尽职尽责呢。或者是一位母亲——她也许是误会了什么。或许是服从命令的某个人——对那被逼迫的行为感到愤怒显然是不公平的。或者是你曾经伤害过的某个人——咎由自取的事情没有什么不对。或者是一个法官——你应当相信他的判决,而不是你自己的意见。或者是一位国王——如果你有罪,那就接受他的正义;如果无辜,就接受你的命运。(2)它也许是一个不会说话的畜生或者类似的什么东西——你如果发脾气,就是在向它看齐。一个疾病或者一场灾难——等闲视之,它给你的影响也就要轻缓许多。或者是神自己——如果你为他而叫愤怒附体,那就是在浪费你的时间,就如你在祈求他的愤怒来对付另一个人一样。这个伤害乃是一个好人所为——你且不要相信这事儿!是一个坏人所为——那还有什么大惊小怪的呢!别人会代你执行你的惩罚。实际上,那行为不端的人已经惩罚了他自己。

它是"不公平的",还是仅仅是没有意料到的?

31 (1)我说过⁴⁶,有两个事情引起坏脾气:第一个是我们被冒犯的感觉——就此我已经说得足够多啦;第二个"不公平"的感觉。就此我还要再说点什么。(2)人们认为一个事情"不公平",要么是因为他们不应当遭遇它,要么是因为他们没有意料到这事。我们总是认为,没有被预见的事情就是不该遭遇的事情;那些和我们的期望和预期正好相反的事情,也是叫我们最感不平的事情。这就是为什么我们会对居家生活中细枝末节的事情感到恼怒,为什么会把朋友的粗心大意当做一次"冒犯"的原因。(3)"如此说

---

⁴⁶ 实际上塞涅卡此前没有明明白白这样说过(除非他在 I 2.3 节处阙文中说到过)。但是他在那里引用的定义或许就暗含着这个意思。参见前文 II 26 节处关于章节标题的 n.41。

来,敌人的冒犯怎么也会激起我们的愤怒呢?"因为我们没有预料到,或者显然是没有预料到会是那么厉害。这是我们过分自恋的结果。我们认为自己不应当被伤害,甚至是敌人也不应当伤害我们。我们每一个人都有一个招摇过市的情结;他想要一纸全权委任状,先斩后奏,但这个东西不能叫别的对手也拥有。(4)所以,正是这种自大或者无知,叫我们动辄陷于愤怒。邪恶的人做邪恶的事儿,这有什么叫人意外的吗?你的敌人伤害你或者你的朋友叫你难堪,这没有先例吗?还是你的儿子从没有过差错?你的仆人从没过失误?在法比乌斯看来㊼,"我没有想到……"对一位将军而言乃是最糟糕的借口;我个人认为,对整个人类而言它都是最要不得的借口。要想到每一件事,预料到每一件事!即使在那好的人格品质中,也会有相当卑劣的东西。(5)人的自然本性会叫人的心智奸诈不忠、不知感恩、贪婪而没有虔诚。在判断任何人的品质时,要考虑到人类的这一共性。在你最是得意忘形的地方,也将是最叫你恐惧的地方。在看来一片太平的时候,那会伤害你的东西一点儿也不见得少;它们只是在休息而已。你应当总是想到,有什么东西就将叫你感到困扰。没有一个舵手会自负到把全部的船帆大开,而不留着随时收拢的一手。

愤怒是不通人情而气量狭小的表现,是没有用的东西

(6)首先,要想清楚这一个问题㊽:施加伤害的力量是卑污而可耻的,完全违背人性;要知道,在人性面前,连那野蛮的东西都变得驯良。看那大象吧,弓起脖子来套上重轭,而公牛也叫那演杂技

㊼ "迁延者"法比乌斯,参见Ⅰ11.5。
㊽ 接下来的思考内容——愤怒是"不通人情的"(31.6—8),气量狭小的(32)并且不如忍耐更有用处(33)——很大程度上是第一卷曾谈及内容的复述,即愤怒违背人的自然属性(5—6),没有用处(9—19),并且和真正的强大心智毫无关系(20—1)。(所以,那里的理论探讨本身也就是一个初步的矫治方法。)现在重新组织这些资料,使用得更加简要,并且充实了新的例子。

的人在它的背上安然无恙地踏来踏去，毒蛇在杯子间、在我们的膝盖上摆动游行，万无一失，而人们豢养的狗熊和狮子则懒洋洋地享受人们的搔痒，凶残的动物都会讨好它的主人——如果人还不如动物，这会叫你感到汗颜啊！（7）做损害祖国的事情就是亵渎众神；所以，伤害一个公民也就是违背天理（因为他就是你祖国的一个部分啊——祖国的一部分当然是神圣的，如果这个整体需要景仰的话）；进而可以说，伤害一个人也是违背天理，因为他是你所在的那个更大城邦的一个公民。⁴⁹ 如果手想伤害脚，或者眼睛想伤害手，会是什么样子呢？身体上每一个器官彼此和谐相处⁵⁰，因为每一个部分存在的意义就在于整体的利益。同样，人们也会宽恕单独的个人，因为他们生下来就是为了一个伙伴关系，并且，只有借助于每一个部分的相爱与安全，他们的社会才可能享有安全。（8）我们甚至都不会杀死毒蛇、水蛇或者别的什么有毒牙毒刺的东西，如果我们能够驯服它们，或者看到它们此后不再是我们或者别人的危险。我们也不应当因为曾被冒犯而去伤害一个人，我们所做的乃是阻止他这样的行为。惩罚永远不应当对着过去，而是要面对未来，正如它不是愤怒的体现，而是一个告诫。⁵¹ 如果一个人要因为堕落和邪恶的品格而遭受惩罚，那么没有谁能够超脱。

32 （1）"但是愤怒之间有其乐处——以牙还牙的滋味是甜的。"一点儿都不如此！这种情况不能比那恩惠的场合，就恩惠来说，投桃报李乃是一个高贵的事情。坏事不当这样。一个情况是，逊色于人就有失体面；而在另一种情况下，迈出一步就是耻辱。

---

⁴⁹ 在斯多葛学派"两个共同体"的理论里，每一个人在属于他自己的城邦的同时，还基于他的理性美德属于一个广大的宇宙国家。参见《论个人生活》4.

⁵⁰ 这个和身体部位相类比的流行做法——它也出现在李维的著作（II 32.9—11）和圣保罗的著作（格林多前书，12. 14—16）中——最早也是由斯多葛派哲学首倡的。比较马可·奥勒留的著作，VII 13.

⁵¹ 塞涅卡在重复他在 I 19.7 节说过的内容。

"报复"——这个有失人性的字眼竟然被认为是正当的——和行为不端没有多少的区别,不过是先后的不同。他以牙还牙,也就是在实施冒犯;只不过他更容易被原谅而已。㊾(2)马尔库斯·加图有一次在公共浴池里,被一个不认识他的浑人打了一顿——如果知道他就是加图,有谁会这样不知天高地厚地冒犯他呢?后来,那个人赔罪,加图说"我不记得挨过打啊",他认为忽略比惩罚要更得体。㊿(3)"你的意思是,他在如此放肆无礼之后,竟平安无事?"还不仅如此,他还有一个大收获——他认识了加图。强大心智的标志就是,对所遭受的创伤不以为意。最叫人不能承受的报复,乃是被认为不值得的报复。许多人为了一些微不足道的冒犯而去报复,结果这被冒犯的感觉反而更加沉重了。一个伟大而高贵的人,就像大自然里的百兽之王一般,面对小狗儿的吠叫无动于心。

33 (1)"如果我们报复那冒犯我们的人,就会保存些颜面。"㊴如果我们把报复当做救济手段,那么它就与愤怒无关;我们所以要报复,是因为它有用,而不是因为他甜蜜。虽然如此,掩饰这个报复也常常比积极寻求报复更好一些。面对那霸道之人的肆虐,要坦然承受,不露愠色,而不仅仅是忍耐与克制——他们一旦自以为得计,就会变本加厉。那些因为得势而傲慢无礼的人,心智里最阴暗的东西,莫过于他们在作孽时竟会产生仇恨。(2)有一个著名的格言,来自一个在宫廷服侍多年的老人。㊵ 当被问及在宫廷里他凭什么获得如此非凡的殊勋——高寿,他回答说:"靠忍辱负重,和说'谢谢你'。"

㊾ 先前版本的句读是:*non multum differ nisi ordine; qui dolorem regerit tantum excusatius peccat.*

㊿ 塞涅卡在《论有智慧之人的操守》(*On the Wise Man's Constancy*) 14.3 节处再次提到这个故事,来论证这个论点,即有智慧的人超越了侮辱。关于加图,参见"人物传略"。

㊴ 参考 II 11.1.

㊵ 也就是地中海东部某个君主国的宫廷。

要报复,谈何容易,很多时候挂到嘴边说一下都要惹麻烦呢。(3)盖尤斯·恺撒㊻曾把帕斯托尔(Pastor)——一位卓越的罗马骑士——的儿子关押起来,因为他那优雅举止和纨绔子弟的头型叫恺撒感到恼火。这位做父亲的骑士请求恺撒看在他的分上,饶恕儿子的性命。那个请求简直就像一个提醒,恺撒立即就下令处死了他的儿子。但是,为了不叫这位父亲感到全然无礼,恺撒当天就邀请他共享宴席。(4)帕斯托尔到来,脸上没有斥责的样子。恺撒要为他尽兴祝酒,并安排了卫兵在他身后。这个可怜的老人甘之如素,要知道,那简直是在饮尽他儿子的血呢。油膏和花冠也叫人端上来,恺撒盼咐盯紧这个老人是不是戴上它们。*他戴上了他们。在他带走他的儿子入葬的那天——或者准确地说,他没有能够带他的儿子到一个安全的地方——他颓然乎醉倒在九十九个各色客人中间,饮下那许多的酒,即使是为他的儿子举办生日宴会也不过如此,一位老人应酬着这些货色们啊。他没有流下一滴眼泪,没有流露一丝悲伤。宴酣之乐,就如他为儿子的请求被恩准了一般。你会问,为什么?他还有一个儿子呢!(5)他不是正像那个普里阿摩斯(Priam)吗,他肯定也曾掩饰了他的愤怒!普里阿摩斯抱着那个国王的膝盖,用嘴唇去吻那只沾着他儿子鲜血的手,他也是坦然就餐啊。㊼但是,这里普里阿摩斯无须油膏和花冠,并且他的仇敌尽管很是残暴,还是用许多的好言相劝,好叫他吃下他的食物——他无须饮尽巨大的高脚酒杯,也没有士兵站在身后!(6)如

㊻ 也就是卡里古拉皇帝。苏维托尼乌斯(Suetonius)也曾提及卡里古拉这样的残忍(《盖尤斯·卡里古拉传》27.4)。

* 油膏和花冠是古罗马的宴飨之乐的一种奢侈装扮,如西塞罗在其《反喀提林演说》中批判那些醉生梦死的恶人时说:"我告诉你们,这些斜倚在宴席桌旁,怀里抱着妓女、喝酒喝到发昏,肚子里塞满食物,头戴花环、厚厚地涂着油膏、给邪恶的生活搞坏了身体的人们,在他们的谈话里竟然胡说什么要杀害好人并把罗马城烧掉!"——译者注

㊼ 参见《伊里亚特》XXIX 477—9。阿基里斯在杀死赫克托(Hector)之后,在他的帐篷里接待了普里阿摩斯,后者哀求赎回他儿子的尸体。

果这位罗马父亲是在为他自己的安危而恐惧,他的做法也就叫人齿冷了。但事实是,他清楚他的责任,他因此要隐忍他的愤怒。他赢得了离开那个宴会的准许,并收敛他儿子的尸骨。我们这位年轻的君王,坚持表现他的周到和善良,他甚至不允许这位父亲去做这一件事。他用频频的举杯刁难这个老人,建议他节哀自重。但是这个老人完全相反,他似乎早把那天发生的事情高高兴兴地抛在了脑后。如果那个屠夫有什么不满意的话,这老人的另一个儿子也就要遭殃呢。

34 (1) 所以,你要避免叫愤怒附体,不管它要攻击的对象是和你旗鼓相当,还是强过你或者不如你。和旗鼓相当的人冲突将是一场灾难,和那强过你的人冲突就是在发疯,而和那不如你的人冲突,你就显得猥琐呢。反咬一口,乃是那可怜的小人物的做法;看那老鼠或者蚂蚁,如果你把手贴近它们的话,它们就会向你使用嘴巴;凡是弱小的东西,就算是摸它一下,它都会以为自己受到了伤害。

(2) 当我们对一个人感到愤怒,想一想他可能曾经给我们的帮助,我们要允许一个弥补的机会,这也就会叫我们平和下来。那劝我们赢得一个慈善美名的建议,真是好良言啊!并且因为宽恕,我们曾经赢得了多少有价值的朋友!这些也是我们应当记在心底的。(3) 我们永远不应当对敌人的孩子感到愤怒,不论是私下里还是在公开的场合。苏拉就有一个极端残暴的例子,他在宣告那些公敌的同时,还剥夺了他们的孩子的公民权利。叫一个人继承他父亲所招致的仇恨,没有什么比这更不正义的事情了。㊝ (4) 每当我们不肯宽恕别人时,我们应当想一想,做一个如此铁石心肠的人,对我们又有什么好处呢?一个拒绝宽恕别人的人,回过头来却

㊝ 这是斯多葛学派的道德观。在古希腊和罗马时代,世仇是一个普遍通行的现象。

要请求宽恕;一个拒绝了别人恳请的人,却要匍匐到那个人的脚下,这样的事情比比皆是啊!把愤怒换作友谊,有什么事情比这更体面呢?那些曾经的罗马人民最顽固的敌人,如今去哪里找比他们更可靠的同盟军呢?如果缺少了一个远见卓识,把胜利者和被征服者团结起来,那么他们今天的帝国会在哪里呢?

(5)假定有一个人发起了脾气——你可不要这样!不要理睬他好了。如果一方走开,这个冲突也就立刻解散了。一旦争吵,你就开始了争强斗狠。但是不妨假定,双方都怒气冲冲,并火拼到一 73
起——那么,那个率先退开的人更了不起,打赢了的人也就是输掉的人。假定他打了你——你要退开。还击的话,你往往不过就是给了他接着出手的机会和借口,到时候你想抽身都为时已晚。

35 (1)可以肯定的是,没有谁要那样狠地痛击敌人,以至于他自己的拳头都僵硬在那伤口处,他自己都不能收回拳头来。但是,愤怒就是这么一个武器——他很难收回来。我们总要留神找一件好使的武器,一柄得心应手挥舞自如的剑。难道我们不应当避免心智上那些剧烈而欲罢不能的冲动吗?(2)我们所需要的速度,乃是一个令行禁止的速度,它可以改变方向,能够从冲刺的状态收住脚跟,缓步而行。我们知道,当肌肉不听我们使唤的时候,就是什么地方出了问题。只有老人和身体虚浮的人,在想踱步的时候却跑了起来。在我们看来,那真正强劲而健康的冲动,乃是叫我们——而不是它自己——感到恰到好处的那种冲动。(59)

给成年人的建议(三)注意愤怒的丑陋和危险

(3)虽然如此,最有帮助作用的,莫过于首先审视一下这个东西的丑恶嘴脸,进而审视一下它的危险。没有哪种激情看起来比

---

(59) 塞涅卡在重述 I 7.4 节的内容。

它更为狰狞。它扭曲了原本最为迷人的脸庞,叫最为平和的表情变得阴森森。愤怒附体,人也顾不得颜面了。他们的穿戴原本适宜得体——他们现在把衣服拖在地上,一下子毁掉他们精心的打扮。他们头发的轮廓,不管是自然而然还是经过修整,原本绝不至于丑陋——当他们气急败坏,头发也要根根竖起。他们青筋暴露,胸膛胀满,气喘吁吁;他们的声音咆哮而来,连脖子都一拐两拐。他们的四肢开始颤抖,手也不能安稳,整个身体都扭曲变态了。(4)你是否想过,如果外在的样子如此丑陋,他们内在的心智又会是什么样子呢?他们胸膛里的表情还要更可怕啊!他们的呼吸还要更尖锐,他们就要爆发的攻击将会更残暴!他们不能发作出来的话,他们自己就会爆炸了呢!(5)想象敌人或者动物凶相毕露或者投身残杀时的表情吧,想象地狱里的魔鬼——就如诗人所描绘——头戴毒蛇吐出火焰的样子吧,想象那来到世上挑唆战争、在人们中间拨弄是非打乱和平的冥界女神的鬼魅样子吧;那也就是我们所能想象的愤怒之形。它的眼睛冒火,呼呼作响,它咆哮,呜咽,咯吱吱地撕裂,这种声音要多恐怖有多恐怖,每一只手都挥舞着长矛(这倒不是要保护它自己),狰狞,满脸的疮疤涂满血污,它把自己抽打得满身伤痕,它疯狂地闪转,裹着瘆人的阴影,它到处遗下污秽,用鼻子拱裂地面,四下逡巡,它叫浑身的仇恨压弯了腰,它尤其仇恨它自己,如果不能找到别的发泄之途,它就要打翻整个大地、海洋和天空,它是仇恨,它也要遭人仇恨。(6)啊,如果你允许,我们就从诗人那里把贝娄娜(Bellona)的样子拿来给它吧:

  她的右手挥舞着沾满血迹的鞭子

 或者是

她斗篷撕裂,大笑着迈步朝前⁶⁰

或者是更可怕的什么样子,只要你能给这个可怕的激情想象出一个样子来。

36 (1)绥克斯图(Sextius)说过⁶¹,在有些人叫愤怒附体的时候,就叫他们看看镜子里的自己,那会对他们有益处。他们扭曲变形的样子会叫他们自己感到震惊。可以这么说吧,他们就站在那里,竟然不能认出他们自己来。可是,比照那个实实在在的丑陋来说,镜子里的丑陋不过是一个小边角啊!(2)如果有什么东西能够照见那个荧荧闪光的心智,那么,看它一眼真要叫我们六神无主呢,那会是污黑斑驳的一个东西,冒着火气,变态而又狰狞。那会是一副什么样子的丑陋啊,那丑陋要从骨头缝里冒出来,要从皮肉里冒出来,它要冲过层层的障碍——如果它暴露在光天化日之下,又该是什么样子呢?

(3)虽然如此,你也许会认为,一面镜子是不足以震慑住任何人的愤怒的。说到底,那个要走到镜子面前来纠正自己的人,已经纠正了自己;而对那怙恶不悛的人来说,没有什么比野蛮和残暴的面目更叫他们喜欢,他们希望的就是那个样子。(4)还有,我们还应当想一想,有多少的人因为愤怒而伤害了自己。有的人在激情高涨的时候爆裂了血管,他们声嘶力竭地叫喊以至于啼血,或者是夺眶而出的眼泪叫他们的视力受损。那有病的人因此旧病复发。(5)没有哪一条路比这一条更快地通向疯癫。很多人一直陷于愤怒的疯狂,并且再也找不回来他们失去的理性。阿贾克斯(Ajax)

---

⑥⁰ 此处诗文的第一句可能是维吉尔的(有些像《埃涅阿斯记》(Aeneid)VIII 703,但也有些像卢坎(Lucan)的《法沙利亚》(Pharsalia)VII 568)。第二句肯定是维吉尔的(《埃涅阿斯记》VIII 702)。

⑥¹ 奥古斯都时代的罗马哲学家,塞涅卡对他很是钦佩,在后文 III 36 处对他也有提及。

就因为这愤怒而疯狂,因为这疯狂而葬送了性命。㉒ 他们要给他们的孩子招致灭顶之灾,给他们自己招致贫穷,给他们的家园招致窳败,他们不承认他们已经叫愤怒附体,就像那疯掉的人不承认他们神经错乱。他们成为最亲密朋友的敌人,那最亲爱他们的人也要把他们躲避。他们无法无天,除非那法律能够制裁他们。最轻微的挑衅都会叫他们暴跳起来,他们听不进任何的好言好语,他们凭借武力横行霸道,随时准备挥起利剑砍杀或者死在利剑之上。(6) 邪恶之中最大的邪恶控制了他们,这个邪恶超过了所有别的邪恶。别的邪恶尚且逐渐出现,愤怒的力量却是骤然而至。更何况愤怒还要控制所有别的激情。它战胜了最为忠诚的热爱,它引导人们去刺杀他们所爱的人,然后再躺进他们杀死之人的怀里。就算是贪婪——这可是所有邪恶中最为坚强、百折不挠的邪恶,那又怎么样呢,愤怒把贪婪踩躏在脚下,迫使贪婪吐出它的财富;愤怒要在房子和成堆的财产上放一把火。难道你没有看见,那怀着野心的人竟然扔掉了他珍惜的公职徽章,踢开了他好不容易赢来的荣誉? 还没有哪一种激情,愤怒不能成为它的主人。

㉒ 阿贾克斯(Ajax)是忒拉蒙(Telamon)的儿子,在特洛伊战争中是一位举足轻重的希腊勇士。当阿基里斯(Achilles)阵亡,他的武器被赏赐给奥德修斯(Odysseus),阿贾克斯因为愤怒和失望而疯狂,并最终自杀。

第 三 卷

序　　言

为什么愤怒一定要治愈

1 （1）诺瓦图斯，现在我要做的，也就是你最想做到的了——把愤怒从我们的心智中彻底剔除，或者彻底地约束它，不叫它发作出来。① 有的时候这需要光明正大的做法，而不是遮遮掩掩，此时邪恶的力量还相对轻微，还允许我们这样做；有的时候却要见机而行，因势利导，此时它已然熊熊烈焰，任何要阻止它的做

---

① 诺瓦图斯曾询问"如何平息愤怒"（I 1.1）。到目前为止，塞涅卡仅仅指出了一些避免的途径。现在，如他在 II 18 章处已经明示给我们，他要论述对愤怒的治疗——它所针对的必然首先是我们自己的愤怒。但是，他在接下来的两句话里，把愤怒拟人化地比作敌人，并且在(2)节里，他针对每一种具体性格而给出了针对性的建议，这给了我们一个印象，即他也在指导对付别人身上的愤怒的办法。实际上也是如此，他在新的内容划分里（后文 5.2 节），包括了救治别人的愤怒的方法，这也是他要论述的第三个、同时也是最后一个话题；但他只在第 39 章论述了这个内容。该第三卷的主要内容是在救治自己的愤怒——既有预防，也有矫治；塞涅卡先是对激情给出一个泛泛的谴责(1.3—5.1)，并论述了这一谴责是必要的(3.1)，因为亚里士多德曾肯定这样的热情。斐洛德摩在其《论愤怒》中也是这样通过批判逍遥学派的学说而批判愤怒之邪恶(VIII—XXXI)。

法都只能是火上浇油,反而叫它变得更糟。是要径直把它扑灭,还是要避开它的锋芒,免得它把我们的救治办法也一并吞噬掉,直到它狂暴地发作一通过去,这取决于这个邪恶力量已然的声势几何。

(2)每一个人的性格都要考虑进来。有的人屈服于恳求,有的人面对让步会变本加厉,有的人必须用震慑使他安静下来。有的人面对指责也就渐渐泄了气,有的则需要被承认,有的怕羞辱,有的怕拖延——拖延不失为一个没有办法的办法,这对那来势凶猛的邪恶来说是一个慢功夫的治疗手段。

(3)你知道,别的感情尚允许回旋的余地,可以较为从容地矫治;但是愤怒却是一个急急如令的暴力,它没有一个渐进的过程——它开始便是全力以赴。它不像别的缺陷,愤怒不是诱惑心智,而是直接绑架心智。愤怒要叫心智失去控制,叫它甚至渴望灾难降临整个世界——愤怒不仅是要摧毁它自己的目标,而是要摧毁所有妨碍它的东西。(4)别的缺点叫心智动摇;愤怒却是驱赶心智横冲直撞,无所顾忌。即使你不能抵挡你的热情,它们至少自己也会趋于平静。而愤怒呢,却像飓风,像闪电,或者别的什么无可挽回的东西,因为它全然是一个堕落的过程,它的势头只能是迅速加剧。(5)别的缺点是对理性的背离,它们的步子是温和的,你甚至不会注意到它们的发展痕迹。而愤怒却叫人丧失了清醒,整个心智都要卷入进去。所以,没有什么东西比它更为气势汹汹。它像着了魔一般,咄咄相逼,一旦得计就盛气凌人,遇到障碍就歇斯底里,甚至失败都不会消磨它的锐气。如果敌人有幸逃避开去,它就掉头咬住它自己。它的发作不分场合,萍末之起也,终至于遮天蔽日的沙尘。

2 (1)不分年龄,也不论种族,人们都与愤怒脱不了干系。有的民族,由于贫穷,避免了穷奢极欲。有的民族一直在游荡和迁徙,他们就避免了游手好闲。有的民族性格粗野,生活方式朴实,不懂得阴谋和欺诈,或者别的什么光天化日之下的邪恶。但是,无一例外,所有的民族都不能避免愤怒的驱使。愤怒,在希腊世界与在野蛮人的世界一样强悍,它对那些无法无天的人是一个危险,对那些尊重法律的人同样是一个危险。

(2)还有,别的缺点是控制单独的个人;愤怒作为一个激情,有的时候会攫取一整个的集体。从没有全部的人民为爱恋一个女人而燃烧,也从没有整个的国家就一门心思追逐金钱之利;野心总是一个一个地征服每一个人。而只有狂暴不拘的愤怒才会是一个公众的邪恶。② 通常是,一小撮人先叫愤怒附体。(3)男人和女人,老人和孩子,有影响的市民和普普通通的人们,就都参加进来。被三言两语煽动起来的人们,这帮暴民跑得比那煽动者本人还要快,他们四下里找来武器和火把,向他们的邻人宣战,或者是向同为市民的同胞们开战。(4)整个的房子在大火中坍塌,而一家的人还在那房子里。那个口若悬河的人刚才还被欢呼万岁,听众的愤怒转眼就与他为敌。整个的军团把长矛投向了它自己的将军。③ 人民和元老院的成员也是圆凿方枘。元老院作为国家的议会,都来不及征兵并委任一个将军,就草草推出他们的代理人,执行他们的愤怒,挨门挨户地搜捕有着高贵出身的人,并把惩罚的权力掌握在自己手里。(5)外交使节遭到羞辱,国家之间的法律也被践踏。有一个不可名状的疯狂,它攫取了整个国家。公众的狂暴没有空闲得以消停,战船马上就驶向大海,满载着叫嚣不已的军队。这个乌合之众不顾时机,不顾命令,他们的愤怒领导着他们阔步向前,顺手抄起什么也便当做他们的武器,他们不可一世的愤怒最终只能叫他们狼奔豕突,一败涂地。(6)这就是那些野蛮人的命运,他

---

② 在 Vahlen 版本中写作 una。
③ 这事发生在昆图斯・庞贝(Quintus Pompeius)和盖尤斯・卡尔波(Gaius Carbo)身上,参见 Valerius Maximus, IX 7 Mil. 2 f.

们乱七八糟地投身战争。他们以为被冒犯了,他们的心智激愤异常;他们立刻投身行动,愤慨带领他们的脚步,和我们的军团尚未接兵,他们既已溃不成军。没有阵法,不知凶险,甚至没有任何警惕,他们只有确凿无疑的为祸之心,如飞蛾之投火,用他们的躯体攻击标枪,狼藉一片,欣然就死。

3（1）你会说,"毫无疑问,那就是一个如瘟疫般恐怖的力量。告诉我们如何矫治它!"但是,我在前面的章节中说过④,亚里士多德对愤怒是持肯定态度的,他叫我们不要把愤怒割除。他把愤怒说成是对美德的鼓舞;根除愤怒会叫心智无所凭恃,叫它慵懒,而不能奋力投身于任何严肃的事情。（2）所以,实在有必要证明愤怒之污秽,并且野蛮,要叫你看到一个人朝着另一个人发作愤怒之时的丑陋嘴脸,看到他着了魔时的穷凶极恶;他在企图摧毁他根本不能奈何的东西,除非他自己也要同归于尽,那愤怒对他自己的坏处一点儿也不会少。（3）我来问你,有谁会说这个样子的人清醒而没有发疯吗?就像身处暴风雨之中,他不是在迈步前行——他是身不由己,做了那疯病的奴隶。他的心智和行动一样野蛮,他甚至不是发布他的报复命令,而是亲自执杖,杀死他最为亲近的人——过不了多久,他就会为失去他们而悲痛不已。（4）无疑,没有谁会把这种热情归于美德,把它当做美德的助手和伴侣——它叫人思维混乱,而思维混乱的时候美德也就一筹莫展。这股力量出现在被热病侵袭的病人身上,它外强中干,它要毁灭,并最终毁灭它自己。

（5）故此,这样批驳愤怒,你不要以为我花的时间是无谓之举,"好像人们的心智中对这事儿有什么疑问一样。"你瞧,就有一个人,并且是一个声名素著的哲学家,说愤怒有它的用场,他还要

---

④　Ⅰ 9.2, 17.1.

把愤怒纠集起来投入战斗,投入一个公共行动,投入一个什么需要一定狂热的事情上,就好像愤怒真的有其用处,真的给我们以满心的热忱一般。(6)鉴于有谁会抱持这么一个错误看法,即愤怒总会有其派上用场的时候和地方,我们必须把它不受拘束的疯狂揭示出来,我们必须把它的道具罗列出来:有"老虎凳"⑤,有绳索,有监牢,有十字木架,一道火圈把一半埋进土里的活人包围起来⑥,一把吊钩甚至把死人的尸体吊起来⑦,各种各样的脚镣和惩罚,锯掉的肢体和有烙印的额头,还有装野兽的笼子。所有的这些手段,便都是那个愤怒的卑污而残忍的道具——愤怒,比所有的这些淫威道具还要更为恐怖!

4 (1)不管你在别的方面会有什么疑问,可以肯定的是,没有哪种热情看起来比它更丑陋。在前面的章节中我已经描述了它的样子——扭曲而狰狞,有的时候它苍白,血液枯竭耗尽,有的时候它血腥泛红,热量和活力凝结到脸上,青筋暴露,两眼则时而颤抖突出,时而一副僵硬逼视的眼神。(2)还有呢,牙齿咯咯作响,就像要把谁活吞下去一样,就像野猪摩擦它的獠牙,要把獠牙磨尖一样。握紧的拳头关节都在爆裂,胸膛内咚咚震荡,喘气呼呼有声,连叹息声也格外的长,整个身体踉踉跄跄,突然蹦出叫人听不懂的字眼,嘴唇抖动,时而咬紧,时而挤出恶狠狠地诅咒来。(3)我

---

⑤ Pony,一种刑讯器械,外观看来是一种拷问用的架子。参见《论仁慈》I 13.2。
⑥ 在西塞罗的《致友人书札》(*Letters to His Friends*) X 32.3 和盖里乌斯的《阿提卡之夜》(*Aulus Gellius's Attic Nights*) III 14.19 中也提到这事,它是绑在火刑柱上的一种火刑。
⑦ 为了进一步的羞辱,被控有罪的人在处死之后,还要用一把钩子(*uncus*)钩住尸体的下颚,把尸体从他接受绞刑的监牢中拖出来,拖到"哭丧梯"(gemonian steps)前,在拖到台伯河边。最为著名的受刑者应属提比里乌斯皇帝的宠臣赛扬努斯(Lucius Aelius Sejanus)(尤维纳利斯(Juvenal), X 66)和他的家人(塔西陀,《编年史》VI 4)。诺瓦图斯本人又胜出了塞涅卡对 The pumpification of Claudius 的嘲讽,他挖苦说那个死掉的皇帝曾被一把钩子吊起来,极尽羞辱地吊到了天上(狄奥·卡西乌斯(Dio Cassius), LX 35.3)。

坚信,那野兽由于饥饿的驱使,或者是由于猎人的武器击中了它的内脏,它使出最后的力气去咬那猎人,作出最后的挣扎,那野兽的样子也不会像愤怒附体的一个人那样可怕。如果你能听清那野兽的嘶叫和咆哮,啊天呐,那会是遭受何等痛苦灵魂的话语啊!

（4）毫无疑问,不论是谁,一旦知道愤怒首先伤害的是他自己,都会希望恢复他的宁静。也毫无疑问,你会希望我提醒那些身居至尊权位、而又放任自己的愤怒的人,那个把愤怒当做力量、并视肆虐报复为最大快乐的人,要叫他知道,任何陷入自身的愤怒而不能自拔的人,他的权力——实际上是他所享有的自由——是何等的卑微!（5）毫无疑问,你会希望我提醒每一个人,叫他们更加警惕,更加小心,叫他们知道,心智上的其他邪恶只会影响那一类最坏的人,而坏脾气则甚至沾染那受过教育、在别的方面完美无缺的人——正因为如此,有的人把它说成是光明磊落的表现,并且人们还普遍相信,最是和蔼仁慈的人也是最容易发作愤怒的人。

5 （1）你会问,"这么说的意思是什么呢?"要叫他们明白,任何人都可能叫愤怒附体!它能够叫那天性温厚而平和的人变得野蛮而暴力!身体不论如何强壮,也不论如何呵护健康,都不能够抵抗这个瘟疫——它不分强弱,一并侵袭。同样的道理,愤怒对那种焦躁不安的性格是一个危险,而对那看似悠闲而有条理的人来说,同样也是一个危险;对后者来说危险还要更大些,耻辱还要更严重些,因为他们的反应更为强烈。

矫治之道

内容划分

（2）我们第一个要做的事情,是不要发作愤怒,第二个是停止愤怒,第三个是治疗别人身上的愤怒。因此我要讲到的,首先是如何避免陷于愤怒,然后是如何叫我们自己解脱愤怒,最后是应当如何控制那叫愤怒附体的人,叫他们平息下来,恢复他们的清醒理智。⑧

(一) 如何避免愤怒的攻击⑨

(3) 如果我们能够正视愤怒的缺陷,坚持不懈,我们就会保证我们不叫愤怒附体。它必须被传唤到我们的法庭中来,接受我们的审判,我们要察明它的邪恶,揭示它的本质,把它们公之于众,它要和最为人所不齿的东西相提并论。(4) 贪婪聚敛财富,供一个总算还好一点儿的人使用;愤怒挥霍财富——很少有人发作愤怒而不需代价。有多少的奴隶被迫逃亡,或者被迫赴死,只是因为那主人的坏脾气!他发脾气的损失,远远超出那叫他发脾气的东西!愤怒,叫父亲哀悼,叫丈夫离婚,叫官员背上骂名,叫竞选的人一败涂地。(5) 愤怒比放纵更为糟糕;放纵不过是自得其乐,愤怒则要加害于人才感到痛快。愤怒比嫉妒和叵测的居心更坏;它们想看见一个人身遭不幸,而愤怒则要亲自叫那个人惨遭不幸;它们为那个人的霉运欢呼,而愤怒则等不及那个人的时运。愤怒,不仅是叫它憎恨的人遭受伤害,而且要亲自施加这个伤害。(6) 没有什么比争吵更坏的事情了;愤怒导致争吵。没有什么比战争更荼毒生

---

⑧ 塞涅卡在 5.3—9 节谈论其中的第一个话题(在 II 18.2—36 节他曾谈过这个话题);10—39 章广泛地谈论如何把自己从愤怒中解脱出来;而 39—40 章涉及如何平息别人的愤怒。

⑨ 这一部分建议的预防方法分为两个部分:(1) 进一步检讨愤怒的丑陋(5.3—6),真正强大的心智将会如何应对挑衅(5.7—6.2;cf. II 32.2 f., 34.1),接下来是(2) 泛泛的建议如何保持良好的情绪或"良好心态"——这个字眼在希腊文中是 ευθυμιη,翻译成拉丁文是 *tranquillitas animi*。它曾是德谟克利特一个著作的题目,6.3 节援引了那个著作的开篇话。塞涅卡和普鲁塔克也曾就这一主题有其著述。塞涅卡此处给出的建议——不要贪图太多事务(6.3—7, 9),"不要交性格乖张、不易相处的朋友"(8)——来自有关"良好心态"和知足常乐的文献。它们与避免愤怒的关系一目了然,正如亚里士多德曾指出(《伦理学》1379a16—18),苦恼或者失意的人更容易发脾气。

灵；那有权势之人的愤怒爆发战争。当然，那普通人在发作愤怒时也是一种战争，只不过没有武器或者援助。还有，愤怒——它直接导致的损失、阴谋以及一刻也不能松懈的冲突戒备暂且不说——在施加惩罚之时，它也要自作自受：它否定了人的自然本性。因为，自然激励我们去爱，愤怒叫我们去恨；自然要我们去帮助，愤怒要我们去伤害。[10]

（7）你还应当考虑到这样一个问题。义愤填膺尽管缘于不必要的自尊——这给了它一个理直气壮的样子，但是，愤怒本身仍然猥琐而卑贱，因为，当一个人感到他被别人小觑的时候，在那个小觑了他的人面前，这个人没有办法不自卑。一个真正自信有力的心智不会寻求报复，因为它压根没有体会到什么冒犯。（8）武器撞到强硬的表面，就会被弹回来；向那坚固的东西打出一拳，受伤的只能是那个挥拳的人。同样的道理，没有什么冒犯可以叫那强大的心智感觉到，因为它比它的目标要软弱。而对那外在的冒犯和侮辱不屑一顾，就好像武器也不能伤害他，两者的强弱相差实在是悬殊啊！报复意味着脆弱和痛苦。一个因为冒犯而扭曲的心智，不是强大心智。不论是谁伤害了你，他要么比你强大，要么比你弱小。如果他比较弱小，放过他；如果他比你强大，放过你自己。

6 （1）不为任何可能发生的事情而动心，没有什么比这更好的证明了，它证明了强大。这个世界上更高、秩序更为良好的那一部分，也就是接近星星的那个部分，它既不会被压抑成为云层，也不会卷入狂风暴雨，它远离了所有的动荡不安；而较为底层的地方则有电闪雷鸣。同样的道理，高尚的心智所居，申申如也，夭夭如也，任何可能引起愤怒的东西和他无关，它谦逊，它要求尊重，它恬然自适——所有的这一切，你不能在那愤怒附体的人身上看见。

---

[10] 参考 I 5. 2 f.

（2）当一个人成为痛苦和愤怒的受害者，他首先抛弃的是他的羞耻感。在朝着某人发动凶狠而不择手段的攻击时，他也就把一切需要顾及的东西抛到了一边。要做什么，如何去做，当激动到来，所有的这些想法都很难初衷不改。一旦他舍身投入愤怒，他还能控制他的舌头或者身体的任何一部分吗？他还能指挥他自己吗？

（3）我们会从德谟克利特的明智建议中获得裨益，他说"只有我们避免做太多的事务——不论是个人的还是公共的，避免做任何超出我们能力的事情"⑪，我们才能实现内心的安宁。一个人如果着手太多不同的事情，他整个的一天就不可能有幸不受打扰——不管是来自某一个人还是某一件事——以至于叫他的心智陷于愤怒。（4）如果一个人匆匆穿行城市的闹市区，他就不能避免撞到很多的人；他一定会趔趄，一定会被挡住去路，一定会被溅到水。同样的道理，如果一个人的生活步调太过凌乱，并且总是忽东忽西，那么就会遇见许多的麻烦，也就会有很多的东西需要抱怨——一个人叫我们失望了，另一个人在拖延我们，第三个人打断了我们的话；我们打算好的事情，做起来却不是这么一回事儿。（5）如果头绪太多，没有谁会有那么多的好运气，总是叫他心想事成。结果就是，如果他陷入诸多头绪之中，他就发现他的计划受挫，他对人对事也就失去了耐心。只要有一丁点儿的借口，他就会大发脾气，对相关的人，对手上的事，对他的处境，对他的运气，对他自己。（6）故此，如果心智要享有安宁，它就不能被折腾来折腾去，并且我也说过，也不能因为做了太多的事情或者因为贪图能力之外的东西而疲惫不堪。给我们的肩膀放上一副轻松的担子，我们就不会感到费力，我们可以把它挪来挪去而不至于掉到地上。但是，别人强加给我们的负担却叫我们难以承受；它把我们压垮在

---

⑪ 德谟克利特，Fragment 3 Diels-Kranz. 接下来的整个段落都是在解释这一句话。

地,我们也立即就把它扔到一边。甚至当什么重物就悬挂在我们的头顶上空时,我们都会站立不稳。我们就是不能胜任这个东西。

7 (1) 不论是在公共场合还是在私下里,都会发生这种事情,这一点你可以确信不疑。简单而容易把握的差事会称心如意,而与你的能力不相称的艰巨任务则另当别论。后者担负起来可不容易。如果你要把它们放到肩上,它们就把你压倒;你背负着它们就会叫苦不迭。就在你以为你已经控制了它们的时候,它们就跌落下来,叫你一同跌倒。这就是为什么,当一个人没有选择容易的差事,到头来却发现自己真希望当初**选择**的差事更容易一些,他就会不停地怨天尤人!(2) 每次打算什么事情的时候,你应当估计一下自己,看看你正在着手做什么,以及你已经为此做了什么样的准备,因为一件失败的工作会影响到心情,它会叫你怨天尤人。(你的性格是热性的还是冷性温顺的,这也很有关系——充满激情的人会因为受挫而发作愤怒,而虚弱迟缓的人则会伤感。)这样说来,我们的行动应当既不流于琐屑,也不过分自负,大而无当。我们不应当不着边际地幻想。我们不要尝试什么叫我们茫然不知所措的事情,就算我们有成功的那一刻,我们都不知道到底发生了什么。

8 (1) 我们必须注意避免被冒犯,既然我们不知道如何承受这个东西。我们应当选择与我们为邻的人,他们要宽容,要容易打交道,而不是刻薄和挑剔。近朱者赤,近墨者黑。就像身体上的疾病会因为接触而传染,心智里的邪恶也会传递给身边最亲近的人。酒鬼拉着他的伙伴一起沉溺于酒精,无耻的朋友叫那天生刚强的男人变得优柔寡断,而贪婪也要腐蚀那最靠近它的人们。(2) 这个道理反过来说也是一样。美德叫所有接触它的人变得文质彬彬。优秀的心智对弱者的提携和鼓舞,要胜过好的地理环境和优越的气候对健康的影响。(3) 如果你注意到,甚至那野兽都会由于生活在我们身边而温顺起来,甚至那残暴的畜生都会由于长时间地和人打交道而不再凶猛,你就可以理解这个道理的深刻。在和平的氛围中,所有的粗野都在潜移默化中调教好了。

　　还有一个问题也需要考虑。一个人与性情平和的人们相处,不仅会受到榜样力量的鼓舞,而且,他也没有机会发作他的脾气,没有机会沉溺在他自己的缺陷之中,这也会叫他学得出息。如此说来,他应当回避那些他明知道会激怒他发脾气的人。(4)你会问,"他们是哪些人呢?"很多人会以各种各样的方式引起这同一个结果。骄矜自负者盛气凌人,奸佞刻薄者造谣中伤,自以为是者鲜廉寡耻,阴狠怨毒者幸灾乐祸,失礼作乱者争强斗狠,信口开河者文过饰非,所有这一切都会叫你感到恼怒。被那生性多疑的人猜忌,被那执拗偏狭的人压服,被那吹毛求疵的人小觑,你会发现这种事儿叫你忍无可忍。(5)要结交坦荡磊落、平易近人并有所不为的伙伴,他们能宽厚容忍,而不要结交那种会激起你的愤怒的人。那些温良、礼貌而优雅的人当然更好,但要远离阿谀奉承;太多的谄媚会叫人发作坏脾气。我以前曾有那么一个朋友,他是一个好人,只是爱发脾气,奉承他或者说他的坏话都一样危险。⑫(6)如众所周知,演说家凯利乌斯(Caelius)在现实生活正是一个脾气很坏的人。⑬有一个故事说,他曾在他的公寓里和他的一个当事人共进晚餐,那个人有着出奇的涵养,但即使如此,他还是发现,和他身边这个人打交道时仍然不能避免冲突。他认为,不论凯利乌斯说什么,他统统赞同最好不过,他甘居人下。凯利乌斯不能忍受他那种唯唯诺诺,就大吼道:"说点什么反对我的话吧,叫我知道

----

　　⑫　塞涅卡所指为谁,不得而知。
　　⑬　马尔库斯·卢福斯·凯利乌斯(公元前82—48年),西塞罗的学生和笔友,并于公元前56年得到西塞罗成功的辩护。凯利乌斯是当时最有影响的演说家,并因为其刻薄的语言而享盛名。他一生的政治生涯变幻不定,最终因为试图造反尤里乌斯·恺撒而被处死。

我们这里是两个人！"但是，即使像他这样一个不需激怒就会发作愤怒的人，在没有争执的对手时也会很快平静下来。（7）故此，如果我们知道自己有发作愤怒的倾向，我们就应当结交那些能够容忍我们脸色和言辞的人。当然，那样做会叫我们变得更不像样子，并形成一个不肯倾听的坏习惯。但是，这多少会叫我们的缺陷暂且得以掩饰，享有一些儿的安宁。甚至那些天性倔强不驯的人，也会容忍奉承——体贴总是会抚平粗俗而尖刻的东西。（8）每当争执得不可开交的时候，我们应当及时叫一个暂停，而不叫它积聚起太多的力量。争吵常常本身就是目的，并叫那陷入争吵的人欲罢不能。留神不要陷入冲突，总比从冲突中抽身要来得容易。

9（1）那些有愤怒倾向的人，也应当避免繁重的智力活动。很显然，从事这种活动时不应弄到筋疲力尽的地步。心智不应当花时间在劳而无功的事情上，而要投身叫人欢喜的艺术。它应当用阅读诗歌和历史故事来陶冶自己，娱乐自己；它应当享受高贵而优雅的待遇。（2）毕达哥拉斯（Pythagoras）用他的七弦琴平抚他灵魂的烦恼⑭；每一个人都知道，短号和小号叫心智兴奋，而有的歌曲同样叫心智感到安慰和放松。绿色的草木有益于朦胧的泪眼，有的颜色叫衰弱的视力感到轻松，而别的鲜艳颜色会叫它迷乱。同样的道理，心智患病，会在赏心悦目的智力活动中得到安抚。（3）法庭、诉讼和裁判，所有的这一切都应远离，正如要避免任何会加重不幸的东西。我们也应当同样留心不要陷入体力上的疲惫，那会破坏我们心底任何温柔和平的东西，并要激发暴戾。（4）这就是为什么，那些担心自己肠胃的人，在面临一个重大行动时，都要用食物安抚他们的胆汁——这个东西尤其容易被疲惫引

---

⑭ 这个故事（同时参见西塞罗，《图斯库兰对话录》IV 2.3；普鲁塔克，《论美德》（*On Moral Virtue*）441e）反映了"毕达哥拉斯的"理念，即数字与和谐是事物自然属性的根本。毕达哥拉斯是一位教师、一位数学家（据说他发现了毕达哥拉斯定理），他生活在公元前6世纪。

起,也许是因为它把热量逼进了身体里,从而危害到血液,妨碍了血液循环,加重了血管的负担;或者是因为疲惫而脆弱的身体压垮了心智。正是因为这个原因,那些健康状况比较糟糕的人或者是年纪比较老的人,更容易叫愤怒附体。饥渴也应当避免,它们也加重问题,叫心智容易爆发失控。(5)有一句古老的谚语,说是疲惫的人总要找茬吵架。那些饥饿的人、焦渴的人、或者被什么东西折磨着的人,也适用这个道理。身体上有疮,最轻微的触摸也会叫它疼痛,甚至在疑心别人要碰到它时,它都会疼痛。同样的道理,受折磨的心智会被最轻微的挑衅而惹恼,以至于一个问候、一封信、一句话、一个疑问都会导致争吵。如果你碰到了那溃疡痛处,声嘶力竭的抗议就避免不了。

(二)如何控制自己的愤怒⑮

处方

10 (1)如此说来,最好的事情就是一旦体会到困扰来临,就赶紧把自己治愈,叫自己尽量保持沉默不语,遏制冲动。(2)在激情就要来临,要察觉它很是容易,因为疾病总是有症状先行。就像暴风雨总要在它们来临之前发出信号,愤怒、狂喜以及所有叫心智不得安宁的骚动,都有它们的传令官。(3)患有癫痫病的人知道,

---

⑮ 塞涅卡就这样水到渠成地过渡到矫治的话题来。III 10—13.6 是《论愤怒》中第一次谈及克制、矫治——而不是先行阻止——愤怒。他提出的主要矫治手段是在这种激情显露之时及时抑制它的症状(10,13.1—6),而实践这种自我暗示的一个典型人物就是苏格拉底(13.3)(参见前文第一卷的 n.33)。在第 10 到 13 章,塞涅卡不断地穿插别的建议内容,有的在第二卷中已经出现过,如"不要过分好奇"(11.1),"不要助长义愤"(11.1—12.1),"宽容"(12.2 f.;cf. II 28)还有最重要的是"稍稍等待,不要在愤怒中惩罚"(12. 4—7; cf. II 22. 2, 29.1)。最后一条建议有双重的意义,它不但防止因为愤怒的影响而行事荒谬,而且它本身就是矫治激情的一种形式:不叫你的愤怒发作出来,你也就遏止了愤怒。抑制愤怒的症状并且不叫它有任何表现的矫治原则,在公元前4世纪的时候被亚里士多德的学生亚里士多塞诺斯(Aristoxenus)它说成是毕达哥拉斯学派的内容。(Fragment 30 Wehrli)。

当就要发病的时候,热量开始离开他们的手足,他们的眼睛闪烁游离,他们的肌肉发抖,他们开始短暂地失掉记忆,他们的脑袋也感到眩晕。他们就用一般的药物及时对付那病患的发作——他们又闻又尝,好驱除那叫他们精神错乱的东西,他们还使用热敷的药物,对抗冰凉和僵硬。如果这些药物没有作用,他们就离开人群,在没有人看到的地方卧倒。(4)了解一个人的疾病,并在它发作之前压制住它的力量,这样做是有好处的。我们应当辨明什么最容易煽动起我们的激情。有的人对侮辱性的话语感到愤怒,有的人则对侮辱性的行为感到愤怒。一个人要求别人尊重他的身份,另一个人要求尊重他的仪表。一个人要求人们称道他的优雅举止,另一个人要求称道他的学识。傲慢对一个人来说是不能容忍的,另一个人则不能容忍固执。一个人认为奴隶不值得他发作愤怒,而另一个人在家里尖刻,在家外温和。一个人认为别人向他请求一个什么东西就是一个公然的侮辱,另一个人则认为没有向他请求那东西才是侮辱。我们并不是在同一个地方受到伤害;你要清楚你的弱点,好给它最好的保护。

11 (1)什么事情都看到,什么事情都听到,这没有什么好处。许多会冒犯我们的事情,我们应当置若罔闻;如果压根不知道,大多数的冒犯也就无从发生。你要想避免被激怒的话,那就不要过分好奇,而是管好自己的事情。而不管是谁,如果他要打听人们都对他说了些什么,如果他要挖掘那些闲言碎语,哪怕那原本是别人私下聊天的内容,那么他就真是庸人自扰,他要搅乱他自己心底的宁静。⑯ 有的事情看起来是一种冒犯,只是因为你要对那事情做如此的解释;你应当把那些事情放到一边儿,或者是一笑了之,或者是原谅它们。

---

⑯ 比较 II 23.4 节处尤里乌斯·恺撒的故事。

(2)避免愤怒的办法有很多;很多的事情不妨当做调侃,当做滑稽戏。据说,苏格拉底有一次把耳朵罩在盒子里,他的说法就是"真是糟糕,一个人永远也不知道什么时候应当戴着头盔出行!"⑰ (3)要紧的不是冒犯行为如何作出,而是如何被领受。适度地克制自己,我看不到这有什么困难,要知道,即使是僭主,即使是巨大的时运和权力冲昏了他们的头脑,他们尚且能够压制他们习以为常的残忍。(4)至少,雅典的僭主庇西特拉图(Pisistratus)就有一个这样的传说。⑱ 一个醉酒的年轻客人历数了他的种种残忍,而为数众多的人就跳起来要为这个僭主效劳,他们从四面煽风点火。但是,这个僭主却故作平静,并对那些添油加醋的人们说,他不生气,如果有谁蒙着眼睛迎面和他撞个满怀,他的感觉也不过如此。

12 (1)许多人用虚妄的猜疑或者无谓的夸大来助长他们的义愤。愤怒常常会造访我们,而我们更是常常前去求助于愤怒。话虽如此,愤怒永远不应当受到蓄意的邀请;即使它要来纠缠我们,我们也要把它拒之门外。(2)没有人会对自己说:"那叫我发作愤怒的事情,不过是我自己有时候也这么做、或者也会这么做的事情";没有人会考虑那人这么做的动机,而是仅仅盯住这个行为本身。但是动机却应当考虑进来:它是故意的呢,还是偶然?他是被强迫的呢,还是被误导?他这样做是出于憎恨呢,还是报复?他是在放纵他自己呢,还是在帮衬别人?那冒犯者的年龄和身份也是要考虑的内容,允许或者容忍因此就成为仁慈或者谨慎。(3)我们对那个人感到愤怒,而我们应当站到他的位置上来看问题。事实是,我们所以感到愤怒,是因为我们毫无根据的自以为是。我们

---

⑰ 第欧根尼·拉尔修(Diogenes Laertius)把这个轶事归于犬儒第欧根尼(VI 41;并参见 VI 54),别的古代作家也是如此。而只有塞涅卡将之归于苏格拉底。

⑱ 庇西特拉图(雅典统治者,约公元前 561—56 年和 554—27 年)的这个故事在希罗多德(Herodotus)那里没有讲述,倒是罗马史学家马西姆斯(Valerius Maximus)有一个比较完整的表述(5, 1 Ext. 2)。

自己也会做的事情,我们却不肯去容忍。

（4）没有人肯叫自己等待。但是,矫治愤怒的最好办法就是延缓,延缓会叫它最初的热度减弱,叫压迫心智的黑暗消退或者变得稀薄。有的时候,那叫你行动鲁莽的事情,都不需要一天的时间——而是在一个小时之内,它就流于轻描淡写;有的时候,它甚至会彻底消失。我所说的拖延方法,也许不能给你带来别的什么结果,但它会叫你的判断力占据上风,而不是愤怒。不论是什么时候,要想看到一个事物的真面目,你就把它交给时间;在它还在激动不已的时候,你什么也看不清楚。（5）有一次,柏拉图对他的一个奴隶生了气,他自己就忘记了时间,他要亲自鞭打那个奴隶,当即就要那个人脱掉他的外衣,露出他的肩膀来。当此之时,他就意识到他叫愤怒附体了。他就收住手臂,并叫那个手臂高高扬起,保持一个要打人的样子。一个朋友恰巧走过来,就问他那是怎么回事儿。他就说:"在惩罚一个叫愤怒附体的人"。⑲（6）他就像僵硬了一般,一动不动地愣在那里,这在一个有智慧的人身上真是滑稽,他终止了他的残暴,也忘记了旁边的奴隶,因为他发现了一个更加应当惩罚的对象。他就这样剥夺了他自己惩罚奴隶的权力。还有一次,面对一个不端之举,他发现他自己的愤怒太过头了,就说:"斯珀西波斯（Speusippus）⑳啊,请你给这个可怜的奴隶实施鞭打——我正在气头上呢。"㉑（7）换作别人,这正是实施惩罚的理由,而这却是他避免实施惩罚的理由。"我叫愤怒附体了,我做起来会超过我应当做的限度,而那就将是一种淫威。这个奴隶不应

---

⑲ 在 I 15.3 节,塞涅卡讲述了苏格拉底的一个类似的故事,也是为了说明不应当在愤怒的时候施行惩罚。亚里士多塞诺斯（Aristoxenus）把它说成是柏拉图的朋友、毕达哥拉斯学派的阿契塔（Archytas）的故事。（Fragment 30 Wehrli；参见前文 10.1 的标题注释。）

⑳ 柏拉图的侄子,也是他作为学园领袖的继承人。

㉑ 这则轶事以及前一则在第欧根尼·拉尔修那里也有讲述（III 38—9）,只不过稍有变动,并且没有这么生动。

当叫一个身不由己的人来支配。"于是我来问你,还有谁希望把惩罚之事委托给一个正在发作愤怒的人吗?要知道,柏拉图尚且不能胜任!当你叫愤怒附体的时候,什么事情都不可以做。为什么?因为你什么事情都想做。

13 (1)和你自己较量吧!如果你想征服愤怒,愤怒就不能征服你。这个较量的开始,就是把愤怒遮挡起来,不要叫它发泄出来。我们应当压制它的症状,并尽可能地把它隐藏一处,叫它成为自己的秘密。(2)这不免要有很大麻烦,因为愤怒总是要挣脱出来,它渴望点燃一个人的眼睛,扭曲一个人的表情。但是,一旦我们允许它表现在外,我们就拜倒在他的下风。它应当被掩藏在我们心底最是遥远的角落,我们要把它当成俘虏,而不要当它的俘虏。并且,我们应当一反其道,要把它的迹象颠倒过来:面容要悠闲自得,声音要更加温和,脚步要更加平缓。有了这些外在的气象,渐渐地也就形成一个与之相称的内在气质。(3)在苏格拉底那里,愤怒的征兆是声音压得很低,而且倾向于沉默不语,这样的表现正说明他在遏制他自己。②他的朋友于是就知道他是怎么回事,并要指责他,嫌他掩饰自己的愤怒,但是,苏格拉底对这指责并不生气。有这么多人能够察觉他的愤怒,而却没有谁经受他的愤怒,他正要为此高兴呢!他自己为朋友们争取到了批评他的权利,否则,他们就将经受他的愤怒。(4)我们岂不更加应当这样做呢!我们应当请求我们最好的朋友,我们需要他们的坦诚,尤其在我们简直不能忍受这一份坦诚的时候,我们越加需要他们的坦诚;在我们叫愤怒附体的时候,我们不要他们的曲意附和。在我们的心智还算清醒的时候,只要我们还是我们自己,我们就应当请求他们帮助,我们要战胜一个力量强大的邪恶,这是一个最容易叫我们舍身

---

② 普鲁塔克也有类似的表述(《论控制愤怒》(*On the Control of Anger*)455 a—b)。

其中、欲罢不能的邪恶。(5)那些不胜酒力、而又担心酒后唐突或者借酒撒疯的人,要叫他们的仆人带着他们离开宴席。那些知道自己在病患中会失去理智的人,要吩咐说当他们健康欠佳时,他们就不需要别人的服从。(6)我们知道自己的缺点,最好就找到隔绝这缺点的藩篱,这比什么都重要,好叫心智远离愤怒,即使遭遇到最为严重也最为突然的打击;而如果那猝不及防的冒犯实在叫人难堪,愤怒的感觉不可避免,那么也要把它深深掩埋,而不要为它叫屈鸣不平。

事例

(1)地位卑贱之人的愤怒被恐惧压制下去

(7)如果我从许许多多的事例中拿出几个例子来,我前面所述的道理也就显而易见了。这些事例可以表明两个东西,一是当愤怒能够支配绝对的权势时,它会是多么邪恶;二是当它被更为有力的恐惧包围时,它又是如何很好地控制了它自己。

14 (1)国王冈比西斯(Cambyses)沉溺于饮葡萄酒。他的一个亲信叫普列克萨斯佩斯(Prexaspes),就上前来劝他少喝一些酒,并对他说,国王醉酒总归是不体面的事情,因为人们的眼睛和耳朵都在关注着他的一举一动。这位国王就回答说:"为了叫你知道我从来就不会乱了自己的分寸,现在我就要证明给你看,我在饮酒之后眼睛和手也完全敏锐而又灵巧。"(2)他接着就用更大的酒杯,比平时更加豪爽地饮下海量的酒。在酩酊大醉的时候,他命令这个批评者的儿子站到门外去,并叫他把左手放到头顶。这个国王就把他的弓拉满,用箭射穿了这个男孩的心脏——国王说,这里正是他瞄准的目标。他叫人们把他的胸膛切开,他要叫人们看到那箭头径直穿过心脏的中央。他盯着那位做父亲的人,要那父亲说他的手是不是足够地稳健。那位做父亲的人就回答说:"阿波罗

（Appollo）甚至都不会比这瞄得更准。"㉓

（3）众神要诅咒的这个男人啊，精神上的奴隶比身份上的奴隶更叫可恨！他竟然站在那里，赞美一件看都不该看的事情！切开他儿子的胸膛，看到那受伤心脏的颤抖，他竟然捕捉到谄媚逢迎的机会！他真应当上前和国王讨论一番有关荣耀的问题，好叫国王重新射出一枝箭，如果在瞄准这个做父亲的人时手法更加稳健，那会叫国王真正高兴！（4）啊，这个嗜血的国王！每一个佩戴弓箭的人啊，国王应当成为他们的众矢之的！还有啊，那个宴席以惩罚和屠宰而告终，这固然叫人厌恶；对那射杀表达赞美之意，这却更加可耻可恨。但是，作为一个父亲，他就站在他的儿子尸体边上，他目睹了杀害他儿子的过程，并且，他的儿子之所以被杀害，正是由于他的原因，这个做父亲的人应当怎么做呢？我们会谈到这个问题。但是此时要探讨的这个问题已然很清楚了，即愤怒能够被压抑起来。（5）他没有诅咒那个国王，他甚至都没有发出一个表示悲伤的音符，尽管他的心脏就像他儿子一样已经被刺穿。你可以说，他强忍住他的话语是正确的；因为即使他表达了他的愤怒，他也不能做到一个父亲应当做到的事情。（6）你甚至可以认为他在这个逆境中的表现更为明智，胜过他劝诫那个嗜酒自娱的人要节制饮酒——那个人忙于饮酒总归好过饮血，当他手把酒杯之时，至少还意味着和平。总有人要自以为是这等国王的朋友，他们要为他们的建议而付出代价，这位父亲也凭着他的灾难而加入到这个圈子中来。

15（1）我也不怀疑，哈尔帕哥斯（Harpagus）也向他的波斯国王提出了某些类似的建议。㉔ 那建议就惹恼了他的国王，国王就把

㉓ 冈比西斯（Cambyses）是国王居鲁士（Cyrus）的儿子，在公元前530—522年为波斯的国王。塞涅卡的故事直接抑或间接地来自希罗多德的记述（III 34. f.）。

㉔ 在希罗多德的记述中（I 108—19），哈尔帕哥斯（Harpagus）是因为没有执行命令而被美地亚国王阿斯提亚吉（Astyages）如文中所述的那样惩罚了的。

他的儿子做成宴席上享用的菜肴,并反复问他是不是喜欢那菜肴的调味。当国王发现他的肚子已经被悲痛填满时,他就又叫人把他孩子们的头颅也端了上来,并问他如何看待国王的慷慨款待。这个可怜的人还能够说话,他的嘴唇并没有封闭起来。他说到:"和一位国王共享美味,总是一件美妙的事情。"这般奉承为他赢得了什么呢?他避免了把剩下的东西统统尝一遍。我这并不是说,一个国王做任何事情,一个做父亲的人都不应当对他进行谴责;也不是说,这样残暴的事情无论多么该死,那做父亲的人也不应当试图进行惩罚。我此时只是想证明,即使是穷凶极恶所激起的愤怒,也依然可以被遮掩起来,依然可以表达成相反的言辞。㉕

(3)如此这般的抑制愤怒是很有必要的,尤其是对那些霉运交身的人来说是这样,他们要经受这样的生活,他们要被召集到国王的宴席上去。他们必须在那里那样吃,必须在那里那样喝,他们必须在那里那样说话,在他们的家人罹难的当口儿,他们甚至还要表示微笑。但是,生命的价值就当如此么?我们的确需要问清楚。但这是另外一个问题。这般苦难有如一座囚牢,我们对此也拿不出什么慰藉,我们也不会建议他们说要忍耐那个屠夫的驱使;我们要指明的是,在任何奴役中,都有大路通向自由。如果一个人的病痛在于他的精神,而精神上的缺陷也叫他深感不幸,那么,那个人就可以结束他精神上的不幸,同时也了断他自己。(4)一个人不幸拥有这样一个国王,那国王要对着他朋友的心脏射箭,而另一个人则拥有那样一位主人,那主人要用儿子的内脏款待做父亲的人;对这两个人啊,我要告诉他们说:"为什么要沉吟?为什么要失掉自己的理性?为什么要等待一个敌人前来颠覆你的国家,好为你

㉕ 如果不是在 II 33.3 f. 处已经使用过帕斯托尔(Pastor)和卡里古拉的故事,塞涅卡此处也就要说到这个故事了,这既是愤怒因为恐惧而得以压抑的例子,也是发生在自己国家的故事。

复仇？为什么要等待一个孔武有力的君王从远方飞来，好把你从水火中解救？看那悬崖峭壁，那通往自由的道路就从那里垂下；看那里的海洋、大河、深深的水井，水底深处就是自由；看那树木，不论高矮、不论干枯还是清秀、也不论是否结出果实，自由就在上面静静悬挂；再看你的脖颈、喉咙和心脏，哪一样不是逃往自由的捷径？但是啊，我指给你看的这些出逃的道路，对你来说也许实在难行，它们需要精神和力量。你不是要求通往自由的道路吗？你应当用尽你的每一分气力！"㉖

16 （1）但是，话又说回来，如果没有什么事情比结束我们自己的性命更叫人无法忍受，我们就应当避免发作愤怒，而不论我们现实的身份地位如何。对那些地位卑贱的人来说，愤怒意味着灾难，因为任何的义愤都只能徒增痛苦，他们越是想反抗，就越是感到压迫重重。一个跌入陷阱中的动物，它越是挣扎，那套索就越是绷紧；一只被粘鸟胶粘住的鸟，总是要在惊恐中挣扎，但结果反叫那胶水涂满它全身的羽毛。还没有哪一套重轭，会叫那奋力挣脱的动物比那甘心拉套的感觉轻松。在势不可挡的邪恶面前，唯一的轻松办法就是低下头来，忍辱负重。

（2）有权势之人的愤怒

（2）对那臣属于别人的人来说，节制他们的激情乃是审慎之举，尤其是节制这种最为疯狂、最难以约束的激情；虽然如此，对那做国王的人来说，如此做来却更是显得审慎。如果一个人的身份允许他骄纵他的愤怒，那么他的一切也就快土崩瓦解了；如果一个权力的存在就是为了祸害每一个人，那么它就没有长久存在的道理，因为在那权力之下，每一个人都在沉吟喘息，当他们凭着共同

㉖ 这是斯多葛学派的典型教诲，即在某些特定的极端环境下，一个人结束自己的性命是合乎理性和道德的（参见西塞罗，《论义务》(On Ends) III 60—1；第欧根尼·拉尔修，VII 130）。但是，这似乎并不意味着任何斯多葛派的学者都把承受国王反复无常的意志视为这种极端的环境，或者斯多葛派教条在正确适用时就允许这样行事。

的恐惧而团结起来,那个权力就将陷入四面的危险。这就是为什么,大多数的国王都要么成了单独的刺客的牺牲品,要么成了一群人的牺牲品,而那些人所以聚集一起,正是出于同仇敌忾的决心。(3)但是,这个大多数的国王们啊,他们把愤怒当做王者的象征,就如大流士(Darius)㉗的所作所为,他在把那个冒充国王的玛戈僧(Magus)废黜之后,成为统治波斯和广大的东方世界的第一人。他宣布对帝国东邻的塞西亚人开战,这个时候就有一个叫欧约巴佐斯(Oeobazus)的老贵族向他提出了请求,那个老贵族有三个儿子,他请求国王在召集他的两个儿子服役出征的时候,给他留下一个儿子,好叫他这个做父亲的人有一些慰藉。大流士就答应说,既然带走他的三个儿子显得残忍,那么,他给予的比请求的就还要多,他要免除那三个人的兵役,然后他就在那个做父亲的人面前杀死了那三个人,并把他们的尸首抛在地上。㉘(4)薛西斯(Xerxes)㉙则要宽宏大量得多,有一个有五个儿子的父亲叫披提欧斯(Pythius),他也曾请求免除一个儿子的兵役,薛西斯就叫他自己挑选一个儿子,然后就把他挑选出来的那个儿子撕扯两半,并在路的两边儿各放一半,把那当做替他的征战赎罪的祭品。㉚ 薛西斯也就理所应当地遭遇了他的命运,他大败而归,他的军队一败涂地,尸陈遍野,他就在尸体的夹道中狼狈逃生。

17 (1)"但是那些都是野蛮之君在愤怒附体时的野蛮行径,他们没有教养,他们是目不识丁的粗人。"那么我就叫你看看国王亚历山大㉛,他可是亚里士多德的得意门生。在一个宴席上,在宴

㉗ 大流士一世(Darius I),波斯帝国阿契美尼德王朝的第三位国王(公元前521—486年)。
㉘ 参见希罗多德,IV 84.
㉙ 薛西斯一世(Xerxes I,公元前486—465年),大流士的儿子和继承人,发动了侵犯希腊的远征,并分别于公元前480年和479年惨遭失败。
㉚ 参见希罗多德,VII 38 f.
㉛ 亚历山大大帝(Alexander the Great),亚里士多德曾经是他的家庭教师。

席进行到中间的时候,他亲手刺死了他最亲近的朋友克里图斯(Clitus),他们可是从小一起长大的朋友,就因为克里图斯吝于谄媚,并且不肯放弃自己作为马其顿人的自由,去做一个波斯人,一个奴隶。㉜(2)还有呢,他把李锡马克斯(Lysimachus)投给了狮子,他们同样曾是亲密无间的朋友。李锡马克斯侥幸地逃脱了狮子的大口,但当他也成为一个国王时,过去的事情并没有叫他学会一丁点儿的仁慈道理。㉝(3)他切掉了他的朋友、罗德岛的特勒斯弗路斯(Telesphorus of Rhodes)的每一个肢体。他甚至把他的耳朵和鼻子也切了下来,把他关在一个笼子里,就像关住一个新奇的动物——那张变形的脸没有了轮廓,丑陋之极,它已经没有了人的半点儿表情。在此之外,还要加上饥饿、肮脏以及他自己的污秽。(4)还有呢,他的膝盖和手掌都磨成了死皮(在如此狭小的空间里,他只能把膝盖和手掌当做脚来用),他的两肋满是脓疮。他整个的样子,不管是谁看到,感受到的恐怖和厌恶真是一样多。他已经被惩罚成了一个怪物,他甚至都不能唤起人们的怜悯了。但是,不论这个受害者离一个人的样子有多远,那个实施迫害的人呢,他离人的距离肯定更是遥遥远去。

18 (1)这样的残忍,如果只是限于外邦人的例子,这般愤怒的惩罚,如果它还没有来到罗马人的性格之中,那该是多么美妙的

㉜ 克里图斯在格拉尼卡斯(Granicus)战役中曾经救了亚历山大的性命,但却在公元前328年或327年被杀死,理由和方式大体如塞涅卡所述。伦理学家通常把他的死拿来作为事例,那也是亚历山大生平中最重的污点。

㉝ 李锡马克斯(Lysimachus)是亚历山大的伙伴和卫兵,关于他和狮子的故事流传着几个不同的版本,但不论哪个版本亚历山大都没有发作愤怒的理由。(塞涅卡在《论仁慈》I 25.1节也讲到了这个故事。)李锡马克斯在经历了与狮子的遭遇之后,在亚历山大死后于色雷斯和小亚细亚西北部建立起他的帝国,并于公元前285年把马其顿和赛萨利纳入他的帝国版图中,他在公元前281年的库鲁帕蒂战役(Battle of Corupedium)中失败并阵亡。作为一个独裁君主,他的高压统治为人们所厌恶。他对待特勒斯弗路斯(Telesphorus)的故事(后文)在普鲁塔克那里也有记述(《论流放》《On Exile》,606b)。

事情!可是看看那个马尔库斯·马略(Marcus Marius)㉞,人们曾经在大街小巷给他竖起雕像,人们向他敬献乳香和葡萄酒,好讨得他的欢心,就是他,在卢基乌斯·苏拉(Lucius Sulla)的命令下,他的足踝被折断,他的眼睛被挖出,他的舌头和手掌被砍掉。苏拉要把他零打碎敲地切成碎片,就好像每割一刀都叫他死上一次那般痛快。(2)执行命令的又是哪一个呢?除了喀提林(Catiline)还能有谁?㉟他的手已经熟练于每一种形式的犯罪,喀提林啊,他就在昆图斯·卡图鲁斯(Quintus Catulus)㊱的墓前把马尔库斯·马略大卸八块——这对那个最为温厚之人的骨灰而言都是一个肆无忌惮的侮辱。就在那骨灰的上面,马略——一个不免邪恶但却受欢迎的人物,一个享受着名不副实的声望的人物——一滴接一滴地流尽了他的血。马略活该遭受那个惩罚,苏拉活该发布那个命令,而喀提林也活该去执行那个命令。但是,我们的国家呢,它的胸膛既要抵挡我们的公敌的利剑,又要遭受它的复仇者的利剑,这却很难说也是活该。

(3)但是为什么要盯住过去的历史呢?就在最近,盖尤斯·恺撒㊲就在一天的时间里,叫一位前执政官的儿子塞克斯图斯·帕皮尼乌斯(Sextus Papinius)和他自己的一位行省代理人的儿子、度支官比提列努斯·巴苏斯(Betilienus Bassus),还有别的元老院成员和骑士,接受了鞭打和酷刑,这倒不是为了什么口供,而是因为他要寻欢作乐。(4)接下来呢,他就叫人把他们的脑袋借着路灯

㉞ 马尔库斯·马略·格拉提迪安努斯(Marcus Marius Gratidianus),盖尤斯·马略(Gaius Marius)(参见前文 II 2.3)的侄子,曾经因为宣布一项改进币制的计划而获得英雄般的荣誉。在公元前 82 年,根据苏拉的命令,他被他自己的姐夫喀提林(Catiline)处死。

㉟ 喀提林后来因为遭到西塞罗指控的"喀提林阴谋"(公元前 62 年)而臭名昭著,并因此断送了性命。

㊱ 这里耐人寻味。昆图斯·卢塔提乌斯·卡图鲁斯(Quintus Lutatius Catulus)正是在公元前 87 年被马尔库斯·马略指控之后自杀身亡。

㊲ 即卡里古拉皇帝。

的光线砍了下来,这可真算是一件迫不及待的事情,他片刻都不肯拖延那个巨大的快乐,那正是他的残忍所汲汲相求的东西,而那个时候,他正在一群妇人和元老的陪伴下,在他母亲的花园走廊里(它从列柱一直延伸到河边那里)闲步。为什么要如此匆忙?一个夜晚的时间,又能对这个国家或者什么个人造成多大的危险?事实是,等待黎明的来临不会给他带来什么麻烦,倒是可以叫他避免在穿着拖鞋的时候就杀死罗马人民的元老院成员。

19 (1)他的残忍要体现为十足的傲慢,这又是一个耐人寻味的问题。有的人也许会以为,我在偏离我说话的主题,正在朝转弯抹角的地方走去。但是,你会发现,这种傲慢本身反映了一种变态而残忍的愤怒。他已然用鞭子来对付元老院的成员,并且他还不忘记要说一句:这样做也是合乎人情事理。他已经使用了世界上最为阴森可怕的酷刑——拷问台、拶指、老虎凳㊳、火焰、还有他自己的脸色。(2)到此,你也许会回答说:"真是匪夷所思!三个元老院成员,轮流鞭打火烤,就如同是微不足道的奴隶;而那个忍心妄为之人呢,他在寻思着把整个元老院屠宰干净,他恨不能全罗马人民共同使用一个脖颈,好叫他在一天的时间里把全部的犯罪一挥而就,而不是要分散到那么多的时间和地点!"人们闻所未闻的一个新鲜事儿是,处罚的时间竟然选择在晚上。偷盗之事一般需要在黑暗中得以掩饰,但惩罚的灾难却不应当这样降临。惩罚之事越是为众所周知,它们就越是起到矫正的作用。(3)到此,你也许会对我说:"叫你这样大惊小怪的事情,对那个畜生来说不过是家常便饭呢。他活在这个世间就是为了这事儿,他叫自己保持清醒就是为了这事,他所以要燃烧大半夜的灯油,就是为了这事儿。"我跟你说,你再也找不到第二个人,他会命令给那些接受惩罚

㊳ 看起来是一种拷问台;参见前文3.6节。

的人的嘴里塞上海绵,好叫他们不能喊叫出声音。哪里还会有这样的事情呢,一个在劫难逃的人竟然被剥夺了呻吟的机会?他害怕那垂死的痛楚会叫人们发出太过正直的嚎叫,他害怕听到他不愿意听到的东西。他知道,他做过数不清的事儿,没有谁胆敢为此对他进行指摘,但是那行将死亡的人却有了这样的胆量。(4)当找不到海绵的时候,他就命令把那可怜人的衣服撕碎,把破布片塞进他的嘴里。这是什么样的野蛮啊!就叫一个人呼吸他最后的一口气,叫他的灵魂得以从容离开吧!就叫那灵魂通过别的渠道、而不是那伤口逃离吧!

(5)他杀害了那些人之后,就在那个夜晚派出百夫长们包围了他们的家,杀害了他们的父亲,如果要把这些故事也讲述一番,那就将是一个十分啰嗦的事情——我的意思是说,他叫那些做父亲的人从不幸中解脱出来,那可真是一份人性的怜悯啊!我们的目的不是要描述盖尤斯的野蛮,而是要指出愤怒的残忍;这愤怒,它不仅对着单独的个人发作,而且要把整个国家撕成碎片,它要抽打整个的城市与河流,它要折磨那根本不能体会到痛苦的东西。

20 (1)再例如,波斯的国王就在叙利亚把整个民族所有人的鼻子割了下来,那个地方因此被称呼为"没有鼻子的土地"或者"割掉的鼻子"。㊴ 你是不是以为,他没有把人们的脑袋统统砍下来,这在他来说已经是一个仁慈之举了呢?不,这种惩罚方式古怪稀奇,这才是真正叫他高兴的东西。(2)差不多也是如此的命运,也给埃塞俄比亚人保存着呢。那些埃塞俄比亚人有着很长的寿命,他们因此被称为"长寿者"或者"一直活下去的人",他们没有张开他们的双臂接受奴役的枷锁,而是直截了当地打发了前来的使

㊴ 史特拉波(Strabo)(16 2.31;第759章)讲述了埃塞俄比亚国王同样的故事;普林尼(*Natural History* V 14.68)也曾提及那个城镇,但是把它安排在了巴勒斯坦。关于冈比西斯,参见前文 III 14.1。

者,冈比西斯就把这事儿视为无礼的冒犯,他对此大发雷霆。他甚至都没有检视一下粮草,没有计划一下行军的路线,就驱动着他的大军奔赴那压根不能穿行的沙漠,朝着埃塞俄比亚人开去。行军伊始,他的军粮就消耗一空。他穿行的是荒凉的不毛之地,人迹罕至,当然也就找不见什么东西。(3) 起初他们靠柔软的树叶和嫩枝来填饱肚子,接下来就用火把树皮烤软吞下去,或者是任何可以充饥的东西。然后呢,在沙漠的中央,甚至连树根和草叶都再也找不到,他们面对着一片亘古的荒野,甚至连野兽的影子都见不到,他们就用抽签的做法,从每十个人中抽出一个人来当做食物,这是比饥饿更为恐怖的东西。(4) 愤怒仍然在驱使着这个国王向前推进,他的军队有一部分开了小差,有一部分做了食物,直到此时,他开始害怕轮到他自己去抽签。于是,他最终发出撤退的指示。自始至终,在他的士兵抽签决定谁要悲惨地去死、谁要更为悲惨地活下去的时候,他却给自己储存着有着名贵血统的家禽,他要用好多匹骆驼来运载他的用餐装备。㊵

21（1）那个国王雷霆万钧,那个民族却籍籍无名,他们不应当遭受那个愤怒,但却差一点儿领受到那个愤怒。再看看居鲁士（Cyrus）呢,他的愤怒竟然是冲着一条河流。他当时正在急急行军,他要去袭击巴比伦,他要发动一场战争,对他至关重要的是要捕捉战机。他试图渡过正处于泛滥高峰的金德斯河（Gyndes）,而即使是在酷热的夏天,在水势最为轻缓的季节,要想穿越那条河流都是一件危险的事情。(2) 就在那里,国王的双轮战车御用的一匹白马被水流卷走了,这叫国王异常地恼怒。他发誓说,他要叫那吞没了一个国王的扈从的河流消停下来,他要叫哪怕是一个妇人都可以穿行那条河流,都可以把它踩在脚下。(3) 为了这个任务,

---

㊵ 这个故事要追溯到希罗多德那里,III 20—5。

他就更换了他的整个军队的装备,花了足够的时间,在那里忘情地挖掘排水的沟渠,每侧㊶一百八十条,把那条河的水四下分散到三百六十条小河中去,叫那条河因此干涸。(4)时间就这样流失掉(这在那重大关头是一个巨大的损失),他的兵卒士气也这样流失掉,那毫无意义的体力劳作挫伤了他们的士气,而突袭敌人的战机也因此流失掉了;原本对敌人的宣战,最终与大河较量起来。㊷

(5)这样的疯狂——你还能叫它什么呢?——也影响到罗马人。盖尤斯·恺撒就捣毁了赫库兰尼姆(Herculaneum)附近的一栋别墅,因为他的母亲曾经被关押在那个房子里。㊸这就叫她在那里所遭遇的一切举世扬名。那个房子还在矗立的时候,我们对它视而不见,从来就是驾船驶过。而现在呢,人们都要问问它被推倒的原因。

(3)愤怒被很好地控制住

22 (1)你应当想到这些事例,要知道应当回避什么。而另一方面呢,这里还有应当效仿的事例,这些故事出自一些既有愤怒之理由、又有报复之力量的人,他们体现出了克制和高贵。(2)对安提柯(Antigonus)㊹来说,有什么比命令处死两个普通的士兵更容易呢?那两个士兵就倚着国王的帐篷,作出那十分危险而吸引人的注意力的事情——他们倚着国王的帐篷抒发对国王不敬的话

㊶ Gertz 版原文是 octoginta⟨utrimque⟩。
㊷ 这个故事也是来自希罗多德(I 189)。
㊸ 卡里古拉的母亲阿格里皮娜在公元 29 年根据提比里乌斯的命令而被关押在,并被元老院流放到潘达特里亚岛(Pandateria),她最终于公元 33 年死在那里。
㊹ 可能是指"独眼的安提柯一世"(Antigonus I Monophthalmus),他是亚历山大麾下的一个将军,也是他的继承者,在经历几次辉煌的战役之后,他最终在伊普苏斯(Ipusus)战役(公元前 301 年)中阵亡。(普鲁塔克在他的《国王和将军语录》(*Sayings of Kings and Generals*)的 182c—d 节讲述同一个故事时,把它归于这个安提柯;并参见《论愤怒之控制》(*On the Control of Anger*)457d—e。)塞涅卡在前文 III 11.2 节处曾建议用"调侃和滑稽戏"的方法息怒,而苏格拉底在被打到脸颊时也正是这样做的——此处安提柯国王对他的士兵也是这样做的。塞涅卡在《论恩惠》II 17.1 节又提及他的另一则故事。

语。你可以想象,安提柯听到了每一个细节,因为说话的人和听话的人之间只隔着一层门帘。他就轻轻地拍了一下门帘,说:"走远一点儿,免得叫国王听见你们。"(3)还是这个安提柯,有一天夜里他听到几个士兵在用各种恶言恶语诅咒国王,因为国王把他们带上那么一条路,叫他们陷入那么一摊烂泥之中。他就走到那几个举步维艰的士兵身边,把他们从泥污中拽了起来,并且没有叫他们知道是谁在帮助他们。他说:"走吧,接着咒骂安提柯,正是因为他的错误你们才这样倒霉。但是你们应当赞美这个叫你们逃离沼泽的人!"(4)对待自己属民的咒骂,安提柯坦然忍受,对待敌人的诅咒,他同样是这样坦然处之。有一些希腊人曾被他围困在一个不大的堡垒中,那些希腊人对他们的堡垒很有信心,他们就对他们的敌人表现出大无畏的轻蔑来,他们取笑安提柯的丑陋长相,极尽能事,他们嘲笑他的矮小身材,嘲笑他长了一个拳师狗的鼻子。安提柯仅仅说了一句:"我的营帐里竟然有一个怪物一般的赛利纳斯(Silenus*),这真叫我高兴,它叫我安心等待我的好运气。"(5)他就叫那堡垒里的贫嘴之人忍受饥饿,最终把他们征服。如何对待那些俘虏呢?那些适于从征的人,他就把他们编入他的军团中,剩下的就带到拍卖市场去。他说,对那些胡言乱语的人,最好是给他们安排一个主人,如果不是出于这个考虑,他是不会那样对待他们的。㊹

23 (1)这个男人的孙子就是亚历山大㊺,他的一个习惯就是在他的宴席上对他的客人挥舞他的长矛,我刚才曾提到,他把他的

---

* 半人半马的森林之神。——译者注
㊹ 普鲁塔克在《论愤怒之控制》458 f. 中讲述了同一个故事,但是他的说法比较缺少说服力。
㊺ 这样说是一个大错误,但有一个事实是,安提柯作为亚历山大的一个继承人,他的确有一个儿子名叫腓力(Philip)(参见西塞罗《论义务》II 48),而亚历山大的父亲也叫这个名字。亚历山大的祖父是阿敏塔斯三世(Amyntas III)(约公元前 393—370 年)。

一个朋友扔给了一个野兽,把另一个朋友扔给了他自己。㊼(这两个人之中,倒是那个扔给狮子的活了下来。)(2)他这般邪恶,并不是从他的祖父那里继承而来,实际上他的父亲也不曾拥有这般邪恶。如果说腓力(Philip)曾经有什么美德,其中一个美德就是他包容羞辱的能力,这对巩固他的王位而言,真是大有帮助。那个叫德摩卡里斯(Demochares)的人,他的绰号就是"帕莱西亚斯特斯(Parrhesiastes)",那意思就是"口无遮拦",说出的话直来直去,不管不顾,他曾经和别的雅典使节一同来到腓力面前。㊽腓力很是友好地听取了那个使节团的说辞,并说到:"告诉我吧,要讨雅典人的欢欣,我应当做什么呢?"德摩卡里斯抓住这个机会,张口就说"绞死你自己!"(3)这般失礼的答话,顿时就叫一旁的人义愤起来。腓力就叫他们保持安静,并叫那个"忒耳西忒斯"(Thersites)㊾安然无恙地离开。腓力这样说:"你们这些使节啊,要对你们雅典人说,说这话的人要比听到这话的人傲慢自大得多呢,听到这话的人没有报复那个说话的人。"

(4)我们奉若神明的奥古斯都也是这样,他有很多值得称道的行为和话语,那一切都表明他从来就没有叫愤怒成为他的主人。一个写作历史的作家叫提马盖奈斯(Timagenes),他对皇帝本人、他的妻子以及他的所有家人说了一些不恭敬的话,并且他的那些话没有白费,因为唐突的噱头总是流传更广,它总能叫人们挂在嘴上。(5)恺撒屡次警告他,要他管好自己的舌头,提马盖奈斯却不肯改悔,奥古斯都就禁止他出入自己的宫廷。提马盖奈斯就一直

㊼ 参见 17.1 f.
㊽ 参见 17.1 f. 从年岁推算,这看来可能性不大。德摩卡里斯·帕莱西亚斯特斯是雅典民主派政治家,德摩斯梯尼(Denosthenes)的侄子,他主要活跃在公元前 307—280 年期间。腓力于公元前 336 年去世,如果德摩卡里斯曾作为使节见到过腓力,那么那一定是他很年幼时候的事情,或者他到很老的时候才开始他的政治影响力。
㊾ 这是荷马《伊里亚特》(II 212—77)中的一个卑贱人物,丑陋而言语粗俗。

托庇于阿西尼乌斯·波里奥(Asinius Pollio)的款待,并受到整个罗马城的推崇,直到他的老年。没有一扇大门对他不肯敞开,尽管他被禁止进入恺撒的家庭。(6)他把后来写作的历史交给大众阅读,但是却把包含恺撒·奥古斯都事迹的卷册投进火焰中。他和恺撒的宿怨一直不解。但是,没有人害怕和他成为朋友,没有人在他面前踌躇不安——就仿佛他曾经被雷电击到过那样。不管他的境遇如何跌落,总还会有人热烈地喜爱着他。(7)而恺撒呢,我说过,他在耐心地容忍着这一切,尽管那个人曾经亵渎他的荣誉和事迹,他仍然平心静气。他从来没有对他的敌人的东家有什么抱怨。(8)他对阿西尼乌斯·波里奥仅仅说了一句"*Tu nourris un monstre*"㊾,而当波里奥要为开脱自己找理由时,恺撒就打断了他的话,说到:"我亲爱的波里奥,快乐地做吧,快乐起来!"波里奥就说:"如果你给我下一个命令,恺撒啊,我就会立即禁止他再来我的家门。"恺撒就说:"你以为我会那样做吗?正是因为我,你俩才恢复了你们的友谊!"此前有一件事实是,波里奥有一回曾经和提马盖奈斯争吵起来,而他最终停止争吵的唯一理由是,恺撒和提马盖奈斯之间出现了不睦。㊿

㊾ 奥古斯都用希腊语做这一回答,意即"你所豢养的是一个怪物"。

㊿ 埃及的提马盖奈斯(Timagenes of Egypt)在公元前55年被俘虏并带到罗马。盖尤斯·阿西尼乌斯·波里奥(Gaius Asinius Pollio,公元前76年—公元4年)是一个士兵、演说家、悲剧作家、历史学家和文艺批评家,他曾经支持尤里乌斯·恺撒,后来又支持安东尼,并于公元前40年任职执政官。他卸任之后全身心投入到文学创作,并至死保持着一个共和政体拥护者的独立意志,甚至在奥古斯都面前都是如此。塞涅卡在《论仁慈》I 10.1节处再次提及他。

进一步的建议和反思㉜

宽容——没有人不会冒犯别人

24 （1）同样的道理,不论是谁,每当就要被激怒的时候,都应当对他自己说:"我难道比腓力更有力量吗?他尚且宽恕那无礼的冒犯。我在我自己的家里,难道比神圣的奥古斯都在全世界的力量更强大吗?他尚且满足于仅仅是疏远那个对他有失恭敬的人。（2）我的奴隶一句声音过高的回答、或者是不肯驯服的表情,或者是他嘟囔了一句什么,我没有听清楚,诸如此类,我为什么要认为那必须用皮鞭和脚镣来惩罚呢?冒犯了我的耳朵就是大逆不道,我以为我是谁呢?很多人都曾经宽恕他们的敌人,难道我不应当宽恕那个懒惰的人、那个马虎的人、那个饶舌的人吗?"（3）一个孩子可以被原谅,因为他的年龄;一个女人呢,因为她的性别;家庭之外的人呢,因为他作为一个自由人的权利;家庭之内的人呢,因为他是家庭里的一个成员。他这是第一次冒犯,我们应当想到我们曾经有着如此长久的友谊;他在别的场合也总要冒犯,那就叫我们容忍我们一贯容忍的东西吧。他是一个朋友,那不是他的本意;他是一个敌人,他做了一个敌人应当做的事情。（4）明智的人,理应得到我们的信任;愚蠢的人呢,理应得到我们的宽容。不管他是谁,我们应当替他回答说:即使是最聪明的人也会作出很多错误的事情;没有人能够谨慎到永远没有疏失;没有人如此成熟稳重,以至于任何意外事故都不会削弱他的责任意识,都不会驱使他作出

㉜ 第24—38章的建议与反思内容故意编排得反反复复,而其中的大多内容此时我们已熟悉。它大体上分为两个部分,即(第24—29章)"错误是普遍的现象"(所以你没有理由对一个什么特别的事情感到愤怒),这是对 II 6—10 的内容的重述;和(第30—35章)你的愤怒是基于一个"荒唐的评价",这一部分反复呼吁要有"心智的强大",不要把自己输给愤怒,(25.3,28.6,32.3,38. Cf. 12.4—7)。在结尾处(第36—38章),塞涅卡建议一个典型的精神修养课,即 *examination conscientiae*。

鲁莽的行为；没有谁因为害怕冒犯别人，并且只要尽力避免冒犯别人，就肯定不会作出冒犯的事情来。

25（1）地位卑微的人只要想一想，那伟大人物的时运也有不测之变，他的苦恼也就得到一些的安慰；那个在一个小角落里因为丧失儿子而悲痛的人，当他看到国王的宫殿也在举行不合时宜的葬礼时，他也就获得了一些的镇定。同样的道理，一个人如果能够想到，还没有哪一个权力强大到不能被冒犯，那么，他在忍受伤害和羞辱时也就更为心安理得。（2）如果最为明智的人都不免行事乖违，那么还有谁的过错没有一个合适的理由呢？我们应当回首我们自己年轻的时候，想一想我们是如何一而再地疏忽了我们的义务，如何地大言不惭，又是如何没有节制地纵酒。如果有一个人发作了愤怒，我们应当给他一个机会，叫他看清楚他所做的一切，他就会责备他自己。还有，他也许应该遭受惩罚，但我们却没有理由和他一般见识。

真正的强大看不见挑衅

（3）毫无疑问，一个人面对挑衅而轻描淡写，他就超越了平庸而上升到一个更高的境界。真正的强大，它的标志就是面对打击而无动于衷，就像是威猛的野兽，在一群猎犬的吠叫声中，懒洋洋地环顾四周；就像是巨大的岩石，岿然接受浪涛的冲击。不叫愤怒附体，就是从容承受外在的冒犯，而发作愤怒却是被打倒在地的表现。（4）但是那个不为外物而有任何恼怒的人，却怀抱着最高的善，不论是对一个人，还是面对命运女神，他都可以回答说："把你的手段都使出来吧，你这般微不足道，如何能打扰我的安宁。理性禁止打扰安宁，而我已经把我的生命交给了理性的指引。较之于你的冒犯之举，愤怒给我的伤害倒会更多。愤怒注定会打扰安宁。冒犯造成的伤害总归有其限度，而愤怒会把我带到哪里去呢，这却还不能肯定。"

26 (1)"它叫我忍无可忍。屈服于冒犯之举是一件很难的事情。"这个说法不对。不论是谁,如果他能容忍他自己的愤怒,他就能容忍别人的冒犯。更何况,你现在要做的,是去容忍这两个东西。你为什么要容忍一个病人的胡话、一个疯子的叫骂或者小孩子们的厚脸皮呢?这当然是因为,他们看起来并不知道他们在做什么。一个人愚蠢,总归是不可理喻;那叫他愚蠢的各个原因又有什么关系呢?愚蠢,就是为他们开脱的硬道理。(2)"这么说来,他是不是就豁免于惩罚了呢?"就算是你要叫他们免于惩罚,他们也做不到呢。对冒犯行为的最大惩罚,就是他已然作出的那个行为本身;叫那人在自责中体会痛苦,有什么惩罚比这更苛重呢?

犯错误是一个普遍现象

(3)接下来,如果不论发生什么事情,我们都要做一个公正的法官的话,我们就应当去考虑一下人类本身的局限。因为一个缺点而指责一个人,而那个缺点原本属于所有的人,这样的指责就很不公平。一个埃塞俄比亚人,在他自己的同胞中间,他的肤色也就没有什么特别之处;而红色的头发打成结,在一个日耳曼男性身上也没有什么不相般配的地方。整个民族内普遍拥有的东西,体现在一个人身上就不足为奇,更谈不上丑陋。我刚才提到的那些奇异特征,能够很好地解释这个世界上一个特定区域、一个特定角落的风俗。想一想吧,如果一个东西在整个人类中间蔓延,那么,要求宽恕的权利将是何等有力!(4)我们所有的人都不够慎重、草率行事,我们所有的人都不够可靠、抱怨挑剔而又野心勃勃。但为什么要用堂皇的辞藻来掩饰一个普遍的痛处呢?我们所有的人都有邪恶的东西。不论他指责别人身上的什么,每一个人都可以在他自己身上发现那个东西。为什么要指出一个人的苍白与另一个人的憔悴呢?我们面临着流行病的蔓延呢!所以,我们对待别人应当更宽容一些。我们是坏人,生活在坏人中;只有一个东西可以带给我们和平——我们必须同意彼此宽容。(5)"他已经伤害了我,而我还没有伤害到他。"但是也许,你曾经伤害了别的人,或者某一天将要伤害到别的人。不要只盯住这一个时辰,不要仅仅考虑这一天;要考虑你心智的整个德性和品质。你也许不曾冒犯过别人,但是,你却完全有这个可能。

27 (1)对待一个冒犯之举,与其报复,哪如治愈它更叫人满意呢!53 报复,实施起来要花费很多的时间,而那个要实施报复的人呢,他因为一个伤害而痛苦,同时更因为他要报复而可能给自己招致更多的伤害。愤怒延续的时间,也总是要比我们遭受的伤害延续得更久。而换一个做事的方法,不要用荒谬应对荒谬,这样做起来就会好得多!很显然,对着一匹骡子回敬一脚,或者对着一条狗回敬一口,真要这样做起来,没有谁会一直安然无虞。(2)你也许会说,"可是动物不知道它们在冒犯人"。要照这道理讲,那么首先,一个人就因为他是一个人,反而失掉了赢得宽恕的机会,这可真是远离了公正!其次,如果别的动物因为不具有理解能力而逃脱了你的愤怒,那么,你就应当把任何没有理解能力的人放到那个位置上去。他固然在别的方面不同于那些不会说话的动物,但如果他也具备这个叫动物免责的理由——也就是心智上的愚昧,那些不同的方面还有什么关系呢?(3)"他做错了事情!"他这是第一次吗?这会是最后一次吗?你没有任何理由相信他的话,即使他说"我再也不会做这种事儿了"。他还会再犯错误,而别人也同样会冒犯他。他整个的生命就是在各种谬误之间摇来摆去。对那卑劣的顽疾,唯一的治疗手段就是高贵。

你的愤怒总归要停下来吧?

(4)有一个典型而十分有效的劝阻悲痛的道理,它也可以用

---

53 参照 II 10.7 节:有智慧的人把邪恶者视为病患者。

来对付愤怒:你总归是要停下来吧,还是要没完没了？如果总归是要停下来,你主动远离愤怒,而不要等着愤怒离开你,那才是一个上策呢！难道要叫这个混乱状态没头没了？难道你不能明白,你这是在给自己宣判一个永远不得安宁的生活？如果你总是处在这等混乱的激动中,那生活会是一个什么样子呢？（5）更何况,不论你是如何得心应手地点燃你自己的愤怒,也不论你如何反复体会那叫你愤怒起来的理由,你的愤怒终将会自然而然地消逝。时间,会消磨掉愤怒的力量。但是,与其等待愤怒自己溃退而去,哪如你来打败它呢！㊴

28　（1）你对一个人发作愤怒,就会对另一个人发作愤怒。先是对奴隶,再到自由人；先是对你的父母,再到你的孩子们；先是对你熟悉的人,再到你不相识的人。在每一个地方,你都会给愤怒找到机会——除非你的心智也介入进来,居中调停。你的愤怒把你席卷而去,任性东西,随意反复。而你总是会遇见新的原因,叫你永无休止地发作愤怒。你这个可怜的人,你还能发现你自己喜欢周围的人们吗？多么宝贵的光阴,却花费在这等浑噩的事情上！（2）但此时此刻,去结交朋友,安抚敌人,投身公共事业,或者是把你的心思用在个人事务上,而不是环顾四周,寻找伤害别人的机会,诋毁别人的名誉,侵犯别人的财产或者身体；两相比较,福祸相去甚远呢。即使你的斗争对手是一个弱小的人物,你也不可能做到风平浪静,没有一点儿的危险。（3）你可以把他锁在枷锁中,随心所欲地折磨他,但即使如此,因为挥拳用力过猛而叫关节脱臼、或者把自己的肌肉留在被打之人的齿缝中间的事儿也是时有发生。许多人因为脾气恶劣而把自己变成跛脚或者残疾,即使那受害的人温顺驯服。何况,没有哪种东西天生如此脆弱,以至于它只

㊴　这样的说教有一个很好的、用来劝慰的例子,即《致阿波罗尼乌斯的慰藉书》(*Consolation to Apollonius*)的第20章(112b—c),这个著作的作者通说认为是普鲁塔克。

会等待灭亡,而不肯威胁那个要杀死它的人;那弱小的人物,在痛苦或者环境的驱使下,会和那最强大的人物抗衡。

体谅、宽容、慎重

(4)那些叫我们愤怒的事情,就大多数来讲,与其说是伤害了我们,不如说仅仅是叫我们感到恼怒更好,难道这不是一个事实吗!更何况,种种细节,个中差别也很悬殊——是反对我的意志还是仅仅没有做到支持我;是从我这里抢劫,还是仅仅没有施与我什么东西。还有,我们也总是把这些东西搅和到一起——剥夺与拒绝给予,打碎希望与拖延希望,故意刁难别人与贪图个人便利、关爱别人与憎恨我们。(5)还有的人,他们不仅有正当的理由和我们作对,而且那样做对他们来说绝对是一件高尚的事情。一个人也许是在保护他的父亲,另一个人也许是在保护他的兄弟,第三个人是在捍卫他的国家,第四个人是在捍卫他的朋友。但是,他们这样做了,我们却不肯原谅他们,而如果他们不这样做,我们就会诅咒他们。我们常常赞美一个行为,却抨击那个作出行为的人,这真是颠三倒四(并且实在叫人难以置信)。(6)但是,苍天在上,一个真正强大而且正义的人,会尊重那些为了自己祖国的自由和拯救而勇敢作战、百折不挠的敌人,并会祈祷叫这样的男人们成为他的市民和士兵。

29 (1)憎恨一个应当得到赞美的人,这就是一件叫人羞耻的事情。而更为羞耻的是,叫我们所以憎恨的原因,却正是应当为那个人赢得同情的理由。他也许是一个战争的俘虏,突然之间沦入奴役之中,但是他却固守着他最后的一点儿自由,他不肯驯服地投身那减损人格的劳工苦役;他也许是缺少训练,不能追赶上他的主人的快马车乘,或者是因为一贯的夜间警戒而疲惫之极,为睡眠所征服;他也许是从城里有许多假期的差事改行到乡下的体力劳作中来,于是他才拒绝这辛苦的劳作,或者是不情愿地怠工。

（2）我们应当在“不能”和“不愿”之间划出界线；在发作愤怒之前，只要我们肯作出判断，很多人就会免于责难。但事实却是，我们总是听由我们的第一冲动，然后呢，不论那叫我们愤怒的理由多么空洞，我们也要坚持我们的愤怒，以免我们看起来压根就没有愤怒的理由。尤其不公正的是，那最初的愤怒越是不公正，我们就越是固执而矫情。我们坚持我们的愤怒，我们叫这愤怒变得更加强烈，就好像它越是强烈，越是证明了它的公正。(55)

荒唐的评价

30 （1）我们最好看看它的缘由。那缘由会是何等微不足道，又是如何不着边际啊！你在那不会说话的动物身上看到的事情，也都会发生在人的身上；我们会为一些毫无根据的无聊琐事而心神不宁。公牛会被红颜色激怒，蛇会在影子里高高耸起，熊和狮
106 子则会为一条毛巾而受惊。任何天性凶猛而疯狂的动物都会因为毫无意义的东西而躁动。（2）对那些疑心重重而又残暴的人物来说，也会发生同样的事情：仅仅是基于猜疑，他们也会感受到伤害——以至于有的时候，他们会把那些叫他们还不够满意的恩惠称作“冒犯”。在这样的恩惠里，竟然就埋伏着最为常见的、当然也是叫人最为痛苦的愤怒情由。我们要对我们最为爱戴的人发作愤怒，因为他们给予我们的东西没有我们指望的那样多，或者没有他们给予别人的那样多。（3）而不论是哪种情况，都有便利的矫治方法。（3）如果有更多的东西给了别的人，那么，我们应当庆幸我们自己的东西，而不要做什么计较。一个人如果想到别人比自己幸福就备受折磨，他就永远也不会幸福起来。还有，也许我得到的比我指望的要少，但我指望的可能超过了我应当得到的东西。这副德性啊，它是最叫我们害怕的东西，它滋生出的愤怒最具破坏

(55) 参见格涅乌斯·皮索（Gnaeus Piso）的故事（I 18.3—6）。

性，它挑战并亵渎所有的神圣。（4）就如在那杀死我们奉若神明的尤里乌斯·恺撒的人中，他的朋友倒是多于他的敌人。他没能做到叫他们的贪婪得以餍足。他当然是想做好这个事情的——还没有谁比他更为慷慨地分享他的胜利，他除了为自己保留分配战利品的权力，他没有要求任何别的东西；但是，他如何能够叫那些不顾廉耻的欲望得到满足？因为每一个人都在拼着非我莫属的劲头呢。（5）所以他就看到他以前的战友们拔出佩剑来，逼近他的座椅。提里乌斯·辛布尔（Tillius Cimber）㊄在此前一刻还是他最为亲信的支持者，而其他人也是在庞贝死后才转而成为庞贝阵营里的人。正是那副德性，它叫一位国王的武器倒转指向他自己，它驱使那些最为亲信的追随者们投身于陷害他的阴谋，而那些追随者曾经信誓旦旦地要为了他去死，要死在他的前面。

31（1）没有谁在把眼睛盯住别人、盯住别人的所有时，会对自己拥有的东西感到满足。正因为如此，甚至众神都会招致我们的愤怒，因为有人跑在我们的前面。我们忘记了还有多少人落在我们的后面，而在那个心怀嫉妒的人身后又有多少嫉妒着他的人！但是人类就是这般不可理喻，如果他们以为能够得到的更多，那么不论是给他们多少，他们都觉得受到了虐待。（2）"他给了我副执政（praetorship*）的职位，但我要的是执政官的位置呢。"㊅"他给了

㊄ 卢基乌斯·提里乌斯·辛布尔（Lucius Tillius Cimber）于公元前 46 年任保民官，并于公元前 44 年被委派为卑斯尼亚（Bithynia）和本都（Pondus）的总督，被赋予代理执政官的权力，他的升迁归功于尤里乌斯·恺撒。公元前 44 年 3 月 15 日，他佯装替他的兄弟请求宽恕，走近恺撒，并抓住恺撒的外袍，这就是向他的同谋者发出的刺杀信号。他和布鲁图斯（Brutus）、卡西乌斯（Cassius）等死在公元前 42 年的腓力比战场上。

* 这个官职汉译比较杂乱，此处根据维基百科的译法。——译者注

㊅ 担任古罗马的官职要依从低到高的顺序：度支官、副执政、执政官和监察官。到塞涅卡的时代，这些职位都是皇帝的委派礼物，就如同祭司身份一样。

107 我十二捆的法西斯⑧,但是却没有叫我当上正式的执政官。""他愿意把这一个年份标记上我的名字⑨,但是却没有叫我跻身祭司之列。""我被选入了一个祭司团,可是为什么只选入了一个呢?""他把我提携到这个最高贵的身份上来,但是就我个人的财产来看,他没有为我做一丁点儿。""他给我的那些,是他反正要送人的东西;没有哪一件是他自掏腰包的东西。"⑩(3)那么现在,为你已经得到的东西而心存感激吧!倘有其余,安心等待;尚未餍足,你要欢喜。生活的乐趣之一,就是还有什么东西值得等待。如果你已经胜过了每一个人,那就欢呼吧,你的朋友对你情有独钟;如果许多人胜过你,那就想一想,你后面的人要比你前面的多得多。你要问,你最大的弱点是什么?你的账簿很荒谬;你给予别人的东西,你看得太过贵重,而你接受来的东西,你又看得太轻。

慎重

32 (1)叫我们抑制愤怒的,可能有各种不同的动机:在有的场合是恐惧,而其他场合是尊重,或者是厌恶。但在我看来,把一个可怜的奴隶暂且关押进监狱里,这将是一个得体的做法。为什么要迫不及待地抽打一顿鞭子、或者当即就折断他的两腿呢?(2)做这种事儿的权力一直都在我们手上,把它推迟一下又有何妨?等待一个时机,叫我们自己来发号施令,而不是此时此刻,我们被愤怒指使着说话。愤怒过去,我们才知道如何估量我们遭受

---

⑧ 作为官署的一个标志,古罗马的执政官有十二个随从的执法吏,他们抱着法西斯或者说是中间插着斧头的一捆棍棒。参见 I 19.3, n.46.

⑨ 换句话说就是"他叫我担任正式的执政官"。执政官的职位有两种形式。那两个"正式的执政官"(consules ordinarii)在1月1日就职,而这一年也以他们的名字来标记,他们区别于数目不定的"增补"执政官。

⑩ 这个话题在《论恩惠》II 27.4节讨论忘恩负义时再次出现,在普鲁塔克的《论良好精神》(On Good Spirits)(470b)也出现了这个话题。总是盯住那些比你自己优越的人,很显然会叫你对自己所拥有的不知感恩,不懂满足,并染上坏脾气。这个警告可追溯到德谟克利特(Democritus)(Fragment 191, Diels-Kranz),并且是有关大众伦理的文学作品的常见话题。

的伤害。我们动辄使用利剑和杀头的极刑,有些只需要轻微鞭打的事情,我们也要使用镣铐、牢狱和饥饿来惩罚,这是我们最糟糕的错误。

你把小事情看得太重

(3)你也许会问,"我们怎样才能知道,我们自认为给我们造成了伤害的事儿,原本琐碎、可鄙而又幼稚呢?"我可以肯定地说,除了拥有一个高贵的心智之外,别无他法;对那些叫我们诉诸法律、叫我们寝食难安、叫我们葬送了健康的事情,我们要有我们的洞察力。那些事情是如何鄙陋而污秽啊!对一个曾经怀着高贵思想的人来说,计较它们真是有失体面!

33 (1)大多数的吵闹都是为了金钱。就是这个东西,它叫法庭疲惫不堪,它叫父亲和儿子反目,他叫毒药找到了用场,它叫刺客和士兵的手里都紧握着利刃——这个金钱,已被我们的鲜血玷污!就是这个东西,它叫丈夫和妻子的争吵搅乱夜晚的安宁,它叫成群结队的人们涌进法庭,它引领着国王,叫国王去野蛮地劫掠,把那经过几百年的劳作才营造起来的国家推翻,好在那城市的废墟中寻找金子和银子。(2)人们实在喜欢看那些堆在角落里的钱袋子。但是,就为了这个东西,人们要嚎叫,直到他们的眼球都鼓出来;也正是因为这个东西,法庭里充斥着诉讼的喧闹,而那些从各地赶来的陪审员也要纠合一起,好判决哪个人可以更好地主张他贪婪的权利。(3)而有的时候还谈不上钱袋子,而只不过是一把的零碎钱或者说是几块钱,一个奴隶把它归于自己的名下,而另一个行将就木并且没有子嗣的老人却为这几块钱⑥气炸了胸膛,愤怒到极点,这种事情又当如何呢?如果是为了每年百分之一的利息,一个病入膏肓的放贷人,他的手脚都已经扭曲变形,都已经

---

⑥ 拉丁文是 *denarium*(第纳尔)。在塞涅卡时代,一个第纳尔大概相当于1994年的4英镑。参见《论恩惠》III 2 nn. 2 and 3,和 IV 39.2。

不能胜任那数钱的事儿，可就是这么一个人，在病痛之中还在高声叫喊，他要求保证他的每一分钱的安全，这种事情又当如何呢？（4）如果你把人们现在不遗余力开采的所有金矿出产的所有金钱都送给我，如果你把人们藏在暗室里的所有财宝（同一个贪婪，把那些金钱毫无目的地从金矿中挖掘出来，又把它们掩埋进泥土深处）都扔到我面前，这全部的财货啊，在我看来，都不值一个好人额头上的一个皱眉。那个东西叫我们流泪，而开怀的笑声才是对它的最好反应！㉒

34 （1）接下来呢，我们再谈论一下会引起愤怒的其他原因——饮食以及围绕饮食而发明的花里胡哨的奢侈品、侮辱性的语言、有失尊重的手势、不肯驯服的负重牲畜、懒惰的奴隶、对别人说话内容的疑心和恶意曲解。（这般曲解的后果就是，人类说话的天赋反倒成为大自然对人类的不恭。）相信我，就是这些小可的事情，叫我们发作起愤怒来却非同小可，而它们原本不过是逗弄小孩子们吵嘴打架的素材。（2）所有这些叫我们变得恶狠狠的劳什子啊，没有哪一桩有什么重要意义，没有哪一桩值得我们当真。而就在这里，我跟你讲，潜藏着叫你失去理智而发作愤怒的理由。你把细小的事情，看得实在太重。"他要抢走我的继承权。""他向那个人说我的坏话，我可是很久以来都在为了那个人的遗嘱而讨好他呢。""他对我的情妇想入非非。"原本应是爱的纽带，它们却成了争吵和仇恨的源泉——我指的是人们的贪婪，他们对着同一个东西而垂涎。（3）狭窄的小路总是叫拥挤在路上的人们争吵，而宽广的通天大道呢，就算是一大群人也不会发生冲撞。同样的道理，叫你们垂涎的东西也会叫你们争吵，因为你们狭路相逢，一个东西转手到一个人，就意味着另一个人的失去。

㉒ 参见 II 10.5 节关于德谟克利特和赫拉克利特的记载内容。并参考后文 37.2 节。

35（1）一个奴隶顶撞了你，你于是感到恼怒。如果是一个解放了的奴隶顶撞了你呢？如果是你的妻子呢？一个寄养在你门下的家属呢？就在你抱怨这个国家剥夺了人们自由的时候，你却在你的家里剥夺这种自由！而如果他在被问话时保持沉默，你同样会说那是缺乏管教。（2）就叫他开口说话吧，允许他沉默，也允许他笑起来！"什么？就在他的主人面前？"不，是在他的家长面前。为什么要咆哮制造噪音？为什么要在宴席中间去取鞭子？就因为奴隶们说话吗？就因为在一个大家聚会的场合找不见沙漠的安静吗？（3）你并没有长一双只允许听见美妙的音乐之声的耳朵——它们只能听柔和、甜美而安静的东西；你也得听笑声和哭声，听谄媚和争吵，听好消息与坏消息，听人类的语言以及动物的吼叫或咆哮。如果一个仆人在叫喊，如果青铜在发出响声，如果一扇门砰的一声关上，可怜的人啊，你又何苦跳将起来呢？不管你是如何被娇惯得弱不禁风，你都不能避免这样的鼓噪声。（4）我说了这些有关耳朵的话，它也适合于眼睛。如果眼睛也缺乏修养，那么它们的神经质倾向会是同样地严重。一个污点，一抹灰尘，或者是银子没有擦净，水塘不能清澈见底，都会叫它们感到受了伤害。（5）但有一个想当然的事实是，那些人在家里只允许自己的眼睛看到永远泛着光泽的、各种颜色的大理石雕刻，看到纹路清晰的木质餐桌，他们脚下的地板比金子还要昂贵，否则他们就不肯伸出他们的脚，但就是这样一些人，当他们走出家门，当他们面对坑洼不平而又泥泞满地的小路，当他们看到大多数路人身上的污垢，当他们看见那些廉价公寓高矮不平的墙上的窟窿和裂缝，他们竟然表现得无动于衷。这么说来，在公共场合不会叫他们恼怒的东西，到了家里却会激起他们的愤怒，这是什么道理呢？这只能说是他们自己的意见，他们在家门外既有理性又肯宽容，而回到家里就要闹

110

情绪，脾气就变坏。(63)

每天反省你的良知

36 (1) 实际上，我们所有的感官都必须在忍耐中接受训练。只要心智停止对它们的腐蚀，它们原本是能够忍耐的。这个心智，每天都应当召唤来为它自己述职。绥克斯图(Sextius)(64)就经常这样做。在一天结束的时候，当他在夜晚安闲下来，他就会质问他的心智："你今天治愈了你的什么病患呢？你又拒绝了哪个缺点呢？你在哪个方面还有待进步？"(65)(2) 如果你的愤怒知道它每天都要去面对一位法官的审判，他就会平息或者节制它自己。把整个的一天都这样过滤一遍，还有什么事情比这个习惯更好呢？再想一想反省之后的安眠吧，当心智或者得到了褒奖、或者经受了责备，而它的哨兵和监督人也秘密地评价了它自己的习惯，那睡眠会是如何的安稳、深沉而无忧无虑呢！

(3) 我利用这个机会，每天都在我自己的法庭上为我的案情辩护。当灯烛熄灭，我的妻子也安静下来——她知道我的习惯，我就开始反省我的一天，回顾我说了些什么，做了些什么。我对我自己不做任何隐瞒，也不会有任何的忽略。我为什么要害怕检点我的过错呢，我要对自己开诚布公(66)：

111 (4) 记住，你再也不能做这样的事了。现在呢，我原谅了你。在那个争吵中，你的话太咄咄逼人。从今以后，对那些无

(63) 第34—35章的很多内容都是对第二卷第22—25章关于轻信和任性等内容的重述，只不过说话的语气有所改变，在这里讽刺代替了郑重的警告。

(64) 参见前文 II 36.1。

(65) 到塞涅卡时代，晚间的自我省察和检点一天所作所为，已经是一门流行的精神修养课(参考 *Letter* 28.10；贺拉斯(Horace)的《讽刺诗》(*Satire*) I 4.133—8；爱比克泰德(Epictetus) IV 4.46，等)。它好像发端于毕达哥拉斯学派，在那里它既是一项提高记忆的练习，又是一项道德锻炼(参见西塞罗，《论老年》(*On Old Age*) 39)。

(66) 接下来的内容也属于塞涅卡此前对诺瓦图斯的道德说教内容的一部分。其中有些话此前已经出现过，并且他给自己的布道内容到哪里结束，这也很难判断肯定。在37.5节末尾？还是像我们此处判断的这样，在38.2节？

知的人，你大可不必当真——越是不学无术的人，越是不想学什么东西！

你规劝那个人时竟然那样说话，你真是过分口无遮拦了。[67] 你那不是在帮助他，而是在激怒他。从今以后，你不能只想着你说的话是不是真理，而要考虑你说话的那个人是不是能忍受这个真理。好人固然愿意听别人的规劝，但是，越是糟糕的家伙越是憎恨好良言。

37（1）在宴席上，有人开你的玩笑，目的就是刺痛你，那就是他们的德性。记住，要远离低级趣味的圈子。他们喝多了酒就放肆——就是在清醒的时候，他们也没有丝毫的谦逊。

（2）你看见一个朋友，他在某个讼棍或者富翁的门前，因为那看门的人不让他进去，他就对那看门的人大发脾气。而你呢，就站到他这一边儿，也跟那个根本不值得计较的奴隶发起脾气来。你是不是也要对拴着链子的小狗发脾气？就算是一条小狗，如果你扔给他一点吃的东西，在乱叫一通之后，它都会安静下来呢。（3）退让一步吧，笑出声儿来吧！那不过是一群打官司的人围着那个门槛，那个看守门槛的家伙就以为他是谁呢；而门里面的那个人，不可一世，把拒人门外当做权力和成功的标志，他就不知道，最难通行的门口是监狱的那道门口呢。

你事先就应有个清醒的认识，要知道你会遇到很多的麻烦。很显然，没有谁会对冬天的寒冷感到吃惊，没有谁到海上会晕船，也没有谁走在路上会乱撞一气。如果有备而来，心智

---

[67] 这是一个新观点。塞涅卡以一个道德教师的身份出现，在他看来，只要是出于友善的目的，坦诚的规劝和责备乃是一个义务。毫无疑问，可接受的坦诚，其界限在哪儿，这是一个问题。伊壁鸠鲁学派的斐洛德摩（Philodemus）就这个话题有详尽的论述。

就能勇敢地面对任何事情。

（4）被拒绝了一个尊贵的位子，你就开始感到愤怒起来，对你的东道主，对那仪式的主持人，对排在你前面的客人。你这个傻子，你的屁股坐在哪张椅子上有什么关系呢？难道一张椅子会增加你的荣耀或者耻辱？

（5）有人对你的才能说了些坏话，你就投以很不友善的目光。这就是你的处世之道吗？要是这样，恩尼乌斯（Ennius）[68]就要恨你，因为你不喜欢他的作品，霍坦修斯（Hortensius）[69]就会宣布他的敌意，而西塞罗也将成为你的敌人，因为你曾嘲弄他的诗句。如果你要站在官方的立场，你就必须容忍人们投票的方式。

38（1）也许有人羞辱了你。那肯定不会比发生在那个叫第欧根尼[70]的斯多葛派哲学家身上的事情更糟。有一次就在他做一个关于"愤怒"话题的演讲时，一个厚颜无耻的青年人就朝着他吐痰。他温和而睿智地忍受了这个事情，他说到："不，我没有感到愤怒。只是我不能保证我不会发作愤怒。"（2）我们的加图（Cato）甚至做得更好。在他正为他的一桩案子辩护时，愣图路斯（Lentulus）[71]——这个人在我们父辈的记忆里是一个挑剔而难缠的家伙——就用嘴鼓捣出一口粘唾沫啐到他的额头中间。他就擦掉这肮脏的东西，说到："愣图路斯啊，不论是谁，他再敢说你没有嘴脸，我就会郑重地告诉他

---

[68] 昆图斯·恩尼乌斯（Quintus Ennius）（公元前239—169年），著名诗人，塞涅卡同时代的人认为他是无可救药的老古董。

[69] 昆图斯·霍坦修·霍塔卢斯（Quintus Hortensius Hortalus）（公元前114—50年），是西塞罗之前罗马最重要的法庭演说家，实践了一套华丽的"亚洲人的"演讲风格。

[70] 巴比伦的第欧根尼（约公元前240—152年），Fragment 50（*SVF* III）。

[71] 或许就是普布力乌斯·科尔涅利乌斯·愣图路斯·苏拉（Publius Cornelius Lentulus Sura），他在公元前63年因为参与喀提林阴谋而被处死。而这则关于加图的睿智妙语的故事，具体情况不详。

说,他错了!"

(三)如何矫治别人的愤怒

39 (1)诺瓦图斯啊,我们已经成功了!我们已经叫心智安静下来。它现在就与坏脾气无缘了,或者是它已经超越了坏脾气。让我们再来看看,如何平息别人的愤怒吧,因为我们的愿望不仅是治愈自己,还要治愈别人。

(2)愤怒骤然发作之时,我们不可以冒险用什么言辞去平息它。我们应当给它留出时间。在愤怒开始消停下来的时候,治疗手段才会产生它的效果。当眼睛还在红肿的时候,我们就不随便拨弄眼睛——因为在症状尚未缓解时,触动它们就可能引起炎症;当别的器官正在患病发炎的时候,我们也不会去乱弄它们。疾病刚开始的时候,治疗手段就是切勿滋扰。(3)你也许要说:"如果只有在愤怒自己开始减退的时候,你才会施加手段去平息愤怒,那么你的手段可真是高明!"话不当这么说,首先,它会叫愤怒更快地平息,而同时——也是其次,它防止愤怒重复发作。还有,它原本没有胆量去制止这个愤怒,但是它可以巧妙地叫这个冲动平息下来,它解除了所有的报复手段;它可以通过伪装愤怒来扮演一个同伙或者共同受害人的角色,好增强它的作用;它也可以假装请求一个更为严厉的惩罚,叫那个愤怒暂且不要施加它的惩罚,从而设法拖延住那个愤怒。(4)任何的手段都要尝试一下,好让那个叫愤怒附体的人消停下来。如果那愤怒还没有褪去狂暴的一面,就应当用叫他无法抵制的羞耻感或者恐惧感来慑服他;如果那愤怒不是多么强烈,你就可以用一个轻松而新奇的话题,分散他的注意力。有一个故事,是说一个医生给一位公主治病的事儿。如果不进行手术,那个医生就没有办法治公主的病。那个医生就轻轻地给她化脓的胸部涂上药水,并借这个机会,把他藏在海绵里的手术刀插了进去。如果是明明白白地做手术,那个女孩就会抵制这个治疗,但是实际上她并没有预料到这个手术,她也就忍受了那份痛苦。有的东西,只能用欺骗的手段来治疗。

40 (1) 你可以对一个人说:"你的敌人也许巴不得看到你的愤怒呢;"而对另一个人则说:"注意不要丢失了心智的强大,不要丢失了你的荣誉,在很多人眼中,你可是力量的化身。众神知道,我自己也是愤怒已极,我的痛恨都不知道它的边界在哪儿。但是,我们必须等待我们的机会——他终将要得到惩罚。你把这记在心里。当你可以惩罚他的时候,你会叫他为这等待的时间都要付出代价。"

(2) 但是,斥责一个正在发作愤怒的人,并进而对他发作愤怒,这只能进一步激起他的愤怒。你应当使用各种委曲劝诱的办法来接近他,除非你恰好是一个真正具有重要身份的人,你能够打碎他的愤怒,就像我们奉若神明的奥古斯都在和费迪乌斯·朴立奥(Vedius Pollio)⑫一起用餐时的所作所为。有一个仆人摔碎了一只水晶杯,费迪乌斯就命令把他捆绑起来,并要用一种古怪的方式把他处死——那个仆人将要被投进一个养着巨型鳗鱼的水池子里(你可以想象,这倒不是出于他自己的任性,而是为了满足他的残忍之心)。(3) 那个男孩就奋力挣脱,逃到恺撒的脚下,但他只是要乞求换一个死法,只是不想被吃掉。恺撒对那个从无前例的残忍感到震惊不已,就把那个男孩放开,并且命令把他面前摆放着的所有水晶杯统统打碎,把那个养着鳗鱼的水池填平。(4) 对恺撒来说,用这个方式责备一个朋友乃是得体的做法。他很好地利用了他的权力。"你是不是还要在宴席上就下命令捉拿一个人,并叫他不得好死呢?你的杯子都已经摔破了,是不是又要有谁因此要

---

⑫ 奥古斯都的一个朋友,属于骑士阶层,忠实、精干而又令人讨厌。《论仁慈》I 18.2节也提及了他。

被掏空他的五脏六腑呢？你是不是为了给自己寻开心，就要当着恺撒的面下命令处死一个人呢？"（5）如果有谁拥有这般的权力，可以站在一个更为优越的立场上触及一个人的愤怒，那么，他当然应当用这种方式严厉地对付那个愤怒——但也只是针对我刚刚说到的那一种愤怒，它疯狂、狰狞而且嗜血，如果没有一个叫它感到恐惧的东西，它就无药可救。

结　　论

生命短暂，不要浪费在愤怒上

41（1）叫我们给心智一个和平吧，而只有不断地实践那些合乎身心健康的训诫，只有通过高贵的行为，只有把我们的精力和愿望集中到美德上来，我们才能实现这个和平。叫我们根据良知的命令行事吧，而不要为了虚名枉费心机。就算是身背恶名又怎么样呢，只要我们实际上抱持着我们的高贵。（2）"但是，人们却要崇拜那果敢的行动；那行事鲁莽的人被抬举到荣耀里，而性情平和则被视为暮气沉沉。"初看起来，也许是这样。但是，他们生活的和平步调一旦证明不是懒惰，而是心智的和平，人们就会掉转头来敬佩他们。（3）所以，那种可怕而咄咄逼人的激情没有任何有价值的东西。相反，它包含着每一种的邪恶，它包含着刀光剑影和燃烧的烈火。它把羞耻踩在脚下，它用屠杀玷污双手，它把孩子们的肢体丢弃遍地，愤怒啊，它不叫任何地方远离罪恶。它全然不顾什么是荣耀，它对鲜廉寡耻也没有丝毫的畏惧，而一旦转化成仇恨，它就会彻底地无药可救。

42（1）就叫我们远离这个邪恶吧，叫我们把它从心智中清除，清除它的根须，连同它的枝蔓——不管是多么小的一点儿残余，只要有附着的地方，它就会重新膨胀起来。我们应当彻底根除它，而不是什么节制它——这道理是，一个邪恶的东西哪里有适度的余地呢？再者说，只要我们尽力，我们就能够把这个事情做好。

（2）在心底里关照一下我们终将到来的辞世之日，这对我们最有帮助。我们每一个人都应当对他自己、对别人这样说："我们这般夸示我们的愤怒，糟蹋这转瞬即逝的生命，就好像我们会长生不死，这个样子的行事方式，有什么乐趣可言呢？那些本该恬然快乐的日子，却扭曲为别人的痛苦和折磨，这又有什么乐趣可言呢？你的财富经不起挥霍，而我们的光阴也经不起虚度。（3）为什么要急急投身战斗？为什么要在我们中间挑起冲突？为什么忘记了我们的脆弱，而要背负沉重的仇恨？我们自己也是这样憔悴，为什么要攘臂奋起摧垮他人？有的时候，我们叫心智充满敌意，我们决不肯宽容，而一场热病或者别的什么病患，却可能把那个敌意化解；在任何时候，死亡都可能降临在那凶残之极的敌手之间，叫他们分头离去。（4）为什么要这般骚乱呢？为什么要把生活搅扰得一塌糊涂？命运就隐约地笼罩在我们的头顶之上，它为我们糟蹋掉的每一天打出标记，它越来越逼近我们的身躯。你为别人指定的死亡之期，对你自己来说也许正是近在眼前呢。"

43（1）为什么你不肯把短暂的生命充实起来，为了你自己，也为了别人，叫你自己享有平安的一生呢？为什么不叫你自己在活着的时候享有别人的爱戴，在离开的时候享有别人的怀念呢？那个人在和你打交道的时候把头颅挺得过高，为此你就这样渴望叫他吃些苦头吗？对一个下贱、卑劣、但却伶牙俐齿而又犯上的家伙，就算他对你狂吠几声，那又怎么样呢？为什么要费尽周折地去压服他呢？为什么要对你的奴隶发作愤怒？为什么对你的主人呢？你的国王呢？或者是那些受你抚养的家庭成员呢？且慢啊！死亡就在它来这里的路上，它叫你们所有的人平等相处。（2）在竞技场的午前演出上，我们经常看到公牛和狗熊相互撕咬，它们两个原本就被绳子拴在一起；当其中一个终于把另一个累倒在地时，有一个屠夫正等着它们两个的结局呢。我们的行动也是如此；我们攻击的对手原本与我们紧密联系在一起，而不论是战胜者还是被征服的人，等待他们的是同一个结局。就叫我们宁肯在和平与安宁中，度过我们生命中的未来吧，而不要叫谁怀着仇恨注视我们丢失了生命的躯体。（3）一个常见的事情是，一场正在乱糟糟的争吵，因为邻里一声"着火了"的喊叫就四下散去；而一个野兽的出现，也会叫一群劫匪和行人各奔前程。当一个更大的恐惧出现在视野里，那较小的邪恶也就没有了争执的气力。还有什么值得费尽心机行那打击与陷害之事呢？很显然，你的愤怒指向的那个对象，你并不会指望他承受什么比死亡更为严重的东西。那么就算你安闲袖手，他也会要死亡。如果你要促成一个注定要发生的事情，那岂不是浪费你的力气。（4）你也许会说："我并不是非要杀死他不可，而不过是要叫他遭受放逐、羞辱和倒霉之事。"这就如同叫他的皮毛生出一个水泡儿，但我更愿意宽恕那个要叫敌人遭受严重创伤的愿望。因为那个伤及皮毛的想法，表现出的不仅是邪恶，而且还有猥琐。但是不论如何，你想要的惩罚严重也好，轻微也罢，他为此遭受的惩罚和折磨总是转瞬即逝，而你幸灾乐祸的体会也只是片刻倏忽！而很快，我们脆弱的自己就会一命呜呼。（5）此时此刻，在我们还在呼吸的时候，在我们还属于人类的时候，就叫我们陶冶我们的人性吧；叫我们不要把恐惧或者愤怒施加到任何人身上；叫我们蔑视伤害与冒犯，蔑视羞辱和吹毛求疵般的苛责；叫我们用强大的心智背负起短暂的苦痛。就像他们说的那样，就在我们回首的瞬间，就在我们环顾的时候，它即已来临——死亡！

论仁慈

——写给尼禄

导　读

写作对象和日期

《论仁慈》是为塞涅卡的学生、年轻的皇帝尼禄而写作,旨在庆祝他登上帝位,告诫他如何做到称职,并强调仁慈在其所有行动中的必要意义。该作品说他是"十八岁的年龄"(Ⅰ9.1)。因为尼禄出生在公元37年的12月15日,于是它应当写作于公元55年12月到公元56年12月之间。但可惜的是,它又用一个"慷慨的夸耀"美言了尼禄,即在全世界范围内他"不曾染指一滴人类的鲜血"(Ⅰ11.3)。这就叫一些学者试图把该作品的写作日期提前。因为尼禄在公元54年10月被宣布为皇帝,他在公元55年年初就已经叫人毒死了他那个基于收养而来的、没有血缘关系的弟弟,布立塔尼库斯①;塞涅卡本人很难说不知道这个犯罪,并且,他把那个夸口安排到尼禄身上,叫这位年轻的皇帝看起来既无耻又虚伪。但是我们不知道,尼禄的罪行当时在那些识文断字的大众中有多少传

---

① 参见苏维托尼乌斯,《尼禄传》33.2—3 和塔西陀,《编年史》Ⅷ 15—17。

闻,塞涅卡写作要面对的正是这些人。要知道,《论仁慈》不仅是一部劝谏年轻皇帝的著作;它还要向那个广泛的大众阶层保证新政权的品质②,并要向人们表明,作为尼禄的导师,他的态度绝不是人们通常想象的斯多葛派哲学家的那种严厉(II 5.2)。③

论题和结构

塞涅卡拒绝给他的论题作出一个唯一的定义,他在说到仁慈时,总要提到"温厚"(leniency)或者"一个温厚的倾向"、"给弱势者裁定惩罚"和"适度减免咎由自取的处罚"(II 3.1)。他不下定义的做法是可以理解的。如果仁慈的行为——宽宥罪犯、饶恕被征服的敌人,诸如此类——很容易辨识的话,那么,塞涅卡所关注者,在于此类行为所体现出来的价值上的善,那是心智的特殊品质,即具有"仁慈的内涵"。就此而言,希腊文中没有一个严格的对应词,也没有一个现成的学术定义。clementia 在希腊文中的标准翻译是 επιειχεια,这个字眼一般理解为解释或者适用法律时的"公道"(reasonableness)④,并且不要把你合法的权利主张到极端状态。但是,在拉丁语中,这个概念还在很大程度上涉及 πραοτης——即控制愤怒时的"温和",和 ψιλανθρωπια——即"对人类的爱"。⑤ 但

---

② See Griffin, p. 138. 后文主要内容来自"新政权的理念"(Ideology for a New Regime)一章(第129—71页)。

③ 仁慈,拉丁语拼作"*clementia*",实际上是这个新政权的政治口号。尼禄上台伊始,就把一个叫普劳提乌斯·拉特蓝努斯(Plautius Lateranus)的人从流亡中召回来,以表明他的仁慈,并"在他无数次的演讲中作为他仁慈的信证,而塞涅卡则通过设计这个演讲,表明他曾提出了多么诚实的建议。"(塔西陀,《编年史》VIII 11.2)

④ 亚里士多德在《尼各马可伦理学》论公正卷中用了一小章的篇幅(V 10. 1137a31—8a3)、在《修辞学》中用了两个段落专门讨论这个意义的 επιειχεια。

⑤ 参见普鲁塔克,《恺撒传》57.3:人们认为册封 Clemency(Ἐπιειχεια)神庙是理所当然的,这就是对他的温和(πραοτης)的感谢。επιειχεια 基本上等同于 clementia 之含义最典型的例子,是修昔底德(Thucydides)在记述有关是否饶恕米提兰(Mitylene)人的争论(III 40.2f., 48),此处所使用的这个字眼十分贴近"怜悯"的意思。

无论如何，clementia 有一个当然的属性，单凭这一点，它对一位君主而言就是特别适宜的一个宣讲主题。它是面向弱势者的一种美德。你只能向那些"受你摆布"的人们表现你的仁慈；并且，从恺撒时代开始，clementia 就已经被公认为一种专门称谓征服者或者独裁者的美德，他们掌握着所有人的命运——至少理论上如此。

塞涅卡（Ⅰ3.1）打算从三个部分来写作《论仁慈》：其一关于温厚及其对君主的价值⑥，其二定义仁慈，并把它和那些在一定程度上与它相似的诸般邪恶作出区分，还有一部分讨论如何在心智上树立此种美德。每一部分都可能要有一卷的篇幅，但这只是一个推测。这样看来，《论仁慈》大体上的轮廓和《论愤怒》相仿，即就问题进行理论探讨之后，继以矫治建议，并有大段的文字描述问题发作之时的可怕情景。但是，我们看到的这个文本，第二卷写到第七章便告结束。⑦ 并且，开篇探讨的温厚及其荣耀、它对君主的价值单独占了一章的篇幅。塞涅卡用如此之长的篇幅赞美"仁慈"，而此时他甚至还没有明确廓清他的概念内涵，这看起来也许不合逻辑——这显然不同于当时哲学家的常规做法。但是，这个第一卷实际上是关于君主权力的一个独立成章的论文，而它对于这位新皇帝而言也是最为恰当的教导主题。并且，也无需对 clementia 进行定义，这个概念对罗马的读者来说早不陌生，而塞涅卡的目的也仅仅是表明，它是一位国王要具备的最重要的美德。⑧

---

⑥ 遗憾的是，此处的文本几乎不能辨认，需要补正。参见 n.30。
⑦ 在图尔大主教希尔德波特（Hildebert, archbishop of Tours）的一封似乎是1102年的信里，有四处塞涅卡论仁慈的简短而不连贯的摘引，这几个摘引不见于塞涅卡的现存版本。
⑧ 只有在下一卷中，当塞涅卡要区分这个美德和那些"与之相似的邪恶"时（Ⅰ3.1），明确的定义才有必要。如他在Ⅰ3.3节处所言："这些东西要放在它们的适当位置上来讨论。"

塞涅卡论君主权力

《论仁慈》第一卷分为三个主要部分。⑨ 开篇是一个引子,是对尼禄的一个致辞(I 1. f.)这可能是我们最早的一面"君主之镜",它赞扬了君主以往的举止合乎规范,并因此告诫他应当如何做好自己。塞涅卡首先强调(3.2—8),仁慈虽然是每一个人的责任,但却首先是最高统治者的美德,作为例证,他广泛使用了奥古斯都(Augustus)的故事(9—11.3),并在结尾处比较了一个僭主的生活(11.4—13)。接下来(14—19),他讨论了最高统治者的义务,并把他比较于其他权力角色——父亲、学校教师、军官、奴隶的主人和蜜蜂中的女皇(或者准确地说是蜂王)——以期表明,在所有的场合,温厚乃是最好的行为准则。第三同时也是最后(20—4),他相当体系化地论述了惩罚原则,最后的结尾总结了残忍之可怕(25 f.)。

整部著作要讲述的道理是一致的,即"仁慈带来的不仅是统治者的荣誉,而且还有统治者的安全"(11.4)。这是劝诱一种行为方式的传统方法——塞涅卡强调的是"既荣耀又实惠"(per honestum et utile);这对尼禄这种既虚荣又懦弱的君主来说,会产生它们的作用。但是塞涅卡也在一个更为形而上的层面上强调说,国王乃是国家的"心智",他必须像保护身体那样,保护这个"心智"不受伤害(13.5—15 和 17)。塞涅卡反复提到君主的特殊身份。所有的人天生就是为了公共之善而存在,他们应当性情仁慈而平和——就此而言,相当多的内容在《论愤怒》中已经熟悉了。⑩ 但是,身为一位君主,他应当更好地体现这些美德,因为他的能力所及要深远得

---

⑨ 后文可参照 Griffin, p.143.
⑩ 最明显的是5—7章:第5章呼吁高尚宽宏(呼应了《论愤怒》I 20 f., II 32.4),第6章反思"我们都做过错事"(参考《论愤怒》II 6—10, 28.1)和(7.1 f.)模仿众神(参考《论愤怒》II 16.2, 27.1)。

多。如果他的美德能够带来更多的善,那么他的荒谬也会带来更多的伤害,并给他招致更多的憎恨(18.3)。普通人私下的争吵是可以原谅的;但是国王不可以(7.3)——并且,他无论如何也用不着仗势欺人(21.3)。他要比普通人更用心地体现出他的超然公正来(15.3),因为,所有的人的目光都在盯着他的一举一动——以至于当国王就等同于作"高贵的奴役"而已(8.1—5)。

　　灵魂和身体谁也离不开谁。君主和国家也是如此——没有君主,国家也就解体了。塞涅卡写作的时候俨然是一个君主主义者,他接受了元首政治的历史必然。在其他地方⑪,塞涅卡曾对那些刺杀尤里乌斯·恺撒的人——他们担心恺撒意图自己做国王——进行了批判。首先,它们没有认识到,最好的政府形式乃是一个公正君主领导下的政府。当然,一个斯多葛派哲学家同样可以是共和政体的拥护者——该学派中就有几个人物曾经如此(其中最著名的,要数恺撒的政敌小加图(Catothe Younger)。正统的斯多葛派政治理论既可以支持君主政体,也可以支持元老院把持的政府。⑫ 但是其次,尤为严重的是,刺杀恺撒的人的见识是不切实际的,他们想象着在一个堕落的时代,"公民的自由"、"权利的平等和法律应有的至上性还可以得到维持"。换句话说,他们没有看到,君主政体此时是唯一行得通的政府形式。颇叫人惊讶的是,塞涅卡表述得如此坦然无忌而且绝对。⑬ 几个世纪以来,罗马人一直痛恨"国王"这个字眼。尤里乌斯·恺撒所以被刺,是因为人们认为他自己

---

⑪ 《论恩惠》II 20.

⑫ 在斯多葛学派看来,最好的政府形式是民主制、君主制和贵族制的混合政体(Diogenes Laertius, VII 131)。君主制因素源于"人类的并且是神圣的理性"在立法和治理人类事务方面,所拥有的独享并且至上的权威;而具有完美理性的人总是有限的一群"最优人民"(贵族),他们享有政治俯肯的权利。民主制因素来自这样一个理念,即从属于一个理想政府之下的全体公民,应当是具有完美理解力的人民。显然,在强调各个因素的不同侧重面时,它既可以落实为捍卫罗马的元老院统治,也可以落实为捍卫国王的统治。

⑬ 《论仁慈》和希腊早期论述君主政体的著作的诸多比较,参见 Griffin pp. 144f.

力图当国王。奥古斯都本人审慎地接受了一个比较谦逊的"*princeps*"或曰"第一公民"的头衔,而刻意避免了任何会叫人民联想起国王"自大"的行为。塞涅卡对这个明智举措表示了赞赏和推崇(13.4,15.3);但是,他毫不遮掩地谈论"君主、国王或者别的什么作为公共秩序监护人应有的头衔"(4.3)。此外,他所理解的"君主权力",乃是泛希腊化时代的——实际上是东方的——模式的君主政体。⑭ 尼禄已经被挑选来充当众神在地上的代理人(1.2),他无需对地上的任何权威负责。当然,他可以和他的卫队还有普通民众很好地保持同一立场;罗马皇帝的权力和安全,取决于他们对他的接受。但是,在我们的文本里,没有哪里告诫他要听从"罗马的元老院和人民"。他可以适当地约束自己,"就好像法律……将要叫他述职"(1.4);但是,这里关键的短语是"就好像"。如果出于挽救生命的需要,尼禄完全有资格破坏法律(5.4)。挽救生命,比服从法律或者遵守什么政治上的制衡制度更有意义。塞涅卡比较了国王和僭主的区别,而塞涅卡所谓的王权的本质在此也就充分表露出来(11.4—13)。国王和僭主的区别,经典表述是国王"根据法律统治心悦诚服的臣民"⑮,他也必须尊重臣民的权利,而僭主反其道而行。但在塞涅卡这里,这个区别仅仅是道德上的:国王仁慈,僭主不是。正是因为残暴,苏拉尽管从他的职位上退下来,并恢复了元老院政治,他仍然可以打上僭主的烙印(12.1—3)。所有的事情都要落实到统治者的品格上,"而不论他获得权力的方式如何,这权力的法律根据又是什么"(19.1)。只有忽略宪法的美好,

---

⑭ 在希腊世界,有两种类型的王权。一种国王就如古代传记作家所描述的斯巴达的阿格希洛斯(Agesilaus),或者是伊索克拉底(Isocrates)(《演说》III 为其撰写演讲词的塞浦路斯国王尼古拉(Nicocles),他们的身份合法性在于其道德上的高尚卓越。但是,一个君主同样也可以把自己打扮成众神在地上的摄政王、甚或是自己就是一位神祇,这就是亚历山大大帝(Alexander the Great)所效仿的波斯诸王的形象。

⑮ 色诺芬,《回忆苏格拉底》IV 6.12;亚里士多德,《政治学》1285a25—9。

塞涅卡的想法才能实现。作为一个逻辑结果,塞涅卡就必须寄希望于他的学生的良好品质和出息,但是,这个希望被残酷地打碎了。尼禄很快就挣脱了管教;塞涅卡苦心孤诣的结果,就是被当做 τυραννοδιδασχαλος——"那个僭主的老师"来纪念,至少有一个作家是这样提到他的。⑯

仁慈的品质

在又一个恭维皇帝心地善良的序文之后,第二卷接下来定义 clementia。塞涅卡(Ⅱ 3.1)给出了不少于五种的定义:仁慈意味着(一)"心智在具有报复之力量的时候所做的自我克制",或者(二)在对卑微者实施惩罚时所秉持的温厚,或者(三)在此类场合下所具有的温厚倾向,或者(四)"一种节制,它赦免了一个罪有应得的惩罚中的某些内容",或者至少是——这个描述颇为重要——(五)"没有实施完毕应得的惩罚就停了下来"。如此说来,仁慈是一个心智状态;它出现在报复或者准确地说是惩罚的场合;它的表现就是一种温厚,一个克制,它施加的惩罚要少于堪称正当实施的惩罚。关于它的反面,塞涅卡接下来说(4.1)那还不是严厉(sternness)——这想必是把正当惩罚实施到最大极限的倾向⑰,而是"残忍"(cruelty)或者汲汲于惩罚的残暴精神,它超出了人性与正当的界限(4.1—3)。仁慈也不能和怜悯混淆起来。因为在斯多葛派哲学家看来,怜悯不过是对不幸遭遇之多愁善感式的同情,它过分夸大那些不幸遭遇的重要性。所以它是一种情感上的病态,并且不次于愤怒或者残忍,而仁慈则是圆满理性的机能(4.4—5.1)。塞

---

⑯ 狄奥·卡西乌斯(Dio Cassius),LXI 10.2。
⑰ 这只是一个猜测。现存的文本中并没有讨论 serveritas 或者"严厉"。但参见塔西陀,《编年史》XIV 49。

涅卡罗列了一系列的争辩之辞,说明有智慧的人不会感受到怜悯(5.2—6),即以进一步说他也不会宽恕(7)。文本到此中断。

"有智慧的人既不怜悯也不宽恕"——如塞涅卡所承认,斯多葛派哲学家因为这个所谓的刻薄教条而备受非议(5.2)。因为宽恕一个人的犯罪或者不端行为,就是承认那不是那个人的过错,但是实际上那是他的过错,因为所有的不端行为都是行为者自己的邪恶的结果。好人在免除应得的惩罚时也是不"公道的"(reasonable, επιειχηζ),因为那将意味着他自认为那合法判处的惩罚超出了应得的内容。⑱ 我们已经知道,επιειχεια 是 clementia 的希腊语表述;塞涅卡如此积极地评价仁慈,看起来似乎是严重背离了纯正的斯多葛派的信条。但是塞涅卡很可能不这样认为。"公道"(reasonableness),如希腊斯多葛派哲学家——并且还有亚里士多德——所理解,意味着在成文法被认为不能实现某些特别案件之正义的地方,"违背"或者"纠正"成文法。⑲ 但是,《论仁慈》中实在是很少提及什么成文法。⑳ 塞涅卡所关注的,主要是根据法律没有唯一一个确定惩罚的场合。第二卷展开讨论的语境看起来就是 cognitio,也就是在元老院或者皇帝顾问会议里,对那些没有明确的法律制裁措施的犯罪所进行的司法调查。此时,课以不同严厉程度的惩罚可能同样合乎正义;那判决可以"严厉"地处以最高刑罚,

---

⑱ 此处对斯多葛学派对待宽恕和 επιειχεια 之态度的概要描述,转述自斯托贝斯(Stobaeus)(II pp. 95. 24—96. 9 (= SVF III 640))。但是,此处有一些模棱两可的理解,因为在斯多葛学派看来,"法律"(law)即可以指一个共同体的成文法,又可以指基于理性的内在约束性召唤,即"道德法"(参见"全书导读")。斯托贝斯毫不犹豫地把第二种意义上的法律定义为"命令当做之事、禁止不当做之事的正当理性"(II 96. 10—2)。按照这个定义,那么,斯多葛学派拒绝 επιειχεια,是在谴责那些背离了绝对的道德规范、或者背离了基于绝对道德规范而正确制定之法律的行为;这并不是主张盲从任何过去的立法者所制定的任何旧有的法律。

⑲ 在《修辞学》中,亚里士多德把"公道"描述为"与成文法相抵触的正义"(1374a26—8),在《尼各马可伦理学》中描述为"对法律公正的一种纠正"(1137b12f.)。

⑳ 并且在提及的地方,也只有皇帝而不是普通的法官可以违背成文法。参见 I 5.4。

也可以"仁慈"地轻微一些地处治。塞涅卡在此宣称,仁慈优越于宽宥(forgiveness)和宽恕(pardon),因为它的道理更圆满。他这个说法博得了一些赞同。宽宥意味着根据你的审判应当被惩罚的没有被惩罚,而宽恕则是免除你已经判处的正当处罚。但是仁慈的作用则是首先断定那惩罚非属正当;并且它所以这样做可以有各种不同的理由——不仅有那犯罪之人是在强迫之下实施其行为的可能性,或者是他不能认知自己所作所为的可能性,还要考虑他的年龄,他的社会身份,他被改造的机会,或是把他无罪开释或者从轻处理所可能带来的荣誉。有智慧的人要把所有这些因素考虑进来,而比较于简单的怜悯,这能给他周围的人们带来远远为多的利益。

仁慈的特征是决定上的自由。"它不是通过法律程式进行审判,而是靠着衡平和美德。"(7.3)。在此与在第一卷中一样,成文法可以被搁置一旁。㉑ 真正有意义的是君主的公平和正义感。但这在尼禄身上却不是一个可靠的因素。没过多久,他就发现借此掌控那些对叛国罪的审判真是再好不过了,元老院在此要积极提出一些真正恐怖的惩罚,而他则用免除惩罚的方式来表现他的仁慈。㉒

结 束 语

《论仁慈》的第二卷在话说到一半的地方就突然中断了,我们只能猜测其下文会说什么——或者这部著作是不是写完了。塞涅卡或许会接着进行他的梳理和区分,也可能要巧辩他的仁慈之说。

㉑ 对君主来说是这样。塞涅卡一直在强调君主身上的仁慈品质,而普通市民或者官员身上能有多大的表现仁慈的空间,他的态度并不明确——尽管我们已经看到,他明确无误地宣称,仁慈乃是每一个人身上的美德(Ⅰ3.2,5.2—3)。

㉒ 参见 Griffin, pp.162f., 171。

在 I 12.3 节处，在谈到苏拉的时候，他曾说到他要讨论如何对待那被征服的敌人，尤其是在内战中处于敌对一方的同胞的问题。

我们也可以猜测，塞涅卡会着手如何在人的心智中培植美德的问题。《论愤怒》的第二部分也就是关于矫治的内容，它主要由此前各理论章节出现过的思想内容组成，只不过又重新组织充实一番，尽可能制造出一个深刻警觉的印象。我们看到，《论仁慈》第一卷里也出现了一些这样的材料。我们可以很有把握地肯定说，这些材料在这部著作的最后部分还会出现，重新整理，充实以若干的例证，以求把那些善良的冲动——虔诚的塞涅卡在他的学生身上发现了这一点——改造成修养深厚又合乎理性的习惯。㉓

㉓ 参见 II 2.2。

第 一 卷

序　　言

给君主的一面镜子

1　（1）尼禄·恺撒啊，我已着手就仁慈这个话题写一些东西，权当它就是一面镜子吧，在你就要实现快乐至境的时候，就叫它映照着你的形象举止。当然，有德行的行为叫人获得的真正快乐，在于那个德行本身；除了美德，没有什么堪当美德的报偿。但是，我们不妨检点、审视一下我们的良知所在，再看看这里偌大的人群吧：意气相竟、朋党相争、无法无天，如果挣脱了现在的管束，他们就要给别人制造祸患，并要叫他们自己遭殃！你尽可以对自己说这样的话：

　　（2）在这凡人中间，我是不是获得了众神的垂爱，并被选来在这世上代表他们来行动？我是一个法官，拥有叫各个民族生与死的权力，每一个人的命运和身份都掌握在我的手中。凡人的财富，都通过我嘴唇的发号施令来分配。我的意见，是叫城市和人民高兴起来的原因。没有我的意志和俯允,没有哪个地方能够兴旺。因为我带来的和平,千万把利剑都收敛入库,而只需我的一个点头,它们就会再寒光出鞘。一个民族是兴是亡,给予还是剥夺他们的自由,给他们的国王冠冕还是奴役,叫城市矗立还是夷为平地——所有的这一切,都取决于我的审判。(3) 所有这一切,都是我的权力掌管之内的事情。但是,我并没有因为愤怒或者年轻的冲动,而被驱使着作出不公正的惩罚;人类的鲁莽和固执(——它们甚至会叫那最为平和的心胸失掉忍耐),甚至还有那靠着雷霆震怒而体现出的荣耀(——它固然可恶但却在位高权重者中间流行),也都没有驱使着我丧失公正。我的剑是收敛在鞘里的,我把它们藏到了一边。我尽最大的可能,赦免了甚至是最为肮脏的血。不管是谁,不论他缺少别的什么东西,总还不至于没有一个名字,而只要他有一个人名儿,就足以叫他享有我的恩惠。(4) 我的严厉,我隐藏起来;我的仁慈,我却随时准备施与。我检点着我自己,就好像法律——是我把它们从腐朽与黑暗之中召回到光明中来——将要叫我述职。① 先是有一个年轻人的朝气叫我感动,接着另一个人年纪太老也触动了我。我宽恕了一个人,因为他的地位显赫,我宽恕了另外一个人,因为他的身份卑微。而每当我找不到怜悯的理由,我就给**我自己**显示出仁慈。如果众神要求的话,此时此刻,我可以为全人类肩负起责任。

(5) 恺撒啊,你尽可以朗声说出,每一件托付给你看管的事物

---

① 塞涅卡正在敦促尼禄宣传"从克劳狄乌斯(Claudius)赤裸裸的专制回归到合法性上来"(前引书,第138页)。但是要注意"就好像"。皇帝在实际中并不受任何制定法的拘束。斯多葛派哲学家把"国王权力"描述为 αρχηανυπευθυνοξ,这个职位的拥有者不能被召来述职(Diogenes Laertius, VII 122 = *SVF* III 617)。

都很安全,你不曾凭借暴力或者阴谋夺取这个共和国的任何东西。② 你曾渴望那种最为珍贵的赞美,那种从没有许给别的君主的赞美,这就是清白无辜。③ 你非凡的美德并没有被浪费。你会发现,那些赞美的人们既没有忘恩负义,也没有垂头丧气。你得到了你应有的回报。还不曾有哪一个人,像你对罗马人民那样叫人倍感亲切,这是罗马人民伟大而持久的幸运。(6)但是,你给自己担负在肩的责任是重大的。现在,没有谁还会提到我们奉若神明的奥古斯都,或是提到早年的提比里乌斯·恺撒(Tiberius Caesar);没有人要给你找一个叫你效仿的榜样——除了你自己。我们所享受的阳光雨露,就是对你统治的评价。④ 如果你的美德不是出于天生,而是临时的逢场作戏,这一切又如何能够轻松践行呢。没有谁能够长时间地戴着面具;伪装总是很快就暴露出它们的真实面目来。但是,任何基于真理的事物——也就是说,它有着茁壮成长的土壤——只需要假以时日,就会长成又大又好的东西。(7)罗马人民所面临的危险曾经是巨大的;你的那些贵族精英们要选择哪一条路,曾叫人捉摸不定。但是现在呢,民众的福祉可以安然无虞了;出尔反尔的事情,你是不会作出来的。当然,太多的好运气会叫人们变得贪得无厌;还没有哪个饕餮之人能够铭记"戒之在得"的道理。胃口总是会越变越大,而那些曾经大喜过望的人,会想象出一个最没有办法满足的奢望来。虽然如此,你的市民们现在却不得不承认,他们是幸运的,并且在这诸多幸事之外再无需别的什么东西,而但愿这些幸事长存。⑤ (8)众多的事实迫使他们承认,

---

② (Gertz 版)原文是 *omnia quae in fidem tutelam*⟨*que venerint tuam tuta ha*⟩*beri* 和(Hosius 版)*nihil per te neque vi neque clam*⟨*adimi*⟩*reipublicae*.

③ 实际上,早在一年之前,尼禄就已经毒死了那个基于收养关系而来的弟弟,布列塔尼库斯,只不过公众舆论未必把他当做那个杀人的凶手。

④ 原文是 *principatus tuus ad gustum exigitur.*

⑤ 手稿读作 *ut*,而不是 *nisi ut.*

而这也是人们最不愿意坦陈的东西:安全有了根本的保障,法律的正义已然君临,不正义则俯首称臣。他们的眼睛看见⑥了最为幸福的国家形式,它有最大限度的自由,它再不需要别的东西,除非是要毁灭它自己。(9)但是,叫那最显贵的人物和最卑微的人物都同样感触的,首先还是对你的仁慈的钦佩。就别的福祉而言,鉴于他们的不同境遇,他们各有不相同的经历或者期望;仁慈,则给所有的人一样的希望。没有谁能对自己的清白自负到不需要仁慈——正是因为人的过错,仁慈才有其出现的必要。

2 (1)我知道,有些人以为仁慈助长了最坏的一类人。如果没有发生犯罪,仁慈也就事属多余;在清白无辜的人那里,这个美德根本就不发生效力。但是首先,就像药品对有病的人来说有其用处,那健康的人也要重视它一样,仁慈的出现虽然是因为那些应当被惩罚的人,那清白无辜的人也要推崇它。其次,就算是清白无辜的人,也有用到仁慈的地方,因为总有那么一些时候,运气带来的结果就和犯罪的结果一样。问题还在于,需要借助于仁慈的还不仅是清白无辜,美德本身也常常需要仁慈相助,因为总有那么一些时候,美德的行为虽然值得赞扬,却要接受惩罚。你还可以补充说,大多数的人如果得到宽恕的话,他们就能够恢复到安分守己的状态。⑦(2)但是,把宽恕当做一个一般通例却并不合适。如果你不区分良莠,结果就将是一片混乱,邪恶丛生。你要避免这样的极端,要知道如何分辨哪些人可以治愈,哪些人不可救药。仁慈不应当不辨是非,例行一体;但也不能弃置一旁。宽恕每一个人,与一个都不肯宽恕一样残忍(cruelty)。我们应当做到恰如其分。但是,要保持这个平衡绝非易事,而如果一定要有所偏失的话,应当倾向于宽缓人道的一边。

---

⑥ 原文是 *obversatur*.
⑦ 在 *si* 之后逸失了一些内容。从理解上来看似乎是⟨*ignoscas*⟩(Prechac)。

内容划分

3（1）这些问题最好是放到适当的背景下来探讨。此时,我要把这全部内容分成三个部分。第一部分探讨如何放下敌意,探讨有关温厚的问题。⑧ 第二部分揭示仁慈的本质和外在倾向。这是因为有的邪恶伪装成了美德,只有给它们打上各自的标记,才可能彼此区分清楚。在第三部分,我们将探讨如何才能把心智引导到美德上来,如何叫美德根植在心智中,并通过实践叫它成为心智的一部分。

仁慈之卓然优异

仁慈,君主的美德

（2）事实是,对一个人来说,在所有的美德中,没有哪一个美德与他更加般配,因为没有哪一个美德比仁慈更加人道。对于我们自己来说,承认这一点是当然之意,我们相信人应当被视为一个社会动物,他乃是为了公共的善(common good)而生;就是对于那些投身享乐、信奉欲利自为原则的人来说,对这一点的认识也是毫无二致。⑨ 因为,如果一个人追求宁静和安逸,他就要养成一种与

---

⑧ Kronenberg 版中原文是 *animi remissionis*,这个短语的字面意思是"心智的放松"——这尤其是指作为愤怒所由生的心智。西塞罗把 animi remissio 和 severitas 做了比较,后者是演说家所能激励起的一种心态(On the Orator II 72, cf. Letters to his Friends V 2.9)。温厚及其对于君主的重要性是《论仁慈》第一卷的主题,第二卷在戛然终止前则讨论了仁慈的本质,并廓清一些似是而非的相关问题,逸失的部分估计是关于道德训练的事宜。

⑨ 此处所指是斯多葛学派("我们自己")和伊壁鸠鲁(Epicurus)的信徒。在此处以及在《论个人生活》2.2—3,7.1 节,塞涅卡强调了这两种道德理论在某一个特殊问题上的一致性,尽管他们的基本信条存在着根本分歧。塞涅卡在别的地方(特别是《论恩惠》IV 2—8,16—25)强调了这个分歧。这一类的段落并不意味着与伊壁鸠鲁主义的任何妥协,也绝非是对斯多葛派学说的背离。

他的本性契合的美德，叫他热爱和平，并约束他的行动。（3）但是，在所有人之中，仁慈与国王或者君主最为相称。是什么叫它的魅力与荣耀如此强大，是它追求至善的能力；而那些意在加害的力量不过是一种害人的东西。国王或者君主本人有着坚忍不拔的意志，所有的人都知道他的卓越，也都知道他是为了他们而存在；他为每一个人的安全而谨慎小心，他们每天都在享受着这一份安全；他不是那邪恶而危险的野兽纵身跳出它的巢穴——那会叫人们四散逃逸，他的出现是那耀眼而慈祥的明星照耀大地。他们争先恐后地团聚到他的身边，如果在他的面前潜伏着什么危险，他们甘愿随时为他赴汤蹈火；为了铺就他通向安全的道路，如果一定要有流血，他们甘愿随时为他舍身捐躯。他们在夜里照看他的睡眠。他们做成一个拱卫的屏障，保护着他这个人。当有危险逼近，他们不会袖手不问。（4）城市和人们如此爱戴并拥护着国王，只要是出于他们统治者的安全需要，他们宁愿随时牺牲掉他们自己和他们的所有，这样的戮力同心，背后依靠的是理性。成千上万的人为了一人而直面利剑，为了拯救一个生命——有时候甚至是一个垂垂老朽——而不惜慷慨捐躯，这倒不是因为他们缺乏自尊，他们的精神也清醒而健全。（5）比较一下整个身体都为心智服务的样子，那程度也许会更为突出，给我们更为深刻的感触。心智处于一个隐蔽而微妙的地方，它的确切部位在哪里还不能说得清楚。但是，手、脚和眼睛却各尽其职。我们知道皮肤在保护着它。它可以命令我们躺下，一动不动。或者是我们四下里跑个不停，只要心智下达了命令。如果它的贪婪主宰了我们，我们会为了财货利益而捞遍整个大海。很久以来，它对荣耀的渴望驱使着我们把我们的右手伸进火焰中去⑩，或者心甘情愿地投身

---

⑩　塞涅卡所指是穆奇乌斯·斯凯沃拉（Mucius Scaevola）的故事（参见李维，II 12.13）。参见《论恩惠》IV 27.2，n.50。

地穴之中。⑪ 与此一样，这一大群的人们拱卫着一个人，仿佛他是他们的心智一样⑫，他的精神统治着他们，他的理性指导着他们；缺少了他的审慎明辨，他们的群体就会因为自己的力量而土崩瓦解。

4（1）因此，当人们为了一个人而带领十个军团投入战斗，他们心里惦念的是他们自己的安全，他们在前线冲突厮杀，用他们的胸膛抵挡着伤害，为了不叫他们的皇帝被推翻。因为他是一根纽带，把整个共和国笼络在一起；他是这千万人的生命所依的呼吸。而如果这个帝国的心智被颠覆，他们自己的生命就将无所归依，而成为累赘，成为任人宰割的东西。

> 只要他在，就会和谐而如意
> 这普通百姓的生活，什么也不用失去
> 但是这个伟大君主的死亡，会叫这秩序解体⑬

（2）这样的灾难就将是罗马人和平的结束，我们伟大民族的财富也将灰飞烟灭。这个民族只有经受这样的驾驭，才能远离那样的危险。而如果它挣脱了这个统治，如果它看着这套缰绳脱落而不叫它重新挽起，这个幅员辽阔的统一帝国就要分崩离析，而罗马城的主宰与整个帝国的服从也就行将结束。（3）如此说来，君主或者国王——或者公共秩序监护人所能享有的别的什么头衔——所享有的爱戴，理应超过个人间的亲密关系。因为，如果明于事理的人把公共利益放在个人利益的前面，那么，他们对整个国家福祉所依的那个人的钟爱也就更为强烈。实际上，很久以前，恺撒就是这样献身于这个共和国的，两者谁也离不开谁，否则就不复

---

⑪ Prechac 版原文是 voluntari⟨i in teer⟩ am subsiluimus. 此处所指可能是马尔库斯·库尔提乌斯（Marcus Curtius）的英雄事迹，他为了拯救他的国家，骑在马背上纵身跳入集会广场上裂出的一道地缝中。（李维，VII 6.5）。

⑫ Leo（Hernes 40. 1905，610）版原文是 uni ut animo circumdata.

⑬ 维吉尔，《农事诗》IV 312. f.（德利登（Dryden）译本），这一段的内容是把蜜蜂的王国和埃及、吕西亚（Lycia）、安息（Parthia）和米底亚（Media）的王国进行比较。

存在。他需要全体国民,而全体国民也需要一个首脑。

5 (1) 我这些话看起来也许有些脱离了主题。但实际上,它和我们要探讨的问题很有关系。因为,就像刚说明的那样,如果你的国家是你的身体,而你就是它的心智,我想你就会知道,仁慈是如何地必要。你表面看起来在宽恕别人时,你正在宽恕你自己。所以,就算是那有罪的市民,也应当得到宽恕,就像对待有病的肢体那样。如果出现放血的必要,你应当暂缓你的刀子⑭,免得割除不必要割除的东西。(2) 我说过,仁慈对所有的人来说,都是一个自然天性。但是,仁慈最为般配的还是帝王们,只有在帝王那里,才有很多的东西要它拯救,才有更大的空间供它发挥。单独的个人,其残忍所导致的危害总不过是皮毛啊!而君主发怒则意味着战争。(3) 当然,各种美德彼此协调共济,每一种美德都与别的美德同样美好,一样高贵。但是,对某一些人来说,总有一个更为适合的美德。"心智的强大"对所有的凡人来说都适合,即使是对最贫穷的人来说也是如此——打败厄运,还有什么比这更强大或者更勇敢吗?⑮ 但是,这个"心智的强大",在身份显赫的时候更见其用场,并且在行政官的座位上比站在地上要体现得更为完美。(4) 仁慈,不论出现在哪个房子里,都会带来幸福和安宁。而在帝王的宫殿里,仁慈以其稀少而显得更为雍容华贵。要知道,如果一个人被彻底激怒的时候,他的愤怒就将无可抵挡,他最严厉的判决甚至要叫那个被处死的人表示感恩戴德,并且没有人会起诉他,甚至是没有人敢哀求他,而就是这么一个人,他竟然把持住他自己,他心里思考的是,"任何人都可以为了毁掉一个生命而破坏法律,

---

⑭ Prechac 版原文是 *acies*.
⑮ 比较《论愤怒》I 20f. 注意塞涅卡如何描述他的斯多葛派学说的主题。如果说心智的强大是包括奴隶在内的任何人都可以实践的美德,君主实践这一美德的空间则要比别人大得多。同样,每个人都可以并且应当效仿众神,但是君主效仿的效果要好得多。

而只有我可以为了挽救一个生命而违背法律",他因此而更善良、更和平地使用他的权力,那么,还有什么事情比这更不同凡响吗?(5)强大的心智叫显赫的时运(fortune)锦上添花,但是它必须配得上这时运,它要站在时运的肩头——否则,它就反而会把这时运糟蹋在地。那么,强大心智的特征乃是和平与宁静,它高高在上傲视着轻蔑与中伤。妇人才会在愤怒中歇斯底里,野兽——甚至都不是高级的野兽——才会撕咬死尸。大象和狮子击倒对手,就会走开⑯;极端残酷是那些低等动物的符号。(6)野蛮而残酷无情的愤怒,与一位国王的身份不相适宜。发作愤怒的时候,他就不会比任何人高大多少,因为他把自己降低到了他们的水平上。但是,如果有人因为冒险而应当失掉生命和尊严,国王却要授予他们生命和尊严,那么他所做的事情不是别的,只能是那拥有权力的人才能做的事情。一个人可以剥夺别人的生命,哪怕那人比他高贵;一个人却不能恩允别人的生命,除非那人是他的属从。(7)挽救生命乃是位高权重者的特权,这简直就是众神享有的那种权力,它叫人高山仰止呢;正是靠着众神的恩惠,我们才被带进白天的光明中来,不论是好人还是坏人。所以,做君主的就要把众神的态度当做他自己的态度。有的市民既善良又有用,他应当满怀欢喜地关注他们;而别的呢,他也应当听由他们的存在。他因为一些市民而感到庆幸,对别的市民他则要忍耐。

6 (1)假定有这么一个城市,那里的人们成群结队地涌上宽阔的大街,任何东西都不能阻挡他们潮水一般的步伐,他们同时需要占据整整三个剧场的地面⑰,并且那里要消耗掉整个世界所生产的农产品,那么想一想吧,如果除了那个严厉的司法官宣告无罪的

---

⑯ 比较《论愤怒》II 32.3.

⑰ 译文(大体上)乃是根据 Hosius 的文本:tribus eodem tempore theatris caveae postulantur. 所谓三个剧场系指巴尔巴斯(Balbus)、马伽鲁斯(Marcellus)和庞贝(Pompey)三大剧场。

那几个人之外,统统都不能留在这个世上,那将是一个什么样的生灵涂炭的场面啊!⑱ (2) 那审查别人的人,根据他自己正在适用的法律,又有几个堪称无罪? 又有几个指控别人的人真正清白? 在我看来,如果一个人自己就常常要求获得宽恕,那么,他怎么能不愿意给别人宽恕呢? (3) 我们都做过错事,有的严重,有的则要轻微一些,有的出于故意,有的则或是出于冲动,或是因为别人邪恶地把他们导向歧途。在我们之中,有的人初衷虽好但不够坚定,身不由己地丧失掉清白,而就在失去它的时候我们还在奋力去抓住它。并且,我们也不仅仅是"犯过错误"——在我们的生命结束之前,我们会不断地犯错误。(4) 并且假定有一个人,他不断地砥砺他的心智,他的心智已然不会受到什么混乱和欺骗的搅扰。他实现了他的清白无辜,但却是在经历过错误之后。

7 (1) 我既然提到了众神⑲,我所能做的,也就是叫众神成为君主的典范吧:君主在市民面前所当追求的,也就是他希望众神对他要做的。如果天上的神祇对我们的罪孽和过错绝不宽容,他们的敌意到了非要把我们彻底摧毁不可的地步,这会叫我们感到满意吗? 要是那样的话,那当国王的人还能从占卜者的口中确信无疑地问明白,他的肢体将来用不着从四下里收拢到一处来吗?⑳ (2) 但是,如果众神既非绝不宽容,也绝非有失理性,他们并不汲汲于使用他们的霹雳,随时惩罚那位高权重者的犯罪,那么,对那个享有人世间权威的人来说,秉承着一个高贵的精神来推行他的命令,并扪心自问:这个世间什么时候更可爱一些,更叫人赏心悦目? 是在晴朗明媚的日子? 还是当漫山遍野滚动闪电、霹雳击碎世间一切的时候? 可是,一个安宁而井然有序的帝国,它看起来就

---

⑱ 比较《论愤怒》II 10.2—6,28,等章节。
⑲ 在 5.7 节。
⑳ 这意思就是要接受雷电的袭击。

如同天空的晴朗与明媚啊！能这样反躬自问,当是何等的理性！(3)残忍的统治就如阴云密布,惊雷扰扰。所有的一切都会因为骤然的惊惧而颤抖起来,而那个引起天下动乱的人呢,他自己都不能处之泰然。

平凡的个人为他们自己而刻意复仇的话,那是比较容易宽恕的。他们会受到伤害;他们会因为别人的冒犯而感受痛苦。此外,他们还惧怕轻蔑,有人伤害他们,他们不还以颜色,这看起来就像是懦弱。但是,对那些很容易实施报复的人来说,他们用不着报复,他们的宽厚会为他们赢得美名。(4)那些身份卑微的人尽可以使用暴力,求助于法律,吵个鸡犬不宁,恣意宣泄他们的愤怒。但是对一位国王来说,哪怕是提高他说话的声调,或者是说出有失检点的话语,都很难说符合他高贵的威仪。

8 (1)你也许会以为那叫人难以接受,国王竟然被剥夺了说话的自由,而即使是最卑贱的人都是可以享受那个自由呢。你也许会说:"这是奴役,而不是发号施令。"什么,难道你还不知道,这个至高无上的命令本身对你来说就意味着一种高贵的奴役?![21] 对那芸芸众生来说,情势就不一样了,他们不过是黔首黎民中的一元,离公众的视线还很远,他们的邪恶因此尚可以掩饰在黑暗里。但是,你的言行却会成为流言蜚语的靶子;这也就是为什么,那些即将留名青史的人比别人更刻意维护他们的荣誉,而不论这个荣誉到底会给他们带来什么。(2)有多少的事情,你不可以做,而我们——多亏了你呢——却是可以做的啊！在这个城市里,我可以随便走动而无需恐惧,无需扈从跟随,不论是在家里还是随身也不用准备利剑。而你呢,身处你自己缔造的和平之中,却必须身披铠

---

[21] Wilamowitz 版原文是 *istud nobilem esse tibi servitutem*. "高贵的奴役"一语,是马其顿国王安提柯二世(Antigonus II)的说法(cf. Aelian, *Varia Historia* II 20),他实践的是斯多葛派哲学家佩尔修斯(Perseus)的主张。

甲。这就是你的命运。不论你屈尊何处,这命运如影随身,与你寸步不离。(3)这个卓然高贵的奴役所以成其为奴役,在于它根本就是骑虎难下之势。但是,你所受到的拘束,也正是众神所受到的拘束。他们注定要拘泥在他们的天庭。他们被允许的东西,绝不比你能安全享有的自由更多。你也被束缚在你自己的山巅之上。(4)我们行动时,很少人会注意。我们可以去,可以回,可以更换装束,而不会为公众注意。而你不被人们看见的机会,绝不比那太阳的机会更多。一束光芒照耀着你的面庞,所有人的目光就都转到这一束光芒上。② 你以为你不过是在伸懒腰,而实际上,你是在升起!(5)你说话,就不要指望它不被所有的民族听到;你发作愤怒,大家就不可能不为此战栗,因为无论你针对的目标是哪一个,他周围的一切都会跟着混乱起来。当霹雳降临,真正遭殃的人总是很少,但是所有的人却为此惊慌。同样的道理,那有权势的人物要进行惩罚,它所引起的恐怖比实际的伤害更厉害——这不是没有道理:当一个人可以为所欲为时,人们担心的就不是他做了什么,而是他可能做什么。

(6)另外还要想到,普通的人们往往会容忍那既有的不恭,而这可能会纵容进一步的不恭。但是,对国王而言,高贵与仁慈才是通向安全的稳妥道路,因为频繁的惩罚固然压制一些人的憎恨,却要激起每一个人心中的憎恨。(7)发怒的冲动要及时停止下来,否则,就如同砍断的树桩上要长出一堆密密麻麻的枝芽来、而许多的小树经过一番修剪就会茁壮成长一样,国王靠着残忍在剿灭敌人的同时,会制造出更多的敌人来。每有一个人被屠戮,他的父母和孩子、亲人以及朋友就会站到他的位置上。

---

② 手稿原文是 *multa contra te lux est*. 这个样子在埃及法老的图像上很常见,君主面向太阳,映照在阳光里,并反射出阳光来。See P. Grimal, *Revue des Etudes Latines* (1971), pp. 207—11.

奥古斯都的榜样

9 (1) 我所说的绝非虚言呢,我要从你自己的家族里举出一个例子来,你就会明白这个道理。我们奉若神明的奥古斯都是一位温和的君主——如果你从他成为第一公民的时候开始算起。我们知道,这个国家的统治方式曾经和别的国家一样㉓,在那个时候,奥古斯都确实在挥动着他的利剑。在你这个年龄时,也就是在十八岁的时候,他已经把匕首刺入了朋友的胸膛,已经策划了刺杀执政官马可·安东尼(Mark Antony)的阴谋,已经参与了"公敌宣告"的行动。㉔ (2) 但是,当他四十多岁的时候,在高卢,他得到情报说,卢基乌斯·秦纳(Lucius Cinna)——他是一个脑壳混沌的人——正针对他组织一场阴谋。㉕ 他获知在什么地方、什么时候以及如何实施这个袭击,而告密者就是其中的一个同谋。(3) 奥古斯都决定报复,并命令召集一个由他的朋友们组成的议事会。他花了整整一个夜晚的时间,在焦灼中深思熟虑这个事情:一个高贵出身的青年就要被控有罪了,他就是格涅乌斯·庞贝(Gnaeus Pompeius)㉖的孙子,而他原本可以是清白无辜的。此时此刻,他已不能叫自己再去杀死哪怕只是一个人,而就是他,曾在一次晚宴上接受了马可·安东尼吩咐给他的"公敌宣告"命令!(4) 他在焦虑中沉吟不已,他不知道到底应当怎么做,"啊,难道我要叫我的刺客安然

㉓ 在 Lipsius 版中原文是 *in communi quidem republica*.

㉔ 塞涅卡此处的叙事年代有些混乱。"公敌宣告"发生在奥古斯都于公元前 43 年 11 月被选举为三巨头之一之后,当时他已经二十岁,而不是十八岁。此前一年,他被指控参与了刺杀安东尼的阴谋,并且,他还被怀疑要对公元前 43 年 4 月执政官希尔提乌斯(Hirtius)和潘撒(Pansa)的遇害负责。

㉕ 格涅乌斯·柯尔涅利乌斯·秦纳·马格努斯(Gnaeus Cornelius Cinna Magnus)(卢基乌斯是他父亲的名字)的阴谋,在塔西陀和苏维托尼乌斯(Suetonius)那里并没有记载,这事或许发生在奥古斯都不在高卢的期间(可能是公元前 17—13 年)。狄奥·卡西乌斯(Dio Cassius)也重复了这个故事(LV 14—22)。

㉖ 即"伟大的庞贝"(Pompey the Great)。

踱步,而我却要被这焦虑缠绕?那么他就要逃脱了惩罚?我在这儿,身经百战而逢凶化吉,在陆地和海洋上经过了那么多的战斗;而那人就在那里,当陆地和海洋上的和平已然确立,他却要决心杀死我,或者把我宰掉献上祭坛,当做祭神的牺牲!"(那个阴谋是要在他献祭的时候向他发动袭击。)(5)他不时地陷入沉默,然后是爆发出更为高声的愤怒,与其说是对着秦纳发作,还不如说是对着他自己:"如果那么多的人在指望着你死,好得到好处,你活着还有什么意义呢?惩罚和流血的结果又将如何呢?没错,我就是这些年轻贵族的靶子,而他们就是要在我的身体上磨快他们手中的利剑。如果我的存在就意味着那么多的人必须死去,生活也就丧失了它的意义。"(6)最终,他的妻子莉薇娅(Livia)㉗打断了他的思索。她说道:"你愿意听听妇道人家的建议吗?向医生们学习吧。当那些常用的治疗手段都没有用处时,他们就反其道而行,看看效果。直到现在,严厉并没有实现你的目的。萨尔维迪努斯(Salvidienus)之后是李必达(Lepidus),李必达之后是穆列那(Murena),穆列那之后是凯皮欧(Caepio),凯皮欧之后是埃格纳提乌斯(Egnatius)㉘,更不要提别的厚颜无耻之徒啦,说起他们的名字都叫人难为情。㉙那么,现在看看仁慈会给你带来什么效果吧。宽恕了卢基乌

㉗ 莉薇娅·杜路希拉(Livia Drusilla)(公元前58年—公元29年),奥古斯都的第二位妻子,皇帝提比里乌斯(Tiberius)的母亲(系前一次婚姻生下提比里乌斯)。

㉘ 昆图斯·鲁弗斯·萨尔维迪努斯(Quintus Rufus Salvidienus)是奥古斯都早期的伙伴和将军,在公元前40年因为投靠安东尼而被处死。玛尔库斯·埃米利乌斯·李必达(Marcus Aemilius Lepidus)的父亲是三巨头之一,他因为曾预谋在奥古斯都从埃及战场返回途中向他行刺,而于公元前30年被处死。奥鲁斯·特伦提乌斯·瓦罗·穆列那(Aulus Terentius Varro Murena)则曾参与法尼乌斯·凯皮欧(Fannius Caepio)领头的一个阴谋,两人大约在公元前22年被处死。玛尔库斯·埃格纳提乌斯·鲁弗斯(Marcus Egnatius Rufus)是一个平民政治家,保民官,在公元前19年被投入狱中并处死。这个谋反者列表,也出现了苏维托尼乌斯的《奥古斯都传》19节中。

㉙ 或许就是普劳提乌斯·鲁弗斯(Plautius Rufus)、卢基乌斯·帕鲁鲁斯(Lucius Paulus)、卢基乌斯·奥达休斯(Lucius Audasius)、阿希尼乌斯·艾皮卡杜斯(Asinius Epicadus)和奴隶泰勒福斯(Telephus),苏维托尼乌斯接下来提到了这些人物(上引书)。

斯·秦纳吧！他已经被捕获了,现在不会给你造成伤害了。但是,他可以为你的声誉带来好处。"(7) 奥古斯都很高兴找到了支持者,他很感激他的妻子呢。他立刻通知他的朋友们,解散那个议事会,并把秦纳招到他自己面前。他把别人都打发出那个房间,并吩咐人拿来第二张椅子,叫秦纳坐。他说道:"首先,在我说话的时候,我请求你不要打断我,并且在我说话的时候也不要发出抗议。你会有时间说出你的话。(8) 秦纳,我知道你在我敌人的阵营里。你并不是被谁唆使成为我的敌人——你生下来就是那个样子。㉚但是我曾赦免了你。我要你享有你父亲的全部财产。那么,你今天是如此富有,甚至连那胜利者都会羡慕你的失败。你也曾孜孜寻求祭司的职位。我也放过了另外几个人,他们的父亲曾跟随我并肩战斗。但是,不论我如何殷勤善意,你却下定决心要杀死我。"(9) 秦纳闻听这些话,大声说他绝不至于如此不通人情事理。奥古斯都说道:"秦纳,你答应的事你没有做到。我们说好你不能插话。我告诉你,你正在谋划杀死我。"他接下来就说出地点、同谋人、日期、行动计划以及佩戴匕首的人。(10) 他看到,他的对手已没有招架之力,他呆在那里沉默不语,现在叫他默不作声的倒不是他俩的约定,而是他自己的良知。奥古斯都接着问道:"你这样做是为了什么呢？你自己要做这个元首？我的天啊,如果我是你攫取权力的唯一障碍,罗马人民一定是没出息透了。你简直都不能保护你自己的家眷呢。就在前几天,仅仅就是一个自由民,凭借他自己的影响就足以在一起个人诉讼中打败你。"㉛ 更何况,你做点什么事情不好呢,为什么非要鼓起勇气与恺撒为敌！现在不妨假定,此时我是唯一的妨碍着你的希望的人,帕乌鲁斯(Paulus)或者法比

㉚ 格涅乌斯·秦纳的母亲是庞贝的女儿,他的父亲卢基乌斯·秦纳(Lucius Cornelius Cinna)公开支持尤里乌斯·恺撒的刺杀者。

㉛ 关于这场诉讼我们没有其他信息。

乌斯·马克西姆斯（Fabius Maximus）会容忍你吗？还有那叫赛尔苏斯（Cossus）和赛尔维利乌斯（Servilius）的人，以及那一大串的贵族们，他们可不是徒有虚名的平庸之辈，我是说他们要为他们的先人争得荣耀，他们会容忍你吗？㉜

（11）为了不占用太多的篇幅，我们就不把他整个的谈话都重复一遍了。（我们知道，他的谈话超过了两个小时，并最终给出了这个惩罚，这对他来说已经足够了）——"秦纳"，他说道，"我再一次把你的生命交给你自己。你以前是我的敌人，现在是设计陷害者、叛逆者。㉝从今天起，叫友谊在我们之间开始吧。我们要看看谁更守信诺，我说了要赦免你的生命，而你不要恩将仇报。"（12）后来，他主动授予秦纳执政官的职位，并怪罪他为什么不敢自己请求这个职位。㉞在秦纳这里，奥古斯都找到了他最亲密、最忠实的朋友。他也成为秦纳唯一的继承人（heir＊）。从此再没有谁针对他酝酿过什么阴谋。

　　㉜ 此处提及的可能是卢基乌斯·埃米利乌斯·帕乌鲁斯（Lucius Aemilius Paulus）（公元1年任执政官，奥古斯都的孙女茱莉亚（Julia）的丈夫，在公元8年因为阴谋造反而被处死）、法比乌斯·马克西姆斯·帕乌鲁斯（Fabius Maximus Paulus）（公元前11年任执政官，奥古斯都的朋友和弄臣，帝国宗教的传播人）、赛尔苏斯·柯尔涅利乌斯·愣图路斯（Cossus Cornelius Lentulus）（公元前1年任执政官）和马尔库斯·赛尔维利乌斯（Marcus Servilius）（公元3年任执政官）。他们和秦纳一样，都是古老的贵族家庭出身，他们的门第一向有其作为，奥古斯都的平民出身也一向为他们所轻贱，他们在这个君主政体下一向有其政治野心，并且他们所有的人都很是得体地得到了那个最为人们觊觎的政治奖赏，即执政官的席位。参见 Syme, pp.419—23。
　　㉝ 从合法性上看，在宽恕秦纳时，奥古斯都行使的乃是一个"超越权限的权力"（ultra vires），尽管这未尝不可。参照5.4节："任何人都可以为了毁掉一个生命而破坏法律，而只有我可以为了挽救一个生命而违背法律！"
　　㉞ 秦纳在公元5年成为执政官。
　　＊ 罗马人的伦理亲情和政治帝国观念，非常不同于我们常人常识所理解的内容；罗马人的继承制度也就显得很有意思，他们常有将遗赠与帝王的现象，苏维托尼乌斯在《罗马十二帝王传》中就多有这样的表述，在"图密善传"中有记述说"只要有一个人证明，死者生前曾说过他想让皇帝做他的继承人，那么这个哪怕是素不相识者的财产便被没收了。"这种事情虽是一种法理上的小儿科，但同时更体现着不同文化间的差异。——译者注

10 (1) 你的高祖㉟饶恕了那些被征服的人。他如果不肯饶恕,还有谁需要他来统治呢?萨路斯提乌斯(Sallustius)㊱,一位寇克乌斯(Cocceius)㊲,一位狄留斯(Dellius)㊳,实际上,他那个最为亲密的朋友圈子㊴,都是从敌人的阵营里投诚而来的。事实是,他要为他的仁慈感到欣慰,他因此得到了一个多米提乌斯(Domitius)㊵,一个米撒拉(Messala)㊶,一个阿西尼乌斯(Asinius)㊷,一个西

㉟ 即奥古斯都。尼禄是小阿格里皮娜的儿子,她是日耳曼尼库斯(Germanicus)和大阿格里皮娜(the elder Agrippina)的女儿,大阿格里皮娜是茱莉亚(Julia)的女儿,茱莉亚则是奥古斯都唯一的孩子。

㊱ 盖尤斯·萨路斯提乌斯·克里斯普斯(Gaius Sallustius Crispus),历史学家萨路斯特(Sallust)的侄孙和养子,他接替了梅塞纳斯(Maecenas)大祭司的职位,先后成为奥古斯都和提比里乌斯的知己和密友。

㊲ 卢基乌斯·寇克乌斯·涅尔瓦(Lucius Cocceius Nerva)、马尔库斯·寇克乌斯·涅尔瓦(Marcus Cocceius Nerva)(公元前36年任执政官)和盖尤斯·寇克乌斯·巴尔巴斯(Gaius Cocceius Balbus)(公元前39年任执政官)都曾经是安东尼的强硬支持者(参见Syme, p.267)。在屋大维(即奥古斯都)和安托尼谈判时,第一个寇克乌斯曾为屋大维效力。

㊳ 昆图斯·狄留斯(Quintus Dellius),贺拉斯一首著名的"颂歌"(II 3)就是为他而写,他以政治上的圆滑而著称,他先后背弃了多拉贝拉(Dolabella)、卡西乌斯(Cassius)和安东尼。

㊴ 此处的拉丁文短语是 cohortem primae admissionis,它涉及当时的一个背景知识。据塞涅卡《论恩惠》VI 34.2)说,在公元前2世纪晚期的时候,盖尤斯·格拉古(Gaius Gracchus)创制了一项惯例,即一个伟大人物身边不乏往来盘桓者和追随者,他们要正正经经地给他晨起请安(salutatio)。而如果他是一个实在重要的人物,请安的人数就将十分巨大,于是,只有那些挑选出来的一些人——cohors primae admissionis——可以实际进到他的房间里,其余的则只能留在院子里或者是在大街上。

㊵ 戈乃乌斯·多米提乌斯·艾罗巴尔布斯(Gnaius Domitius Ahenobarbus)(公元前32年任执政官),曾是共和政体的拥护者,后支持安东尼,在亚克兴战役之前不久投奔奥古斯都。该家族的另外一个成员是卢基乌斯·多米提乌斯·艾罗巴尔布斯(Lucius Domitius Ahenobarbus)(公元前16年任执政官),他是尼禄的祖父之辈。

㊶ 马尔库斯·瓦勒里乌斯·米撒拉·科尔温(Marcus Valerius Messala Corvinus)(公元前64年—公元8年),他是一位战士、政治家和书札看守人(patron of letters),他曾站在共和政体拥护者的一方,继而支持安东尼,在公元前36年,他转而拥护奥古斯都,并于公元前31年作为执政官与奥古斯都并肩投身亚克兴之战。

㊷ 盖尤斯·阿西尼乌斯·波里奥(Gaius Asinius Pollio)(公元前76年—公元4年,公元前40年任执政官)参见《论愤怒》III 23.5。他曾支持安东尼,并与年轻的奥古斯都争执不休(Syme, p.211)。

塞罗㊸——他们实际上也正是这个国度里的精英。而李必达也得以安度他的余生！并且,奥古斯都也一直允许他保有一个首席公民的头衔,而一直到他去世之后,那个大祭司的职位才归奥古斯都所有。㊹ 他要叫这个职位成为一个荣耀,而不是一项战利品。(2) 正是这个仁慈的习惯,给他带来了安全与防备,声望与赞美,尽管他所面对的是一个强项从不肯屈服的民族。时至今日,诸般荣耀都还在笼罩在他的身上,而在世的君主甚至都不能强求那些东西。(3) 我们相信他是神——并且我们被命令这样做;我们知道,奥古斯都是一位好君主,与"父母"的称号十分般配㊺,原因很简单,当他遭受侮辱——在君主们看来这常常比肉体上的伤害更难以忍受——的时候,他从不残忍地报复,而是要报之以微笑㊻;当他施加惩罚的时候,他看起来就像是自己在承受这惩罚;还有呢,对那被控和他的女儿通奸的人㊼,他非但没有处死他们,还为他们的安全考虑,发给他们通行证,叫他们离开。(4) 那就是宽恕啊！当你知道,有很多人替你感到愤怒,并为了替你出气而要去杀死那原本与他们无干的人,你不仅给予那人安全,而且还保障了这个安全！

11 (1) 这些事情,奥古斯都是在其老年或者将近老年时才这样做的。在年轻的时候,他的脑袋是容易发热的;他会因为愤怒

㊸ 马尔库斯·图利乌斯·西塞罗(Marcus Tullius Cicero)(公元前 30 年任执政官),他是那位伟大的演说家的儿子,放荡不羁,曾在布鲁图斯和塞克斯图斯·庞贝手下供职。

㊹ 玛尔库斯·李必达(Marcus Aemilius Lepidus)在公元前 43 年与安东尼、奥古斯都被任命为三巨头,在公元前 36 年被迫退出政界,但保留了大祭司(Pontifex Maximums)的职位,直到他公元前 12 年去世。

㊺ 奥古斯都在公元前 2 年曾被称呼为 pater patriae,"祖国之父"。

㊻ 参见《论愤怒》III 23. 4—8 节的轶事。

㊼ 在伊拉斯莫(Erasmus)及其后来多数的版本上原文是 filiae。实际上,当奥古斯都的女儿茱莉亚于公元前 2 年因为不检点行为被放逐时,她的一位情夫尤鲁斯·安东尼(Iullus Antonius)(马可·安东尼的儿子)被处死。参见 Syme, pp. 426f.

而火冒三丈；他曾做下许多他自己都不忍回首的事情。没有谁胆敢把我们奉若神明的奥古斯都的德政，拿来和你分个高低，就算在一个年轻人和一个熟谙世故的老年人之间可以进行这个比较的话。不错，他的确表现出了节制和仁慈——但这是在经历了用罗马人的血染红了亚克兴（Actium）的海水之后，经历了西西里樯橹灰飞烟灭（这既有他自己的舰队也包括敌人的舰队）的战役之后，经历了佩鲁贾（Perusia）的献祭和公敌宣告行动之后！⑱（2）我这并不是说，残忍到精疲力竭之后就叫仁慈。真正的仁慈，恺撒啊，就是你所表现出来的东西。它不是基于对残忍行为的悔恨才产生——它本身意味着清白无瑕，意味着永远不会沾染一个市民的鲜血，意味着真正的自我克制的能力，意味着关爱人类就如关爱自己⑲，意味着不因为贪婪或是天生的狂躁、或是先前暴君的榜样而败坏自己、与民为敌；仁慈，意味着自己手握帝国权力而不叫它显露锋芒。（3）恺撒啊，你已经给了我们一个没有沾染血腥的国度。你骄傲地夸口说，在这个世界上你从没有染指一滴人类的鲜血，这就实在是非凡而叫人惊异，要知道，在接受托管而佩戴这柄利剑时，还从没有谁比你更年轻。

国王与僭主

（4）这样说来，仁慈不仅给一个统治者带来荣誉，还带来安全。帝国的荣耀同时也就是帝国最可靠的防卫。是什么叫国王们得享永年呢？是什么叫他们把王国传之子孙呢？而那僭主的权力为什么被诅咒并且短命呢？国王和僭主之间的区别在哪里

---

⑱ 塞涅卡指的是公元前31年的亚克兴海战（安东尼作为奥古斯都的对手因此被消灭）、公元前37/36年在西西里不惜一切代价地击败塞克斯图斯·庞贝——"伟大的庞贝"的儿子、公元前40年攻陷洗劫了佩鲁贾、以及公元前43年11月的公敌宣告等几个历史事件。

⑲ 此处遵照了Hosius版本，但在amor一词之后加入了一个分号。

呢?——说到底,他们的时遇与权力是一样的。这区别仅仅在于,僭主们所以行事残暴,是为了作威作福,而国王们所以要忍心行事,则仅仅是由于理性和不得不然的需要。

12（1）"你想说的是什么呢?国王难道不也是常常要杀戮么?"是的,但只是在公共利益需要之时。而僭主的残暴则是发自内心。僭主与国王的区别在于其行为,而不是堂皇的冠冕。与许多国王相比较而言,那个老狄奥尼修斯㊿倒堪称更好一些呢。那么,为什么不能说卢基乌斯·苏拉(Lucius Sulla)㊾是一个僭主呢?㊼当他再也找不到敌人的时候,他才停止了他的杀戮。(2)他应当从独裁官的位置上走下来,并回到他普通市民的生活中去。但是,世间有哪个僭主会疯狂到像他那样嗜血的程度呢?他下令屠杀了七千个罗马市民。他坐在战争女神贝娄娜(Bellona)的神庙的边上,听着伏身剑下的几千个人的痛苦哭叫声。整个元老院都为此感到震惊,他对着元老院这样说:"按我的吩咐去做吧,我的绅士们!我命令杀死的不过是几个犯上作乱分子而已。"(3)他没有撒谎,在苏拉看来,他们的确算是无几。但是,当我们在讨论向敌人——尤其是如果他们原本就是与我们同样阶层的市民兄弟,却站到了另一个阵营并被称呼为敌人——发作适度的愤怒等问题时候,我们对这个苏拉还有话要说。现在,我说过,国王和僭主之间的巨大差异在于仁慈。㊽他们两者都有一样的扈从警卫,这一点不

㊿ 狄奥尼修斯一世(Dionysius I)(约公元前430—367年)是叙拉古城的统治者,他为后世树立了一个不折不扣的僭主的典型,而他所以扬名主要是因为他和柏拉图的交往(参见柏拉图,《第七封信》(Seventh Letter))。

㊾ 参见《人物传略》和《论愤怒》I 20.4。

㊼ 这句话的意思是,尽管他给自己保留了共和政体的形式,并且还曾试图恢复元老院的最高权力。

㊽ 传统的说法是,国王区别于僭主的不是他的温厚品质,而是对其权力的体制约束:国王"通过法律统治那心甘情愿的臣民"(亚里士多德,《政治学》1285a27)。只有在罗马帝国一类的场合下,法律没有为其臣民提供权利上的保障,而臣民的意愿也无足轻重,此时,君主身上的温厚等道德品质才成为一个决定性的标准。

分彼此。但是,一个所以有扈从是为了保障和平,而另一个是因为草木皆兵,他使用扈从是为了压制巨大的仇恨。实际上,面对着他自己的这些贴身侍卫,他都不能不心存疑虑。(4)他的动机出尔反尔,他的行为也就自相矛盾。他被人们憎恨,因为人们惧怕他,而既然被人们憎恨,他索性就希望人们惧怕他。他信奉一句诗文:"叫他们憎恨吧,只要他们还知道惧怕"㊴,他全然不顾憎恨积聚起来就将是复仇的愤怒,而这个该死的座右铭也就毁掉了许多的人。你知道,恐惧在一定程度上约束着人的心智。但是,如果这恐惧持续地强化起来,并最终预示死亡的时候,即使是最为呆滞的人都会为此果敢起来,为此铤而走险。(5)这就是为什么成群的野兽会被一根拴着羽毛的绳子驱赶进陷阱里㊵,而同样是这些野兽,如果有猎人拿着投枪从后面攻击它们,它们就会冲撞那些它们原本要逃避的东西。它们要践踏那些叫它们害怕的东西。所谓勇气,在遇到死亡威胁时最势不可挡。在用恐惧来威胁的时候,应当留下一个安全的余地,给人以希望与叫人愤怒,结果大不一样。否则的话,当那性情平和之人和别人一样感到在劫难逃时,他们也要恣意发作他们的愤怒,那生命反正已不属于他们,他们索性豁了出去。

13 (1)你可以想见,一个温和而宽厚的国王总有他值得信赖的侍卫,因为他所以要雇佣这些侍卫,乃是为了公共安全的需要。他的士兵们渴望着荣誉,他们服役乃是对公共安全的忠诚,在保卫一个父亲般的国王时,他们甘愿忍受任何艰险。但是,残暴而嗜血的僭主,就只能激起他的奴才们的怨恨。(2)如果一个人雇佣仆人的目的,就是要他们操作刑讯的工具——比如"老虎凳"㊶,

---

㊴ 阿克奇乌斯(Accius)的悲剧《阿特柔斯》(*Atreus*)(Fragment 168, *Remains of Old Latin*, Loeb edn. London 1936 II, p.382),塞涅卡在 II 2.2 和《论愤怒》I 20.4 节也引用了这一句诗文(并且也是关系到苏拉)。

㊵ 参见《论愤怒》II 11.5。

㊶ 很显然是一种刑讯用的支架;参见《论愤怒》III 3.6, 19.1。

或者是叫他们使用杀人的武器,待他们与豢养虎狼无异,那么,他就不能指望这些仆人有什么善意或忠诚。他比那法庭上的任何被告都更为不幸,更为忧心忡忡(众神和众人都是他所犯罪行的证人和复仇者,他为此对众神和众人怵惕不已),他已经陷入了一个没有退路的绝境。因为,与残忍相伴随的一个最糟糕的事情是,你将不得不更进一步地残忍。你没有后退的余地。防止犯罪被纠举的唯一办法,就是进一步地犯罪。事已至此,他现在**不得不**邪恶下去,有什么比这更为不幸吗?(3)他是一个比谁都可怜的家伙——至少在他自己看来是这样,但是,谁同情他谁就犯了错误!他作威作福的方式就是杀戮和劫掠,不论是在国外还是国内,他的所作所为都叫人疑心重重。他要诉诸军队,但他自己又惧怕军队,他既信不过朋友的忠诚,也信不过他自己孩子们的孝心,放眼望去,不论是他曾经做过的事情还是他即将做的事情,都会刺痛他充满罪恶与苦难的良知。他时时惧怕死亡,但更常常渴望死亡,他的奴隶们憎恶着他,但比他们更憎恶他的是他自己。

(4)把他和另外一个君主对照一下吧,另外一个君主呵护着所有的人,无一例外。他对某些事物的看顾也许多于其他,但是,他是在养育着共和国的每一个部分,就仿佛那是他自己的一部分。他倾向于比较温和的做法,即使在需要惩罚的时候,他都是不情愿使用那严厉的矫治手段。他的心智里没有丝毫的仇视或野蛮,他用温厚而有益的方式使用他的权力,仅仅是为了赢得市民们对他的决策的赞同,如果他的幸运能和公众分享,这在他看来就是十足的幸福。他的言语温和,他也平易近人㊄,他的表情和蔼(——正是这些最是叫他赢得了人民),对那些出于理性的请求,他要善意满足,而即使是对那些非理性的请求,他也不会疾言厉色,整个国家

㊄ 这些都是君主之"谦恭"的表现。参见后文 n.61。

都爱戴他,保护他,服务他。(5)不论是在私下里还是在公开的场合,人们对他的说法都是一样的。人们渴望着生儿育女;共和国先前的灾难曾叫人们不愿意养育子嗣,这情势被倒转过来,因为没有人会怀疑,他给孩子们创造了一个如此幸福的时代,孩子们也将有理由感念他。这样一位君主,他的安全在于他自己的丰功伟绩,而无需什么卫兵。他穿戴的铠甲仅仅是一种装饰。

"祖国之父"㊳

14 (1)那么,他的责任是什么呢?那就是善良父母的责任。那做父母的人习惯上有时要温和地责备他们的孩子,有时不免要吓唬,偶尔甚至要用鞭子惩罚他们。很显然,心智正常的人没有谁会因为他的儿子初次过错,就剥夺儿子的继承权。只有当他的耐心被屡次三番的严重冒犯打败时,当他的恐惧多于他愤恨时,他才会写下绝情的法律文书。对那已然有变坏倾向但还没有真正沉沦的人,他首先总要不厌其烦地教诲。只有当看不到任何希望时,他才会使用极端的手段。但凡还有矫治的办法,没有谁肯于诉诸惩罚。(2)这就是做父母的人应有的行事方式,也是一位君主应当的行事方式。如果我们称他为"祖国之父",我们不是出于阿谀奉承才要这样做。别的头衔也许仅仅是一个荣誉,我们说哪些人是"伟大的"、"幸运的"或者"神圣的",用各种可能的称号来满足他们的雄心和成就感。我们这样做就是为了称颂他们。但是,我们所以要给予"祖国之父"这项桂冠,乃是要提醒他,他已经被寄予了一个父亲的权力,这是一项最为温和的权力,他要照料孩子们,他

㊳ 这个头衔曾为奥古斯都所拥有(参见前文10.3节),尼禄在即位时也被授予这一头衔(苏维托尼乌斯,《尼禄传》8)。他在公元55年末或是56年的时候正式接受了这个头衔,这也大约就是《论仁慈》正在写作之时。

自己的利益要服从他们的利益。⑤⁹（3）一位父亲在切除他自己的某一肢体时，总是慎而又慎；一旦切除，他会渴望着叫它康复；切除的时候，他会时时沉吟，久久犹豫。你知道，迫不及待的责难接近于幸灾乐祸，而过于苛重的惩罚也就远离了正义。

15（1）我还记得一个叫特里齐欧（Tricho）的骑士，他把他的儿子活活打死了。在审判的广场上，民众们把他们的铁笔尖刺进他的身体。那些不论是做父亲的还是做儿子的，都对他恨之入骨，连奥古斯都·恺撒的权威都很难拯救他呢。（2）但是再看看塔里乌斯（Tarius）呢，他发现他的儿子卷进了一场针对他的行刺阴谋，在调查清楚这一起案件后，他发现他的儿子有罪，但他只是把他的儿子课以放逐之刑，并且还是一个相当舒适的放逐。他把那个弑父之人放逐到马赛，并允许他继续领取他在犯罪之前的正常津贴。⑥⁰ 他这样宽宏大量的结果就是，在一个永远都有什么人为无赖呐喊的城市里，竟然没有人怀疑那被审判的人是罪有应得，他的罪行乃是被一位不会憎恨他的父亲宣判的。

（3）此外，这个案件还给你树立了一个榜样，可以用来比照什么是好父亲——好君主。在开始调查他的儿子之前，塔里乌斯把恺撒·奥古斯都召到那个议事会。奥古斯都就规规矩矩地来到一处个人寓所，就座并出席别人的议事会。他没有说"不，你要到我的房间来！"如果他那样说话，那个调查也就成为恺撒的了，而不再是那个父亲的调查。⑥¹（4）在这个案件审理完毕，每一件事情都经

---

⑤⁹ 这一品质通常归属在好的国王身上。参见西塞罗，《论共和国》（*Republic*）II 47。这个主题可以追溯到色诺芬（《居鲁士的教育》（*Education of Cyrus*）VIII 1.1）。

⑥⁰ 卢基乌斯·塔里乌斯·鲁弗斯（Lucius Tarius Rufus）是外省出身，没有显赫的身世，却有着多年显赫的政治生涯，曾坐上执政官的位置（公元前 16 年），并积累了巨大的财富。马赛（今日拼作 Marseille）是一个希腊城邦，在今日法国的南部海岸。

⑥¹ 奥古斯都此处的举动不仅是温厚的典型，也体现了一位"罗马第一公民"应有的另一项美德——*civilitas*，也就是避免国王盛气凌人的做作，而以一位普通市民的谦逊举止为骄傲，这也是现实中自我体现出来的"言语温和，平易近人"与"和蔼"等，参见塞涅卡在 13.4 节的表述。

过了斟酌——不论是那个年轻人给他自己的辩解,还是那控诉他的内容,恺撒要求每一个人把他的判决写下来,免得大家的判决和他一样。㉖ 接下来,在那些书写判决的笏版翻开之前,他宣誓说他不会从塔里乌斯那里接受任何遗赠,要知道,塔里乌斯可是一个有些财富的人。(5) 有人也许会说:"他胸襟也太狭隘了,竟然担心给别人留下一个靠着定罪而为自己发财的印象。"我的看法相反。我们中间的任何人在面对不怀好意的意见时,都应当坦然依靠他自己的良知。但是,君主则要多顾忌一些哪怕是流言蜚语。所以,恺撒发誓说他不会接受遗赠。(6) 这在那一天实际上就叫塔里乌斯少了一个可能的继承人,但却换来了他自己作判决的自由。在表明了他的严厉态度不偏不倚(这是做君主的人要时时注意做到的)之后,他作出放逐的判决,放逐到那个父亲认为适当的任何地方。(7) 他没有判决用麻袋和毒蛇㉗,或者是监狱。他更为在意的是叫他出席议事会的那个人,而不是他要裁决的那个人。所以他说,最为温和的惩罚办法应当是叫那个父亲满意,而假定那个年轻的儿子是在一个胆战心惊的方式下——这大体上也就是清白无辜——卷入了那场犯罪;这个惩罚就是,离开这个城市,从他父亲的眼前消失。

发布命令的模式

16 (1) 恺撒竟然被邀请来参加这个父亲的议事会,并分享那些清白无辜的孩子们的继承权,这是何等体面的事情啊!这样的仁慈与君主的身份很是相称。他不论走到哪里,都要叫每一件

㉖ 尼禄在实践中采用了这个做法,也叫他的议事会成员提交书面判决(苏维托尼乌斯,《尼禄传》15.1)。

㉗ 对弑父者的传统惩罚方式是活着缝进麻袋里,并一同装进去一只狗、一个猴子、一只公鸡和一条毒蛇,然后扔进河水里。塞涅卡在23.1节和《论愤怒》I 16.5节也约略提到这个事情。

事情变得更加温和。在一个国王的眼睛里,任何人都不是微不足道的,不可以稀里糊涂地从这个世界上销声匿迹。不论这个人是谁,他都在恺撒发号施令的关照里。

(2)为了说明他发号施令里的磅礴关照,我们不妨在一些具体的层面上看看他的做法。如何发号施令,这没有一定之规。一位君主可以命令他的市民们,一位父亲可以命令他的孩子们,一位老师可以命令他的学生们,一位军团司令官或者百夫长可以命令他的士兵们。(3)毫无疑问,那种哪怕是因为最微不足道的过错,也要用没完没了的责打来管教孩子们的父亲是最糟糕的一类。那么,哪一种人文学的教师更值得尊敬呢:一个是一旦学生们忘记了什么,或者是他们在阅读的时候眼睛不够灵活,没能断开句读^㉔,他就要痛责学生,而另一个则循循善诱,教导学生们改正错误,唤起他们的自尊心?我再看看那野蛮的军团司令官或者百夫长:他只会逼得他的士兵们当逃兵,而那些士兵的过错原本是可以饶恕的。(4)加在一个人身上的命令要比那加在不会说话的动物身上的命令更严厉,更苛刻,这能不能叫做公正?要知道,如果驯马的人有些许的经验,一匹马就不会经常被抽打得惊恐惶悚;而如果你没有用温和的手法叫它平静下来,它就会变得躁动不安。(5)一个算得上猎人的猎人,做起事来也是如此这般,而不管是训练小狗儿追踪痕迹,还是驱使训练有素的猎犬追逐猎物。那猎人既不会连续不断地吓唬(因为这会破坏猎犬的士气,它们的自然天性也会在恐惧中堕落下去),也不会允许它们四下里随便逡巡游荡。你也可以想到那些驱赶比较迟钝的负重牲畜的人。这些动物生下来就要遭受不幸和虐待,饶是如此,过分残忍的驱使也会叫它们挣脱它们的重轭。

㉔ 这个问题在古时候恐怕比现在要常见。那时的标点尚嫌原始,文本中的单词都没有断开。

17（1）虽然这样，比起人来，还没有什么动物更为敏感，也没有哪一个更需要打交道的技巧，更需要包容。一个人，他羞于对着猎犬或者是负重的牲畜发作愤怒，而在与其同类的人面前却要蛮不讲理，有什么比这事更为愚蠢呢？

我们治疗疾病——我们并不对着各种疾病发作我们的脾气。但是，此时我们在谈论我们心智上的疾病。它也需要温和的药物，需要一个对患者没有敌意的大夫。⑥（2）放弃治疗的信心，这是一个蹩脚大夫的标志。同样，面对心智上患病的人，对那个担负了每一个人的健康责任的人来说，正确的做法不是迫不及待地放弃希望，不是宣布那症状要叫人一命呜呼。而毋宁是，他要拿出毅力来和那疾病搏斗，对其中的一些人，他要唤起他们对疾病的羞耻感，而对另一些人呢，则需要用温和的治疗手段进行隐瞒。如果整个治疗过程在不知不觉中进行，那么，其疗效就会更显著，有如立竿见影。一位君主的目标，应当不仅仅是恢复健康，还要避免叫人尴尬的疤痕。（3）没有一位国王可以凭借残酷的惩罚赢得荣耀——谁会怀疑他能够实施残酷的惩罚呢？相反，他最伟大的荣耀乃是克制他自己的权力，叫人们不要成为他人愤怒的受害者，而尤其不要叫他自己成为自己愤怒的牺牲品。

18（1）避免把奴隶们指使得晕头转向，这是值得称道的。就算某个人是你的动产，这也并不意味着你在多大程度上可以恣意折磨他，而是意味着如何实现实质上的理性与善，以及你有多少的自由抉择空间。这个道理告诉你，哪怕是对待战俘或者是你买来的奴隶，你也要施行宽恕；它还告诉你，对那些自由人、生而自由的人和高贵门第的人，你更不得像对待你的动产一样来毁谤虐待，你要知道他们是只不过地位比较低微的人，他们是作为受监护人

---

⑥　比较《论愤怒》I 6.2, II 10.7.

而托管到你手上，而不是奴隶。（2）奴隶们拥有在神的雕像下寻求庇护的权利；尽管你有权利对一个奴隶作出任何事情，但是，根据所有生灵都适用的法律，有些事情你不能对一个人来做。⑯ 那个用人血来喂肥他的鳗鱼的费迪乌斯·朴立奥（Vedius Pollio）⑰，有谁冒犯了他，他就会命令把那冒犯他的人投进他的鱼塘——我倒更想说是他的毒蛇池子中，有谁不比他的奴隶们更憎恨他呢？啊，竟然有这么一个人，他应当死上一千次，不管是他自己要食用那些用仆人作饲料喂养大了的鳗鱼，也不管是他饲养那些鳗鱼仅仅为了叫它们这样吃掉那些冒犯了他的仆人！（3）对那些残忍的主人，全城的人都怀着仇恨和憎恶来指点他们的脊梁。对待国王，情形也是一样。他们为非作歹的空间还要更大，而他们的恶谥与骂名也就要流传几个世纪。他的出生就是公众的灾难，与其叫人们这样诅咒，还是不出生到这个世间来得更好啊！

19（1）对一个统治者而言，没有人能设想出一个比仁慈与其更为相称的东西来，而不论他获得权力的方式如何，这权力的法律根据又是什么。我们当然应当承认，这仁慈越是完美，越是雍容华贵，它背后的权力也就越是强大——这个权力如果合乎自然法的标准，它就不必要伤害什么。（2）因为在别的动物中，王权系由自然女神设计而成，这一点你可以在蜜蜂中看明白。⑱ 他们的国王据有最为宽敞的巢室，它居于中央最为安全的地方，他自己并不劳作，而是要管理他者的劳作。如果他离去，整个蜂群就要解体，并且他们不肯拥有一个以上的国王，他们要通过战斗抉择出一个最

---

⑯ 关于奴隶拥有同样的人性的话题，进一步参见 Letter 47 和《论恩惠》III 18—28。
⑰ 关于朴立奥，参见《论愤怒》III 40.2。
⑱ 古人弄错了蜜蜂的性别，总说蜂"王"。这个方式的政治类比可以追溯到柏拉图（《理想国》520b）。在前文第4.1节曾提及的维吉尔的一段文字（《农事诗》IV 210—18）中已经发展了这个说法。在塞涅卡看来，这个类比的目的不是要说明王权乃是"自然的"、理想的政体形式，而是要指出，在蜜蜂中我们可以看到一个国王政体的自然模型。

优者。他的样子颇为特异,他的个头和光彩都不同于别的蜜蜂。(3)但是,最大的区别还在于,蜜蜂是十分容易被激怒的东西,并且相对于他们的个头而言,他们也是十分好斗的小东西,他们要把他们的毒刺留在他们攻击的伤口处。但是,他们的国王本身却没有毒刺。⑩自然女神不希望他太凶猛,不希望他实施不计代价的复仇,于是就拿走了他的武器,叫他的愤怒没有凭借。对那些伟大的国王们来说,这可真是一个了不起的榜样啊!自然女神有一个借助那些小物体来展示她自己⑩的途径,那些了不起的道理就体现在众多细枝末节的现象中。⑪(4)要知道,人的心智有着更为强大的实施伤害的狂热和力量,它因此就需要更为强大的节制,那么,它如果不能从这些细小生灵身上汲取教益,那可真是一件叫人羞耻的事情。我想这个法则也同样适用于人类,这就是他的愤怒将与他宣泄愤怒的工具一起消亡,这就是他不可能实施一次以上的伤害,也不可能利用别的东西来发泄他的愤恨!如果只有用性命相抵,他才能叫自己痛快淋漓,如果宣泄狂暴要叫他自己蒙受死亡的危险,那么,他的愤怒情绪就很容易退却了。(5)但是即使如此,他也没有安全的道理,因为他想叫别人如何惧怕他,他就要如何惧怕别人,他要时刻留意每一个人手上的东西,即使没有人向他伸出手来,他也会感到身陷攻击之中,没有片刻的安宁。难道有谁甘愿忍受这样的生活吗?要知道,他原本可以善意地行使他的权力,对别人不构成危害,而是皆大欢喜,他自己也因此高枕无忧。如果国王不叫别人享有安全,却以为自己是安全的,这就颠倒了事实本身。相互给予安全,安全就会来临。(6)他不需要加高他的城堡,也无需巩固他高耸的峭壁,他不需要凿掉一面山坡,也无需把他自

---

⑩ 亚里士多德(《动物史》(History of Animals)553b5—7)曾有不同的判断:蜂"王"也有一根毒刺,但却不使用它。

⑩ 伊拉斯莫版原文是 exerere se。

⑪ 原文是 documenta minima aggerere。

己拱卫在森严的壁垒和高塔之中——仁慈将保证这个国王的安全,即使是在荒野之间。他有一道坚不可摧的堡垒——市民们的爱戴。(7)有什么比这情景更叫人欣慰呢:在他活着的时候,所有的人都在为他的活着祈祷,他们叨念的祈祷词是出于心甘情愿,他的健康哪怕有些许的不测,都会在人们中间激起忧虑,而不是幸灾乐祸,对任何一个人来说,任何珍贵的东西他都愿意拿出来换取他的监护人的安全,(8)他的监护人发生的任何事情都像发生在他自己身上一样。⑫ 在他的生命里,他已经用数不清的仁慈事实表明,他属于这个共和国,而不是共和国属于他。对这样一个人,谁胆敢图谋任何危险呢?在这个人的统治之下,公正、和平、纯洁、安宁和荣誉都在繁荣起来,整个国家如此富庶,它到处洋溢着各式各样的好东西,有鉴于此,如果有什么霉运要靠近这个人,有谁在能够插手其中的时候会甘心袖手旁观呢?这个国家看待它的统治者,就像我们看待那些不死的众神——如果众神赋予我们看见他们的能力——一样,满心的敬仰和崇拜。(9)如果他的举止合乎众神的本质,如果他仁慈、慷慨而又勇于行善,那么,他的位置必定与众神为邻!这应当就是你的胸襟抱负,这应当就是你的标榜理想!要想成为那个最伟大的人,只有同时也是一个最有德行的人才行!

惩罚的原则

20 (1)一个君主要实施惩罚的原因,通常情况下不外乎两者之一:为他自己进行报复或者是为别人进行报复。我首先讨论他本人牵涉其中的这种情况,因为,当一个人因为自己的不幸而要进行报复,而不是为了树立一个典型而加以惩罚时,所谓的节制也

---

⑫ 为了理解上更贴切,不妨翻译伊拉斯莫版的原文:*omne illi quod contingit, sibi quoque evenire deputet.*

就尤其难能可贵。(2)此处无需提醒他不要轻信盲从、要查明事实真相、要站在那清白无辜的一方——并且要叫人们看到他是这样做的,并要认识到那被控告之人的利益和那审判官的利益同样重要。⑬ 所有这些事项都事关正义,而不是仁慈。我现在要敦促他的,是他在面对那公开加诸其身的伤害时,不要作出心智失控的反应,如果他可以免除惩罚而不至于节外生枝,他就要免除惩罚,而如果不能,就要节制实施他的惩罚;还有就是,如果是他自己被冒犯,而不是别人被冒犯的话,他应当表现出远为更好的宽宏大量。(3)一个拥有强大心智的人,并不是那个对别人的东西表现得慷慨大方的人,而是那个要以自己的损失为代价进行施舍的人。同样的道理,我所说的"仁慈",不适用在对别人遭受的痛苦处之泰然的人,而是要适用在那个克制自己的冲动、叫自己从容得体的人,他知道强大心智的标志在于忍受加诸其身的冒犯,尽管他掌握着至高无上的权力,他知道没有什么比一位被冒犯的君主不肯进行报复更为荣耀的事情。

21 (1)报复带来的结果,通常情况下不外乎两者之一:给被伤害的一方以慰藉,或者是给未来以安全保障。但是,君主的地位如此煊赫,他无需要什么东西来安慰;并且他的权势也实在彰显,他也无需通过给别人造成祸害的方式来宣扬他的力量。这里所说,还只是他被地位卑下的人攻击并侮辱的场合。而当对手与他原本同样显赫时,如果他能看到那个对手已经听由他的摆布,那么,他就已经实施了足够的报复。一位国王可以被一个奴隶、一条毒蛇、或者仅仅是一支箭杀死;但是,要想赦免别人的性命,则必须有更为高贵的地位。(2)所以,他应当怀着一个高尚的精神,运用众神交给他的伟大礼物——他生杀予夺的权力。而这首先是针对

---

⑬ Lipsius 版原文是 *et appareat, ut non minorem agi rem... sciat.*

那些和他一样处于王权之巅的人物。当他已经赢得了对他们的控制,他的报复就已经圆满了。他已经实现了一个真正惩罚所需要的一切内容。欠别人一条命,也就是已经失掉了一条命。不论是谁,一旦从他自己的尊贵地位上跌落到敌人的脚下,并听由别人审判他自己的生命和王国,他就是为了他的拯救者的荣耀在活着,与其叫他从人们的视野中消失,不如保障他的安全,这会给他的拯救者增添更多的声誉。他时时叫人们看到别人的卓越非凡;他曾经差一点儿就在别人凯旋的时候从这个世间消失。(3)当然了,如果他的王国还能安然无恙地留给他自己来看守,如果他还能恢复到他跌落之前的身份,那个征服了国王的人除了荣耀之外一无所取,那么,那个征服者将会收获大大的赞誉。能够这样做的话,就战胜了自己的春风得意,就向人们表明了,那被征服的地方没有什么配得上那得胜的人。(4)在面对他自己的市民时,如果他们籍籍无名,或是身份卑微,那君主行动起来就更需要节制自己,因为那些人的毁灭更容易叫人轻忽。有的人你赦免会感到幸福,有的人你都不屑去惩处。你必须高抬贵手,就像你对待那些动物一样,它们虽小,捻死它却要脏了你的手。还有那么一些人,不管是宽恕他们还是惩罚他们,都会叫整座城市沸沸扬扬,这可是一个盛大的显示仁慈的机会,这个机会一定要抓住。

22 (1)我们接下来讨论别人被冒犯的情况吧。在惩处这样的冒犯时,法律要依据三项原则,这也是君主所要遵循的三项原则:或者是矫正那被惩罚的人,或者通过这惩罚而劝诫他人,或者剔除邪恶,以便叫其余的人生活在更安全的环境里。你会发现,适用比较宽缓的惩罚就可以比较容易地矫正那些邪恶的人——如果一个人还剩下什么可能会丧失的东西,他就会更为在意他的活法。当尊严已经丧尽,就没有人还会顾忌尊严。(2)此外,有节制的惩罚手段更有助于矫正公众的道德风气。因为,如果触犯法纪的人为数众多,违法乱纪也就变成了一项公众活动;在一群作奸犯科者当中,丢人现眼的事情也就没有什么了不起;严厉的惩罚反复适用,也就丧失了它作为矫治手段的作用——这就是杀一儆百的力量。(3)凭借这样的耐心,一个君主就能树立起一个国家的道德风尚,除净它的邪恶;这并不是说,他要认可那邪恶的东西,而是说他不愿意——实际上是十分痛惜地——诉诸责罚。统治者的仁慈之心,足以叫人们停止作恶。一个惩罚如果是出自一个温和之人的裁决,这惩罚就显得格外地严厉。

23 (1)你也将会发现,如果犯罪频频被惩处,它就频频再发生。有那么五年的时间,你的父亲⑭缝进麻袋里的人数比他之前所有世纪缝进麻袋里的人数还要多,反正我们听说是这样。做儿女的人一开始很少作出这种伤天害理的事情来,只要还没有法律规定这样的犯罪。那最富有智慧的人明察秋毫,他们更愿意把它看做一件匪夷所思的极度颠顶之事,而不想因为惩处它而向人们表明,那是一种可以人为实施的犯罪。随着法律制裁规定的出现,弑父罪也就出现了。对它的惩罚恰好给人们指明了实施这个罪行的方法。实际上,当这种麻袋成为一个比十字架还常见的景观后,儿女孝行跌到了一个最低点。⑮(2)在一个对人们很少实施处罚的城市,诚实正直就成为约定俗成的行为方式,公序良俗就是人们的生活常情。叫一个城市自信它的民风淳朴,它的民风就会淳朴;离经叛道的事情越是少见,那离经叛道的人就越是诚惶诚恐。相信我,如果叫这个城市知道,它的邪恶者已经占到这样巨大的多数,这就将是一件很危险的事情。

---

⑭ 皇帝克劳狄乌斯(Claudius),在尼禄还是一个孩子的时候他收养了尼禄,他热衷于用这种方式惩处那些杀死父亲的人(苏维托尼乌斯,《克劳狄乌斯传》34.1)。并参见 15.7,n.63。

⑮ 钉死在十字架上是处死奴隶(参见 I 26.1)、非市民以及后来低等级市民的标准手段。

24　（1）元老院曾有一个提议，要通过服装来区别奴隶与自由民。[76] 于是我们很快就知道，如果奴隶们开始计算我们的人数时，我们将面临一个什么样的危险！如果一个都不肯宽恕，你可以肯定会有同样的事情需要担忧。城市里最糟糕的分子占据了压倒性的多数，这一点很快就会明白表现出来。纷繁的惩罚对于一位君主来说，就像频频的丧葬对于一个大夫来说一样，这是一样的耻辱。较为宽缓的权威才能被更好地服从。（2）人的心智天生就是固执。在敌意和困难面前，它总是不肯屈服，它更愿意我行我素，而不是叫别人指使。就像有着名贵血统的良种马用宽松的缰绳才能驾驭得更好，善良无辜也总是自然而然地迎合仁慈的举动，一个国家出于它自己的利益需要也应当维持这种仁慈。顺理成章，更大的善也就得以实现。

残忍之可怕

25　（1）残忍十足地背离人性，这个邪恶与人类温和的心智不相称。在伤口和鲜血上欢呼，要做挣脱人性而返归丛林中的动物，这是一个野兽般的疯狂。亚历山大啊，我来问你，把李锡马克斯（Lysimachus）投给狮子，与你用你自己的牙齿亲自把他撕碎，这有什么分别呢？[77] 狮子的大口就是你的嘴，它的残暴就是你的野蛮。你是如何期待你自己能拥有一副那样的爪子啊！你又如何期待你张开的血盆大口能够把人活活吞下去！我对你的要求，不是要你的手去拯救什么人——既然你那亲密的朋友注定要死在你的手上，也不是要你那残暴的心智避免鲜血和杀戮——既然它是所有民族的一个没有餍足的祸根；我现在所说的仁慈，不过是要求你

---

[76] 我们尚不清楚在什么时候、什么场合下提出的这个提议。这个故事反映出富有的奴隶拥有人（并非捕风捉影的）焦虑。参见 Griffin，p. 267.

[77] 参见《论愤怒》III 17.2.

在杀死一个朋友时,要选择一个**有人性的**刽子手。(2)残忍行为所以如此叫人憎恶,在于它首先超出了习惯常态,其次就是背离了人性。它实施惩罚的手段花样翻新,穷凶极恶,拿作践人类来取乐。当心智上那个[78]该死的病症发展到彻底失去清醒时,事情就成了这个样子。残忍俨然成为乐事,而杀人则成了绝对的欢喜。[79](3)在这样一个人身后紧紧尾随的,是厌恶,憎恨,毒药,和利剑。他自己曾经陷害了多少的人,就有多少的危险在追随着他。他发现他自己的周围草木皆兵,一会儿是个人的阴谋,一会儿又是公众的造反。

降临到个人身上的小灾小难不会影响整个的城市;当灾难蔓延开来,袭击每一个人的时候,整个城市也就土崩瓦解了。(4)小蛇爬过,不被发觉,人们不会群起而逐之;但是,当一条毒蛇超出了正常的尺寸,已经长成一个庞然怪物,它的唾液可以叫井水变得有毒,它的呼气能够烤焦一切碰到的东西,它一路爬去,碾碎一路,此时人们就要拿战争用的器械来对付它。邪恶的东西,如果尚属毫末,能够用言辞开脱而免受惩处;但如果已然巨大,每一个人都要拿性命和它相抵。(5)同样的道理,一个单个的病人甚至不会扰乱他自己的家人;但是在死亡频繁发生、瘟疫显然在流行的地方,你就看到人们嚎叫着逃离这个城市,看到那些向众神呼求的高高举起的手。如果有一处房子失火的信号,那家人和邻居就要泼水救火;但是一场已然烧毁许多的房子的大火,在熄灭之前要叫这个城市的好大一片化作灰烬。

26 (1)即使是个人私下里的残忍,也已经遇到那面临被钉死危险的奴隶们的报复;那僭主们的残忍则叫所有的国家和人民——既有深受其害者也有面临其威胁者——都投身推翻僭主的

---

[78] 伊拉斯莫版原文是 *ille*.
[79] 参见《论愤怒》II 5.3.

行动中来。还有这样的时候,他们自己的卫兵起来反叛他们,向他们演示背叛、不忠、凶残以及他们从僭主身上学来的任何东西。终归结底,你教一个人学坏,你还能从他身上指望什么呢?所谓邪恶,不能总是供你一个人驱使,它也不能在你划定界限的地方裹足不前。(2)但是再试想一下用高压手段所实施的残忍之事——那将是一个什么样子的王国呢?那里的城池仿佛都已在大敌当前的时刻坍塌夷平,到处都是公众恐怖的神情。不论在哪里,你都会遇到悲伤、惊恐和混乱。即使是娱乐活动都要引起恐惧。没有人在参加聚会的时候不疑心重重,就算是彼此的耳语,他也要城府高深地管好自己的舌头,没有人能够轻松愉快地去观看一场公共演出,因为那里正搜求指控人们的材料,要把他们陷于牢狱灾难之中。这样的演出当然可以用高昂的代价开幕,动用王室的力量,指定那最好声誉的演员——但是,谁会在监狱中来欣赏这样的游戏呢?(3)啊天呐!杀人,放火,在锁链声中作乐,砍掉市民们的头颅,你无论走到哪里都要血流遍地,你的影子就叫人们望风而逃,这是什么样的罪恶啊!叫狮子和熊罴拥有这个王国,叫毒蛇和毒性最厉害的动物行使统治我们的权力,那生活还能怎么样呢?(4)那些动物没有理性,我们总是咒骂它们的丑恶,它们尚且放过它们自己的同类。即使是在野兽中间,形态的相像都是一种安全。⑧ 但是,僭主的疯狂甚至不肯在他最亲密的朋友面前收敛。人们不论是在他的圈子内,还是圈子外,他都一样对待。这份疯狂越是历练,它的势头就越是高涨。从杀戮单个的人开始,它最终要屠杀整个的民族。它把在房子上纵火、推着犁头翻遍古城当做真正的权力。它相信,仅仅杀死一两个人的命令对一位发号施令的长官来说实在不足道来;如果不叫成群结队的可怜虫同时等候死亡,它就会疑

---

⑧ 比较《论愤怒》II 8.3.

心它的能力简直堕落成了一个列兵的水平。

（5）名副其实的快乐在于给许多的人以拯救,赦免他们死亡的痛苦而叫他们重生,并用仁慈赢得市民的荣冠。㉛ 没有什么修饰品——从被征服的敌人那里抢来的武器、叫野蛮人鲜血染红的双轮战车或者是在战争中掠获的战利品——比那拯救市民得来的王冠更可爱,更配得上一位君主的高贵身份。拯救一群的人,拯救整个的民族,这乃是一位神人的权力！而不加区分地屠杀群众,是火灾或者是坍塌的高墙的力量！

㉛ "市民的荣冠"(civic crown)系用橡树叶子做成,它是对在战争中拯救一个市民生命的奖赏。

第 二 卷

序　　言

1　(1) 尼禄·恺撒啊,是什么最终叫我要围绕仁慈写一些东西呢? 是你的一句话! 我记得,那句话是你怀着钦佩之情对别人说出来的,而我就怀着钦佩之心听到了它。它凝聚着伟大的仁慈,雍容华贵,它不是事先斟酌好的,也不是要说出来叫别人听的,它是脱口而出,它把你的温厚和你生活中的运气之间的冲突表现出来。(2) 布鲁斯(Burrus),你的侍卫长①,他是一个不平凡的人,他天生就是要给你这样的一位君主服役,有一天他就要对两个强盗执行死刑了。他坚持要你写出他们的名字,还有你要他们被处死的理由。这个事儿已经一拖再拖,但是他还是坚持要这么做。在他掏出那个文件并交到你的手上时,他的不情愿碰到了你的不情

---

① 塞克斯图斯·阿夫兰尼乌斯·布鲁斯(Sextus Afranius Burrus)于公元 51 年被克劳狄乌斯任命为侍卫长(皇帝侍卫队的长官),并在尼禄继位后继续担任这一职务。他给尼禄做了多年的家庭教师和顾问,同塞涅卡一起,在尼禄统治的前几年对整个帝国的治理负有责任。参见"导读",p. XIV。

愿。你呼喊道:"啊,我要是没有学写字该多好!"(3)这一句话应当叫所有的民族听到——那些居住在帝国境内的民族,那些在边境上若即若离的民族,还有那些以军事力量和尚武精神叛乱的民族!这句话应当对着全人类的集会说出,它要叫那些君主和国王们宣誓效忠!这句话合乎人类皆有的淳朴之心,它把那遥远过去的年代呼唤了回来!(4)此时真正是一个好时候了,叫人们齐心协力实现公正良善,消灭那种对他人财产的贪婪——人类心智中的邪恶胥由此起;叫虔敬和正值、还有诚信和谦逊重新树立;叫泛滥了如此之久的邪恶让出路来,叫纯美快乐的年代开始。

2 (1)这些事情就要遍地实现了,恺撒啊,一想到这些就叫我欢喜。你心智中的高贵将要传播给别的人;渐渐地,它就会笼罩在整个帝国的土地上。所有的人都会模仿你的样子。健康源自于头颅;在所有事物中,头颅都是生动活泼或者无精打采的源泉,而根本取决于它们灵魂中的活力或者虚弱几何。将有这样的市民,将有这样的团体,他们配得上这种美德。整个世界将会看到道德情操又重回大地。不论是在哪里,你再也不需用你的手去治罪。

(2)请允许我在这一点上再拖延一些时间,这并不是要取悦你的耳朵——那不是我的习惯。我倒宁可用事实触怒你,而不是用谄媚之辞讨好你。那么我想做什么呢?我想叫你尽可能地熟悉你自己的仁慈举动和话语,以便叫你身上那尚属自然冲动的东西,升华为一个既定的见解。此外,在我的印象中,还有许许多多有力但着实可憎的言语,它们落实到了人们的生活中,并还在不断地流传,如"叫他们憎恨吧,只要他们还知道惧怕"②,它特别像那句希腊

---

② 阿克齐乌斯,Fragment 148 (p.382),在 I 12.4 和《论愤怒》I 20.4 节也引用了这句话。

话的说法:"我死后,愿大地一片火海"③以及诸如此类的言论。(3)那些狰狞而有着可憎性格的人,总是能找到什么更形象的说法,来表达④他们有力而暴烈的情绪;而我以前还从没有从那高贵而有德行的嘴唇上,听到什么叫人感到欢欣鼓舞的话语。

那么我想说的道理是什么呢?你有的时候——不论是如何少见,也不论是如何不情愿地犹犹豫豫——的确不得不写下什么东西,这叫你痛恨所有的书写,但是,正如你实际上的做法,你是在反复的犹豫和拖延之后才写下这些东西。

仁慈的本质

定义及其相反的情况

3 (1)但是,为了叫我们不要被一些似是而非的"仁慈"字眼迷惑,并被引导到仁慈的反面上去,我们应当看看仁慈是什么,它与哪些东西类似,它的界限在哪里。

仁慈意味着"心智在具有报复之力量的时候作出的自我克制",或者"在对卑贱者实施惩罚时高大者所体现的温厚"。一个比较稳妥的做法就是多拿出几个定义来;单独的一个定义恐怕会以偏概全,也就是说因为缺漏而流于失败。⑤ 所以它也可以被称为"在实施一项惩罚时心智所具有的温厚倾向"。(2)下面的这个定义会遇到反对,不管它是如何贴近真理:我们也许会把仁慈说成是

---

③ 瑙克—斯尼尔(Nauck-Snell),《无名氏作品》(Adespota)513。尼禄自己在后来给罗马城点燃大火之时修改了这一句:"愿大地一片火海,在我还活着的时候!"(苏维托尼乌斯,《尼禄传》,38.1)

④ Lipsius 版原文是 ingenia immania et invisa, materia secundiore expresserunt...

⑤ 此处的拉丁文法律术语是 formula excidere,字面意思是"由于未能使用正确的答辩形式而输掉一个人的诉讼案件"(《牛津拉丁文词典》),formula 是原告出具的正式文书,它(结合被告和地方法官)概述争讼的事项,并要求法官进行判决。

"一种节制,它赦免了一个罪有应得的惩罚中的某些内容",这就要遭到一个反对的呼声说,凡是美德都要给予任何人恰如其分的东西。但是,每一个人又都认为,仁慈就是那么一个东西,它"没有实施完毕活该的内容就停了下来"。

4 (1)那有失审慎的人还认为,仁慈的反面就是严厉(sternness)。但是,一种美德不应当成为另一种美德的对立物。那么,仁慈的反面是什么呢?残忍(cruelty),它就是在实施惩罚之时心智上的冷漠无情,而不是别的什么东西。"但是有的人根本不是在实施惩罚,但也是很残忍啊,就像那些人,他们杀死他们遇到的陌生人,不是为了掠获什么,而就是为了杀人,并且还不满足于简单的杀死——他们是十足地残暴,就像那臭名远扬的布西瑞斯(Busiris)和普罗克汝斯忒斯(Procrustes)⑥,或者是那些海盗,他们用鞭子抽打他们的俘虏,并把他们投进火焰之中。"是的,那当然也是残忍。但是它不包含报复的内容(他们并没有遭受伤害),也没有对什么不端行为的愤怒,因为不存在一个此前的罪行。所以,它就超出了我们的定义范围,这个定义只说在实施惩罚之时心智缺失了自我克制。我们可以说,那不是"残忍",而是"兽性"(bestiality),是在残暴中取乐的兽性。我们也可以称它为"疯狂"(madness),因为疯狂固然有多种,但如果到了杀人并把他们撕成碎片的程度,这显然最是疯狂。(3)故此,我所说的残忍之人,是那些有理由实施惩罚但却不知节制的人,就如法勒里斯的例子的那样。⑦ 就我们所听说,他的残暴从没有发泄到那无辜的人身上。它只不过超出了人性或

---

⑥ 这是两个神话中的残暴人物。布西瑞斯(Busiris)是一个埃及国王,他的一个恶习就是在宙斯的祭坛上杀死所有进入这个国家的外国人,他最终被赫拉克勒斯(Hercules)杀死。普罗克汝斯忒斯(Procrustes)是阿提卡的一个强盗,他把过往的行人绑架起来,并强迫他们躺到他的两张床的某一张上,如果他们太矮太短,他就把他们锤扁拉长,而如果他们太高太长,他就把他们砍掉一截,他最终在特修斯(Theseus)手上遭到了同样的命运。

⑦ 参见《论愤怒》II 5.1.

者正当的界限。为了避免这样的言辞之争,我们可以把残忍定义为"心智上的极端严苛的倾向"。仁慈与这一倾向毫不相干,彼此对立。但是,仁慈与严厉却完全可以共处。

仁慈、怜悯与宽恕

(4) 在此处问一问同情(commiseration)和怜悯(pity)⑧是什么,这不是一个无关紧要的问题。有很多人,他们把这赞美为美德,并把那有怜悯的人称作好人。但是,这实际上也是一种心智上的缺陷。不仅是针对严厉来说是这样,在仁慈这里也是如此,有些东西我们应当避免开来。在严厉的幌子下,我们陷入残忍;而在仁慈的幌子下,我们流于怜悯。后一种情况的差错危险性要小一些,但是差错就是差错,只要它们背离了真理。

5 (1) 同样的道理,宗教用来敬拜众神,而迷信则是在亵渎众神,仁慈和高贵是所有好人身上都体现出来的品质,但是怜悯却是他们要避免的东西。怜悯是一个缺陷,它是那种小气的心智目睹悲惨情景而表现出的屈服,它在那些不成样子的人身上表现得十分相像。有的女人、老迈之人或者愚蠢的糊涂虫,他们会为那最令人发指的罪犯的眼泪而感染,以至于他们把监牢砸开,如果他们有这能力的话。怜悯看到的是困境,而看不到这困境的原因。而仁慈呢,它的介入不失理性。

(2) 我知道,斯多葛学派在那些有失审慎的人那里有一个很坏的口碑,他们说它太过严苛,说它最不会给君主和国王们提供什么好的建议。他们反对的理由是,斯多葛学派不叫有智慧的人施行怜悯或者宽恕。如果抛开说话的语境,单看这些主张的见解,那

---

⑧ 此处以及后文的拉丁文名词拼写是 misericordia,动词是 misereri。两者通常的英文翻译都是"pity"。但棘手的是,塞涅卡把它们和 miseria 即"misery"联系起来;用英文突出这一联系的唯一方式是把它们翻译成"commiseration"和"commiserate",并把它们当做"pity"的同义词。

么这些主张的确面目可憎。它们看起来没有给人类的差错留下希望的余地；它们要把所有的小过小犯都送交惩罚；(3) 如果真是这样，就竟然有这样的一个理论，它要教导我们抛弃我们的人性、要关闭我们对抗厄运的最后的避难所——这个避难所就存在于我们相互的帮助之中，这将是一套什么样的说教呢？实际上，没有哪个学派的哲学家比斯多葛学派更为善良或者更为温厚，更为博爱或者更为关注公共的利益——要知道，斯多葛派哲学家公开宣称的目的就是贡献和帮助，他关注的不是他个人，而是每一个人和所有的人。(4) 所谓同情，是"心智上被他人所遭遇之不幸唤起的哀伤"，或是"因为发生在别人身上的、(看来是)莫名其妙的晦气而感到的悲哀"。但是，悲伤之事不会降临到有智慧的人身上。他的心智是宁静的，没有什么能够给它罩上乌云。并且，没有什么比强大的心智更适合一个人。但是，一个心智不能既是强大的，又是悲伤的，(5) 因为悲伤会妨碍智慧，叫智慧衰落，叫智慧干枯。对一个有智慧的人来说，即使是他自己遭遇不幸，他都不允许那种事儿发生。相反，他要打垮各种机会的挑战，把它们踩在脚下。他将一如既往地保持同样的平静、不被干扰的表情①，而如果他自失于悲伤的话，他也就会失掉自己。

6 (1) 下面的事情也需要考虑呢。有智慧的人高瞻远瞩，未雨绸缪。但是，从一个被搅扰的源泉那里，却不能出现什么清楚明白的东西。悲伤这个情绪，它很不适合看清楚事情是怎么一个样子，并思索可能的对策，避免可能的危险，求得公平的结果。所以，有智慧的人不会感到怜悯或者同情，因为那会导致心智上的糟糕状态。(2) 但是，除此之外，那些有怜悯之情的人所能做的事情，在有智慧的人这里则是用愉快而高尚心智来做的。他会帮助别

---

① 苏格拉底是这么一个典型，参见《论愤怒》II 7.1。

人,却不会跟着他们一起流泪。他会对遭遇海难的旅游者伸出援助之手,给遭流放的人提供寄宿,给困境中的人拿出施舍——但不会用一种侮辱的方式投掷给他们,而那些看起来满是怜悯之情的人们却往往这么做,他们不屑于看一眼他们所帮助的人,他们害怕接触他们;有智慧的人就像是从一个公共仓储中取来东西,给另一个人。他会把那儿子还给那哭泣的母亲,命令把俘虏身上的锁链卸下,把角斗士从他的训练学校中解放出来,给那罪犯安排身后的葬礼——只不过,他在做这些事情时心智安宁,表情平静。(3) 如此说来,一个有智慧的人不会感到怜悯。但是,他却有他的帮助和贡献,因为他天生就是要协助这个社会,推进公共利益。他会为每一个人贡献他的一份力量。即使对那些应当接受斥责和矫治的不幸之人,他也有其适当的仁慈给予。但是,那些身处逆境而勇敢抗争的人⑩,将获得他更为慷慨而及时的帮助。他会把握住每一个机会,帮助别人同命运抗争。对他的能力和财富来说,有什么比帮助别人恢复被偶然所粉碎的东西更为物尽其用呢?毫无疑问,面对一个枯干萎缩的肢体或者衣衫褴褛的愁容或者斜倚拐杖的老迈,他的面容不会阴沉下来,他的心情也不会忧郁下来,但是他会帮助所有应当得到帮助的人,像一个神一样,他关爱着这些不幸的人们。

(4)【进一步说,】同情简直就是自己在体会不幸,它本身就有不幸的成分,并且所以有同情,正是因为自己也感受到了不幸。你肯定知道,所谓脆弱的眼睛也就那些因为看到别人身上的炎症而流泪的眼睛,这就像当别人大笑的时候也跟着大笑,当有人打哈欠时自己也把嘴巴张大一样,这是十足的病态,绝不是一件开心的事情。怜悯是心智上的缺陷,它毫无来由地被外在的苦难吓坏了。

---

⑩ 原文是 *fortius laborantibus*.

向那有智慧的人索求怜悯,简直就是要他在陌生人的葬礼上悲痛沉吟。

7(1)"但是,为什么他不会宽恕呢?"现在就叫我们梳理清楚什么是宽恕,我们就会明白,一个有智慧的人不应当施与宽恕。宽恕是免除应得的惩罚。为什么有智慧的人不应当施与宽恕呢,那些专门探讨这个话题的人会更为详细地说清这个道理。⑪ 而我呢,只能轻描淡写地就这个不属于我的话题概括一下:一个人只有应当被惩罚的时候才可能被宽恕。但是,有智慧的人不做他不当做的事,也不会遗漏他应当做的事。所以,他不会免除他应当实施的惩罚。(2)但是,你想借助宽恕实现的东西,可以通过一个更为正直的方法来得到。有智慧的人将不伤害(spare)人们,他关爱着他们,他要改造他们。那些靠宽恕做到的事情,他都做到了——这不是靠宽恕,因为宽恕本身是在表明:一个人没有做他应当已经做好的某些事情。在一种情况下,他或许只使用口头的训诫,而不用任何惩罚,因为他看见那个人还处在可以被矫正的年龄。在另一种场合下,一个人显然在遭受被指控罪行的折磨,这有智慧的人会命令他免予处罚,因为他可能是被误导了或者是受到了酒精的影响。对那些敌人,他会不加伤害地释放,有时候甚至还要赞赏一番,如果他们有其正直的理由——忠诚、协定或是他们的自由——叫他们投入战斗。(3)所有的这些都是仁慈之事,而不是宽恕。仁慈有其自由裁量的空间,它不是通过法律程序进行审判,而是靠着衡平和美德。它可以宣告无罪,或者施以尽可能厉害的惩罚。它在做所有这些事情时,不是出于要给公正打一个折扣的想法,而是为了叫它的决定尽可能地公正。再看看宽恕呢,根据你的审判

---

⑪ 塞涅卡所指或许就是斯多葛派伦理学的某一片段内容,如 Diogenes Laertius, VII 84—131 所记述,其中有一个完整的段落探讨了有关有智慧的人的问题(117—25),并且确实断言有智慧的人将"不会怜悯或者宽恕任何人"。

应当被惩罚的没有被惩罚,或是免除那应当的处罚,这就是宽宥。仁慈才是真正的优越,它声明那被释放的人原本不应当遭受什么别的东西。它比宽恕更圆满,也更正直在理。(4)在我看来,这个争论是一个言词之辩。在客观层面上,它们存在着一致的地方。有智慧的人会免除很多的惩罚,他也会拯救很多品质恶劣但能够被改造好的人。他会效仿好农夫的榜样。他们不仅照看那些又直又高的树,还要照看那些因为什么原因而弯曲了的树——他们用木桩子帮助它们直立起来。他们还要修剪别的树,不叫枝杈影响长高。在那些树因为土壤而长势不好的地方,他们就给树施肥;在它们被遮挡起来的地方,农夫们就清理出一片天空叫阳光照耀。(5)有智慧的人要弄清楚,什么性格需要什么治疗手段,什么办法把那弯曲的理直……

论个人生活

——写给塞壬努斯

导　读

题目、流传和写作对象

《论个人生活》是一个残篇。它从行文中途的一个单词开始，在八章内容之后突然中断。该残篇保存在塞涅卡论文集存世的最早的抄本中[①]，它开头处标着"论快乐生活"(*On the Happy Life*)之第27章[②]——这样看来，抄录者一定是跳过了几页。但是那一堆的手稿有个内容目录，根据这个目录，在一篇名为"*Ad Gallionem de beata vita*"（"论快乐生活——写给加里奥"）的作品之后，接着就是"*Ad*【擦掉了七个字母】*de otio*"（即"论个人生活——写给【擦掉了七个字母】"），而我们这个残篇的主题正是"*otium*"即"个人生活"。写作对象的名字经过修复，一般认为是"Serenus"（塞壬努斯）。那么，这篇作品就是写给"Annaeus Serenus"（安尼乌斯·塞壬努斯）

[①] 安波罗修文献汇编(*Ambrosiana*)大约于1060—85年在那不勒斯附近的卡西诺山(Monte Cassino)修道院问世，并于大约1605年转交枢机主教博罗梅奥(Frederico Borromeo)在米兰重新创建的安布罗修图书馆(Ambrosian Library)。

[②] 这就是为什么在最古老的版本中，论个人生活从第28章开始。

的了,他是塞涅卡的一个年轻友人,也可能是一个亲戚,另外还有两篇作品也是写给他的——"论有智慧的人的坚定"(On the Wise Man's Constancy)和"论心智的和平"(On Peace of Mind)。本文应当写就于公元63年年底之前,塞壬努斯就在这一年突然去世。③

主　题

拉丁语 otium,通常翻译为"悠闲",特指远离公共事务的悠闲,没有公共责任的自由。塞涅卡此处正是在这个意义上来倡导"悠闲"的——它首先是一个平民意义的个人浸淫于文化和哲学兴趣的自由。(这也就是为什么我们宁愿把标题译为"论个人生活",而不是通常的"论悠闲"。)塞涅卡谈论这个主题的还有另外两篇论文,即《论心智的和平》和《论生活的短暂》(On the Shortness of Life)——这是劝导他的岳父鲍林努斯(Paulinus)从公共职务上退下来的一个作品,另外还有一些书信(Letters 19,21,55,68)。但是,塞涅卡在只有在《论个人生活》中才对这个主题作了最为彻底的理论上的阐述,这里所倡导的个人生活乃是斯多葛学派所谓的"有智慧的人"、也就是最为完美的人所应当践行的个人生活,而不是鲍林努斯、塞壬努斯或者塞涅卡自己这样的平凡之人所能为者。

塞涅卡的论题是有争议的,其写作对象塞壬努斯就表示了不肯轻信的反对意见(1.4,6.1,6.5,7.2)。不同于亚里士多德,斯多葛学派从一开始就坚持认为,哲学和科学的探究只有在对人类生活有用处时才有价值。他们拒绝任何为了研究而研究的"更高级"(higher)的学问,而不论它是理论上的学问还是沉思默想的学问。

---

③　在 Letter 63 中,塞涅卡赞颂了塞壬努斯,后者曾升任尼禄的卫队长,并很可能是在63年或者此前因为在一次宴会上吃了一种有毒的树菌(类似蘑菇的东西)而突然死去(普林尼,《博物志》(Natural History) XXII 96)。

他们认为，人类理性在本质上就是注重实用的，它的自然功用就在于获得、继而运用那些必要的知识，要想过有德行的、积极的人类生活，那些知识就不可或缺。而与此同时，那些知识不仅要包括伦理学，还要包括逻辑学、物理学，而物理学又包括了自然科学和神学。为了过有德行的人类生活，我们必须清楚地认识到，我们是一个由神圣主宰的世界秩序中的一个机能部分，而逻辑学所研究的理性的运行过程和结构，正是这一世界秩序所由来的过程。塞涅卡因此有坚实的理由说，斯多葛学派至少是支持献身于哲学研究的，因为"实际的"生活要想被引导上一个良好的道路，必须要以这样的学问研究为基础。并且，塞涅卡雄辩地宣称(6.4)，芝诺和克吕西波过着一种悠闲的生活，他们的时间都花在思考和写作上，他们为同道作出了很大的贡献，而假使他们积极投身公共事务，他们的贡献就会小很多。

169

提　　要

这个残篇开头时离整个作品的开头不远。它开头就是规劝一种个人的生活(1.1—3)，这个规劝遇到了反驳，那个反驳说它听起来更像是伊壁鸠鲁的忠告——他就是因为"默默无闻地生活"的口号而著称，而不像是出自一个斯多葛派哲学家之口(1.4 f.)。于是，塞涅卡遵循标准的修辞程序，先立论(*propositio*)再分别论述(*divisio*)，即先陈述其主张再将要说的话分为几个部分(2)。他主张说，首先，斯多葛学派原则上允许一个人"甚至是从少年时起就全身心地"献身哲学研究，换句话说，也就是一并放弃公共生活；其次，"每个人都有权利在履行完公务的时候体会这样的生活"，也就是说，在正式退休后再投身哲学研究。(残篇尚未论及第二个话题便戛然而止。)

斯多葛学派和伊壁鸠鲁主义者都说有智慧的人应放弃公共生活，塞涅卡在此要强调两者的争论之处。④ 两派的不同仅仅在于伊壁鸠鲁强调在原则上放弃，而斯多葛学派只是出于特定的理由才如此。大体而言，这理由有两个，即要么是公共领域无可救药，要么是有智慧的人自身无力当此重任。他可能没有足够的影响，也可能身体健康欠佳(3.1—3)。因此，他有权安居个人生活，而此时他仍然可以有益于人(3.4 f.)。因为实际上有两个公共领域、两个国家，塞涅卡接下来雄辩地阐述了斯多葛学派的这个论题(4)。我们不仅属于某些特定的政治共同体，比如雅典或迦太基，而且属于一个更伟大的共同体，即有神圣秩序的众神和人的宇宙共同体，我们通过研究这个自然世界、研究如何实现完满的人类生活，并用此研究心得教导别人，而服务于这个宇宙共同体。自然要求我们作此一番探索(5)，要求我们沉思默想以及身体力行。二者相辅相成(5.8)因为行动离不开通过沉思默想而获得的洞察力，而沉思默想重要落实为行动。塞涅卡接下来辩称(7)，传统上认为一生中值得做的三件事——沉思默想，公共事务或者纯粹的自娱自乐——彼此相互包容，并且所有的哲学派别实际上都赞同沉思的生活。

第四章和第五章是本文叫人印象最为深刻的地方。这两章都指出，如果沉思的生活意味着和神分享对整个宇宙的统治，那么，这种生活就远远优越于在某个特定的共同体内的政治生活。斯多葛学派的创始人实际上就被禁止参加雅典的公共生活(6.4 f.)。这也就是开头提及的两个特定原因之一(3.3)，斯多葛学派有智慧的人可以基于那两个原因而回归一种个人生活。在现存文本的最后一章中(8)，塞涅卡说起另一个主要原因，并且提出了一个更为有力的主张。他说到，在克吕西波确立的原则上，斯多葛学派有智

---

④ 有些像《论仁慈》I 3.2 节处。

慧的人不只是被允许放弃，而是他能够自由选择放弃公共生活——即使他在公共生活中有一席之地并发挥有效作用，因为正如我们所知，世上没有哪个国家对他来说足够好。但是，这实际上就是在宣称，他将像伊壁鸠鲁学派的智者那样，原则上放弃公共生活：在任何的现实环境中，他都将宁愿忽略实际的政治生活，而献身于个人的研究和写作。这和塞涅卡在其他地方的言论正相反。⑤ 而且也和斯多葛学派的其他说教相矛盾⑥。塞涅卡的言辞实际上暗示了他不认同这个说法。⑦ 他此时似乎就要断言智力的独立性了——这一点在 3.1 节已经有所表明，并且就要责备克吕西波了——他在别的地方已经责备过⑧，或者似乎就要否认说，这些说法实际上是从克吕西波的说教中发挥出来的东西。但是文本中断，我们不知道接下来是什么内容。

我们只能猜想接下来对公职生涯结束之后的引退生活的讨论内容了，以及那些内容如何与现存文本中讨论结合起来。我们只能就《论个人生活》和塞涅卡自己的职业生涯之间的关系做一些猜想，并且也只能如此而已。他在写作本文的时候是否正在打算引退？抑或是，他和尼禄相处的经历已经导致他开始怀疑，哲学是否能够对政治活动产生适当的影响？我们的文本是一个残篇，注定没有答案。

---

⑤ 尤其是在《论心智的和平》5.3 节中，塞涅卡特别援引苏格拉底在三十暴君时期的勇气，以此来证明"即使在国家沦亡、政府堕落之际，有智慧的人也有机会来表明他的价值"。有关这部作品和《论个人生活》最后一章的明显龃龉之处，参见 Griffin, pp. 331—4.

⑥ 根据 Stobaeus(II pp. 94,8—11)，斯多葛学派的智者实际上要参加公共生活，尤其是在那些为个人完善提供了机会的国家中。同样 (pp. 111,3—5)，一个有见识的人也会愿意作为国王来施行统治，或是给那道德品质良好的人担当顾问。

⑦ 参见 8.1 节的 n.20.

⑧ 参见《论恩惠》I.4.

论个人生活

序　言

1（1）和……高度一致，他们怂恿我们沾染恶习。① 即使我们别的什么都不做，引退本身也会对我们有所裨益；我们自身将会越来越好。如果我们回归到最好的群体②，并且在那里为我们的生活找到一个效仿的榜样，那将会怎样呢？这要在引退之后才能成行。只有到那个时候，自己打算的事情才能去着手实现，因为在那个时候，再也没有谁会假民众之名来打扰我们，扭曲我们原本还很脆弱的判断。③ 到那个时候，原本因为五花八门的目标而支离破碎的生活，才能走上一条平静而坦然的道路。（2）我们最大的邪恶在于我们要叫我们的邪恶花样翻新。这样一来，我们甚至都不能固守业已熟悉了的恶习。我们欲望多多、不知餍足，于是我们就有

---

① 本文开始部分很明显已经失传了。参见"导读"。
② "最好的群体"，塞涅卡指的是那个由伟大的作家们组成的群体，尤其是那些主流的斯多葛学派哲学家们组成的群体。
③ 斯多葛学派认为，来自别人的影响是导致人类童年时期理性"堕落"的两个主要因素之一，另一个因素是外在之物的诱惑鼓动（SVF III 228）。

了一个新的麻烦,这就是我们的判断不仅荒谬,而且善变。我们反复无常,我们要攫取的东西一个接着一个。我们放弃我们要找寻的东西,再去找寻我们放弃的东西。我们在渴望和遗憾之间摇摆不停。(3)我们完全仰赖别人的判断,许多人追逐并夸赞的,对我们来说似乎就是最好的;一条道路,我们也不是根据它本身来判断它的好坏,而是要看它上面的脚印多少——而实际上没有一双脚印走得回来!④

一个斯多葛学派哲学家能选择他的个人生活吗?

斯多葛学派和伊壁鸠鲁学派的态度

(4)你会对我说:"塞涅卡,你是什么意思呢?你要背叛你的同道吗?明明白白,你们斯多葛学派说过:'直到生命的尽头,我们都要投身行动之中。我们不会停下来,我们要献身于共同体的利益,帮助他人,我们要举起我们的衰朽之手,甚至是帮助我们的敌人。我们不会因为年纪而矜恤自己——正如那位伟大的作家所说:

> 我们头戴金盔压霜鬓。⑤

那就是我们,在死亡到来之前,没有片刻的安息——如果说死亡会允许我们安息,就像我们主张的那样。'可为什么你,身为芝诺一派,却要宣扬伊壁鸠鲁的箴言呢?⑥倘若你不满意你的同道,为

---

④ 这即是说,这些都是无归路,它们通向道德的败坏结局。塞涅卡在此暗示了狐狸和狮子的寓言(贺拉斯在其《书札》I 1.70—5 中所做有同样效果)。(伊索寓言中,有一个年老的狮子装病卧在洞里,等小动物自己走上门来并吃掉它们,一个狐狸看到洞口只有进去的脚印而没有出来的脚印,就识破了狮子的伎俩。——译者注)

⑤ 维吉尔,《埃涅阿斯记》(Aeneid) IX 612.

⑥ 关于即斯多葛学派创始人芝诺,和伊壁鸠鲁,参见"人物传略"。

什么不坦率地离开那里而要作出背叛的勾当呢?"

（5）这个时候,我只好回答:"你们当然可以要求我只能像我的导师一样,那么好吧,我不会去他们吩咐我去的地方,而要去他们带领我去的地方。"

主题划分

2 （1）接下来,我要证明,我这不是抛弃斯多葛学派的训诫。这也不是说斯多葛学派自己抛弃了那些训诫,尽管我有充分的理由效仿前人的榜样,而不是墨守成规。我要把我必须说的话分成两个部分。首先,一个人甚至可以从少年时代起,就全身心地投入对真理的凝视与沉思之中,探寻生活的道理,并且暗自践行这个道理。（2）其次,每个人都有权利在履行完公务的时候进行这样的沉思凝视;人生最美好的时光已然过去,他们完全有权利把心思转移到其他事情上⑦,就像那维斯塔神庙中的处子们⑧,她们的一生要履行不同的义务,她们要学习执行神圣的礼仪,学会了之后,她们还要教习那礼仪。

3 （1）我要证明斯多葛学派有这样的信条。我这样做,并不是为了标榜我自己不会做任何违背芝诺或克吕西波⑨的话语的事情。而毋宁说,事实本身允许我沿着他们的见解而行。始终追随一个人并不是要同居一室,而是要归属同一个门派。如果所有的事情都能心领神该会多好！如果真理向每一个人敞开,叫每一个人认识,而我们再也不用变换我们的做人之道,那该是多好！但事

---

⑦ Lipsius 版原文是 *ad alios actus animum referre*。在我们看到的文中,塞涅卡此处做筹划的两个话题只有第一个——即斯多葛学派的理论允许一个人从一开始就远离政治——有所展开论述,并且还不算完整。塞涅卡关于从公职引退下来的观点,在其他作品中有所涉及,尤其是《论生活的短暂》和《论心智的和平》。

⑧ 关于三女神,参见《论恩惠》I 3.1.

⑨ 斯多葛学派的第三位领袖。参见"人物传略"。

实是,我们必须和那些要教导我们真理何在的人一道去寻找真理。

（2）在这一点上,就如同在别的方面一样,伊壁鸠鲁学派和斯多葛学派彼此分歧。但是两派都要把你引导到个人生活里去,殊途同归。伊壁鸠鲁说:"不到万不得已,有智慧的人不应过公共生活。"芝诺则说:"他应该走进公共生活,除非有什么阻碍。"（3）前者强调的是原则上要过个人生活,后者则强调特定的理由。但是,这些理由却所在甚广。如果公共领域已然堕落到无可救药的境地,如果它已经被邪恶之徒占据,那么,有智慧的人不必做无谓的争斗,也不要做无益的牺牲。如果有智慧的人没有什么权势或者不够强壮,如果公共领域不肯接受他抑或是他自己病体沉沉,他就不会开始一段他知道无可奈何的历程,正如他不能把一条破损的小船打发到大海上,而如果有残疾也就不能去应征兵役。

两个国家

（4）所以,就算一个人所仰仗的东西还处在完好无损的状态,就算他还没有经历任何的风暴,他也完全可以在安全的地方安定下来,并叫自己浸淫在自由的学问之中,申申如也,夭夭如也,做一个安闲的热爱美德的人。（5）你知道,任何一个人所当做到的,是他要有益于别人——如果可能,要有益于大多数的人;不能对大多数人有益的话,也要对少数一些人有益;不能对少数一些人有益的话,也要对最亲近的人有益;不能对最亲近的人有益的话,也要对他自己有益。在有益于他人的时候,他就是在为社会操劳。这样说来,任何人善待他自己,就是有益于别人,因为他正在准备那些对别人有益的东西;同样的道理,一个叫自己变得更坏的人不仅要伤害他自己,还要伤害那些他原本可以善待的那些人——如果他已经叫自己变得更好。

4 （1）我们必须知道,我们有两个公共领域,即两个国家。⑩一个国家伟大,为所有的人真正共同拥有,这就是众神和人同在的国家,她没有边界,太阳照耀的地方都是她的国土。另一个国家,我们因为出生而登记在它的簿册上——我指的是雅典、迦太基以及其他的城邦,它们不属于所有人,而只属于有限的一些人。有的人要同时服务这两个国家,也就是这个较大的国家和那个较小的国家,而有的人只为其中的一个服务。（2）我们甚至在引退之后也能为这个大的国家服务——实际上,我猜,引退之后能更好地履行职责——我们可以探究什么是美德,美德是只有一个还是数目众多,是自然还是艺术叫人拥有德行;承载着大地和海洋以及其上一切事物的容器是一个整体,还是神让他们各自单独存在;万物所由来的物质是连续不断的还是分散的,是一个实体还是由虚无和实体组成的混合体;神的所在是哪里,他对他的造物是无为而治还是积极有为,神是虚无缥缈还是无处不在;这个世界是永恒不灭的,还是属于那短暂的有一天终将毁灭的事物之列。⑪ 那些沉思默想的人,对神做了什么服务呢?他叫神的伟大成就有了见证。

自然、沉思默想与政治生活

5 （1）我们⑫通常认为,至善就是顺应自然而生活;并且,自然要求我们既要做沉思默想又要身体力行。我现在来证明我说的这个话。然而,我为什么要做证明呢?如果每一个人都问一问他

---

⑩ 接下来的文字,比较斯多葛学派的发言人巴尔布斯(Balbus)很是类似的阐述,参见西塞罗,《论神性》(II 154. f.)。

⑪ 塞涅卡在此列举了道德和自然哲学的基本问题,这些问题在希腊化时期为不同哲学流派所争论。他在阐述有关自然哲学的问题时,特别突出了斯多葛学派和伊壁鸠鲁派的争论语境;斯多葛学派相信,在一个单一的、连续的世界秩序中,创造万物的、远见卓识的神无处不在。伊壁鸠鲁派也就是原子论者认为,存在多个世界秩序,他们的形成和延续纯粹是出于自然原因而不受神的影响。

⑫ 即斯多葛学派。

自己,他是如何渴望知道那未知之事,他在听到那未知之事时又是如何兴奋,这事儿就不需要我来证明了。(2)有人扬帆出海、长途跋涉,只为了解那隐秘的遥远的事物。这也是为什么,一旦有什么热闹的场面人们就蜂拥而来,一旦有什么禁止的事情人们就一探究竟,有藏起来的东西就要找到,有古代的遗物就要拆开,有野蛮民族就要打听他们的生存之道。(3)自然赐给了我们一颗好奇的心。⑬她知道自己的巧妙和美丽,她创造我们,就是叫我们来景仰她壮丽的景观。她的业绩那样伟大显赫,那样精雕细刻,那样光彩夺目,那样完美——并且这个完美不只体现在一个方面,而如果这一切只能朝着寂寞的沙漠敞开,她对自己一定不会有半点儿的满意。(4)看看她赐给我们的位置,你就会发现,她希望引人注目,而不只是叫人看见。我们被安排在世界的正中,可以俯视万物。人不仅是直立的,而且,为了满足人沉思的需要,为了能让人们追寻星星的踪迹——它们从升到落、划过天际,也为了能让人们面对转动的世界,自然把人的头颅高高举起,并把这头颅放在能够运动的脖子上。不止如此,她让黄道十二宫的六象在白天升起,六象在晚上升起,这就叫她的每一个领域都可以显现出来,这样一来,有些东西人的眼睛可以看得明白,通过这些她就可以吊起人们探索未知世界的胃口。(5)我们的眼睛不能遍观万物,也不能追及那无限的深邃。但是我们的洞察力已经找到了一条探索之路,已经为真理打下了一个基础,这使得我们能从已知追问到未知,也能发现比世界本身还要久远的事物。天上的繁星从哪里而来?在各种不同的元素彼此分开并形成各自的部分之前,宇宙本身是个什么情况?是什么原则把那些隐秘的模糊的成分揭示出来?谁让万物

---

⑬ 对古希腊和罗马的读者来说,这句话是一个悖论。一般认为好奇(*Curiositas*)是指探究和自己无关的事情的行为,其中包括自然的奥秘。而像塞涅卡这样或者像亚里士多德在《形而上学》开头处所言,宣称人类是顺应自然的安排而去探究自然的奥秘,这个说法绝不是一个被普遍接受的观点。

各安其位？难道清气上升、浊气下降是它们的自然本性吗？抑或是，撇开外力的推动或吸引，某种更高的力量给万物定下了法律？那个关于人的神圣灵魂的争论，它的真相究竟是什么？是一部分神圣的灵魂——就像群星闪耀着光芒一样——降落大地并被一个陌生的环境所捕获吗？

（6）仅仅知道眼前的事情是不能满足我们的思索的，它要飞跃天际的壁垒。它要说："我要探究这世界之外是什么。那里是一个巨大的深渊吗？还是它有它自己的边界包围着？那外面的事物是什么样子？它们是无形的、模糊的、充斥于各方的？还是它们也是按照一定的秩序排列？他们是紧挨着我们的世界还是隔着一个真空和我们遥遥相对？是不可分割的实体构成了世间万物吗？还是说构成世间万物的实体实质上是一体的，完全可以彼此转换？构成世界的各个成分是彼此对立的吗？还是它们各个相互配合工作而不是相互抵触？"

（7）人生来就是要问这些问题的。想想看吧，即使他一分一秒都不肯虚掷，他也没有多少的时日！假定他不会因为放纵自己而错过任何事情，也不会因为疏忽大意让任何事情溜走，假定他最大限度地节约时间，假定他活到了生命的极限，假定自然赋予他的东西没有那一点儿被时运扰乱——结果依然如此：对那永恒的万物而言，人的生命何其短暂！（8）所以，如果我将自己全部奉献给自然，如果我对自然抱持惊异和崇拜的心思，那么我就要顺应自然生活。自然希望我做到两个事情——既要去积极地行动，也要有沉思的悠闲。我就二者兼顾。甚至沉思本身也包括了政治行动。

6（1）你可能会说，"但是问题是，你沉思默想是不是只为了贪图享乐。你也许只是为了沉思而沉思，尽管这个沉思没有任何结果，但它却不受任何打扰——沉思本身就很惬意，也很能吸引人。"对此，我的回答是：这和你在自己的政治生活中抱有什么样的

论个人生活·一个斯多葛学派哲学家能选择他的个人生活吗？

态度有着同样大的关系，而不管你是不是一意孤行，从不肯花点时间把眼睛从人事转移到神事。（2）只追求财富而不热爱任何德行、不注意品质修养，或者只是白白地费一通力气，这些做法都不值得赞赏（这几个事情应当彼此相辅相成）。同样的道理，如果引退的生活就是一副懒散之状，而不肯把心得体会表现出来，那么这美德就是不完全的，也是软弱的。（3）没有人会否认，只有在行动之中才能验证德行的进步；与其终日苦思应当如何行动，不如适时地伸出手来，把信念变成现实。如此说来，假定这个有智慧的人并不是妨碍他自己行动的原因，假定这个投身行动的人并不缺少任何东西，那么，你是不是肯定会允许他踏上他自己的旅程？

（4）那有智慧的人是持一个什么样的态度引退呢？可以肯定的一点是，即使是引退，他们也是在为子孙后代的利益工作。我们当然认为，芝诺和克吕西波的贡献，远比假定叫他们去指挥军队、去担任公职、去制定法律所作的贡献要大得多——并且他们的确也制定了法律，只是这个法律是为全人类制定的，而不单是为了某一个国家！这样看来，对于有德行的人来说，如果引退能叫他统治即将到来的几个世纪，叫他不是面对着一些的人在说话，而是面对着现在和未来所有国家所有的人在说话，那么，这样的引退又有什么错呢？（5）简而言之，我倒要来问你，克里安德斯（Cleanthes）[14]、克吕西波和芝诺是不是按照他们的教义生活？你一定会回答，他们的确是按照他们教导别人的应然的生活方式来生活的。但是，他们都不曾援手于国家事务。你会回答说"他们都不具备进入公共行政部门通常所需的财富和声望"。[15] 虽然如此，他们并没有过

---

[14] 克里安德斯（Cleanthes of Assos）（约公元前331—232年），斯多葛学派第二位领袖。

[15] 芝诺来自塞浦路斯的季蒂昂（Citium），克里安德斯来自小亚细亚西北部的阿索斯（Assos），克吕西波来自索利（Soli），他们三个都不是"出生即自由的雅典公民"，而作为定居的外邦人，他们没有资格参与雅典的公共生活。

懒散的生活;他们有办法叫他们的悠闲安适比起其他人的喧嚣汗水来更有益于人类。因此,我们能看到,他们的贡献良多,尽管他们在公共领域无所作为。

7 (1)此外,生活分为三种⑯,人们经常会问哪一种生活是最好的。第一种是沉溺于享乐,第二种是思辨和静观的生活,第三种是政治生活。如果我们首先把所有的争议放到一边儿,把对非同道中人毫不宽容的仇恨放到一边儿,我们就会发现,这三种生活最终归结到一处,而不论它们的标签是哪一个。热衷于享乐的人并没有抛弃沉思,沉思默想的人也没有放弃享乐,而投身政治生活的人也没有抛开沉思默想。(2)你也许会说,"一件事情本身就是目的呢,还是别的什么目的的附属之物,这二者之间有很大的差别。"我赞成你的话,差别的确很大;然而,你却不能把一种生活和另一种生活割裂开,只选择单独的一种。那沉思默想的人如果没有行动,也就无所谓沉思默想了;而投身政治生活的人如果离开了沉思默想,也就没有办法有所作为;还有那第三种人,尽管我们一致对他们没有好感,他们也不赞同那游手好闲的享乐,他们要用他们的理性把那享乐的生活稳定下来⑰,因此这群酒色之徒也是要参与政治生活的。(3)为什么不这样呢?伊壁鸠鲁自己就说过,他有的时候就会避免享乐,甚至要去自求痛苦,如果享乐面临着痛悔的危险,或者如果能以小苦代替大苦。⑱(4)我的观点是,所有的学派都赞成沉思。别的人直接去追求这个目的,而对我们而言,它只是行程中的一站,而不是永久的港湾。

---

⑯ 这一经典划分可追溯到亚里士多德(《尼各马可伦理学》1095b15—19),甚至更早。

⑰ 塞涅卡在此涉及了伊壁鸠鲁的理论,即"善"不在于"活跃的"感官享乐亦即食色性也之中,而在于"静态的"享乐,即一个人在没有物质欲望和内心悲苦的时候所能体会的平和沉静的状态。这需要运用理性,而不是肉体上的兴奋。例如参见西塞罗,《论目的》II 9—10;伊壁鸠鲁,《致美诺寇书札》(*Letter to Menoeceus*)131—2。

⑱ 参见伊壁鸠鲁,《致美诺寇书札》(*Letter to Menoeceus*)I 29—30。

有哪个国家适合有智慧的人?

8 (1) 还要注意,克吕西波定下的法律⑲允许你过引退的生活;我的意思不是说你要容忍引退的生活,而是说要主动选择。我们的学派主张,有智慧的人不应当是个国家就前去依附。但是这样一来,有智慧的人如何引退还有什么关系吗?如果压根儿就没有这种合适的国家存在,那么对智慧的人来讲,是国家不适合他还是他不适合国家还有什么区别吗?更何况,也不会有一个国家能让那挑剔的人满意。⑳ (2) 我来问你,那有智慧的人要去依附哪一个国家呢?雅典吗?就是在那里,苏格拉底被判死刑,就是在那里,亚里士多德为了避祸而不得不流亡国外㉑,就是在那里,嫉妒打垮了美德。㉒你不会告诉我说,有智慧的人会对**那个**国家心生眷恋!那么,迦太基呢?在那里,暴乱不断,在那里,有德行的人受到自由的威胁,在那里,公正和善良完全不被尊重,在那里,不仅是敌人而且连本国的公民也要受到野蛮残忍的对待。有智慧的人同样要逃离这个所在。(3) 如果要我历数每一个国家,我也不会发现哪个国家能够容忍有智慧的人,或者能够叫有智慧的人容忍。但是,如果我们想象中的此类国家并不存在,那么,对所有有智慧的人来说引退就是必须的了,因为比引退更好的东西就不存在。(4) 如果有人说航海真好,接着又说你不应当出海远

---

⑲ 也即塞涅卡上文(3.2)所提到的芝诺的原则,智慧的人"应该走进公共生活,除非有什么阻碍。"

⑳ 此处的拉丁文 *Fastidiose* 不是一个褒义词。如果只有在"挑剔的"时候,有智慧的人才始终选择一种个人生活,那么,对塞涅卡而言,这也许还不能得出结论说"对所有有智慧的人来说引退就是必须的了"(他在后文 8.3 得出这个结论)。See Griffin, pp. 332f.

㉑ 公元前 323 年,亚历山大大帝去世,雅典随即爆发了反马其顿的情绪,亚里士多德(他和腓力以及亚历山大大帝父子俩的亲密关系人所共知)得知自己被控渎神,为了"不让雅典第二次对哲学犯罪",他逃到了卡尔基斯(Chalcis),一年后在那里去世。

㉒ 这是针对民主制度的一个常见抱怨。

航，因为海难屡屡发生而且经常突降风暴吹得船偏离航线，那么我想，他是在告诉我，不要起锚，虽然他嘴上是对远航的溢美之词。……

论恩惠

——写给埃布提乌斯·里博拉里斯

导　　读

写作对象和日期

《论恩惠》是写给埃布提乌斯·里博拉里斯(Aebutius Liberalis)的,他是一位里昂(Lyons)人①,塞涅卡在 V 1.3 节赞扬了他的慷慨。除了塞涅卡本人谈到过这个人之外,我们对他可谓一无所知。一个想当然的说法是,他所以被拿来当做一部关于善意行为的著作的写作对象,仅仅是因为他的名字实在是太合适了:Liberalis,即"慷慨"。②

这部著作写于公元 56 年臭名昭著的卡尼乌斯·莱比鲁斯(Caninius Rebilus)(塔西陀,《编年史》XIII 30)去世之后,塞涅卡在 II 21.6 节提到了他,而如果他还活着其措辞根本就不可能如此;并且很可能也是在公元 59 年尼禄的母亲阿格里皮娜去世之后,因为如果她还在世并握有权力的话,塞涅卡在行文之时就不会如此称

---

① 公元 64 年里昂火灾给他带来的悲痛正是塞涅卡《书简第 91》(*Letter 91*)切入的话题。
② 参见 Griffin, p.455 and p.319 n.5.

赞克里斯普斯·帕西安努斯（Crispus Passienus）了，他是阿格里皮娜的第二任丈夫，死于阿格里皮娜煽动的谋杀。这部著作的主体一定是在公元64年夏天、在写作"Letter 81"之前就完成了，因为这封信提到了"我们关于恩惠的几卷"。③ 实际上它也很可能早于公元62年毁灭了庞贝城主体的地震（塔西陀，《编年史》XV 22）事件。④ 这场大灾难叫塞涅卡就人类的道德问题进行了一次雄辩的沉思（《自然问题》(*Investigations into Nature*) VI Pref.）。如果在写作《论恩惠》之时就已经发生了这次地震的话，那么，他在 IV 6.2 节把这世界描述为一个大大的"没有火灾或者下陷危险"的居所时，就要踌躇一番了。

题目和内容

从1613年的托马斯·洛奇（Thomas Lodge）以来，塞涅卡的英文翻译者对 *De beneficiis* 的标准译法就一直是"On Benefits"——论利益⑤，这很像是西塞罗的 *De officiis* 在好几代人中都被说成是"Tully's Offices"*。但遗憾的是，拉丁文 *beneficium* 在严格意义上讲意思是"施舍"（benefaction）或者"慈善行为"（kindly deed），而 benefits 在现代英语中的普通意思是"优势，利益，好处"。"利益"乃是从"慈善行为"中得到的某种结果——它也就是你所得

---

③ 81.3. 这封信本身就是说这个话题的。
④ 注意不要混淆于公元78年将整个城市夷为平地的那场地震。
⑤ 亚瑟·古尔丁（Arthur Golding）于1578年所翻译的一个更早的文本——*The Workes of Lucius Annaeus Seneca both Morall and Naturall* (London 1614)——中，把这个书名做了意译，冗长但不失精确，即"*The woorke of the excllent Philosopher Lucius Annaeus Seneca Concerning Benefyting, thst is to say the dooing, receyving and requyting of good Turnes*"。
* Tully 是西塞罗的姓氏，这个题名直译为"图利论责任"，但后来的英译一般是"On Duties"，即我们熟悉的《论义务》。——译者注

到的东西。⑥ 但是,塞涅卡所关注的主要在行动和动机方面,而 *beneficia* 最简捷的英译几乎在所有的时候都是"favours"——恩惠⑦,尽管有的地方翻译成"kindness"(善意)甚或是"acts of kindness"(善意行为)读起来更好一些。⑧

什么东西可以说成是恩惠呢?它的含义"既指做好事的行为,又指一个行为所给予的东西——例如一笔钱,一个房子,一袭官衙长袍"(Ⅱ 34.5),这个词可以用来描述任何行为或者赠与,不论官方正式的还是个人私下的,而其接受者也有理由对此心怀感激。⑨塞涅卡本人就此作了一些修正。在Ⅰ 11 章,他区分了三种恩惠:不可或缺的、有所裨益的和令人愉快的。第一种的例子就是把一个人从致命的危险中解救出来——从"公敌宣告"中(Ⅱ 11.1)、从海盗手上(Ⅰ 5.4)或者从船只失事中(Ⅳ 37),或者在法庭上捍卫那人的名誉、保护他的自由(Ⅱ 35.3),或者拯救他儿子的生命或是宽恕他的父亲(Ⅱ 25.1);"有所裨益的"一种包括政治的、社会的或者物质的等所有种类的帮助——公职的嘉奖(Ⅰ 5.1,Ⅱ 27.4),给予市民权,赠与土地、财产和金钱,更不用提担负某人的债务(Ⅱ 7.2);而"令人愉快的"恩惠包括赠送书籍和葡萄酒。塞涅卡在其他章节给出了进一步的信息,并开始说教他自己的哲学原理。要想成其为恩惠,一个好的举动必须有其实质性的内容——诸如向一个乞丐

---

⑥ 同样,"to benefit"某人的意思不止于 bene facere,即给他做一项有益之事。它意味着他的的确确得到了某种好处或利益。在洛奇那个时代,这个词的内涵要丰富一些;"benefit"当时的确有"好行为"、"慈善行为"的意思,如在 *Authorized Version Epistle to Philemon* 14:"that thy benefit should not be as it were of necessity, but willingly"。

⑦ 这样一来,一些拉丁文短语在翻译过来的时候就要有些改动。塞涅卡在谈到 *beneficium* 时会说到"giving"、"receiving"和"returning"(*dare, accipere, reddere*),但在普通的英语用法中,"favour"或者"kindness"可以"done"而不是"given",尽管它可以"granted",另外它当然可以"accepted"或者"returned"。我们在翻译这些短语的时候做了适当的调整。

⑧ 例如Ⅰ 4.6,15.1。

⑨ Cf. Veyne, pp. 348f.

丢弃一枚硬币之类的做法实在无足道也；并且它的实施必须是为了受益者(IV 29)。它还必须是**自愿的**。恩惠乃是一个自发的行为(I 6.1)，是对接受者的不受拘束的善意表达。（就此，它就和一项 *officium* 或说"义务"区别开来。）它并不表明接受者一方拥有什么权利或不可否认的权利主张。⑩ 一项恩惠也不产生任何法律义务。它没有"市场价值"。因为一项特定的恩惠组成内容为何，其所及范围又为何，这都没有一定的协议(III 7.6)；不能确定的因素实在是太多了——有关各方的态度、他们的环境以及诸如此类。这样说来，恩惠不能像那些有其市场价值的货物和服务那样，进行定量精确的交易⑪，——并且这意味着忘恩负义固然可恶，但却不能像欺诈行为那样成为合适的诉讼标的(III 6—17)。当然了，恩惠应当被回报。但是它们的回报不能精确地做到数字相当，尽管这回报也会被认为是不是足够而充分的。它常常是不相等值的，也是无由量化的，因为"一项恩惠可以用一种方式作出，而回报则是用另一种方式"(III 9.3)。举例来说，一个富人可以给公共浴池提供油脂，作为回报，他被授予一尊雕像以示褒奖。⑫ 实际上，我们不妨回到塞涅卡的所举的例子上来，对金钱、房子或者官袍的合适回报，有的时候或许仅仅是善意和感激。斯多葛派哲学家在故作惊人地主张"快乐地接受一个恩惠，这就已经是对恩惠的回报"(II 31)时，他们不过是在夸大一个基本的事实。

---

⑩ 故此 *beneficium* 可以比照于 *iudicium*（评价），后者是一个合情合理的功过是非之评价。参见后文 I 15.5。

⑪ 塞涅卡在使用商业语言把恩惠描述为"一个不能回报的借贷"时(IV 12.1 f.)，他承认他是在使用比喻的方法。

⑫ Veyne 和 Murray 使用了这个例子（见 Veyne 著作的"导读"，Veyne p. xiv）。

背景和资源

《论恩惠》是一部关于普通人之间所施行之善意行为的著作。[13] 塞涅卡并不关注君主、地方行政官和贵族为整个社会所做的堂皇壮观的慈善行为[14]——建造奢华的公共建筑、资助盛大的节日等等,尽管这些在古代世界具有重要的意义。但是,他仍然可以说恩惠是"这么一个东西,它比别的任何事情都更能维系一个社会"。[15] 他这是在借助于一个早已被承认的生活常识。古代社会在非常大的程度上就是一个靠忠诚而结成的组织,它靠这种或那种的恩惠行为产生并维系。(现代社会在一个较弱的程度上也是如此。)这些恩惠行为对社会凝聚力所具有的重要意义,在德谟克利特那里已经有其论证(Fragment 255),而亚里士多德则先于塞涅卡用此种方式论述了这个话题。他也审视了如何量化恩惠多寡的问题(《尼各马可伦理学》VIII 13,1163a9—23)。他也像塞涅卡那样,在施惠者的态度和艺术家对其作品的态度之间做了一个类比(IX 7.1167b33—68a3)。在《修辞学》中,他给 χαριζ(拉丁文的 gratia)[16]的定义是"对需要帮助之人实施的帮助,这样做并不是为了任

---

[13] 因此有必要区分并追问自己"为谁?要做什么?如何做?何时做?"(参见 I 15.1—3,II 15.3,IV 9.2—11,等章节。)塞涅卡泛泛谈及为整个社会所为之慈善行为的唯一段落,是他在谈论众神对整个人类的慈善、以及人类之中单个的个人要模仿众神之时所面临问题之时的那个段落(IV 28)。

[14] 就此参见 Veyne, *passim*. 此种慈善行为的目的更像荷马笔下的英雄们对他们的来访者赠与珍贵礼物的行为(就此参见 O. Murray, *Early Greece*(London 1980), pp.50—2),旨在给施惠人带来朋友,影响人民,博得荣耀和善意。关于古代的"礼物经济"——此处所提及仅仅是这个问题的一个方面,参见上引书,p. xiv 和 M. Mauss, *The Gift*, English Edn., (London 1954) p. 2.

[15] (I 4.2)。西塞罗也同样把恩惠和感激视为"和谐的纽带"(《论目的》(*On Ends*)II 117)。

[16] 关于这个希腊术语的内涵,参见 I 3.2 节处的 n.5。它们既有"善意"(benevolence)的意思,它促使你作出善意行为,也有"感激"(gratitude),即你在接受善意行为时可能感受到的东西,还有善意行为本身。

何回报，也不是为了实施帮助之人的利益，而是为了别人"。⑰

但是，塞涅卡的写作激情主要来自斯多葛学派更早的"论恩惠"的著述。⑱ 这一学派的第二号人物克里安德斯(Cleanthes)曾经写过一部《论恩惠》⑲，克吕西波(Chrysippus)也有写作。⑳ 但是塞涅卡的主要借鉴对象看来是赫卡顿(Hecaton)，他是潘尼提乌(Panaetius)的学生，并且也像潘尼提乌一样写了一部叫《论义务》的著作，其中很可能有讨论恩惠问题的内容。㉑ 除了一些片段，这些作品都已散佚不存。但是我们还算幸运，斯多葛学派就恩惠问题的思想，大量地保存在塞涅卡卓越而包罗广泛的随笔论述中。他是作为一个坚定的斯多葛派哲学家来写作的，他引以自豪的信条就是人乃是"一个社会动物，为了公共的善而生"(《论仁慈》I 3.2)，"人为了相互帮助而降生世间"(《论愤怒》I 5.2)。㉒ 他的学派在人类彼此之间自然感受到的"相互吸引力"上发现了这一信条的证据，而这个相互吸引力在婴儿行为上就已经很明显地体现出来。㉓ 这并不是说我们应当或者能够仅仅在这个自然感受的基础上享受我们的成年生活。但是它们的确意味着，对别人的关心和相互的帮助，属于"自然规范"的范畴㉔，而这有助于规定人类生活的正当

---

⑰ II 7,1385a17—19. 如何评价恩惠的问题，是修辞学的课程内容。参见西塞罗，《论修辞学的发明》(*De Inventione*) II 112.

⑱ 关于塞涅卡写作《论恩惠》时所利用的资源，有一个详尽的论述，参见 F.-R. Chaumartin, *Le De Beneficiis de Seneque, sa signification philosophique, politique et morale* (Paris 1985), pp.31—154.

⑲ περι χαριτος, Diogenes Laertius, VII 175. 塞涅卡在《论恩惠》中三处援引克里安德斯的地方(V 14.1, VI 10.2 和 12.2)可能都是来自那部著作。

⑳ 塞涅卡在 I 3.8ff., II 17.3 和 25.3, 和 III 22.1 等章节讨论了克吕西波的观点。

㉑ 塞涅卡在 I 3.9, II 21.4ff. 和 III 18, IV 37.1 引用了赫卡顿。

㉒ 并参见《论仁慈》II 5.3, 6.3;《论个人生活》1.4, 3.5. 在《论恩惠》IV 18.2—4 节，这个话题再次以"伙伴关系"(*societas*)的说法出现，他认为这是神或者自然连同理性一并赋予人类的东西，为了叫他们彼此保护，以对抗那些在体格上远为优越的动物的捕食。

㉓ 参见西塞罗,《论目的》III 62—3.

㉔ 参见"全书导读" p. XXIII.

方式。相应地，作为成年人，我们不再根据本能行动，而是要按照我们自己对什么是正当生活的理解来行动，因此我们应当认识到，相互帮助和对他人利益的关心是自然规范中的重要内容。而如果某些种类的帮助——例如给陌生人指出通向下一个城镇的路——还仅仅是一般人性中的义务的话，那么，那种堪称"恩惠"的更富内涵、也更个人化的帮助，就体现了我们所能够理解的最重要的自然规范。斯多葛学派一贯坚持的信条是，施惠与受惠的心理内涵——恩惠之举也，其本身即是目的，或者以受惠者为目的，并且受惠者为此心怀感激——赋予了这种恩惠之举以人性的价值。这样一来，塞涅卡对恩惠之施与、接受和回报等详尽而复杂的论述，就成为对一般意义上的人类道德的探讨，成为对单个的人类成员之所以走到一起来、并结为社会之纽带的探讨。

提　　要

我们此处的译文，仅是《论恩惠》七卷中的前四卷内容。塞涅卡本人说过，该著作所有核心问题的讨论都已包含在这四卷中；其他三卷讨论的是一些补充性的问题，虽不乏吸引人的地方，但无关宏旨，它们"实际上没有回报那付出的努力，但也并非完全糟蹋掉了那份努力"（Ⅴ1.2）。

塞涅卡自己告诉我们说（Ⅴ1.1），该著作的讨论主题局限在如何施行恩惠与如何接受恩惠的问题上。他在第一卷和第二卷里，对这些问题做了周密而系统的讨论，比照他自己一贯的风格，这一部分的行文相当简洁而用意专注。第一卷开始是一个生动的绪论（1—4），它结束的时候提出了那个叫人念念不能忘怀的美惠三女神的形象。她们在跳舞的时候手拉着手，那象征着"有一个善意之举的顺序，它从一只手传递到另一只手"，最终回到那个最早给予的人,并再一次从那个人传递出去,而"如果齐心协力维持住这个传递,这个整体也最是可爱美丽"(3.4)。接下来,塞涅卡给什么是恩惠作出了定义:一个自愿的善意行为(6.1)。这个行为本身不同于它的载体,即那个"物质的"帮助或者礼物——这些东西也可以用"恩惠"(beneficium)这个词来指代,这不免给人带来一些困惑;为了把两者清楚地区别出来,他用苏格拉底和他的学生的一个故事来说明这个界限(8—9.1)。接下来把话题一转,专门谈论忘恩负义的丑恶,这一部分的篇幅不太确定(文本中有一段脱漏)(9.2—10)。该卷剩下的内容(11—15)继续讨论人们应当给予什么样的恩惠。接下来,就是施行恩惠应当注意的方式——及时、有的时候要公开有的时候则要秘密、不要盛气凌人、还要考虑受惠者的真正利益。第二卷的前半部分讨论了这个方式问题(1—17)。接下来就又是一个重要的类比:交换善意和传球的游戏(17.2—8)。这之后,该卷的第二部分(18—35)讨论有关接受恩惠的问题——从谁那里接受恩惠(18.3—21)和接受恩惠的正当做法:应当欢欢喜喜地接受,好对施惠者的善意表达感激(22—5)。接下来,又把话题一转说到忘恩负义上来,这一次是讨论它的动机(26—31,其中有一个段落比较明显地叫人联想到《论愤怒》),然后,文本内容言归正传,雄辩地论证了斯多葛学派的一个悖论,即"怀着欢喜的心情接受恩惠就是对它的回报"(31—6)。

在第二卷里,塞涅卡就表示过要摆脱那个严格讨论"如何施行恩惠"和"如何接受恩惠"的计划,而要采取一个更为松散、更为自由的与恩惠相关的"问题"编排。第三卷和第四卷就完全是这样编排起来的内容。这两卷的内容回答了有关恩惠的各个具体问题,这也正是它们旁敲侧击的意义,并因此从若干不同的角度阐述整个作品的中心话题。第三卷开头仍然是对忘恩负义之事的批评,或者更确切地说是对"遗忘"——这是最为糟糕的忘恩负义——的批判(1—5)。然后,一个设问:忘恩负义是否应当被诉诸法律。塞涅卡的回答是不应当,这个回答没有出于我们的意料。但是,他却是从几个角度来探讨这个问题,颇具启发性。塞涅卡拿出专门的篇幅来讨论这个问题,这本身就说明他是如何重视这个忘恩负义的事情。它会颠覆社会的正当秩序,在这一点儿上它和那些需要诉诸法律惩处的作奸犯科没有两样。但是恩惠之所以不适合于这种特殊的公共制裁,是因为它们是个人私下的行为,是一个主观上的东西。这是一个决定性的因素。把恩惠当做一个商业交易,你就必然糟蹋了恩惠(14.4)。你不能用保证人来担保恩惠,你只能凭借对方的诚信。这一部分讨论的结尾是用一副挖苦的口吻谈到用来保障交易安全的各种法律手段(15.1 f.)。"这就承认了人性的欺诈和邪恶,这真是一个叫人蒙羞的坦承啊!"塞涅卡这样哀叹(15.3)。在塞涅卡之前一个世纪,罗马法领域已经开始有专门的著作讨论诚信缺失问题㉕,但是塞涅卡对此不闻不问。他不是作为一个社会或者法律改革家而写作,他是一个道德说教者,他要鼓励他的读者超越日常生活中的市侩习气,去模仿众神,而不要效仿放贷的人(15.4),要变成一个德行更好的人。(他在此处所持的态度和在《论仁慈》中一样,他认为一个国家的福祉,其决定性因素不在于什么宪法性的改良,而仅仅在于君主卓越的道德。)

在第三卷余下的章节(18—38)中,同样可以见到这种隐含的劝诫:要超越常规社会生活的角色局限。塞涅卡追问说,奴隶是否可以给他的主人施行恩惠(18—28),儿女施行的恩惠是否可以超过父母的养育之恩(29—36)。所谓"恩惠",它不包含事先存在的义务内容,它区别于一个奴隶不得不为的"仆役",也区别于家庭成

㉕ 例如与西塞罗同时代的盖尤斯·阿奎利乌斯(Gaius Aquillius,公元前66年任副执政)著名的《欺诈程式》(formulae de dolo)一书。See Cicero, *On Duties* III 60; *On the Nature of the Gods* III 74.

员肩负的"义务"(18.1)。人们似乎认为,一个严格意义上的奴隶不能对他的主人施行恩惠,并且,一个在别的场合可以被称为恩惠的东西,如果是一个做儿子的人——他在罗马法上的地位不完全等同于一个奴隶㉖——所实施,这就是他在履行自己做儿女的义务。塞涅卡不这样认为,在论证这一点时,他不仅像许多别的古代作家那样令人信服地为全部人类本质性的高贵——这差不多也可以被称为本质性的权利——辩护㉗,而且,他还要求我们超越常规的角色和态度,养成一个更为胸襟坦荡的品德,这也正是所有的理性动物——主人和奴隶、父母和孩子——都能够实现的东西。

第四卷的行文具有更重一些的哲学色彩。他长篇大论地(1—25)论证了斯多葛学派的信条,即施行恩惠和感恩都是"本身即是目的"的抉择,并批判了伊壁鸠鲁学派的看法,即这些行为之所以发生,之所以一直在被实践,仅仅是因为它们能增加我们共享的安全和共有的快乐。这个论证从神学开始,以神学结束(4—9,25)。塞涅卡很是雄辩地指出,我们施行恩惠应当像众神给我们的恩惠一样,不要有什么捞取未来的回报的打算。我们的行动应当模仿他们的行动,因为作为理性的存在,我们要想叫我们自己完美起来,只能去跟随那行动已然完美的理性存在的脚步;并且,众神在把世界秩序以及所有提高我们生活品质的东西恩赐给我们时,他们想到的并不是别的什么事情,而只是恩赐行为本身的内在价值。但是,这并不意味着,我们的恩惠就应当不做区分,而毋宁是说,我们不应当根据我们自己的金钱利益来做区分,而应当根据别的原

㉖ See Crook, pp.107—13.
㉗ 在 III 18.2,塞涅卡实际上说到奴隶的 *ius humanum*,即"人的权利"。联想到有一个法律概念是:*ius Latti*,即"拉丁人的权利"(一种有限制的罗马市民权),塞涅卡所谓的 *ius humanum* 很可能是想指称整个世界人类共同体之内的一种市民权,或者说是众神和人的宇宙城市内的一种市民权(参见"全书导读")。但是,为了不叫我们会把这个说法理解成一个普遍人权的政治信条,塞涅卡立刻补充说:"有意义的是心智的状态,而不是他的地位与身份。"

则(9.2—11)。实际上,我们甚至甘愿以危险和损失为代价去施行恩惠,因为我们热爱我们自己的善举(12.2—15)。说到这里,我们就来到了斯多葛学派伦理学的中心所在。善意与感恩——就像其他高尚而有德行的事情一样——拥有一种美,它引领着我们为了它们的原因而选择它们(16—18,20—22)——伊壁鸠鲁的虔诚就正是这种超然态度的一个例子(19)。同样的道理,我们对宇宙的壮丽感到惊奇,而完全不是因为它给我们的大量恩惠(23—4.1)。

  该卷第1—25章的内容凝聚着最为浓厚的斯多葛学派哲学的色彩,这也是整个作品最为紧要的部分。剩下的章节就又开始趋于平淡,塞涅卡在这里讨论了三个问题:"如果我要模仿众神,对那忘恩负义之人,我也要施行恩惠吗?"(26—32)"如果我不能确定那个人,我怎么做?"(33—9)还有"总是应当回报恩惠吗?"(40)在回答这些问题时,他再一次旁征博引他的斯多葛学派的理论。他区分了两种不同的忘恩负义,一种是我们所熟悉的邪恶,一种是除了那有智慧的人我们都做不到完美的感恩(26—7)。塞涅卡解释说,尽管施行恩惠必须是为了接受者的原因,但是,以众神为榜样,对那不配领受恩惠的人施行恩惠也是十分适当的行为,因为他周围牵扯到那配得上这恩惠的人(28—30),接下来,塞涅卡又为神意做了一个颇为奋勇的辩护(31 f.)。他又诉诸斯多葛学派"留有余地"的信条,即小鸡孵出来之前不能算数(34.3—5),并解释了为什么当环境发生了变化,一个人改变决定有其适当的道理。但是在就要结尾的地方,讨论开始显得有些敷衍,似乎这些问题已经是后面三卷里要讨论的那些补充性问题了。

第 一 卷

序 言

施惠与受惠时所犯的错误

1 （1）最是优秀的里博拉里斯啊，那些在生活上鲁莽行事、没头没脑的人会犯很多各式各样的错误，但是在这其中，我简直不知道哪个错误比不会施与恩惠、或者不会接受恩惠更有失体面的呀。① 这个道理是，施行恩惠有欠妥当，接受恩惠也不见承情。它们得不到回报，而我们的抱怨也就太迟。这样的恩惠一旦出手，也就等于歧路亡失。（2）这就难怪，缺德的事情许许多多，而最常见的还是忘恩负义。

我知道这有多种原因，而第一个就是我们没有选对施与恩惠的那个人。在没有弄清楚一个人的家当和生活方式的时候，我们不会把钱借给那个人；我们也不会把种子撒在贫瘠不毛的土壤上。但是，我们的恩惠却是不加任何区分地虚掷——而不是给予——出去。（3）我也不能轻松断言，否认别人的恩惠或者向别人索要

---

① 原文是 *nihil propemodum infignius... dixerim.*

回报,这是不是更为可耻,因为恩惠乃是一种人情债,只有出于自愿的回报才有其意义。在这里,以无力偿还当做借口尤其有失体面,这道理很简单,偿付这个义务需要的不是金钱,而是心智上的态度:对一个恩惠表示感谢即是对它的回报。(4)但是,那些连一声感谢都不说的人固然该受责备,我们也有我们的问题。我们遇到了很多忘恩负义的事,而我们又亲手酿成了更多的忘恩负义,因为我们期期求报叫人难以忍受,因为我们在给出礼物之后还在无常反复,因为我们吹毛求疵又牢骚满腹。于是整个结果南辕北辙,不仅是事后如此,当我们在施行这个恩惠之举时便已如此。(5)我们有谁细心听到了那轻声的请求?或者是听到了一个请求?没有,刚一感到有人走上前来要向我们请求什么东西时,我们就皱起了眉头,把目光躲开,一本正经地忙碌,故意沉浸于一场没完没了的交谈,叫那请求人根本没有开口的机会;我们使用各种小智谋,来回避那人的燃眉之急。(6)而当无所逃遁时,我们要么拖延这个恩惠之举——这实际上就是"不"的另一种窝窝囊囊的表达方式,要么很不情愿地答应下来,眉头紧皱,吞吞吐吐。(7)没有人会感激那与其说是答应、不如说是勒索出来的东西。傲慢地丢下一个恩惠、或者愤怒地甩出一个恩惠、或者面对恳求不胜其烦而施舍一个恩惠,没有人会对这等恩惠真正感激。要想从一个在等待中筋疲力尽、在忐忑中备受折磨的人那里得到一个积极的回应,这就把事情搞颠倒了。(8)一个恩惠在什么心态下施与,它也就在什么心态下接受。所以,施与恩惠不能漫不经心;一个人莫名其妙地得到别人的施舍,他只会为自己庆幸而已。施与恩惠也不能迟延;对任何帮助而言,其意义就在于行为人的自发自愿,而迟延则意味着吞吞吐吐的拒绝。而最重要的是,施与恩惠而不要羞辱别人;羞辱留下的印象比任何帮助都更深刻,这是自然决定的事情。帮助的印象会很快逝去,不留痕迹,而羞辱则简直叫人刻骨铭心。这样说来,如果你的恩惠成了别人的包袱,却叫人不能容忍,你还能指望什么呢？那人不再计较这个恩惠，这就将是十足的感谢了。

（9）饶是如此，忘恩负义的人不论有多少，都不是不做好事的理由。首先，我说过，是我们助长了那个数目。其次，那永生不死的众神，他们的仁慈慷慨而没有穷尽，他们也遇到了悖逆天理或者麻木不仁，但这些事情并没有打消他们的仁慈。他们凭着他们的自然本性来行事，他们对世间万物普施恩惠，即使是对那些不懂感激的人，众神也是一样地恩赐。我们应当以众神为榜样，只要我们的人性之中还有脆弱的东西。我们所施行的恩惠应当是一个礼物，而不是一个投资。而如果你在给出的时候想到的是回报，那么你就活该上当受骗了。（10）姑且认为这个问题一向糟糕吧；而我们都知道，孩子和妻子们也是一向会叫人失望的呀，但是我们仍然要生养孩子，也仍然要结婚。我们是如此不肯接受教训，我们在经历失败之后依然要投入战争，在经历海难后依然要出海远行。如此说来，在施行恩惠方面坚定立场，这会是一个多么体面的事情！因为没有回报就拒绝施惠，这等于说你是为了回报才做这等事情。这就为忘恩负义提供了一个很好的借口，浑水摸鱼，咎由自取。②
（11）有多少人不配看见太阳的光照啊！但是拂晓还是要来临。有多少人抱怨他们竟然降生到这个世上啊！但是自然还是孕育新的幼苗，并叫那些宁肯不存在的人们继续活下去。（12）一个伟大而善良的心智，其标志就是施与恩惠而不图回报，为了施惠而施惠，并去寻找那好人——即使曾经遇到了坏人。如果不曾有谁叫你失望过，那么就算帮助过很多人又能赢得几多的荣耀呢？事实是，美德在于施与恩惠而不问回报，尽管总有什么优异的人物因为

---

② 塞涅卡想说的似乎是，为了得到什么回报才作出一定的恩惠之举，就等于把那回报当成了一个严格的义务，*a quid pro quo*；此时，拒绝进行回报也就不算道德上的耻辱，因为道德上的耻辱（或荣誉）意味着一个人可以自由地抉择他自己怎么做，而并非不得不如此这般地来做。参见 III 7.2—3 节，塞涅卡在那里讨论了对一个恩惠进行回报为什么值得赞美。

施行恩惠而马上收获利益。(13) 我们不应当因为这些芥蒂而踌躇或者迟疑做那原本很好的事情。实际上,如果我注定不再指望什么知恩图报的话,我倒宁可我的好意不需要回报,而不是不去做这些事情。拒绝行善也就意味着忘恩负义,两者相去不远。我要解释一下我想说的意思:对恩惠不作回报,这是一个比较大的丑陋,但不肯施行恩惠也是一种丑陋,而且它发生在先。

2 (1) 面向人群,你若把你的恩惠抛撒

　　*一个恰到好处,许多注定迷失去处*③

在第一行字里,有两点儿需要反对:恩惠不应当向人群闲抛,并且随便抛撒任何东西都是不妥当的——至少是你的恩惠不当这样。恩惠本身包含着一个判断,去掉这个判断因素,恩惠也就不再成其为恩惠了;它们在抛下之时,应当被称为别的什么东西。(2) 但接下来的伤感之言却叫人钦佩:有一个恩惠恰到好处,这就足以补偿那迷失去处的几个呢。但是且慢,请听我的解释:如果要施惠者为了施惠而施惠,哪怕他作出的一切都没有落实到恰好的地方,这也许就更真实而恰当地合乎了他的道德境界。如此说来,说"许多注定迷失去处"是有失妥当的。我们什么也没有丢失,因为所谓的丢失是以计算为前提。(3) 但是,就恩惠来看,这个账目很是简单。这就是一个纯粹的付出的问题,任何回报都是一个纯粹的收益;而如果没有回报,也不存在损失的问题。我施与仅仅是为了施与。所谓恩惠,它不是在确定的钟点确定的日子里,一个人要翻开账本而面对的东西,它不需要贪婪的逼债的人。把恩惠当做开支记录在账本上,那就成了肮脏的高利贷。(4) 不管你早先的恩惠结果如何,你都应当一如既往地对别人施行恩惠。这些恩惠在不知感恩的人那里不见任何消息,但是也许有一天,因为羞耻之心、因为情势所逼、或者因为榜样

---

③ 这两行诗文的作者无名氏。

感召,那些人学会感恩,这事真是再好不过呢。不要停下你的步伐,坚持做好你的工作,做到一个好男人的角色!帮助人们,用金钱,用赞美,用影响,用建议或者明智的教导。(5)连野兽都会接受善意的行动,没有哪种动物野蛮到不能被你的照料驯服,不会对你的关心表现出柔情。狮子的嘴巴总是任那训练狮子的人抚摸,而如果你喂它食物,残暴的大象也会被调教得像一个奴隶那样温顺。④ 同样也是如此,凭着坚持不懈的善意,即使那些不能理解或者不能明白恩惠价值的动物也能被征服。也许啊,一次的恩惠会遭遇到那不知感恩的人——但第二次就未必呢。就算两次都被那人遗忘了——第三次也许就唤回了前面丢失了的记忆。

3 (1)如果你直截了当地作出结论说所有的恩惠都是一个浪费,那么它们就真会成为浪费。如果你坚持一次一次地做下去,你总会赢得一份感激,哪怕是从冷漠而麻木的动物那里。面对着如此之多的恩惠,一个人将没有勇气抬起他的眼睛来;不论他想如何逃避,你都要叫他看见你,你的恩惠无处不在。

美惠三女神⑤

(2)此类恩惠的特殊品质或者说精华是什么呢?我来告诉

---

④ 比较《论愤怒》II 31.6.
⑤ 拉丁文 gratia("grace",即优雅意)翻译的是希腊文 χαρις,这个概念的外延既包括外貌上的"优雅",又包括对某人的"殷勤"和对某物——就如对一个具体的"恩惠"一样——的"感激"。这些女神代表着由自然之丰饶所唤起的优雅、魅力、和欢乐,她们又被称为"卡里忒斯"(Charites),最初并没有确定的个数,并且也有着不同的名称。从赫西奥德开始,她们通常就是三个之数了。这些女神和缪斯(Muses)有很多牵连(《神谱》(*Theogony*)64),尤其是和爱神阿佛洛狄忒(Aphrodite)有联系(Homer, *Cypria* Fragment 5),古代的艺术家(以及后来文艺复兴时期的艺术家)通常按照塞涅卡所描述她们的样子来描绘她们。她们的名称变动不拘,这就使得她们成为克吕西波那样的哲学家拿来进行讲故事的话题。塞涅卡本人对这个神话故事及其寓意也有点像是信手拈来而已,但是,这却给他提供了一个主要的形象比喻,用来说明恩惠在人类社会中的两种作用中的一个作用;另外一个重要的形象比喻(也是来自克吕西波)是 II 17.3—7 和 32 节的球类比赛。关于这个影响深远的谈论主题的后来历史,参见 Edgar Wind's *Pagan Mysteries of the Renaissance* (London 1958)中论"塞涅卡笔下的美惠女神"的章节。

你,你要先允许我暂且岔开话题,讨论一些并不完全相干的问题。为什么美惠女神的个数是三个?并且为什么她们是姐妹?为什么她们手挽着手?为什么她们微笑、年轻而且是处子?为什么她们的衣饰宽松而又透明?

(3)有的人会是这样认为的,一位女神要施与恩惠,第二位女神接受恩惠,第三位则回报恩惠。而在另外一些人看来,施行恩惠的人分为三类——一类是因为率先施惠而有权享受恩惠,一类是回报恩惠,还有一类是在接受恩惠的同时即已回报了恩惠。⑥ (4)对这两个说法,你可以作出你自己的选择。知道这些对我们有什么用处呢?她们手拉着手围成一圈跳舞的喻义是什么呢?这就是,有一个善意之举的顺序,它从一只手传递到另一只手,并最终回到那个给予的人,并且如果这个顺序在什么地方被打断的话,整体的美也就要失去了,而如果它齐心协力维持住这个传递,这个整体也最是可爱而美丽。但是,在这个手拉手的舞蹈里,那个年龄较大的姐姐要获得更大的荣耀,这正像那率先施与恩惠并因此赢得权利享受恩惠的那些人一样。(5)她们的表情是快乐的,这正是施与或者接受恩惠之时通常有的表情。她们年轻,因为恩惠的记忆不应当变老。她们是处子,因为恩惠清白,不会被破坏,她们

---

⑥ 我们不能肯定地知道最早提出这两种阐释的是谁,但从上下文来看他们应当是斯多葛派的哲学家,塞涅卡在下文(3.8 ff.)接着批评了克吕西波和赫卡顿就美惠女神的其他观点。在第一种阐释中,三女神象征了一个仁慈过程的三个阶段:施与、接受与回报恩惠。在第二种阐释中,她们象征着三种仁慈行为:主动施与恩惠、回报恩惠和心怀感激地接受恩惠,而心怀感激就等于是对恩惠的回报——塞涅卡在写"满心欢喜地接受一个恩惠也就是对它的回报了"(II 30.2)之时,他所说的也就是这个感激。这两种对美惠三女神常见描绘形象(如那不勒斯一家博物馆所藏的一幅来自于庞贝古城的壁画上的形象)的喻义阐释都难以叫人满意。一个恩惠的施与、接受和回报过程只需要两个参与人,但是在大多数绘画形象中那居于中心地位的形象,也就是那个优雅地接过来并给出去的那个形象,不像是在返回那个礼物,而更多地是在接着传递那个礼物。塞涅卡行文至此接着说到(尽管有些含糊地)一个"善意之举的顺序",这就更好地阐释了这个喻义。亚里士多德(《尼各马可伦理学》V 5,1133a3—5)也提到过一个三分的过程,即恩惠的施与、回报和受惠者后来给施惠者施与一个新的恩惠。

在所有的人看来都是圣洁的。她们不应当有束缚或者限制,所以她们的衣着宽松——并且实际上是透明的,因为恩惠渴望明白显现。

(6) 也许有的人对这些希腊人的解释着迷而又盲从,他们要说这样的阐释很有必要。但是没有人会相信,赫西奥德给这些女神加上的名字会和我们讨论的话题有关系。他叫那最年长的阿格莱亚(Aglaie),第二个叫欧佛洛绪涅(Euphrosyne),第三个叫塔利亚(Thalia)。⑦ 对于这些名字的意思,每一个人都是随意拿来曲解,以便叫它合乎一个什么理论,或者合乎别的什么理论。而实际上,赫西奥德只是凭着自己的想象,给这些姑娘们安排了一个名字而已。(7) 荷马也是如法炮制,他给一个姑娘改了名字,叫她帕西忒亚(Pasithea),并许给她一份婚姻。⑧(你就不难明白,这些处子何以不是维斯塔神庙中的祭司!)⑨我还能想到另外一个诗人⑩,他叫这些女神们束上了腰带,并给她们穿起了厚厚的佛里先(Phryxian)羊毛的长袍。并且墨丘利(Mercurius)和她们站在一起⑪,这并不是因为这些美惠女神需要赞美的理由或演说,而是因为那作画的人喜欢这样画她们。

(8) 而作为哲学家的克吕西波呢,他在挖掘真理的本质时,有着众所周知的犀利和敏锐,而他在说话时也是恰到好处,言简意赅,不用任何冗余的言辞,但是,他竟然也叫那幼稚的无聊琐细充

---

⑦ 《神谱》906—910. 这些名字象征着一些常见的观念,阿格莱亚的意思是"壮丽",欧佛洛绪涅是"欢乐",塔利亚是"宴飨"。

⑧ 在《伊里亚特》XIV 267—269 节,赫拉(Hera)答应修普诺斯(Hypnos)说,如果他叫宙斯(Zues)陷入睡眠,她就会把"一位年轻的卡里忒斯……也就是你整日思念的帕西忒亚"许配给他作他的新娘。

⑨ 在罗马,看顾家庭的女神维斯塔(Vista)神庙的圣火由六位被称作 Vestals 祭司的处子看护照管。她们在三十年的时间里不许结婚,而一旦失贞则将接受活埋的惩罚。

⑩ 不知道塞涅卡此处所说的这个诗人是谁。

⑪ 在波提切利的画作《春》(Primavera)中就是这样。墨丘利作为众神的信使尤其以演讲术和诉讼辩论技巧著称。

斥了他的整个著作⑫,以至于没有多少地方来讨论施与、接受或者回报恩惠等义务本身。而且,他不是根据讨论的需要来使用这些故事,而是为了讲故事而讲故事。(9)赫卡顿从他那里抄袭的那些东西姑且不提⑬,克吕西波说这三位美惠女神是朱庇特(Jupiter)和欧律诺墨(Eurynome)的女儿,她们比时序三女神(Hours)⑭年轻,但也更漂亮一些,所以她们就被指派作了维纳斯的伴侣。他还认为,这三位女神的母亲的名字也很有关系。她被称作欧律诺墨,意思是"流播广泛",这正是因为左右逢源的好远就意味着恩泽广被。这就像是母亲的名字来自她的女儿们,或者是诗人们在安排名字的时候歪打正着!(10)宴飨时负责安排座位的男管家⑮在忘记客人名字的时候,就厚着脸皮径直编造一个名字,诗人们也是如此,他们不认为所言虚实具有什么意义。要么是出于必要,要么是因为他们被这份美丽陶醉了,这些诗人随意给每一位女神起名字,只要那个名字合乎诗句的需要。他们在这个名册中加上一个新名字倒也不算荒唐,因为下一个诗人就会一本正经地用这个名字称呼她们。就如我们特别关注的塔利亚吧,你在她身上就能明白这个

---

⑫ 推想是那个命名为《论恩惠》的作品,斐洛德谟(Philodemus)曾经提到过这个作品(*SVF* II 1081)。塞涅卡在 II 17.3,II 25.3 和 III 22.1 等节也引用了克吕西波,或许就是引自这一作品。

⑬ 罗德岛的赫卡顿(Hecaton of Rhodes)是公元前 1 世纪前半叶的斯多葛派哲学家,他的一些伦理学著作现在不存;和他著名的伙伴、罗德岛的波昔东尼(Posidonius)一样,他也是潘尼提乌(Panaetius)在雅典的学生。赫卡顿据说写了名为《论义务》的著作(西塞罗在其自己的《论义务》III 63 和 89 节中曾两次提及这个著作),塞涅卡在《论恩惠》中此处以及别的地方所提及的赫卡顿的观点或许就是针对这个著作(参见 II 21.4ff.,III 18)。

⑭ 时序女神(Horai)是季节的化身,尤其象征着生命和生长,她们与阿佛洛狄忒和美惠三女神有着联系。(参见赫西奥德《工作与时日》73—75)。克吕西波此处是在注释赫西奥德《神谱》(*Theogony*)901—927 中所列出的宙斯各个妻子的名录,《神谱》(901—903)上说"时序女神"是他和第二位妻子优诺米(Eunomie)("律法女神")的女儿,而美惠三女神则是宙斯第三位妻子欧律诺墨,也就是那位"流播广泛"者的女儿(907—909)。)

⑮ 拉丁文是 *nomenclator*:站在官僚或者贵族身边的仆人,负责向主人报告来者的名字,比如在接待客人的场合。

道理。在赫西奥德那里,她是一位美惠女神,而在荷马那里,她就成了一位缪斯。⑯

4 (1)但是,我不要也犯这个我所批评的别人身上的错误,我就把这个问题完全放到一边吧。它没有意义,实际上它简直离题万里。只是你一定要替我辩护,如果有人指控我说是故意刁难克吕西波的话。他是一个伟大的人,这一点毫无疑问,但到底也是一位希腊人。他敏锐的心智不免纤细;它会失去它的锋芒并常常把刃卷起。即使在看来就要触到一个什么境界的时候,它也只是触到而已,而不是洞彻。(2)但是敏锐在这里有什么用呢?我们的任务是探讨恩惠,我们要说清楚这个比什么都重要的东西,它就是维系人类社会的纽带。我们的生活里必须有一个行事规则,以免那毫无头脑的铺张被当成慷慨的恩惠,它需要用警惕来约束;而同时也不要叫过分的警惕困住我们的慷慨,慷慨应当既不缺少也不过分。(3)人们必须学会高兴地给予、高兴地接受、和高兴地回报。他们必须学会给他们自己树立起一个高尚的目标,即不论是在行动上还是在精神上,不仅是要向那曾经给他们恩惠的人看齐,而是要超过他们,因为任何需要报答恩惠的人只有超出那个恩惠,才能赶上那个恩惠。一个人必须学会忘记别人欠他的东西,而那另一个人必须学会承认他欠得还要更多。(4)这是一个恩惠与另一个恩惠争相胜出的一场比赛,也是所有比赛中最为荣耀的比赛,克吕西波用下面的话来激励我们。他说,如果美惠三女神是朱庇特的女儿,不知感恩就会是悖逆天理,并且它也冒犯了这些美丽的少女!(5)不!告诉我如何作出更多的善事,并对那给我恩惠的

---

⑯ 塞涅卡此处有误。荷马在《奥德赛》24.60处提到了这九位缪斯女神,但他实际上并没有给她们取名字。赫西奥德倒是列出了她们的名字(《神谱》77—9),其中的一位就叫"塔雷亚"(Thaleia)(θαλεια)。但是在907页,一位美惠女神得到了一个与此有关联但稍有不同的名字,叫"塔利亚"(Thalia)(θαλια)。想必这两个希腊语单词在拉丁语中的拼法是一样的。

人心怀更多感激,如何在那施惠者和受惠者的心智中激发出一场竞赛,叫那施与恩惠的人健忘,叫那接受恩惠的人记忆常新。还有啊,那些荒诞不经的琐细,就叫它们留给那诗人们吧,他们的目的就是娱乐人们的耳朵,编织甜蜜的故事。(6)但是,如果你要治愈人类灵魂,如果你要维持住人际交往事务中的信任,并且叫人们牢牢记住⑰他们得到的帮助,你就必须诚恳地说话,果敢地行事——除非你恰好认为那些轻佻的言谈和杜撰,那些老女人的闲话,能够阻止那个最是要命的灾难,那就是所有的善意荡然无存!⑱

恩惠是什么?

5 (1)但是,这些无关紧要的问题就一笔带过吧,我现在必须要说明的第一件事是:在接受一个恩惠时,我们必须知道我们应当感激的是什么。有人也许会说他要对接受的金钱心存感激,另一个人要感激执政官,第三个人要感激祭司们,第四个人则感激那个行省。(2)但是,这些仅仅是所接受帮助的外在体现,而不是那帮助本身。恩惠是不可能用手摸到的;恩惠的交流乃是在心智之中发生。恩惠本身与其物质形式之间有着巨大的差别。堪称恩惠

---

⑰ Madvig 和 Gertz 版本原文是 *incidere*.

⑱ 斯多葛派哲学家在使用(以及批判)他们先辈的著作时,都非常地坦诚并有其独立见解;塞涅卡也不例外(并参见《论个人生活》1.5—3 和 8.1—4,和《论恩惠》II 21.4, III 18)。但是他此处对克吕西波的批判也明显地带有罗马人不耐烦的情绪色彩,他们认为希腊人有一种典型而过分的纤细精巧,过分执着于探究逻辑上的、概念上的和语言上的琐细。我们通过其他资源可以知道,塞涅卡此处所尖锐批评的这种借助故事进行说理方式,在克吕西波的作品中倒非少见。并且这样的说理方式在斯多葛派哲学中有着深厚的基础,因为它认为不论是物理的世界还是"道德的"世界都完全是有理性的。神的意图渗透并实际上构成所有的事物;而哲学的功能在于发现神在构想并描述这些事物时的"原初"方式。斯多葛派哲学家改造了希腊人通行的观点,而认为古老的传统诗人荷马和赫西奥德接受了神的启示,他们有关神的名讳、谱系以及其他方面的传说——只要我们知道如何正确解读——就传达了原初的对各种事物的记述信息。哲学上的阐释和诗学上的解释虽然彼此独立,但最终结果必然彼此相洽,并且后者将成为对许多哲学问题进行彻底探讨的必不可少内容。

内容的,不是金子或者银子,也不是任何被当做宝贝而接受的那些东西,而毋宁是那施与恩惠之人的善意(good will)。但是,那无知的人所注意的,只有他们的眼睛看见的东西,只有可以用手交付并据为财货的东西,他们忽视了那真正的稀有和珍贵。(3)我们能用手把握、用眼盯紧的东西,我们心怀贪婪所觊觎的东西,会叫灾难或者仇恨把它们从我们身边带走。而恩惠呢,即使它的传播载体消失不见,它也依然存在这里。它是一个正当的行为[19],没有什么力量能够叫它不存在。

(4)假设我从海盗那里赎回了一个朋友,别的什么敌人又抓住了他,并把他投进监牢里;他被剥夺了的,不是那个恩惠,而是我的恩惠之举所带给他的益处和快乐。假设我从一场海难或者火灾中把一个人的孩子们抢救出来,并把他们交还给他,但是有什么病疫或者倒霉的不幸又把那些孩子带走,那么就算那些孩子们不在了,我用行动给他们的恩惠也是依旧存在。(5)所有被不恰当地称作恩惠的那些东西,只不过是帮助的表现形式而已,一个朋友式的善意借此而得以展现出来。在别的地方也是如此,即一个事物的外在表现不同于这个事物本身。(6)一位将军可以向士兵授予"军人铁领"、"城垒荣冠"或者"市民荣冠"。[20] 这顶荣冠本身有什么珍贵的吗?或者说那粉边的官服、法西斯大棒、法官的席位和凯旋的战车,它们本身有什么珍贵的吗?这些东西都不是荣耀本身;它们只是荣耀的标志。同样的道理,眼睛为之一亮的东西也不是

---

[19] 拉丁文是 *recte factum*,它对应的希腊文是 χατορθωμα,它在斯多葛派理论中指一个完全合乎美德要求的行为:它是一个正当的行为,为了正当的理性而发生,并源于一种完全而永久的心智的合乎美德状态。

[20] 所谓的"军人铁领"就是一种用金属缠绕而成的领圈,古时高卢人、日耳曼人和不列颠人的战士在战斗之时戴在脖子上,罗马人接受过来当做了军人的修饰和勋章。所谓的"城垒荣冠",是对第一个爬上被包围城墙的士兵的奖励,上有炮塔的雕饰。而"市民荣冠"是一个用橡树叶子做成的花冠,是对拯救同胞市民和士兵的奖励。(并参见《论仁慈》I 26.5)。

恩惠本身,而是恩惠的标志和痕迹。

6 (1)那么什么是恩惠呢？它是一个出于自发自愿意向的、给予快乐并在给予之中享受快乐的善意行为。就此说来,真正有意义的不是行为后果,也不是付出的礼物,而是它们背后的精神状态;善意不在于行为后果或者给出的礼物,而在于行为人或者给予人的心智本身。(2)它们之间存在着巨大的区别,你只需通过这个事实就能明白这一点：一个善意无需什么限定条件,它本身就是善,而行为后果或礼物则既不是善的、也不是恶的。㉑ 正是心理状态,它叫细小的事物高尚起来,它叫昏暗的东西呈现光泽,它叫煊赫而贵重的东西名声扫地;人们渴望的那些东西,它们本身的属性是中立的,既不是善也不是恶;真正有意义的是那决定它们的形式的统治者㉒,所赋予它们的目的。(3)善意本身是不能一个一个地数清楚的,它也不是被交割出去。同样的道理,取悦众神的也不是那祭祀用的牺牲品,而不管它们是怎样地肥硕或者闪着金子的光芒,叫众神喜欢的是敬拜者诚实和神圣的意志。好人只需用一点儿的饼食就能表示出他们的虔诚,而那邪恶的人无论用多少的鲜血沾染祭坛,也都不能遮掩他们的伪善。

7 (1)如果恩惠取决于外在之物、而不是希冀施行恩惠的意愿,那么,我们接受到的东西越多,恩惠也就越大。但是事实并非如此。有的时候,有的人给出的礼物虽小,但却是出于宏愿,我们体会到的就是很大的恩惠;那人"在精神上富比国王"㉓,他施与最少但却满怀快乐,他在挂念我的贫穷时忘记了他自己的贫穷,他不

㉑ 斯多葛派哲学家坚持认为,心智上合乎道德状态以及体现这种状态的行为,才是基于其自然属性可以称为"善"的仅有的事物。别的通常情况下有价值的东西,如健康、金钱、荣誉或者肉体上的愉悦等等,都既不是善的、也不是恶的,而是"中立的",并且只是"被偏爱的"而已。参见"全书导读",p. XXII 和 Long-Sedley, Chapter 58.

㉒ 也就是心智;Gronovius 版本中原文是 ille rector.

㉓ 语出维吉尔对一位靠几英亩农田维持生计、但却如同一位国王那样满足的老人的描述(《农事诗》IV 13).

仅仅是有帮助的意愿、而是有燃烧的激情,他在施与恩惠之时感觉就是在接受恩惠,他在付出之时丝毫没有取得回报的想法,而他在遇到回报之时也从未想到是他付出在先,他走到街上就是要看看哪里需要帮助并要抓住那个机会。(2)而与此相反,我说过,如果那所谓的恩惠是被压迫出来的,或者是漫不经心地脱手落到地上的,那么,它们也就不值得感谢了,不管它们看起来会是如何丰盛或者壮观。从一只乐意的手递来的礼物,与那从一只没有办法带走更多东西的手剩下的礼物相比,要叫人高兴得多。(3)那个人给我的帮助就是那么一点儿,但是他没有办法做得更多了。另一个人的礼物却是丰厚的,但是他犹犹豫豫,他推三阻四,他在拿出来的时候牢骚满腹,或者他在拿出来的时候颐指气使,他把那礼物到处炫耀一番,他在这样做的时候不是要叫那接受帮助的人高兴;那么,他这样做是为了他自己的心思,而不是为了我。

8(1)从前,当苏格拉底的学生们都给他送上礼物的时候,他的一个叫埃斯基涅斯(Aeschines)㉔的学生很穷,就向他说:"我没有任何配得上你的礼物送给你,单从这一点看,我感到我自己一无长物。就叫我把我拥有的唯一一件东西送给你吧——这就是我自己。我恳求你,就尽量收下这件礼物吧,而不管它的价值如何。你要知道,别人尽管给了你很多的东西,他们留下了更多的东西给他们自己。"(2)苏格拉底对此回答说:"你送给我的礼物,除了伟大之外还能是别的什么呢——或者是你在轻贱你自己?我将尽力做到回报你一个比我接受你时更好的你自己。"㉕用这个礼物,埃斯基涅斯超过了亚希比德(Alcibiades),后者的慷慨精神不过与他的

㉔ 埃斯基涅斯(Aeschines of Sphettus)是写作苏格拉底对话录的一位作家,其作品风格赢得了人们的极高的崇敬,其中的大量片段都流传至今。第欧根尼·拉尔修(Diogenes Laertius)在他的《著名哲学家传》(*Lives of Eminent Philosophers*)II 60—64 处记述了他的事迹。

㉕ 第欧根尼·拉尔修作品 II 34 处也粗略地记载了这个故事。

财富相称。㉖他超出了这个富有的年轻人的全部的慷慨赠与。

9（1）你瞧，即使是在贫穷的困境中，心智也能找到雍容慷慨的道路！我似乎听到埃斯基涅斯说："命运女神啊，你叫我贫穷，但你在这里没有得逞任何事情。我还是要向那个人送上一件珍贵的礼物。如果我不能从你的财富里拿来什么东西给他的话，我就从我自己的财宝中拿吧。"并且你没有任何理由认为他在他自己的眼中都是廉价的，他给他出的价钱可是——他自己！聪明的年轻人啊，他找到了一个办法送给他自己一个礼物——苏格拉底！叫我们介意的不是那礼物的大小，而是那送礼物的人的品质……㉗

不知感恩：人性中的恶之恶

（2）……他狡猾地给那些贪得无厌的人留有接近他的机会，并用话语激起他们不切实际的期待，而实际上他并不打算给他们提供真正的帮助。而另一方面，在遭人怨恨地炫耀他自己的富有时，如果他的话语太过刻薄，他的脸色太过阴沉，他的名声就会因此受损。人们对那有钱人，既想谄媚，又不免愤恨。那有钱人做什么，他们都要憎恨；而如果他们有机会，他们也都这么做。（3）他们调笑取乐别人的妻子，甚至都不需避讳，而是在光天化日下；他们也就把他们自己的妻子放在了一个供人消遣的场合里。一个男

㉖ 这就是说他就像他的富有一样宽宏慷慨。参见古罗马学者伊连（Aelian）所记述的亚希比德试图对苏格拉底滥施其礼物的故事（*Varia Historia* IX 29）。这两个人物之间的关系的经典写照出现在柏拉图的《会饮篇》（*Symposium*）里。关于恶名远播的亚希比德（约公元前 450—404 年）的经历，参见修昔底德（Thucydides）V—VIII，和普鲁塔克的《亚希比德传》。

㉗ 此处话题一转，接下来就是文本的脱漏（内容可能很多。这或许在一定程度上就是该第一卷的篇幅相比于其他各卷明显简短的原因）。推想起来，这一部分包括某种反对意见，即并非每一个人都像苏格拉底那样值得我们全身心的慷慨赠与，或者甚至是并非每一个人都懂得感激，话已至此，这就叫塞涅卡接下来暂且离开主题，而要谈论忘恩负义和人性中的邪恶——从过去到现在（就此比照《论愤怒》II 9）。在 10.5 节他就将遇到这样的反对意见，他在那里列出了一些恩惠内容，即使不配接受那些恩惠的人也会从我们这里期待它们。

人如果不允许他的妻子坐在轿子里出门招摇,免得在路上的时候四下里都有人瞄她一眼,那么他就是一个粗野无趣的乡巴佬,在那些已婚妇女的圈子里就是一个糟糕的搭档。(4)不论是谁,如果因为没有情妇而成为羊群里的牛犊,如果不需要向别人的妻子支付一笔零用钱,那么,在那已婚妇女的圈子里,他的名字就是低级趣味,就是一个只会贪图女仆的人。如此一来,最安全的婚姻方式㉘就是通奸;而鳏夫和光棍汉也就同气相求㉙,因为那个娶到老婆的人也就是带走别人老婆的家伙。(5)此时,人们彼此竞相比试,看谁把那些抢来的东西糟蹋得更多,然后就带着更为贪婪而唯恐不及㉚的欲望来重新劫掠他们糟蹋掉的东西,无所不至,也无所顾忌,他们争相轻贱别人的贫穷,而又最担心他们自己的贫穷,别的邪恶倒还其次呢,他们用暴力搅乱了和平,靠威胁的棍棒欺压弱者。这也就难怪,行省被洗劫一空,而法庭上的审判也在等待贿赂,它在听完两造的出价后,一锤定音地打倒这方或者那方——买来的东西还要卖出去,这是一个放之四海而皆准的法则!

10 (1)可是,话已至此,我已经欲罢不能,我必须再补充一下,要背负骂名的可不止是我们这一代人。我们的先人抱怨过它,我们在抱怨它,我们的子孙后代也要抱怨它:道德倾覆,邪恶横行,人的行为堕落——若问廉耻为何物,邻家阿二说不知。㉛事到如今,所有的这些还依旧存在,它们还将一如既往地在原地存在下去——不过有些起伏摆动而已,就像涨潮的时候海浪要爬上岸来,潮退的时候就收敛回去一些。(2)有的时候,通奸在所有的不端行为中最为风行,所谓贞洁已然一骑绝尘。另外一个时候,宴饮作乐又蔚然成为大观,这对所有的家当和厨房来说乃是最可厌憎的

㉘ 在 N 版中原文是 *inde certissimum*。
㉙ Gertz 版原文是 *viduitas caelibatusque*。
㉚ 原文是 *sera et acri avaritia*。
㉛ N 版中原文是 *fas labi*。

灾难。或者别的时候你会发现,人们过度地修饰身体,他们对个人仪表关心到了一个病态的程度。再有的时候,自由摆脱了良好的规范,爆发为无耻和放肆。或者是问题朝着残忍的方向发展,这体现在个人身上也体现在一个民族身上,它演变为内战的疯狂,它亵渎了所有神圣和高尚的东西。还有的时候,酗酒的醉态也会被推崇备至,比别人能喝更多的葡萄酒都俨然一副好德性。(3)邪恶永远不是在一个地方等待你。它们在不断地游走,并且彼此争执吵嚷不休。但是,有一件事却永远不会改变,这就是我们必须要给我们自己作出的裁定:我们是邪恶的,我们曾经是邪恶的;并且,我真不愿意说下去啊,我们还要继续邪恶。(4)谋杀犯、僭主、强盗、通奸者、土匪、偷盗庙产的窃贼、叛国者,这些人物永远都会存在。

比起这些邪恶来,等而下之的还是忘恩负义。当然,问题可能是:所有的这些邪恶都是由于忘恩负义,如果不是忘恩负义,那些罪恶也就不会发展到那么严重的程度。你要把它当做你所能犯的最严重的犯罪来戒备;而如果别人犯了这个错误的话,就要原谅它,把它当做微不足道的东西。因为人们对你的冒犯充其量不过是你浪费了一个恩惠,而其中最好的内容依然属于你——你曾经施与。

(5)如此说来,就如我们必须尽力叫我们的恩惠面向那些知道感恩的人一样,有一些恩惠,即使我们对人们不抱太多的奢望,我们也要去做,也要付出——并且,这不仅是在我们估计他们将要忘恩负义的时候;而且,即使我们知道他们已然不知感恩,我们也要这样做。例如,如果我能够把某人的孩子从巨大的危险中解救出来,而那危险不会伤及于我,我就将毫不犹豫地这么做。如果一个人值得尊敬,我就将和他站到一起,捍卫他的利益,甚至不惜以我自己的鲜血为代价。如果他不值得这样做,而我只需发出一声大吼就能把他从强盗那里解救出来,那么,这声意味着一个人的生命安全的大吼,也会毫不迟疑地发出来。

(一) 要给予什么恩惠

11 (1) 下一个要讨论的问题是:要给予什么样的恩惠,以及如何给予? 首先,我们应当给予那些不可或缺的东西;其次,是那些有所裨益的东西;第三,是那些令人愉快的东西。不论哪一种场合,它们都应当是能够长久保存的东西。

那么,就叫我们从那些不可或缺的东西开始吧。任何事关身家性命的东西,用他们的说法来说㉜,与那些不过是叫生活更加精致或更加舒适的东西比较起来,所具有的意义是不一样的。对一个可有可无的东西,人们是可以轻视它的,他们可以说:"把它拿回去吧,我用不着它,我拥有的东西已经叫我知足常乐了。"甚至有的时候,你都懒得把你收到的那些东西奉还——你觉得把它们一丢了事来得更是痛快。(2) 所谓不可或缺的恩惠,首先就是这些东西:没有它们,我们就不能够活下去;其次就是没有它们我们就不应当活下去;第三呢,没有它们我们宁愿不再活下去。

(3) 第一种就是这一类恩惠:从敌人的手掌里、从僭主的震怒中、从公敌宣告中或者别的各式各样的、不可预知的危险中,把人的生命解救出来。不管我们解救的是哪一种情况,那情势越是紧迫、越是可怕,那感恩的心情也就越强烈;我们逃脱了一个什么样的磨难啊,这个想法反复出现,事先经受的恐惧也就大大地强化这个感恩的心情。虽然如此,在拯救一个人的时候,我们不能仅仅为了叫恐惧增加这个感恩的心情,而一味地拖延出手。(4) 接下来就是这些东西,没有它们我们能够活下去,但是此情此景,死去倒

㉜ Prechac 版原文是 *quod aiunt*.

是一个更好的结局——诸如自由、不受玷污的贞操和健全清醒的心智。在这些之后,我们应当珍视那些基于亲属和血缘关系、或者由于习惯和长久的熟悉,而和我们息息相关的事物,如孩子、妻子、家庭以及别的什么东西,我们的心智是这样依赖这些事物,要舍弃它们(他们)比舍弃生活本身都更为艰难。

(5)接下来那等有所裨益的恩惠,它的内容很丰富,也很宽泛。其中就有提供金钱——不要过多,但需有益而适度——以及荣誉和对那些希求出人头地者的提携。就此来说,有饭送给饥人㉝,没有什么比这更为有益了。

在此之外,剩下的恩惠事项就属于奢侈品了,它们刺激自我的放纵。就此而言,我们要叫它们适时而得体,这样它们才会叫人欣然接受。它们应当是个稀罕的东西,很少有人——或者很少有人在这个年代或以这种特别方式——拥有的东西;并且,即使它们没有内在的价值,它们也应当因为其特殊的时间或场合而获得了价值。(6)我们应当知道,什么样子的礼物会带来最大的快乐,什么样子的礼物能经常地引起它的所有者的注意,并把我们唤回到他的记忆中来。在任何情况下,我们都要尽力避免送出毫无用处的礼物,比如把打猎的行头送给女人或者老叟,把书籍送给乡下脑壳,把渔网送给学者或者书生。而另一方面,我们尤其要当心,在我们想要投其所好的时候,不要惹到叫他难堪的东西,例如送葡萄酒给一个酒鬼,或者送药物给一个抑郁症患者。当一件礼物叫人想到他的短处时,它就不再是恩惠,而是祸根。

12 (1)如果我们有机会决定给予什么样的礼物,我们就应当想到那能够长久保存的东西,要尽量叫我们的礼物不会毁坏。那接受了礼物的人,当他们不能看到礼物的时候,就很少有谁还记

㉝ 在 W. H. Alexander, *Classical Quarterly* 31 (1937), p. 55 处原文是 *ibi*.

得起来他们曾收到什么礼物,还知道感恩。但是,即使那不知感恩的人,当礼物就摆放在他们的眼前,他们就包围在一个回忆里,这个礼物叫他们无从忘记;那送礼物的人影子牢牢印在他们的心底。要知道,我们自己不能随时去提醒他们,因此我们更应当找到历久而不坏的礼物。这个东西本身就会时时唤起那否则就要忘去的记忆。(2)我更高兴赠与一件银质艺术品,而不是一块银币;或者是一尊雕像,而不是一件衣裳或者别的什么不禁穿的东西。很少有谁的感恩心情超过他们收到的那件东西;更常见的是,那礼物能使用多久,它在心智里就存在多久。对我来说,如果有可能,我就不叫我的礼物消耗干净;它要存在下去,它要贴近我的朋友,要一直留在他的生活里。

(3)还不会有谁愚蠢到这个地步吧,以至于需要告诉他:在演出都已结束的时候,不要再送去角斗士或者表演用的野兽,不要在冬天的时候送上夏天的衣服,或者在仲夏的时候送上冬天的衣服。施与恩惠要合乎常识。要考虑到时间和场合,还要考虑到它所涉及的人,正是这些细节决定了某些东西是不是受欢迎。给一个人送去他没有的东西,而不是他已经成为累赘的东西;送去叫他踏破铁鞋的东西,而不是俯拾皆是的东西,两相比较,这真是正中下怀啊!(4)礼物与其昂贵,不如是经过精挑细选的稀罕之物,即使是那富有的人,也要给它腾出地方来,比方说那普通的苹果,我们不出几天的时间就会腻味了这个东西,而如果它们出现在一个新鲜时令中,就会叫人很是欢喜。并且,别人不曾送过他们的东西,或者我们不曾送过别人的东西,这也会有其特别的意义。

13 (1)马其顿的亚历山大在征服了东方之后,他在想象中开始超越他世间凡人的身份,就在此时,科林斯人派来一个使节团向他表示祝贺,并授予他科林斯城邦的市民身份。他对这个礼遇不屑一顾,直到其中的一位使节说:"除了你和大力士海格力斯

(Hercules），还没有谁被授予过我们的市民身份。"（2）亚历山大就高兴地接受了这个十足的荣誉。他邀请那些使节和他一起宴饮，他并用别的殷勤礼遇款待他们。他的心思不在于是谁授予了他市民权，而在于有谁被授予了这个东西。醉心于荣耀（而根本不会考虑其本质与限度）的亚历山大啊，他紧跟海格力斯和酒神巴库斯（Baccus）的步伐，甚至在他们停下来的地方他都没有收住脚步。㉞他把他的视线从授予那荣誉的人，转向了和他一起分享那个荣誉的人，就仿佛他已然拥有了天庭，因为他被推崇到与海格力斯比肩的位置上，而这正是他梦寐以求的东西。（3）但是，这个疯狂的年轻人的啊，他哪里有什么东西和那个英雄相仿呢？他所谓的美德，不过是靠好运保佑的粗鲁与莽撞。海格力斯不是为了他自己而去征服什么地方。他穿行世界，不是听从情欲的指使，而是出于他深思熟虑的判断；他要铲除邪恶，为美德复仇，他是陆地和海洋的和平缔造者，他在选择那些需要征服的东西。而亚历山大呢，从他的孩提时代起，他就是一个强盗，一个打劫每一个民族的强盗，他把敌人和朋友一并摧毁。这样一个人啊，他最慷慨的行为就是叫整个的人类为他战栗；他全然忘记了，那凭着口中的毒液叫人害怕的，不仅有最残暴的野兽，也有那最猥琐的东西。

14（1）但还是回到主题上来吧。随便任何人都能收到的善意，休想赢得任何人感恩的心情。身处一个小酒馆或客栈里，没有人会自认为是谁的客人。在一个公共宴会上，他也不会自认为是那主人的嘉宾，此情此景，会有人说："说到底，他为我做了什么呢？

㉞ 根据希腊作家的说法（比如 Diodorus Siculus, II 38 f.），是英雄海格力斯和巴库斯把文明传播到了印度。这个主张的根据是，希腊人在印度收集到的关于湿婆（Shiva）和黑天神（Krishna）的信息，被解读为希腊的史前人物形象的故事。亚历山大渴望和这些神话中的人物形象比肩，这在泛希腊化文学和罗马文学中是一个常识，并且也不是毫无根据。他在越过旁遮普地区后，只是因为他的士兵拒绝服从他的命令，他才不得不停止了继续向东推进的征服。

看那边的那个人,他几乎都不认识,我们的待遇还不是一样?还有那一个,那个叫人厌恶的家伙,他们可是死敌呢。他肯定没想过为什么要邀请我来这里,而所有这一切,他不过是在满足他自己古怪的癖好而已。"㉟如果你要叫别人在接受它的时候心怀感激,你就要叫它珍贵起来。而如果你这样做,任何人都会用心领受这份情义。(2)但是,千万不要有谁把我的意思理解为我要抑制慷慨,给慷慨戴上更为沉重的枷锁。不,慷慨想去哪里,就去哪里;但是,它应当是**阔步而去**,而不要蹩脚徘徊。你可以四下里抛撒你的礼物,但是在这个方式下,没有人会认为他自己是人群之中的一员,尽管他和很多人都接到了你的礼物。(3)每一个人都应当收到某种特别的情义象征,以表明某种特殊的亲密,要叫他承认:"我得到了和别人一样的礼物,但事先并没有通知我啊","我得到的东西和那个人一样,但是要快得多——他花了很长的时间才争来那个礼物","别人也得到了一样的东西,但他们却没有得到给我的那些话和亲密友谊","他也得到了它了,是他自己开口要的——而我根本没有开口","他也得到了它了,但是他很容易就会归还回去的;他已这把年纪,而又没有合适的继承人,这就已经说明了一切。所以我得到的更多,尽管东西都是一样的,因为这礼物在给我的时候压根儿就没指望再归还回去。"(4)一个优伶在单枪匹马地应付若干倾慕者时,会给每一个倾慕者送上一个表达特殊情思的信物。这个道理说起来是一样的,任何人想要用善意赢得爱戴,都要想办法赢得众人,而同时还要叫他们中每一个人都感到自己与众不同。

15 (1)不,我当然不是要阻止谁的善意行为。那善意行为

㉟ 拉丁文 *morbo suo* 的字面意思是"他的病态"。在斯多葛派哲学的语境里,邪恶是心智上的折磨和病患,它干扰心智正常并且自然的功能,这在很大程度上就像身体上的病患扰乱身体的某些机能。塞涅卡在别的地方(*Letters* 75.11)把这个意义上的"病患"定义为"判断力之难以根除的扭曲状态"。文中此处所称的邪恶,推想应当是轻薄和妄自尊大。

越多越大，它们给你带来的荣耀也就越越多越大。但是，你要有你审慎的判断——随便而漫不经心的礼物不会为你赢得任何人的心。(2) 所以，我们这些好良言啊，如果有谁认为我们是要人们把慷慨收敛，把人情切断，那就误会了我们的建议。还有什么美德，叫斯多葛学派的人物更加推崇、或是更加热衷地鼓吹吗？我们是这样重视人类伙伴关系的神圣性，还有谁比我们更适合倡导那慷慨的恩惠吗？(3) 那么我说了一个什么呢？心智上的努力，如果没有凭借适度与节制而体现为美德，那么它就没有什么值得赞美——即使它有着良好的初衷；有鉴于此，我所坚持的是，慷慨但不要挥霍。当一份善意在理性的指导下，到达那与它相称的人，而不是基于偶然和冲动胡乱碰到形形色色的每一个人，这份善意就会被满怀喜悦地接受——实际上是用张开的双手。这样一份善意，必定叫人喜欢拿出来炫耀，必定叫人骄傲地宣称它属于自己。(4) 如果你都羞于提及是谁做的那些事，你还会认为那是一份善意吗？而如果你想到那个善意的人，比想到那个善意的事儿更感到欢喜，那么，在接受那个善意时心底是如何地感激啊！而它又会如何地铭记在心底！

(5) 克里斯普斯·帕西安努斯（Crispus Passienus）㊱曾常常说起，在某些人那里，他更愿意得到称赞而不是实际的恩惠，而在另一些人那里，他则更愿意得到恩惠而不是称赞。他给出了一个例子："从我们神圣的奥古斯都那里，我宁可得到这份评价，而对克劳

㊱ 克里斯普斯·帕西安努斯是塞涅卡父亲的一位富有的朋友，他先是娶了尼禄的姑母多米提亚（Domitia），继而又娶了尼禄的母亲阿格里皮娜，在公元44—48年间的某个时候，阿格里皮娜为了继承他的财产而指使人谋杀了他。塞涅卡此处用肯定的语气提到他，这意味着他在写作此文时，阿格里皮娜（她本人于公元59年被谋杀）已经辞世并不再构成危险。

狄乌斯呢,我则要实际的恩惠。"㊲(6)在我看来,你不应当从任何瞧不起你的人那里寻求恩惠。"你的意思是,他不应当接受克劳狄乌斯给他的东西吗?"他当然要接受,但是那就如同你从命运女神那里接受什么东西一样,你知道命运促狭,她在眨眼之间就会改变面孔。"那为什么还要区分那实际上是混合一起的东西呢?"因为你根本不会得到恩惠,如果那最好的内容荡然无存——这也就是促成恩惠之举的评价因素。更何况,不经斟酌或没有正当意图而送出的一大笔金钱,这不是一个恩惠,而是大风吹来的一笔意外之财。实际上,有很多东西你应当接受——但却无需蒙恩。

㊲ 这两个字眼——恩惠(*beneficium*, favor)与评价(*iudicium*, judgement)——通常是彼此对立的两个概念:恩惠意味着一个武断的善意,而品质评价则是基于对接受者的尊重而作出一个结论。因此,把一项荣誉奖励说成是一个恩惠,可能意味着在施惠者看来,这个奖励并非是完全应得的,尽管这种意味在多大程度上会形成一种冒犯,这取决于受惠者如何看待他自己的功绩与品质,以及他如何看待那施惠者和他的判断能力。塞涅卡此处想要廓清这两个概念的区别:准确地说,没有表示尊重的意思,一个礼物就算不得一个恩惠;而这份尊重,如果不是基于接受者的独特品质,那么至少也是基于他的人性尊严。并参见前文 I 2.1。

第 二 卷

（二）如何施行恩惠

（1）施行要及时

1 （1）最是优秀的里博拉里斯啊，现在就让我们来讨论我们这部分话题剩下的内容吧：如何施与恩惠。① 就这个问题来说，我想我可以指示给你一条最容易走的路：我们在接受施与时所希望的待遇，也就是我们在施与别人时要遵循的方式——（2）其中最重要的就是，要欣然而行，不要拖延，并且不要犹豫。

不管是谁，如果在施与一个恩惠时简直是在遭受一场打劫，他攥紧的双手迟迟不肯松开，而他看起来也没有半分的欢喜，那么对这个恩惠而言，也就没有什么会叫人感激。即使一些的耽搁不可避免，我们也要尽力做得周全，不要表现出举棋不定的样子来。犹豫和拒绝，二者相去无几，它永远不会收获别人的感激。因为对一

---

① 在 I 11.1 节，塞涅卡把这一部分要讨论的内容细分成两个小话题：给予什么恩惠，和如何施与恩惠。其中的第一个在 I 11—15 讨论了，他现在开始讨论第二个小话题，我们应当如何施与恩惠（II 1—17）。

个恩惠而言,它最叫人愉快的地方在于施惠本身体现为一件乐事,而拖延则表明了踌躇和犹豫。它等于说实际上没有给予任何东西;那个礼物仅仅说明他抵挡不住别人的软磨硬泡。实际上,的确有许多人,他们的慷慨仅仅是因为他们的立场不够坚定而已。(3)最叫人感激的还是那些及时而从容到来的恩惠,此时它即使有拖延,那也是出于对受惠者的体谅。最好的做法是不等一个人开口就已经明白他的心思,其次才是慷慨应允。还没有开口就已经安排妥当,这当然是再好不过;一个好男人在乞求时总是难以启齿,那份惭愧叫他羞红全身;免了他这份难堪,这个恩惠的价值也就增加了几倍。(4)经过请求才拿到的东西,就不再是平白无故得来的东西。在我们的先人看来,在那些尊贵无比的英雄眼里,没有什么东西比那靠乞求得来的更为昂贵。男人们啊,如果他们的誓约必须在大庭广众面前说出,他们在众神面前也会更加踌躇;即使是面对众神——向众神哀求并不是一件有失体面的事,我们尚且愿意默默祈祷,愿意在我们的心底深处呼求。

2 (1)"我是来请求你"——说这话,叫人多么尴尬而难堪啊!说这话的时候只能叫眼睛低垂向地!作为一个朋友,或者不论是谁,你想通过恩惠之举赢得他的友谊,他就不应当有这份遭遇。而如果是因为请求才施与,那么就算你如何匆忙,这恩惠也已然来得太迟。你必须留意他需要的东西,而一旦知道他需要什么,你就千万不要把他逼到万不得已的境地。而来得正是时候的恩惠,会真正叫他感到宽慰并常留心底。(2)而如果我们不能预见他的心思,我们就不能对那请求再有任何的拖延。我们应当马上行动起来,我们要用我们急急如令的行动表明,甚至在他还没有开口的时候,我们就正在筹划这个事,要叫他认识到,这压根儿不是什么请求,而仅仅是他打了一声招呼而已。在生病的时候,及时送上的食物会带来健康,而适时的饮水就像治疗的药物一样有益。

同样,一个恩惠也许是微不足道,也许平淡无奇,但是,如果它及时地到来,甚至都不需等上一刻钟的时间,它就比任何经过一番权衡反复才迟迟而来的昂贵礼物都更有意义,更叫人欢迎。任何人这样迅速地行动,都毫无疑问是乐于这个恩惠之举。他行动起来带着快乐,而这份心态就写在他的脸上。

3 (1)还有太多的恩惠,因为沉默或者吞吞吐吐的话语而被打了折扣,它给人的印象是古板而刻薄。这个样子的恩惠固然已被应允,却似乎是带着好大的不乐意。给善意的行动加上善意的话语,在送上礼物的时候也表达出你殷勤的诚意,这样做起来多体面呢!(2)你要叫那请求你帮助的人知道,他完全没有必要迟疑开口,你不妨友好地批评一句:"你真叫我生你的气呢,你有需要我的地方,而你竟然瞒了我这么久",或者是"为这事你绕了这么大个圈子",或者是"你竟然还找了一个中间人","但是我也很高兴,你总是要考验考验我,你就是这么一副脾气。以后不管再需要什么,尽管开口就是了。看你笨嘴拙舌的,这一次我就不怪罪你了!"(3)这样一来,你的态度就会给他更多的感染,他前来要求的那个东西倒还其次了。当这个人在离开的时候他要跟自己唠叨:"我今天真是好大收获。认识他这样一个人,比拿到这些东西还要强上许多倍啊!他这一份好意,真叫我感激不尽呢。"如此一来,慷慨和善意才可谓得其所哉。

4 (1)但是,的确有很多人,他们的言语刺耳,态度傲慢,他们的好意因此而叫人厌恶。他们说那样的话,有那样自负的神情,以至于你为他答应了你的请求而感到后悔。然后呢,在应允这事儿之后,接下来就是拖延。那已经被答应了的东西,现在还要再去恳求,没有什么比这更叫人难堪了。(2)恩惠应当马上兑现——但是,在有的人那里,得到一个应允容易,得到实际上的恩惠可真难。你不得不央求一个人去提醒他们,再委托另外一个人去给这个事做个了断。这样一来,一件好事几经辗转,它也就失掉了它原有的价值。那个答应做这件好事的人,也就很难收获多少的感激之情,因为后来每有一个人被央求参与进来,这感激就要被分走一些。(3)所以,如果你要叫你的恩惠赢得感激,你就要尽力叫它完好无损地落实到你答应的那些人,而不要像他们说的那样被"层层扒皮"。不要叫谁倒手这事儿,也不要叫谁延缓这事儿。因为一旦涉及你要送出的一个礼物,任何人要为他自己分得一份感激,都要从本应属于你的东西里扒去一层。

5 (1)没有什么东西像长久的悬念那样叫人痛苦。实际上,有些人宁愿看到他们的希望被立时粉碎,也不愿意在忐忑等待中忍受那样的憔悴不安。但是,确有很多人犯了拖延的错误,因为一种荒谬的矫情,他们会拖延他们已经答应做的事情,好叫那有求于他的人保持在一定数量上。皇帝身边的奴才们就是一个例子。他们有一件沾沾自喜的好事,这就是忘情的自大和炫耀,如果他们不在一个一个的人们面前一次一次地表演他们的节目,他们就感到他们的权势被小觑了。他们从不利落做事,从不一次做完所有的事情。他们醉心于亵渎之术,却颇懒得施行恩惠。(2)你可以肯定,这个喜剧诗人的话再好不过地道出了一个真理:

> 什么!你难道还不知道,
> 你拖延的越多,你得到的感激越少?②

于是就有了这样坦诚的恼怒之辞:"你要是想做点儿什么,那就去做!"还有"没什么比这更过分了,我宁愿你直截了当地说'不'呢。"当心智在等待的过程中变得厌倦起来,并开始厌恶那个所谓的恩惠,它还能有感激之情?(3)最残忍的事情莫过于拉长惩罚的过程;及时到来的死刑会是一种仁慈,因为最终的痛苦也就是最

---

② 作者不详。

后的解脱,而坐等最终必然到来的行刑时间却是一个糟糕之极的过程。同样的道理,把恩惠落到实处的时间越早,对它的感激之情就越深。对于那幸运的事情,等待的过程也就是一个令人焦灼的过程,而所谓的恩惠就是减轻这一份焦灼。在能够立即解脱一个人的痛苦的时候却刻意延长他的痛苦,或者推迟他的快乐时光,这也就是对那恩惠的侵夺。(4)真正的慷慨总是迅速地投入行动;欣然行动的标志就是马上行动。而日复一日拖拖拉拉的帮助,就不是发自内心的帮助;恩惠之中最为重要的两个内容在此俨然不存——及时的行动和友好的初衷;迟到的善意等于没有善意。

避免失礼

6 (1)在任何交往中,里博拉里斯啊,说话或者做事的方式绝不是最无关紧要的环节。及时的行动收获多多,而拖延则损失多多。标枪的铁质硬度也许是一样的,但是,它们是从抡圆的臂膀上飞掷出去,还是从手掌中稀松落下,其间就有巨大的差距。同一把剑,也许只是划出一点儿的痕迹,也许一下子贯穿,握剑手指的力度就有了决定性的意义。同样的道理,一样的礼物,送礼物的方式如何也很有关系。(2)那送上礼物的人简直都不求一声感谢,甚至在送上礼物的当时,他就已经忘记了送礼物的这件事情,那么这个礼物会是何等珍贵啊!它会叫人如何欢喜!而如果在给予一个人什么东西的同时,就对他呵斥一通,这就给原本的善意添加了一个无厘头的羞辱。善意之举一定不要作践到叫人恼恨,这里面不要掺杂任何扫兴的东西。而即使有什么事情你想告诫一番,那也要另找别的机会。

7 (1)法比乌斯(Fabius Verrucosus)③曾把那刻薄之人有失

---

③ 此即那位凭借拖延战略战胜汉尼拔的罗马将军法比乌斯·马克西姆斯·疣迁延者(Fabius Maximus Verrucosus Cunctator),在《论愤怒》I 11.5节曾提及他的故事。

礼节的恩惠形容为"掺了石子儿的面包",它不会被扔掉——如果你饥肠辘辘,但也算不上美味。(2)提比里乌斯·恺撒(Tiberius Caesar)曾接到一位叫马里乌斯·涅珀斯(Marius Nepos)的前副执政的请求,后者深陷债务之中,请求纾困。提比里乌斯告诉他说,把那些债权人开列一个名单,拿来叫他看看。这哪里是什么礼物啊,这分明是要召集那些债主们开会。在拿到那个名单之后,他写信给涅珀斯说,他已经吩咐偿还了那些欠债,并附加上一些羞辱性的建议。这样一来,涅珀斯就解脱了他的债务,而且他也无需报答什么恩惠;提比里乌斯把他从债主那里解救出来,但却没有赢得他的任何感激。(3)但是,提比里乌斯这样做一定有什么目的。我猜,他是不想叫更多的人前来请求同样的事情。那么,这样做倒不失为一个有效的办法,它用羞辱叫那贪得无厌的人们却步。④ 但是,要想施与一个恩惠的话,你就必须遵循一条完全不同的路子。你的礼物必须周到得体,要叫它更值得接受。而提比里乌斯的所作所为,显然算不得一个恩惠,而简直是在取笑。

8（1）(此外,在接着讨论下一个问题之前,我要给你一个忠告,即使对一位君主而言,为了贬损别人而送礼物的做法也是十分地不妥。)但是,人们也许会说,即使用这种办法,提比里乌斯都不能逃避他想要避免的东西呢。人们发现,接下来有太多的人都来提这样的请求,而他就命令他们向元老院解释清楚他们的债务,并在这个条件上给予他们一定数额的金钱。(2)只不过,这与其说是慷慨之举,不如说是监察官所为。⑤ 那也许是一份救济,也许是

---

④ 塔西陀也曾说到过提比里乌斯这种慷慨而失礼的故事(《编年史》Ⅰ75.3—7),并且做了同样的解说:这样做的结果就是叫"别人宁可若无其事地忍受贫穷,也不愿意向他承认贫穷而恳求恩惠"(Ⅰ75.7)。

⑤ 古罗马监察官(cencors)最初是负责制作并保管官方的市民人口普查统计簿的官员,他们的职能包括修订元老院的档案,并取消渎职或者不能符合财产要求的元老院成员的资格。

君主分派的补贴,但不可能是一个恩惠——这事儿想起来都叫人脸红呢。我被传唤前去接受审判,我不得不为自己辩护,而这一切都是为了赢得那个请求。

有的恩惠要公开施行,有的则要成为秘密

9 (1)这就是为什么,那些宣扬智慧的人们总是要建议说,有的恩惠要公开地施行,而有的恩惠则要秘密地做起。当恩惠乃是一种荣耀的事情时,就要公开地进行,比如军事上的嘉奖、市民的荣誉以及别的基于公开宣传而更加惹人注目的品质。与此相反,那些无助于晋升或者声誉、而不过是救治病患、贫穷或者堕落的恩惠,则应当悄然进行,只要叫那受惠的人知道就可以了。

10 (1)有的时候,甚至连那个正在接受帮助的人都要蒙在鼓里,而不能叫他知道那帮助来自于姓甚名谁。他们说,阿塞西劳(Arcesilaus)⑥曾有一个朋友,他既贫穷又要隐瞒自己的贫穷。他生病了,而他甚至不肯承认他已经买不起生活必需品。阿塞西劳决意要偷偷地帮助他这位朋友。他把一个钱包塞到他的枕头下面,而不叫他知道这件事儿,这样一来,这个过分腼腆而不肯开口求助的家伙就可以"偶然碰到"他需要的东西,而不是接受谁的施舍。(2)"你的意思是说,他将不知道他从谁那里得来么?"是的,如果那个恩惠只好如此的话。何况我们总还可以做些别的什么事情,来提醒他是谁给予的那个恩惠。还有呢,尽管他也许不知道他接受的什么恩惠,我们却知道我们做了什么。你也许要说:"那也不成。"是的,那的确不成——如果你是在刻意地投资的话。而如果它仅仅是一个礼物,那么,它就应当尽可能地有利于那个接受者,

---

⑥ 著名的哲学家,怀疑学派的奠基人。阿塞西劳(公元前316/5—242/1年)的这个故事还出现在普鲁塔克那里(《如何分辨奸佞和朋友》(*How to Tell a Flatterer from a Friend*)22,63d),第欧根尼·拉尔修斯那里(IV 37)和公元4世纪时的尤利安皇帝那里(《演说》(*Orations*) II 1. 103d)。

这才是你给予的目的。你自己见证了你的行为,你应当为此而满意;否则,那就不是行善施惠的快乐,而是沽名钓誉的快乐。(3)"不管你怎么说,我还是想叫他知道。"你这是在寻找一个欠你债的人啊。"无论如何,我就是想叫他知道。"奇哉怪也!如果他不知道,他的境况会更好一些,或者感到更为体面,或者会更加幸福,你也不肯改变你的立场?"我就是要叫他知道。"(4)那么,你是不肯在黑暗的地方挽救一个人的生命了?我并不否认,在环境允许的时候,我们也要体会那受惠者的快乐带给我们的欢喜。但是,如果他需要帮助,而又羞于这样的帮助,如果他对这样子的施舍感到反感,除非我们隐瞒我们的所作所为,那么,我就不会把这个恩惠登榜四处,广为张扬!⑦ 我当然不会这样做啦!我不会叫他知道这个礼物是我的,因为最为重要的一条行事规则就是,不要因为施与一个人什么恩惠而叫那人蒙羞,而且,甚至都不要向他提及这恩惠。而两个人之间的恩惠行为法则就是:一个人应当尽快忘掉他的施惠;另一个人则应当永远记住他曾受惠。

避免提醒,而要施加新的恩惠

11 (1)给了别人一点儿恩惠就一个劲儿地挂在嘴头上,这对那人的心智就是一场磨难,会叫人的心智崩溃。那人最终要发作起来,这有一个例子:恺撒的一个朋友曾经把一个人从三巨头的公敌宣告中解救出来,那个被解救的人终于不能忍受他的矜夸自美,开口吼道:"把我交回去给恺撒吧!"⑧你这样喋喋不休地说"我

---

⑦ 拉丁文是 in acta non mitto. 古罗马的官衙——法庭、元老院和帝国会议——保存并公布它们的活动记录(acta)。在古罗马,这样子的 acta 是最接近现代报纸的东西,它们实际上包括法庭的新闻、名门望族的家庭事务和城市新闻。并参见 III 16.2.

⑧ 即交还给奥古斯都,他在公元前43年与安东尼、李必达结成三巨头,即独裁官"三人会议"。他们被赋予了绝对的权力,为肃清数以百计的政敌(其中最为著名的是西塞罗,参见《论愤怒》II 2.3),他们颁布了"公敌宣告","宣告"了他们(公开声明他们不受法律保护,并没收他们的财产充公)。

救了你的命,是我把你从死亡那里拉了回来",你要坚持说多久呢?你所谓的帮助,如果是我自己愿意把它记起,它就等于是新生;而如果在你高兴的时候我就得记起来,它与死无异。如果你解救我只是为了供你展览,那么我就不欠你什么了。你到底要把我摆弄到什么时候呢?你这样强迫我回忆起我的不幸遭遇,到底要到哪一天呢?就是在官方的庆典游行上,我也不过是被牵着走上一个回合而已。(2)我们不应当提及我们曾给予的那些东西。提醒那受惠者,就意味着是在索求报答。你不应当老是想着这个事儿,也不应当刺激他的记忆,除非你在给予他又一个礼物时,叫他想起了以前的事。我们也不应当告诉别人。如果你施与了一个恩惠,你应当保持沉默;而如果你收到了一个恩惠,你则应当把它讲出来。否则的话呢,你听到的回答,就将是那个总为自己所做的一点恩惠吹嘘不已的人被告知的话——"你必须承认你已经得到了报答。"那人反驳说:"什么报答?""许多次,许多回——凡是你又谈起它来的时候。"(3)你有必要做这样的表白吗?你有必要做别人分内的工作吗?总有一个人,他可以做这个工作,并且要比你做得更为可钦可佩。当他说起你的善意之举,你会收获多一份的赞美,因为你自己并不曾说起这事儿——"你自己三缄其口,你不想叫任何人知道,而我还蒙在鼓里,叫我岂不做了忘恩负义之人!"我们应当避免任何的吹嘘,甚至如果有人在我们面前谈到我们的一个恩惠举动,我们也应当说:"这有什么!给他做这些小事儿,又何足挂齿。那不过是应有之义。但凡有我能为他效劳的地方,我还会去做呢。"这样说的时候,不能有阿谀谄媚之态,也不可有佯装谦逊的做作与矫情。

(4)从此以往,你应当再接再厉地施行每一种的恩惠。一个农夫,如果在播种之后就不再继续工作的话,他就将丧失他撒下的那些种子。从幼苗到收获,还需要很多的精心照料。而没有自始至终一以贯之的耕作,就不会结出什么样的果实来。(5)这个道理同样适用于恩惠。有什么比父母给予孩子的恩惠更为巨大呢,但是,如果没有幼年的呵护哺育,没有长久的奉献培养,那个恩惠也就不能圆满。别的恩惠也是这个道理,你必须叫它们成长,要么就会失掉它们;单是给予这还不够,它们还需要你的照料。如果你要叫那些接受了你恩惠的人心存感激,你就不能仅仅是施与恩惠——你必须热爱你的恩惠。

(6)但是最重要的还是,如我所说,我们必须叫人们的耳根清净自得。提醒导致反感,而斥责导致憎恨。

避免傲慢

不论施与什么恩惠,最要不得的就是傲慢。骄矜的神态,洋洋得意的言语,所有这些毫无必要。真正叫你高贵起来的是你的行为本身。我们应当禁止自己口无遮拦地吹嘘。如果我们沉默,我们的行动就会为我们说话。盛气凌人的恩惠不仅叫人无心感激,而且叫人憎恨。

12 (1)盖乌斯·恺撒⑨宽待了庞贝·珀努斯(pompeius pennus)⑩的生命,如果你也认为"宽待"的意思就是"没有剥夺"的话。接下来呢,没有被治死罪的庞贝向他表示感激,他就伸出他的左脚来,叫庞贝亲吻。也许有谁会为这种行为辩解,不承认这种行为有什么凌辱意味,并要说那伸出左脚来的人不过是要炫耀一下他的拖鞋,那可是镀金的——或者甚至就是金子做的——鞋子,并且还点缀着珍珠呢。是的,一点不错!如果那个曾经做过执政官的人

---

⑨ 即卡里古拉。

⑩ 可能就是塞克斯图斯·庞贝(Sextus Pompeius),他在公元14年任执政官(塔西陀,《编年史》I 7.2)。他本是皇帝家族的亲戚(Dio Cassius, LVI 29.5),并可能就是那个富有传奇色彩的富翁庞贝,塞涅卡后来提到他(《论心智的宁静》(*On Peace of Mind* 11.10),说他被他的"一门老亲戚"——卡里古拉活活饿死。

要去亲吻那里的金子和珍珠,这不是侮辱又是什么呢?因为除此之外,在恺撒的身上,他不知道亲吻哪里可以少一点儿恶心。(2)就是这个人,他生下来就是要把市民的自由变成波斯人才有的奴役,而那个元老院的成员、那个上了年纪的男人、那个曾经担任最高公共职务的人,在围了一圈的贵族面前,趴在他的脚下哀求,就像一个被征服的敌人拜倒在他的征服者脚下那般,那个要伸出左脚的恺撒认为这还不够!他找到了进一步作践他的办法,他要把他的自由踩到脚下。这显然是在践踏整个的国家——并且,还是用他的左脚!你会以为这无关紧要吗?在审判一个拥有执政官身份的男人的死刑时,他若是穿着他的拖鞋⑪就不足以表现他邪恶而狂暴的傲慢——他必须用他脚下的御用之物作践那个老贵族的脸面!

13 (1)傲慢啊,你是春风得意之时萌生的邪恶,你是最为愚蠢的邪恶!避免你所谓的恩惠,那将是多么的快乐!把恩惠变成凌辱,这就是你的造化天赋!你所谓的恩惠,最终叫你自取其辱!你把自己抬举得越高,你就陷得越深,你根本不配你所吹嘘的那些仁慈恩惠。不管你施舍了什么,你都又糟蹋干净。(2)我倒要问一问她,为什么她这样觍颜无耻,为什么她要这样忸捏作态,她宁愿戴上假的面具而不愿坦诚待人?叫人欢喜的礼物是那些体现了人之仁慈的礼物;那个施与礼物的人固然比我优秀但却不肯盛气凌人,他慷慨大度,他宁愿俯下身来而不是炫耀他的礼物,他瞅准机会及时地帮助而不是等到我身逢绝处——他的礼物带着一份温厚与雍容。(3)对那些因为傲慢而糟蹋掉善意的人,一个劝诫的办法就是叫他们知道:虚张声势地施舍,礼物不会显得更多,而他们自己也不会显得更非凡;把傲慢等同于伟岸,这是一个错觉,原

---

⑪ 卡里古拉所穿的鞋子显然吸引了人们很多的注意力。关于他的残忍和拖鞋的故事,参见《论愤怒》III 18.3—4.

本可爱的东西也会为此遭人诟病。

要考虑受惠者的真正利益

14 (1)有的东西,对得到它们的人是有害的。此时,真正的恩惠也就不是给予,而是拒绝给予。相应地,我们要考虑的是请求人的利益,而不是他们的愿望。我们常常渴望有害的东西,并且我们不能分辨清楚其中有多大的害处,因为激情妨碍了我们的判断力。而当激情消逝,心智中火一般的冲动——正是这个东西叫我们的理性远遁——衰弱下来,我们就开始诅咒那个施舍给我们邪恶的礼物、简直把我们毁掉的人。(2)我们不把冷水交给生病的人,不把武器交给因为悲痛而对自己怒气冲天的人;对那恋爱[12]中的人,如果出于热情的驱使,他们要求什么自甘毁灭的东西,我们也是拒绝给予。而一般来说,那些东西虽然会带来伤害,那请求的人却郑重其事且不免谦卑地在请求,有的时候简直是可怜兮兮,此情此景,我们就得坚持拒绝他们。适当的做法是,我们不仅要看到所为恩惠之举的初始效果,还要看到它最后的结果;我们施与的东西不仅要叫人在接受的时候欢喜,在接受之后也要欢喜。

(3)有许多人也许会说:"我知道它对他没有任何好处,但我能怎么办呢?是他自己要的,而我没有办法抵挡他的恳求。那是他自己应当注意的事儿,他只能怪罪他自己,而不是我。"错了,他应当去怪罪你,并且恰如其分。当他恢复到他正常的心智状态,当叫他坐立不安的狂热情绪消退下来,他为什么不能怨恨那给他带来伤害和危险的帮助呢?(4)这样的曲意逢迎把请求人陷于不义,它在善意中属于残忍的一种;最为得体的做法应当是拯救人

---

[12] 手稿原文是 *amantibus*。

们,即使是违背他们的意志,也即使他们不肯接受。同样地,滥加施舍有害的东西,即使是那人在乞求这个东西,这也是世故小人谄媚式的敌意。我们要施与的那种恩惠,在派上其用场的时候应当带来更多的快乐,它应当永远不会蜕化为一种邪恶。我不会施舍那样的钱财,如果我知道它会被拿了去花到一个情妇身上的话。我不想成为任何不道德行为或计划的同谋。而如果可以的话,我将阻止一个人去犯罪;如果不可以呢,我也不会去做帮凶。(5)不管是愤怒驱使他出离常态,还是野心的激情叫他偏离正轨,任何为非作歹的力量必须而且只能出于他自己。⑬ 我不允许他在将来的某个时刻说:"他用他的爱毁掉了我。"朋友的殷勤帮助与敌人的作祟祈祷,二者之间常常没有什么分别;敌人所期待我们身上遭遇的事情,也正是朋友的慷慨无度给我们创造机会、叫我们欲罢不能的东西。憎恨与恩惠,这两者之间竟然没有了分别,还有什么比叫这事儿频频发生更为耻辱的事情吗?

避免做任何会给你带来耻辱的事情

15 (1)任何会返身给我们带来耻辱的东西,我们都不应当拿来施舍出去。友谊的全部要义,在于朋友之间的平等相遇。双方的利益是要同时考虑的内容。我会给那需要帮助的人送上礼物,但不会叫自己因此陷入困窘。我会帮助身临绝境的人,但不会叫自己因此身临绝境——除非这是一个代价,用来解救一个伟大的人物或者一个崇高的事业。(2)我永远不会施与什么自己都羞于启齿的恩惠。我不会把很小的事情夸张放大,也不会叫那原本重要的东西被视为草芥。积极要求别人的赞美固然会破坏了感恩之情,但表明礼物的价值却会赢得接受者的欣赏,这礼物才不会是

---

⑬ Gertz 版原文是 *in nullum malum vires adsumet nisi a semet ipso patiar.*

对那个人的嘲弄。

注意你自己和接受者的位置

（3）我们每一个人都必须量力而行。根据我们的身家能力，我们不能付出的太多——或者太少；我们还必须考虑接受者在生活中的角色，因为有的礼物实在微薄，与那提供礼物之人的显赫身份不相称，而有的礼物对那接受者而言则太过隆重。你应当权衡这两个角色⑭，并且要在这个权衡的基础上决定给予什么。它对施予者而言不能成为沉重的负担，也不能微不足道。再者，它不能叫接受者有失体面，也不要超出他能接受的限度。

16（1）有一次，一个人被亚历山大赠送了一座城市——亚历山大真是一个疯子啊，他满脑子都是惊天动地的东西。那个人有自知之明，不敢接受那个要招人嫉恨的庞然大物，就说那个礼物不适合他的生活角色。亚历山大如是回答："我介意的，不是接受什么样的礼物合乎你的身份，而是施舍什么样的礼物合乎我的身份。"⑮这句格言真可谓富丽堂皇啊，但却十足地愚蠢！任何东西就它本身来看，无所谓合适与否。在解读任何一个行动时，都要涉及是谁给予、是谁接受、什么时候、为什么、在哪里，以及其他一些关键因素。（2）你这个家伙就自鸣得意吧！如果他不能恰如其分地接受它，你也就不能恰如其分地施与它。你必须考虑他的角色和

---

⑭ 塞涅卡所言的生活"角色"（roles, *personae*），在中期斯多葛学派那里是一个重要的讨论主题，西塞罗在《论义务》（1 107—25）中曾有相当的篇幅进行讨论：大体而言，我们每一个人都要担当四种角色，此乃基于（1）普遍的人之为人的属性，（2）我们自己个人的属性，（3）我们在生活中的地位，和（4）职业选择。而接下来，我们会发现塞涅卡削弱了社会角色的重要性：你即使"处于奴隶的身份"都能够施与恩惠（III 21.2；参考 III 23.1），因为奴隶的身份并没有剥夺你基于人性而担当的义务和权利。

⑮ 这句经典名言有不同版本，被普鲁塔克《国王和将军格言录》（*Sayings of Kings and Generals*, 179f.）以及其他几位作家归在亚历山大名下，参见 *Gnomologium Vaticanum* p. 81.

身份。美德总是一种中庸状态,凡事于此而言,过犹不及。⑯ 你要这样做当然随你,命运女神也可能把你抬举到了这个地位,叫你可以把整座城池当做礼物分派出去(但是,与其这样横施滥舍,哪如当初就不要掠获它们,那样不是更为豁然大度吗!)。但无论如何,有的人就是不能把整座的城市装进他的口袋里。

17 (1) 一个犬儒之徒向安提柯(Antigonus)⑰乞求一个塔兰特,却得到回答说犬儒的门人不应当要求这么多。碰壁之后,他就又要求一文钱,得到的回答是那又太少,叫一个国王不能体面地拿出手来。⑱【你也许会反驳说,】"这个样子的诡辩真是可耻。安提柯不过是找到了一个反正是不给钱的办法而已。当说到是一文钱,他就注意到一个君主的角色;而当说到塔兰特,他看到的就是犬儒之徒。可是,他也完全可以把这一文钱施舍给一个犬儒之徒,而把塔兰特当做一位国王的礼物啊。对一个犬儒之徒来说,也许有什么东西太过贵重,叫他不能接受;但是没有什么东西微不足道到叫国王不值得施舍的地步呀。"(2) 如果你要听听我的意见,我赞同这个国王的答复。既鄙视钱财【这就是犬儒之徒的所为】,又乞求钱财,这叫人如何是好。你已经宣称了你对钱财的厌恶,那是你的权利主张,那是你选择的角色。此时你必须演好这个角色。在吹嘘贫穷唯美的时候索要钱财,这是十足的邪恶。一言以蔽之,

---

⑯ 此处以及 I 15.3 节,塞涅卡看来在援用亚里士多德所谓的中庸即美德的教条。但是塞涅卡直接借鉴的资源可能不是逍遥学派的人物,而是斯多葛学派的作家,如赫卡顿,塞涅卡在写作《论恩惠》时参照了他的著作(参见前文 13.9),或者是赫卡顿的老师潘尼提乌,西塞罗在写作其《论义务》可能借鉴了他的观点,如他也曾说到"逍遥学派赞成并且是正确地赞成了太多和太少之间的中间道路"(1 89;cf. 1 140),这个说法与塞涅卡的相仿。

⑰ 即独眼安提柯,亚历山大手下的将军和继任者。关于他的其他轶事,参见 III 37(那里讲述的有关他的故事实际上是他儿子的事迹)和《论愤怒》III 22.2—5.

⑱ 普鲁塔克讲述了同一个故事(《国王和将军格言录》182e),但是顺序颠倒过来,说是那个犬儒之徒(他给取了一个名字叫 Thrasyllus)先是乞求一文钱(准确地说是一个德拉克马),然后是一个塔兰特。在 *Gnomologium Vaticanum* 104 中也出现了这个故事,只不过角色换成了亚历山大和著名的犬儒第欧根尼。

一个人要顾及自己的生活角色,正如他要顾及他要帮助的那个人的角色。

传球游戏

(3) 我想用传球的游戏来比喻这个道理,我们的克吕西波曾这样比喻过。[19] 在此,不管是抛球者失误,还是接球者失误,这个球都会掉到地上;而只有在一双手正确地抛出、另一双手正确地接住时,这个传球的游戏才能进行下去。一个好的玩家,要根据需要调整把球抛给高个子或者矮个子的伙伴。同样的道理适用于一个恩惠的来去。一个恩惠,只有在满足双方——施惠者和受惠者——的需要的时候,才能恰如其分地从一个人这里,传递到另一个人那里。(4) 还有,如果玩这个游戏的是一个训练有素的选手,在抛球的时候我们就应当用上一些力气。而不管这个球如何飞来,他的手总能从容地把它传回去。而在面对一个生手的时候,我们就不能这样用力,这样果断,而是要轻缓一些,要把球恰好投到他的手上,让这个球恰好碰到[20]他的手。在施行恩惠时我们也要遵循这个常规。有一些人,我们必须教导他们,并且如果他们肯于尝试,如果他们能鼓起勇气,或者哪怕仅有自愿的表示,我们就应当满心欢喜。(5) 而问题常常是,叫人们丧失了感恩之情的恰恰是我们自己,而我们还宿命一般地认为他们就应当如此;仿佛是如果我们施舍恩惠,并且不能得到感激,我们施舍的恩惠就会更了不起一般。这就如同一个卑鄙的游戏选手,他要故意叫他的同伴显得蠢笨无

---

[19] 除了塞涅卡此处所言,我们不知道克吕西波在什么场合使用过这个比喻,或者用它来说明什么道理;或许就是前文 I 3.8 节提到过的关于美惠三女神的著作。塞涅卡在 II 32.1 节再次使用了这个比喻。他并不是这个时期唯一使用这个比喻的作家,普鲁塔克也使用过两次,分别是在《论苏格拉底的坏影响》(*On Socrates' Daemon*) 582e—f 和《赫西奥德〈工作与时日〉评注》(*Commentary on Hesiod's "Works and Days"*) 之 Fragment 52 Sandbach。

[20] 在亚历山大的 Classical Quarterly 31 (1937), p.56 处原文是 *remissae*。

能,哪怕是把这个游戏搅了局——这个游戏只有在相互协同一致的基础上才能进行下去!(6)很多人真是行事悖谬,他们宁愿叫他们拿出去的东西白白丢失,也不愿叫人看见他们收获了任何回报;他们做起事来偏要盛气凌人。而如果照顾到那些受惠者也有他们要扮演的角色,如果把每一件事情都作出一个善意的解释,着意为你自己赢得感激,如果认真倾听那感激的表白,就好像它们就是现实中的回报,如果你的殷勤善意不叫谁为感恩而背负上沉重的包袱,那么,这样一份温文尔雅,它是何等从容得体啊!(7)一个放高利贷的人通常要背上坏名声,因为他们的催讨总是太刻薄。但是,在偿还的时间到来,如果他故意放慢他的脚步,制造种种麻烦,好拖延一些时日[21],他同样也要背上坏名声。对一个恩惠也是如此,你必须接受给你的回报,就如同你必须避免索要回报。最好的做法是,一个人要及时而欣然地给予,永远不要催讨回报,而在得到回报时又会高兴欢喜,他要诚心诚意地忘掉他所行的恩惠,而在接到回报时就如同是接受一个恩惠。

(三)接受恩惠时要注意的问题

18 (1)有那么一些人,他们不但在施行恩惠的时候要盛气凌人,甚至在接受恩惠的时候也是自负神态,这可真是粗鲁无礼。现在我们必须接下来探讨这个话题的第二个部分:在接受恩惠时人们应当注意什么。[22]

任何涉及两个人的义务,都要平等地对双方提出要求。在检

---

[21] 目的在于增加要向他支付的利息。

[22] 在 I 11.1 节,塞涅卡把他要讨论的内容分为两个小话题,即给予什么恩惠、如何给予。此时,在回顾那些内容时,他把它们称为话题的"第一部分";它讨论的内容是关于施行恩惠的,而他此处所言的"第二部分"将要讨论如何接受恩惠。这一部分占了本卷剩余的篇幅。

点了作父亲的人应当如何如何之后,你就会知道还要做同样多的工作,要说清楚那作儿子的应当如何。如果一个丈夫有其扮演的角色,那妻子的角色也就不会少于一个。(2)提出要求与满足要求,此乃一种相互之间的行为,它需要一个适用于双方的规则——并且如赫卡顿所说[23],这可不是一个简单的问题。要达到道德上的完美状态——实际上哪怕是接近那个完美状态,总是需要一番的艰辛努力。[24] 这不仅需要行动,而且需要理性的行动。我们必须终生遵从理性的指导;所有的事情,从那最小的到那最大的事情,都必须遵循理性的指引;而礼物之授受呢,也必须是根据理性建议的方式来进行。

要自问清楚你允许谁对你施与恩惠,以及什么才算是恩惠

现在,理性的第一个判断就是我们不能接受每一个人的东西。(3)那么,从哪些人那里,我们可以接受东西呢?简单地回答就是,我们希望我们曾经给予他们以恩惠,我们才接受他们的给予。比起决定给谁施与恩惠来,决定接受谁的恩惠也许需要更多的辨别。那可能的尴尬结果暂且不提(并且的确有几种尴尬结果),单是发现你自己欠了别人的人情债,这就会叫你自己如芒刺在背,你倒希望你自己和那人没有什么瓜葛。而另一方面,对有的人呢,就算是他曾经冒犯过你,你也会关爱他,如果能收到他的什么恩惠,那将是一件大大欢喜的事情;一种颠扑不破的友谊因此就找到了它的正当根据。而对任何自尊而正直的人来说,不得不接受一个他压根不喜欢的人做朋友则真是糟糕透顶。

(4)所有的这些,我得提醒你,我说的可不是那有智慧的人。

---

[23] 参见 I 3.9, n.13. 我们不知道赫卡顿在什么作品中或是在什么语境下探讨过这个规则。

[24] 比照《论愤怒》II 13.1—2.

对那有智慧的人来说,他们应当做的事情,就是他们喜欢做的事情;他们自己支配他们的心智;他们从容得体地为自己规定法律,而一旦规定下来他们就恬然信守。我此处谈论的是那些不算完美的人们,他们希望遵循美德的大道,但是他们的激情在沉静下来之前却要冲撞一番。

(5)如此说来,我必须抉择去接受谁的恩惠。实际上,比较于钱财问题——也就是谁要叫我担负他的债务的问题,事关恩惠的问题需要更为审慎的斟酌。因为一种情况是,我只需返还我接受的东西;而一旦返还回去也就完事大吉,无债一身轻,我是一个自由的人。而另一种情况是,要回报的东西不止这些;即使我已经回报了那个恩惠,我们之间的关系还在。在我已经作出回报,感激之情也要我重新开始,而友谊也就历久弥新。并且,正如我不会向任何人寄托我的友谊——如果他还不配的话,我也不会许给他这个最为轻微的特权——这就是一个施惠者(恩人)的权利,它是友谊的源头活水。(6)你也许会说:"但是,我并不总是可以说'不'啊!有的时候,你不得不接受一个恩惠,即使是违背你的意志。比如它来自一个残忍而乖张的僭主,如果你不屑于他的帮助,他就会把这当做个人的公然侮辱,这个情况下我也要拒绝它吗?或者设想类似的场合面对一个土匪、一个海盗,或者是一个有着土匪甚或海盗心肠的国王,我该怎么办呢?这样的一个人,就断然不配叫我接受他的恩惠么?"(7)当我说你必须选择谁才可以施与你恩惠时,我排除了恐惧与不可抗力的因素。㉕如果它们掺和进来,任何所谓的选择都是无稽之谈。如果你是自由的,当你自己决定自己的意愿,你就会自己斟酌这个事情。而如果你身不由己,决定也不是出自

㉕ 如 Griffin 在其著作第 442 页所指出,塔西陀实际上认为,塞涅卡本人在从尼禄那里请求退隐田园、并交还尼禄送给他的叫人有失体面的巨大财富时,这一观点也正是他所提出的请求的潜台词:"我只能找到一个辩解的理由,那就是,我没有权利拒绝你的慷慨赏赐。"(《编年史》XIV 53.6)。

你的手,你就会知道,你那不是接受任何东西——你只是在服从而已。没有人要为他接受不能拒绝的东西而承担义务,如果你想知道我是不是会说"是的",那就给我一个说"不"的机会。(8)"但是他给了你生命!"这不是给没给什么的问题,如果它不是从一个自愿的给予者到一个自愿的接受者。你也许解救了我的生命,但这并不叫你成为我的救命恩人。毒药有时候能发挥良药的效果,但它仍然不是有益于健康的东西。有的东西带来好处,但不能叫你担负任何义务。有一个僭主,他身上的脓疮被一个前来刺杀他的人用利剑刺穿了;但这个僭主无需对他治好了自己的病痛而感激他,尽管大夫们都曾却步,不敢用他们的手治疗这个病痛。㉖

19 (1)你能够明白,行为本身没有太多的意义。一个人为了做了一些好事,但是出于坏的动机,这就不能认为他施与了什么恩惠。所谓的恩惠不过是运气,而那个人自己意在加害。我曾在一个竞技场里看到过一头狮子,它认出了一名角斗士(他曾经是那头狮子的饲养人),他就保护那名角斗士,避免了别的野兽的攻击。㉗ 一只野蛮的动物的帮助显然不能当做恩惠。绝对不可以!它既没想作出恩惠举动来,它那样行动的时候也没有那个目的。㉘ (2)把我举出的这个例子中的狮子换成僭主,他们两个都给了某

㉖ 这里所说的这个僭主是伊阿宋(Jason)(约公元前385—370年),他是帖萨利(Thessaly)地方的一个城邦弗莱(Pherae)的僭主。西塞罗(《论神性》(*On the Nature of the Gods*)III 70)和老普林尼(《博物志》(*Natural History*)VII 51)也提到过这个事件,但细节上有所出入。(并参见普鲁塔克《如何从敌人那里获益》(*How to Profit from One's Enemies*)89c 和 Valerius Maximus, 1 8, Ext. 6.)。

㉗ 塞涅卡讲述的可能是一件事实。这可以比照奥卢斯·革利乌斯(Aulus Gellius)在其《阿提卡之夜》(*Attic Nights*)中讲述的那个 Androcles 和狮子的著名故事。据革利乌斯讲,他从 Apion Pleistonices 那里听来这个故事,而后者是一位来自亚历山大港的作家,他生活在卡里古拉和克劳狄乌斯时代的罗马,并自称在那里亲眼目睹了狮子的表现。

㉘ 塞涅卡此处贯穿着斯多葛学派的教条,即动物没有理性,因此不具有道德行为的能力。(参见《论愤怒》I 3.3—8节所讨论的关于动物激情的相似之处:野兽的疯狂不具有理性思考的内容,因此它就不同于人类的那种疯狂——人类的疯狂具有理性的思考内容。)

个人的生命,但却都没有施行恩惠。所谓的恩惠,不能是你被迫接受的什么东西。如此看来,它也就不能违背你的意志而把义务强加给你。你首先必须允许我有抉择的权利;然后才是施行你的恩惠。

20 (1) 有一个常常争论的问题就是㉙,马尔库斯·布鲁图斯(Marcus Brutus)是否应当允许我们如神的尤里乌斯·恺撒给予他第二次的生命,既然他认为他有义务杀死恺撒。(2) 关于他要杀死他的理由,我们将在别的地方再做讨论。㉚(我的看法是,恺撒在别的方面固然是一个伟大的人,但他在这个事情上犯了荒唐的错误,并且他的做法也不符合斯多葛派教诲的道理。要么他是惧怕"国王"这个称谓㉛,尽管正是在一位公正的国王统治之下,一个国家才能实现其最好状态㉜;要么他是期望把独裁与服从的政制优势发挥到好处,叫市民的自由能够维持下来;要么是他以为,在古代的政制模式都已荡然无存的时候,这个国家还可以恢复到先前的体制中去;要么是在他已经目睹了成千上万的男人们投身战争,以决定他们做这两个人中谁的奴隶㉝——而不是做不做奴隶——的问题之后,他认为市民的平等权利和法律应有的至上地位能够保存下来。如果他以为通过杀死一个人,就可以阻止别的怀有同样野心的人出现的话,那么他就全然忘记了人类的本性以及他自己

㉙ 修辞学校里有这样的训练和表演。在法萨卢(Pharsalus)战役(公元前48年)击败庞贝之后,曾经站在庞贝一方作战的布鲁图斯(还有别的人)最终得到赦免,但在三年半之后,布鲁图斯又参与了谋杀恺撒的阴谋。

㉚ 在塞涅卡的现存著作中找不见这个讨论。

㉛ 自从罗马最后一个国王塔克文·苏佩布(Tarquinius Superbus)被卢基乌斯·尤尼乌斯·布鲁图斯(Lucius Junius Marcus)——他是马尔库斯·布鲁图斯的先人——驱逐出罗马之后,所有的共和政体的支持者都惧怕国王这个称谓。人们普遍认为尤里乌斯·恺撒实际上想当国王,这个舆论加快了人们刺杀恺撒的步伐。

㉜ 这种关于君主政制的说教在希腊文献中至少追溯到柏拉图(《政治家》294a),而不仅仅是斯多葛派学说。

㉝ 这两个人就是恺撒和庞贝。此处所云即是他们二人之间的内战。参见塞涅卡,《书札》14.13.

城市的品质;要知道,塔克文(Tarquin)国王,就是紧紧跟随那些殒命在利剑和雷电之下的国王的后踵而登场。㉞)(3)但是,他应当叫恺撒给予了他第二次生命,并且并不为此把恺撒视为父亲,他这样做却无可厚非。因为在他看来,恺撒正是靠着行不义之事,才获得了施与恩惠的权利。㉟ 没有杀死与拯救生命并不完全相同;他所给予的不是恩惠,而是缓刑。

21 (1)更有争议的问题还是这一个呢。如果有一个男妓,他有着为人提供口交的恶名,就是他,要拿出钱来为一名囚犯赎身,那个囚犯该怎么办呢?我是不是允许我自己叫那个肮脏的畜生来解救呢?如果我允许了,我又当如何向他表示我的感激?我要终生与一个变态者为伍吗?还是拒绝和那解救我的人生活在一起?(2)我来给你我的意见。就算他是那样的一个人,我也会把那金钱拿来解救我的生命。但是,我拿那样的金钱只当做是一个借贷,而不是什么恩惠。我要偿还他的金钱。而如果我有机会解救他逃脱危险,我也会这么做。但是我不会自甘沉沦,与他建立什么友谊,因为这是情趣相投者之间的和谐纽带。我不会把他看做救命的人,而要看做一个放债的人;我从他那里拿来的东西必须要偿还回去,这我确信无疑。(3)再假定,有一个人,他值得我来接受他的恩惠,但是那要给他带来伤害;我将拒绝这样的恩惠,因为他固然愿意给我提供帮助,代价却是损害他自己,甚至是威胁他自己。举例来说,他要在一场审判中为我辩护,而那辩护会叫他成为国王的敌人。如果他愿意为了我而冒险,而我又不肯横下心来独自面对我的危险,那么我自己也就成了他的敌人。

(4)赫卡顿说过一个毫无意义而愚蠢的例子。他说,阿塞西

㉞ 罗马早期的两个国王——塔克文·布里斯库(Tarquinius Priscus)和塞尔维乌斯·图利乌斯(Servius Tullius)——被刺杀身亡,另有托里斯·奥斯蒂吕斯(Tullus Hostilius)是被雷电击中。但这并没有阻止更为专断而僭越的塔克文·苏佩布的即位。

㉟ 恺撒只有在赢得一场不义的内战之后,才可能有如此的温厚仁慈之表现。

劳曾拒绝接受一个年轻人的金钱,因为他尚处在父权监护之下,他担心年轻人惹恼他那吝啬的父亲。㊱ 不接受偷盗来的财物,或者宁肯不接受免得去偿还,这做法有什么值得赞美的吗?拒绝接受别人的财产,那自我克制的底线在哪?

(5)如果你诚心要知道什么是高傲,我们就看看尤里乌斯·格雷契努斯(Julius Graecinus)的故事。㊲ 他是一个实在高贵的男人,而他所以被盖尤斯·恺撒㊳处死,是因为他是如此高贵,以至于那个僭主认为任何人高贵到那个地步,也就没有了用处。他为了筹集公共竞技比赛的费用,向他的朋友们收取赞助㊴,这个时候,法比乌斯·珀西库斯(Fabius Persicus)㊵给他送来一大笔金钱。他拒绝接受。当时有人更在意这个礼物,而不是那个送礼物的人,就责备他,他的回答是:"我连他的祝酒之辞都不屑一顾,你要我接受他的恩惠吗?"(6)这个时候,有着同样的卑污名声、曾经担任过执政官的列比路斯(Rebilus)㊶送来了一笔更大数目的金钱,他坚持要尤里乌斯下令接受下来,尤里乌斯说:"我要请求你的宽容。我连珀

㊱ 关于赫卡顿,参见 I 3.9 n.13;关于阿塞西劳,参见 II 10.1 n.6.
㊲ 尤里乌斯·格雷契努斯是古罗马的元老院成员,是罗马驻守不列颠著名的总督克奈乌斯·尤里乌斯·阿古利可拉(Gnaeus Julius Agricola)的父亲。塔西陀是阿古利可拉的女婿,他在描述尤里乌斯·格雷契努斯时,说他以笃嗜修辞学和哲学而知名于世,而他这样的美德叫卡里古拉深深嫉恨;卡里古拉命令他弹劾马尔库斯·西拉努斯(Marcus Silanus),他不肯从命,并因此被害身死。(《阿古利可拉传》4.1)塞涅卡在其《书札》29.6 中引用了他的另一句名言。
㊳ 即卡里古拉。
㊴ "元老院阶层中有人出任这样的营造官(aedile)后(并且不得不承办公共竞技比赛时),这样做乃是朋友之间的应有之义。"(Veyne, p.213)。
㊵ 帕乌鲁斯·法比乌斯·珀西库斯(Paullus Fabius Persicus)(公元 34 年任执政官)是一位旧贵族,并且是克劳狄乌斯的朋友,塞涅卡在《论恩惠》(IV 30.2)中说他是一个典型的堕落贵族。
㊶ 根据塔西陀(《编年史》XIII 30.3)所说,卡尼尼乌斯·列比路斯(Caninius Rebilus)"在法律修养方面以及财富方面都非常突出",他在公元 56 年自杀,这叫所有的人都感到惊异不已,因为"他是一个满身女人气而名声不雅的人,因此谁也不会相信他竟有自杀的胆量。"如果这个人还活着的话,塞涅卡应当不会这样提到这个人,如此想来,《论恩惠》的这一部分一定是在这个时间之后写成的。

西库斯的金钱都回绝了呢!"我倒要问,他这是在接受金钱呢,还是要拣选元老院的成员?㊷

欢欢喜喜地接受

22 (1) 当我们已经决定接受,我们就要接受得欢欢喜喜。我们要表达我们的高兴,要叫那施惠者看见我们的高兴,这是他能收获的立时报答。看到朋友欢喜,他也就有了欢喜的正当理由,而如果正是他自己叫朋友那样欢喜,那个正当理由也就更加充分。我们必须把我们的高兴表现出来,我们要尽情表达我们的感觉,我们要见证自己的感激之情,这不仅是在他面前,而且要在每一个地方。接受一个恩惠的时候满心欢喜,这就是对恩惠的首期回报。

23 (1) 有些人只有在私下里才能接受一个恩惠。他们不要任何证人或者旁人目睹这个行动。你可以肯定,他们心底寻思的东西很糟糕。任何人在施与恩惠的时候,固然不应当过分地声张,不要超出受惠者感到快乐的限度;那接受恩惠的人,却应当召集一圈子的人来,要他们看到这个恩惠之举。你羞于承认的东西,你就不当接受。(2) 有些人要偷偷地表达他们的感激,要么站在角落里,要么俯在耳边。但这不是羞怯,不是谨慎——这正是他否认收到恩惠的表示。你要表达感激,又不叫任何能够见证的人在场,你就根本没有感激。有些人拒绝在账单上写下自己的名字,拒绝叫谁来做担保人,拒绝在字据上加入见证人,或者根本不要任何字据。㊸ 那些要接受恩惠却又尽可能不露声色的人,与此如出一辙。(3) 他们不肯光明正大地接受那恩惠,他们担心人们会说,他们更多地是因人成事,而不是靠他们自己;而对那些于他们有救命之

㊷ 即,这位高贵的尤里乌斯·格雷契乌斯的行事,不像是一个积极的接受捐助者,而更像是一个监察官,一个被赋予了修订元老院名册、并剔除有关成员之权力的官员。参见 II 8.2, n.5。

㊸ 这些都是保证交易的法律措施。参见后文 III 15. 1 f。

恩、提携之力的人,他们更是缺少感激之意。他们害怕被小觑,于是就背上了忘恩负义的坏名声。

24 (1)还有一些人,谁对他们最好,他们就诅咒谁。与其对这些人施舍慷慨,倒不如伤害他们更叫人心安理得。他们要通过憎恨你来证明,他们不欠你任何的东西。此外,比什么都要紧的是,我们接受了别人的帮助,我们要叫这记忆常留心底,我们要时时唤起这个记忆;一个人遗忘了这帮助,他也就忘记了要去回报,更何况回忆本身也是一种回报。(2)接受恩惠,我们不能一脸的不以为然,尽管也不用过分卑微地逢迎。恩惠乍到,它本应当有一些新鲜的魅力,如果那接受恩惠的人就已显得冷漠,那么,当这新鲜逝去,他又将是一副什么德性呢?(3)有一个人,他在接受恩惠时一副不以为然的神情,好像在说"这可真是多此一举。但既然你是这样费尽心机,我就答应你,我买你的账"。另一个人呢,可能会无动于衷,这就叫那帮助他的人不能肯定,他是不是注意到了这个帮助。第三个人呢,仅仅是张了张他的嘴唇,看起来更是没有什么感激,还不如就保持在纹丝不动呢。(4)如此说来,你必须多加张扬地表达你的感激,好配得上这件事的重要意义,你要加上诸如此类的话:"你已经叫太多的人对你心存感激,你自己都不知道呢!"(听说自己帮助过的人比自己记得的还要多,每一个人都会高兴起来。)或者"你不知道你都为我做了什么呢,但是我必须叫你知道,你做得比你自己想到的还要多!"(一个人肯于承认得到了更多的恩惠,这就是在表达他的感激。)或者"我没有办法偿还你,但是我愿意每一个人都知道我没有办法报答你"。**25** (1)弗尼乌斯(Furnius)的父亲曾站在安东尼的阵营里,弗尼乌斯为此请求恺撒·奥古斯都赦免他的父亲,在赢得这个赦免后,他说道:"恺撒啊,这一件事你叫我耿耿于怀,你为我做的一切,叫我不论是活着还是死去,都不能把我的感激表达万一。"弗尼乌斯做了很多,但唯有这一句话叫他格外赢得了恺撒的恩惠,恺撒随时会应允他的任何请求。㊹ 对自己表示不满意,一想到要报答那恩惠就简直叫人绝望,这样的感激之情真如滔滔江水呢。

(2) 借着这样的话语,我们要留意不要把我们的心思遮蔽起来,我们要敞开心扉,叫这心思发出光芒来。言语也许都会辜负我们,但是只要我们体会到我们所蒙受的恩惠,我们的感觉就会写在我们的脸上。

(3) 任何人要表达自己的感激之情,就应当在接受恩惠的时候立即想到如何报答。克吕西波㊺实际上把他形容为一个准备赛跑的人,他就守在起跑的栅栏那儿,等待着发出信号的时刻,好最快地向前冲出去。对那跑在他前面的人,他当然要使出很大的力气,加快他的脚步,好追赶上那个人。

忘恩负义:主要原因是自大、贪婪和嫉妒

26 (1) 现在,我们必须审问那忘恩负义的主要的原因。它们是:过分的自大(这是凡人身上与生俱来的缺点,它表现为对自己以及自己拥有的任何东西都是一副骄矜自美的心态),贪婪和嫉妒。

(2) 让我们从其中的第一个说起。每一个人在审判自己的时候,都显得慷慨而宽宏。如此一来,他就认为他得到的每一个东西都是他的应得之物:他认为那是他的报酬——并且他还认为,他的真实价值没有得到充分的估计。"他的确把它给我了。但是他拖

㊹ 老盖尤斯·弗尼乌斯(Gaius Furnius)是一位卓越的演说家,他曾是共和政体的支持者,在公元前44年之前和西塞罗有着密切的联系,此后是安东尼的支持者,并于公元前36/5年在安东尼手下总督亚细亚。在亚克兴战役之后,他的儿子——也叫盖尤斯·弗尼乌斯——请求奥古斯都赦免了他,他后来进入元老院。那位儿子接下来在公元前25年做了西班牙的总督,并在公元前17年担任执政官。

㊺ SVF III 726. 塞涅卡或许正在援引克吕西波《论恩惠》的某一个段落,这个著作在 I 3.8f. 处提及过。

延了过久的时间！它叫我吃了多少的苦头！如果当初去找某某某或者谁谁谁，或者干脆就指望我自己，我得到的就会更多！""我没想到是这样！在他看来，我和那一堆的人没有什么分别。我对他就这样微不足道？与其这样，还不如就不要理睬我来得更为尊重。"

27（1）格涅乌斯·愣图路斯（Gnaeus Lentulus），也就是那位奥古尔（Augur）⁴⁶，在他的被解放的奴隶把他改变成穷光蛋之前，他可是富翁中的一个绝好榜样，他有着四亿个赛斯特斯（sesterce）需要照看（我所说的都是实话，他除了照看它们再也不做别的事），他的智慧贫瘠得很，他的心肠倒不比他的智慧坏到哪去。他是守财奴中的守财奴，但是比起他的谈吐来，他在用钱上要更为慷慨一些；他在说话方面的穷酸到了无以复加的地步。（2）他全部的发迹史都要归功于奥古斯都。在他刚刚接近奥古斯都的时候，除了一顶沉重的贵族头衔外，他所拥有的就是贫穷。但他现在已经成为市民中的佼佼者，不论是他的财富还是他的影响。但是，他对奥古斯都的抱怨已经成为一个习惯，他说奥古斯都叫他远离了他的书斋，他因此丢掉了演讲术的熏陶，他所得到的一切都加到一起，也不能抵消他承受的损失。但是，即使这个所谓的损失，实际上也是我们神圣的奥古斯都给他带来的一个恩惠呢，这就免得他去白费力气，免得他成为别人拿来开心的笑料。

（3）贪婪，这个禀性不允许任何人拥有感激。这个有伤风化的期望，它无论得到什么也不知餍足。我们得到的越多，我们贪图

---

⁴⁶ 格涅乌斯·柯尔涅利乌斯·愣图路斯·奥古尔（Gnaeus Cornelius Lentulus Augur）（文中所以这样称谓他，是要把他区别于另外一个也叫这个名字的他的同时代人，那人在公元前18年担任执政官职务）在公元前14年任执政官，在公元前2/1年在奥古斯都手下担任亚细亚的代执政官，并曾担任伊利里库姆（Illyricum）总督，在那里他因为与盖塔伊人作战而赢得了军事上的荣誉（塔西陀，《编年史》IV 44.1）。他死于公元25年，人们相信他是被逼自杀（苏维托尼乌斯，《提比里乌斯传》49），并把他的巨大财富留给了提比里乌斯。塔西陀在说到他时，语气要比塞涅卡的措辞更多褒义。

的也越多。这个贪婪之性，只有被用在聚敛财富时才会精神高扬，就仿佛那熊熊燃烧火团越是旺盛，它喷发出来的火苗越是势不可挡。（4）野心也是如此，一个有野心的人不论捞得什么样的公共荣誉，他都不会满足，尽管那是他曾经为之垂涎的东西。没有人为得到一个保民官的职位而表示感激，他要抱怨那副执政的位子还有太远的距离。副执政的职位也不会叫他满意，如果接下来不是去做执政官。甚至执政官也不能叫他满足，如果那只有一个任期。㊼贪婪叫我们有了蛇吞象的决心，叫我们浑然忘记了我们的际遇。贪婪，它不顾它的来路，它只想它的目的。

28 （1）有一个比这更有力量、也更顽固的邪恶，这就是嫉妒。它要去攀比，于是就叫我们不得安宁。它会说："这些给了我，但是给他的比我还多，给旁边那个人的比我还早。"并且它从不考虑别人的环境，而仅仅盯住那个实惠本身。此时此刻，如果他能真正明白，别的人不会像他自己那样推崇他自己，如果他能真正欣赏他所接受的恩惠，那该是多么坦然而明于事理啊！（2）"我应当得到的更多，但是要叫他拿出更多的东西来，就是难为他。他要慷慨的地方实在很多。""这才是开始，我要心怀感激地接受它，这就是对他的鼓励。他做得还不够，但是他会常常这样做。""是的，他欣赏那个人胜过欣赏我，但是他也喜欢我胜过许多人。""那个人也许没有我这样的品质和功绩，但是他有他的魅力。""抱怨不会提高我的价值；它只会叫我连已经得到的都不配。那些十足的恶棍得到的更多，那又怎么样？命运女神很少表明什么意见。"（3）我们每天都要抱怨那邪恶的人交了好运。更常见的是，冰雹从那坏人的田地上飞过，却把好人的庄稼摧毁。每一个人都有他的命运，就友谊来说如此，就别的事情来说也是如此。（4）恩惠不论多么慷慨，

㊼ 参考《论愤怒》III 31.2.

心怀恶意的人总能吹毛求疵;而恩惠不论多么细小,善意的解释总能彰显它的意义。如果你从最不利的方面来看待恩惠,你永远都不会缺少抱怨的理由。

29（1）叫我们看看人们在对待众神的礼物时,是如何有失公正的吧[48],甚至那自称拥有智慧的人也是如此。他们牢骚满腹,就因为我们没有大象一样的个头,没有雄鹿的速度,没有飞鸟的轻灵,没有公牛负重的力气;就因为野兽的毛皮更加结实,麋鹿的毛皮更加美丽,狗熊的毛皮更加肥厚,海狸的毛皮则更加柔软;就因为狗的嗅觉更为灵敏,鹰的眼睛更为敏锐,乌鸦的寿命更长,还有很多动物在水里面游泳则胜过我们。（2）自然女神不叫某些属性在一个身体上共存——比如体质的灵活与蛮力,如此而已。但是,他们就要把这说成是伤害,因为人的身上没有混合各种的长处,尽管那些长处彼此之间就像矛与盾;他们要指责众神怠慢了我们,因为我们没有被赋予一个不会沾染罪恶的健康,因为我们没有预知未来的能力。他们很少能收敛自己粗鲁的傲慢,他们憎恨自然,因为我们凡人不如众神那般优越,因为我们不能和众神匹敌。（3）重新思忖一回众神施与我们的众多恩惠,我们就会感谢众神,因为在这片最为美丽的家园里,众神安排给我们的身份仅仅次于他们自己,众神叫我们主管大地上的万物;而能这样想,该是一件多么快乐的事情呢!既然掌管动物的权力在我们手上,一个人又如何可以把我们与动物相提并论呢!众神拒绝我们的,只是那些不能施与我们的东西。（4）如此说来,不论你是谁,只要你对人类的命运还有不公正的批评,考虑一下我们的父亲所给予我们的东西,那些动物是如何的强壮,但是我们已经给它们套上重轭;它们奔跑起来

---

[48] 接下来的这个离题叙事,像《论愤怒》II 27.1f. 处的类似段落一样,突出地反映了斯多葛学派把其伦理学建立在自然哲学上的模式（参见《论个人生活》的导读)。对广阔宇宙神圣秩序的思考,正是他们主张的感恩和健康心态等美德的依据。

是如何的敏捷,但是我们还是要捕获它们;凡是尘世间的东西,没有什么能超出我们的掌控。(5)我们被赋予了这样多的优异品质,这样多的技艺,尤其是我们的心智,它发挥的力量可以洞察任何事情,它比天上的明星更为飞快,它能预先料到它几百年之后的轨迹。我们的收获是何等丰富,我们的财产是何等充盈,还有我们的珍宝,它们堆积一处。你可以环绕这个世界旅行,没有任何东西叫你宁愿整个变成它的模样,而你只能从各个东西身上找出你希望拥有的礼物;如果你对自然的仁慈有一个正确的判断,你就一定承认你是她的宝贝。(6)我们是长生不死之众神的至爱,这就是事实;他们给我们安排的位置紧挨着他们自己,他们赋予了我们所有可能的最伟大的荣誉。我们已经接受了太多的礼物,我们不能承受再多的东西。

30 (1)所有的这些谈论,亲爱的里博拉里斯啊,我以为是很有必要的。如果我们要谈论那平凡的恩惠之事,我就不得不说到那最伟大的恩惠;更何况,我们所讨论的那邪恶的无耻,正是从这儿开始蔓延下去,直到每一个细枝末节。如果一个人连那些最伟大的恩惠都要鄙视,他还会感激别的人吗?他还会诚心看待别的礼物并觉得需要回报吗?如果一个每天都在向众神乞求生活的人,都不肯承认他的生活来自众神的恩允,他还会为他享受的安全、为他的呼吸而对别人感恩吗?(2)教导感恩,就是捍卫人类,就是捍卫众神。众神超然物外,他们无所需求。虽然如此,我们还是能够回报他们。弱小与贫穷,对任何人来说都不是忘恩负义的理由,不要说什么"我能做什么?我能怎么办?我什么时候才能回报那些高高在上的存在?他们才是世间万物的主宰。"回报是一件简单的事情。你也许吝啬,可是回报不需要一文钱的破费。你也许懒散,可是这不需要卖力气。在你知道你自己受人恩惠的那一刻,你就可以实现你和他之间的公平——如果你有着愿望。怀着欢喜的心情接受一个恩惠,这就是对恩惠的回报。

怀着欢喜的心情接受恩惠就是对它的回报

31（1）在我看来,斯多葛学派的诸多悖论中,最易于人们坦然理解的一个是㊾:怀着欢喜的心情接受恩惠就是对它的回报。因为我们把每一件事都要归因于心智,一个人只能根据他自己的意愿而行动;因为虔敬、诚信、正义——简单地说就是每一个美德——本身就是完满状态,即使它连抬起一根手指的机会都没有,所以人类的感恩也是这样,它可以仅仅是一个意愿的行动。（2）每当一个人获得了他想要的东西,他就收获了他为之努力的回报。如此说来,一个人施与恩惠,他的意图是什么呢?提供帮助并叫受惠者欢喜。如果他实现了他的愿望,如果他把他的心智状态传递给我,叫我随着他的快乐而快乐起来,他就已经得到了他所追求的东西。他不要任何交换的东西,否则那就不是一个恩惠,而是一个买卖交易。（3）一个航行如果到达它要去的港口,这就是一个成功的航行;一只稳健的手掷出的标枪击中了靶子,这标枪也就实现了它的意义。一个施与恩惠的人,他所要求的是接受恩惠时的感激之意。如果这个恩惠被欢欢喜喜地收下,他也就得到了他想要的东西。"但是,他一定曾期望得到什么别的东西!"如此说来,它就不再是什么恩惠——恩惠的特别之处就在于它没有想到什么报偿。（4）施予者是以什么样的心态来施与的,我就以什么样的心态来接受,这也就是对我接受的东西的回报。否则的话,最好的东

㊾ 斯多葛派伦理学理论中的"悖论"（paradoxes）在希腊化时代的哲学讨论中是一个常见的话题,参见西塞罗,《斯多葛派哲学家的悖论》（*The Paradoxes of the Stoics*）。其中最为著名的是:只有"高尚的"（拥有道德上的价值者;*honestum*, χαλον）才是善的,美德足以保证幸福,错误的行为都是同样的恶,正当的行为都是同样的善,只有有智慧的人才是自由的,而每一个蠢人都是奴隶,只有有智慧的人才是富有的。进一步参见 IV 26.2—27.1.

西就会和最坏的境遇牵扯到一起;要想感恩,都要看看我是不是有这个时运。但事实是,如果我时运不济,我不能做到投我以桃而报之以李,我心底的报答对他就是足够的报答。"你这是什么意思呢?难道我不应当用尽一切手段来回报?难道我不应当捕捉任何的机会、任何的时间和场合?那人给了我恩惠,难道我不应当渴望填满他的口袋?"是的,你完全应当;但是,如果感恩不允许两手空空,所谓的恩惠也就陷入泥泞之中。

32 (1)你也许会反驳说:"一个接受恩惠的人,在接受的时候可以怀着最为友好的心态,但是他仍然没有做完他应当做的事情,回报之事还有待他的践行;就像在那个传球游戏中,又熟练又小心地接到传球固然重要,但是在接到传球之后,只有又敏捷又准确地传回去,那个人才能被称为一个优秀的传球人。"(2)这个比方不算恰当。为什么?因为游戏的要义在于身体的运动和敏捷,而不在于心智的状态;凡是需要眼睛做判断的东西,它就得叫眼睛一览无余。并且,即使是在这个游戏中,那个接到传球的人,如果因为什么妨碍而不能传回他的球,而这个妨碍不是出于他自己的错误,那么我也不会说他是一个糟糕的选手。(3)你也许会说:"这个传球手的技艺也许没有什么欠缺,因为虽然他只做了一半儿的事情,另外的一半儿他实际上也能做;但是,这个游戏本身却是不完整的,因为这个游戏的顺利进行,依赖于往复交替的接球与传球。"(4)我就不再花费时间对这个说法进行反驳了。我们已经一致承认,在这个情况下存在欠缺的是这个游戏,而不是传球的人。同样,在我们讨论的问题中,在就那个礼物来说也许还有什么欠缺——如果什么"别的部分"[50]仍然存在欠缺的话,但有关那礼物的心智状态却不欠缺什么——如果它已经赢得了与它彼此般配的心

---

[50] 手稿原文是 *pars*.

态的话，就此来说，它已经得到了它所要求的东西。

33 (1) 比方说，有个人施与我一个恩惠，并且我也以他希望的方式接受了这个恩惠。那么，他就已经得到了他希望得到的东西，实际上那也就是他所希望的唯一的东西。而这就意味着我已经表示了我的感激。他也许还期望以后我会对他有所帮助，他也许期望从一个怀抱感恩之情的人那里得到什么礼物。但这不是什么尚未履行的义务内容，而是已然充分履行了的义务之外的东西。(2) 比方说，菲迪亚斯(Phidias)(51)制作了一尊雕像，他的艺术本身给他带来一个回报，而他的艺术作品则给他带来别的回报。所谓艺术的回报，就是他创作出了他要创作的东西；而那艺术作品的回报则是靠制作那件作品而挣得的利益。菲迪亚斯的作品是完整的，即使它还没有卖出去。他的作品给他带来三种的回报：一个是他自己知道那个作品问世了，在作品完成之时他也就形成了这个意识；另一个是他的声誉；而第三个呢，则是他收获的利益，这利益来自他的声誉、来自于出售作品、或者来自于别的什么有利条件。(3) 同样的道理，施与恩惠的第一个回报是施惠者自己知道这件恩惠(当一个人的恩惠之举按照他希望的方式作出之后，他就形成 239
了这个意识)，而声誉以及可能返回来的什么东西还是次要的回报。所以，当一个恩惠被以一种友好的方式接受时，施惠者也就赢得了感恩，这也就是它的回报，尽管这不是物质上的报答。他仍然欠他一些别的东西；但是，就恩惠本身来说，我以得体的方式接受了这恩惠，我也就作出了完全的回报。

34 (1) “你这是什么意思呢？一个人没有做一件事儿，就

---

(51) 菲迪亚斯是公元前5世纪最伟大的雕塑家，他设计制作了众多的作品，其中包括雅典的巴特农神庙内的雕塑。在施惠者和工匠之间进行比照，这可以追溯到亚里士多德(《尼各马可伦理学》IX 7，1167b31 ff.)：亚里士多德说，与工匠都钟爱他们的活动所创作的作品一样，施惠者也钟爱那接受他们的恩惠的人，因为他们是施惠者活动的“作品”。

'回报了恩惠'?"是的,我首先要说,就是这样。有一个好的心智状态,这就是给他的好回报——尽管就数量相等的问题来看,还有未尽之事宜;而留有未尽之事宜,正是朋友之间的应有之义。其次呢,清偿借贷是一回事儿,回报恩惠则是另外一回事儿。你不要指望我在你面前炫耀这回报,这个交往要在两个心智之间来进行。(2)世间东西的样数,总是比人们的词汇更多,如果你肯留意并思考这个事实,那么我说出的这些言语也就不会显得艰涩(尽管在开始的时候,它与你自己的意见不相协调)。有太多的东西,它们还没有名字。我们用来称谓它们的那些字眼,原本并不合适于它们;那些字眼属于别的事物,并被借用过来。我们会说到我们自己的脚、床的脚、篷帆的脚[52]、和诗歌的韵脚;会说到捕猎用的狗、狗鲨、还有天狗星(Dog Star,汉译"天狼星");我们没有办法给每一个事物一个特有的名字,当需要来临,我们就假借。(3)勇气,严格地说来,是一种蔑视那种理应被蔑视的危险的美德[53],或是一种关于危险的技艺——也就是躲避危险、对抗危险与招致危险的技艺。但是,我们既可以称说一个角斗士是一个富有勇气的男人,也可以说那一钱不值的奴隶很有勇气,因为他在鲁莽的驱使下竟然不怕死亡。(4)节俭,是避免不必要花费的一种技艺,或者适当地管理财产的艺术。但是,"很是节俭"却是我们对那小气而又吝啬之人的说法,尽管在适当理财和卑贱吝啬之间有着巨大的差别。这些都是本质上就不相同的东西,但是由于我们语言的贫乏,我们把这两种人都说成"节俭的";而"勇气"也就使用到那两种人身上,一个人基于理性而蔑视命运的打击,而另一个人则是毫无来由地投身绝境。(5)同样的道理,我这样说过,所谓的恩惠既指善意的行

---

[52] 至少在拉丁语上可以这样说。一个篷帆的"脚",就是把张开的篷帆的两个下角系紧固定到船板上的两根绳子。

[53] 在 W. Alexander, Classical Quarterly 28 (1934) p.54 处原文是 *fortitudo est ⟨ars⟩ pericula iusta contemnens*.

为，又指善意行为所施与的东西，例如一笔钱，一栋房子，一袭官袍。两者的名称一样，内涵和意义则大相径庭。

35（1）这样说来，你只要用心就会发现，我并没有说任何与你自己的见解不能相容的事情。那个在行动中体现出来的恩惠，如果在接受它的时候心怀感激，这也就是对它的回报。而另一个恩惠呢，它凝结在那个物体上，它还没有得到它的回报，尽管我们希望对它作出回报。我们用我们自己的善意行为回报了那善意行为；但是对那个物体呢，我们还有未尽的义务。这样说来，我们可以说只要欢欢喜喜地接受恩惠，也就是对恩惠的回报；但是对那接收到的东西，我们也要求一个相仿的回报。

（2）斯多葛派的学问人，说了一些与人们的日常说法相左的话语，但是又与它们殊途同归。我们不承认有智慧的人也会被冒犯，但是那向他们动拳头的人，也会因为实施了不正当伤害而被处刑；我们不承认一个愚蠢的人能获得任何东西，但是不论是谁在蠢人那里行窃，我们都会谴责他的偷盗行为；我们说每一个人都是疯子，但是我们并不叫每一个人都服用黑藜芦。[54] 被我们称为疯子的那些人，我们要把投票的权利委托给他们，把审判的权威委托给他们。[55]（3）同样的道理，一个人在接受一个恩惠时怀着良好的态度，我们就说他已经回报了那恩惠；但这并没有把他从要回报的义务中开脱出来，他还有需要回报的内容，即使他已经作出了回报。我们说欢欢喜喜地接受恩惠就是对它的回报，这话并不是要叫谁否认他得到的恩惠，而是在鼓励我们自己不要害怕恩惠，不要因为什么不能承受的包袱而丢掉我们的勇气。"那给予我的好礼物，我

---

[54] 从黑藜芦（Hellebore，其各种变种在不列颠和北美各处的植物园中很常见）提取加工的一种饮品被用来治疗身体内黑胆汁过剩所引起的一种疯病。在希腊语中，"喝黑藜芦去吧！"无异于说"你真是一个疯子！"

[55] 斯多葛学派这个关于有智慧的人和愚蠢的人的悖论，在 IV 26. 2—27.1 节处从另一个侧面进行了更为详尽的讨论。

已然得到,我的名誉得到捍卫,那些诽谤因此消弭,我的生命被挽救回来,并且带着自由——这自由啊,比生命更有意义。我如何才能报答他?我要向他表白我的感受,那一天什么时候才会来临?"(4)就在这一天,当他向你表达他的仁慈心地的时候!接受这恩惠吧,拥抱这恩惠吧,欢呼吧——不为你正在得到的什么,而是为那叫你回报、叫你感恩的东西!而你也尽可以表达你的感激,你不会为此遭遇什么巨大的危险,以至于你想感恩都得看你的运气。我不会在你感恩的路上设置藩篱,我怕你会垂头丧气,怕你看到什么无休无止的累赘和麻烦,而那会叫你失去你的气力。我这不是在告诫你要拖延你的回报,你尽可以立即去践行。(5)如果你在此时没有感激之情,你就永远不会再为此感恩。这么说来,你应当怎么做呢?你没有必要挥动起武器,尽管什么时候或许有这个必要。你没有必要穿越海洋,但也许在某个时候,甚至是在风暴的危险里,你发现你自己正在启航。你希望回报一个恩惠吗?带着良好的心情接受它,这就是你对它的回报。但是你不要以为你因此就完全解脱了——你只能是对你的回报更有信心而已。

第 三 卷

忘恩负义

忘恩负义:最糟糕的形式是遗忘

1 (1)埃布提乌斯·里博拉里斯啊,受恩惠而不回报,这是一个可耻的处世之道,所有的人都认为它可耻;这就是为什么甚至连忘恩负义的人都在抱怨忘恩负义。而同时呢,我们全都沾染着我们每一个人都厌恶的这个恶习,我们甚至走到了一个极端,我们把那施惠给我们的人当做最坏的敌人,不仅是在他们施惠给我们之后,而且因为他们施惠给我们。(2)我不否认,有的人这样做,是由于他们天生的堕落品质。但对于大多数人来说,却是由于时间的流逝剥夺了他们的记忆。他们心智上原本新鲜而深刻的印象,随着时间的隔阂而淡漠远去。

我知道,你和我有一回曾讨论过这样的人。你把他们说成是"健忘",而不是"忘恩负义",就好像一个人忘恩负义的原因反而成了为他开脱的借口,就好像他忘恩负义的事实也并不说明他要忘恩负义;但是,这样的事情之所以发生,只能是因为他没有感恩之心。(3) 忘恩负义分为许多种类,这正像谋杀和行窃;邪恶都是同一个,它却要表现为许多的小种类。一个人接受了恩惠却要矢口否认,假装自己没有得到这个恩惠,这固然是没有感恩之心;得到恩惠却不肯回报,这固然也是没有感恩之心;但最为忘恩负义的做法,还是把那恩惠全然忘记。(4) 在别的场合里,一个恩义也许没有被回报,但它仍然叫人感到歉疚。那个蒙受而来的恩惠,总有一些的痕迹保留在负疚的良知里。总有那么一天,出于什么原因,比如因为廉耻之心的驱使,或者一个突然的要做些高尚之事的欲望(——哪怕是在邪恶的内心里,这种欲望有时也会发生),甚或是因为一个见风使舵的机会来临,那个忘恩负义的人也许会回心转意,并对他蒙受的恩惠作出回报。但是,如果蒙受的恩惠被完全遗忘,感恩的事也就无从说起。那一样更糟呢,蒙受恩情却不能回报,还是对所蒙受的恩情都不能记起?(5) 如果你的眼睛不敢正视光明,你的眼睛就不再完美;而如果你的眼睛看不见光明,它们就已然盲目。不爱你的父母,这是不孝;不认识他们,则是精神失常。

2 (1) 一个人把他应当时时挂念的东西扔到一边,以至于再也记不起它来,这样的忘恩负义还有哪个人能比呢?很显然,如果遗忘笼罩了你的心智,你就没有时时挂念那要回报的事情来。(2) 要想如实地回报恩惠,你就需要能力,你需要时机和财产,你需要命运女神的垂怜。但是,你只需记得那个恩惠——而不需①任何的花费,这就意味着你知道感恩。这不需要努力,不需要财产,不需要好运气;并且,不这样做,都找不到为自己开脱的借口。而如果你把那恩惠远远丢开,好叫你再也看不到它,那么你就不可能曾打算感恩。(3) 那些一直在使用的东西,那些每天都在触摸把玩的东西,永远都不会有腐烂的危险;而那些被忽视了的东西,那

---

① Gertz 版原文是⟨et⟩ sine.

些似乎没有用处而被搁置一旁的东西,则随着时间的流逝而积满尘土。同样的道理,任何在我们的心思里反复想到的东西,都不会退出我们的记忆,反而会历久弥新;我们的记忆不会丢失任何事情,除非它很少回顾那个事情。

3 (1) 除此以外,我们蒙受了常常有着巨大价值的恩惠,这样的恩惠为什么会从我们的记忆中抹去,这还有别的原因。其中最为强大的第一个原因就是这个事实,即我们总是装满永远没有止境的欲望。我们的眼睛不是盯住我们拥有的什么,而是盯住我们在追逐的东西。我们垂涎的目标叫我们如饥似渴,而我们口袋里的东西却不值一提。(2) 这结果就只能是,所有已经得到的恩惠,都在这个贪得无厌的欲望里被贬低,而那些施与恩惠的人呢,他们的价值也因此跌落下来。我们也许曾经爱戴一个人,只要我们对我们争取来的一切还算满意,我们就要尊敬那个人,我们所以获得我们的地位,都是仰仗着那个人。接下来呢,另外一个什么东西会是多么非同寻常啊,这个念头就一下子闯进了我们的心智里。人类有一个习惯就是贪得无厌,我们就出于这个积习而投身追逐那个东西。我们曾经称之为恩惠的东西不管是什么,此时都径直离开我们而去;我们再也看不到自己比别人的长处,而只看得见走在我们前面的那些人的好运气。② (3) 但是,没有人能够同时既嫉妒又感恩。嫉妒与抱怨和沮丧结伴而行,而感恩与欢乐是伴侣。

(4) 其次的原因呢,是因为除了此时此刻正在经历的时间体验,我们之中没有谁会留意别的什么时刻。人们很少在他们的心思里回首过去。这就是为什么我们的老师、还有他们的仁慈都淡出了我们的记忆——我们已经把我们的童年时代统统丢弃在背后。这就是为什么我们在年轻时蒙受的恩惠都不再被我们提

---

② 比较 II 27.4 和《论愤怒》III 31.2.

起——我们的青年时代,它一去不再回。没有人把曾经的事情当做过去的经历,而是要把它视为永远的消亡。我们全神贯注在未来,记忆总是照搬虚无缥缈。

4 (1) 行文至此,我必须适度地赞美伊壁鸠鲁(Epicurus)。他曾一直抱怨说,我们不懂得对过去感恩,我们从不记得我们曾经蒙受的恩惠,或者我们从不把那恩惠当做我们现在的快乐,但那却是一个不能被夺走的快乐,实际上没有什么快乐比它更确实可靠呢。③ (2) 那幸运之事如果正在发生,它就还没有彻底地落实下来,因为命运的打击仍然可能阻碍它的实现。而未来的幸运呢,它在我们面前摇摆不定。只有那曾经的过去,它寄放一处,安然无虞。一个人如果把生活完全赌注在当下和未来的事情,他如何能够有感恩之心呢?记忆,叫一个人知道感恩;而越是重视期望的地方,越是冷落记忆。

5 (1) 我亲爱的里博拉里斯啊,有的东西一旦被领会,它就会留在记忆里。也有些别的东西,如果你真要把握它们的内涵,单是听别人讲解一下就行不通了。这些知识如果不坚持学习,它们就会离你而去。我正在谈论的是几何学、天文学和别的叫人难以理解的话题,因为它们繁琐而精细。同样的道理,有些恩惠的意义实在非凡,这非凡的意义不允许它们淡出我们的记忆。而别的恩惠呢,它们没有那么重要,但却数量众多,并且来自不同的场合,它们却要溜出我们的记忆,因为我说过,它们并不常常被触及,而我们也不愿意检点我们蒙受的这些恩惠。(2) 听听人们在恳求时所

---

③ Usener 版的内容把这一段内容归于伊壁鸠鲁,Fragment 435. 并参见伊壁鸠鲁,《主要原理》(*Principal Doctrines*) 18;*Vantican Sayings* 17, 19 和 55;和西塞罗,《论目的》1 57, 60 和 62;等处摘引的伊壁鸠鲁在其生命的最后几个小时里对其生命的描述之语(II 96),此时他遭受疾病的折磨,但却仍然感到幸福,因为他有快乐的回忆。伊壁鸠鲁这个要对过去感恩的谈论话题也出现在普鲁塔克的《论良好精神》(*On Good Spirits*)(478b—e)中。这个话题就像那个告诫不要总是盯着比自己优越的人们的话题(参见前文 3.3)一样,看来是当时的文学作品的固定话题。

说的那些话吧。每个人都声称,他会永远把这事记在心里;每个人都在抵押他的"服从"、他的"忠诚",以及任何更为卑贱的表示,只要那能实现他们拉上关系的目的。转眼的工夫,同样还是那些人,他们就开始逃避他们此前说过的话,他们认为那些话下贱而丢人。像我说过的那样,他们到达了一个最为糟糕而忘恩负义的境界——他们全然忘记。实际上,忘恩负义之事和遗忘紧紧地纠缠在一起,但凡一个人还能想到他所蒙受的恩惠,他也就算知道感恩。④

忘恩负义应当被诉诸法律吗?⑤

6 (1) 问题就这样出现了:一个如此令人憎恨的邪恶,难道不应当接受惩罚? 修辞学校里制定的法律⑥是不是要适用到整个

---

④ Alexander 版原文是 ut [in] gratus sit.

⑤ 这个为公众所关心的问题已经成为一个政治问题,这尤其体现在那些被解放自由人被他们先前的主人指控说忘恩负义的情况里。一个奴隶在"解放"(manumission)或者从其奴役状态下脱出来的时候,要答应服从他以前的主人,并要向他提供服务(obsequium);其前主人作为他的保护人,也对他享有一定的权利。而前主人也许需要主张这些权利:公元前 50 年,西塞罗在写给阿提库斯(Atticus)的信中,说到他拒绝承认对两个解放奴隶的"解放",因为他们恬不知耻地忽视他们的义务(*Letters to Atticus* VII 2.8)。但是,违反了这样的服务义务就是违法吗? 在帝国时期,从奥古斯都到马可·奥勒留(Marcus Aurelius),对"忘恩负义的解放奴隶"(*liberti ingrati*)的规定的惩罚是越来越重的。(参见 C. E. Manning, *ANRW* II 36.3, p.1536)在公元 56 年,元老院提出了一个议案,交由尼禄的顾问会议讨论,塞涅卡当时应当出席了这个顾问会议,这个议案提出允许保护人撤销对那些忘恩负义之解放奴隶的"解放",目的是加强保护人对解放奴隶(及其财产)的控制,并减少他们威胁告发其保护人的可能。但这个提案被否决了,或者说最终达成了一个妥协。尼禄裁定,保护人不应当有如此势无可挡的权力,但是在个别的案件中,保护人则可以提出告诉,由元老院决定重新收为奴隶的处罚(塔西陀,《编年史》XIII 26 f.)。只有在这个十分有限的空间里,对忘恩负义提出控告才成为可能。但是,文中所表述的内容,塞涅卡只是在以一个伦理学者的身份在说话,并且他是把这种现象当做一个整体在批判。在后文(IV 17.1),他没费什么周折就径直接受了这个事实,即忘恩负义不应当成为法律规定的内容。

⑥ 修辞学校里一项练习就是"辩论"(*controversia*),即根据一个虚拟的法律就一个虚拟的案件进行模拟诉讼。其中有一个老生常谈的案例,就是那个关于"一个邪恶而忘恩负义的丈夫"(Juvenal, *Satires* VII 169)的案例,他的妻子把他从一个暴君那里解救出来,然后他以妻子不能生育为由而休掉她(老塞涅卡, *Controversiae* II 5),或者是他妻子的父亲把他赎身出来,而他却因为通奸罪把他的妻子处死(IX 1;并参见 III Praef. 17)。

246 国家,赋予人们对忘恩负义提起诉讼的权利?这给每一个人的印象都是公平的。"为什么不呢?即使在城市与城市之间,也会因为彼此给予的东西而发生彼此责难之事。施与给某一代人的恩惠,却要从他们的子孙那里索回。"⑦(2)话虽这样说,我们的祖先无疑都是伟大的男人,只有在对待敌人的时候,他们才索要财产上的偿还。而在事关恩惠的时候,不论是施与恩惠,还是施与而不求回报,这都表现出他们心智的博大来。除了在马其顿人的民族那里⑧,对忘恩负义提起诉讼的权利从来就没有出现过。⑨ 并且主流的意见认为,这样的权利是不当被赋予的。对种种的犯罪行为,我们有着彼此一致的见解。杀人、投毒、弑父或者弑母以及亵渎神灵等事,一个地方与另一个地方的惩罚或者会有不同,但是不论在哪里,他们都要受到惩罚。与此对照,这个最为常见的指控呢,不论在哪里它都不会受到惩罚,尽管在每一个地方它都招人厌恶。这并不是说我们原谅了它,而是这个事情实在含混而模糊,要想给它一个清晰的判断,实在不是一个简单的事情。所以,我们只能对它表示憎恨而已,并把它作为诸种不端行为之一种,听众神来判决。

7 (1)这个为人们所指责的事情,为什么不能规定到法律之中呢?实际上,我能够想出好几个原因。这首先就是,对一个恩惠如果可以提起诉讼,就像对待一笔钱财或者租赁的财产一样,那

---

⑦ 尤其是,皇帝总是期待那些曾蒙受他们恩惠的人在遗嘱中反映出他们对皇帝的感激来。卡里古拉开了一个惯例,就是宣布那些没有反映这种感恩之情的遗嘱无效。(苏维托尼乌斯,《盖乌斯传》38.20)

⑧ 参见 IV 37 节的故事。

⑨ 与塞涅卡同时代但稍早一些的瓦勒里乌斯·马克西姆斯(Valerius Maximus)确实说过,在雅典对忘恩负义的人可以提起诉讼(V 3 Ext. 3),而忘恩负义的解放自由人也可能被他的保护人剥夺自由(II 6.6),并且马赛(Marseilles)那里也有类似的法律(前引书)。但是,瓦勒里乌斯也许混淆了"对忘恩负义的诉讼"(希腊语表述是 διχη αχαριστιας)和"对叛主者的诉讼"(διχη αποστασου);在雅典,一个被解放的奴隶拥有外邦人的身份,处于其先前主人的保护之下,而如果他擅自依附别的保护人,就将因为"叛主"而被起诉并重新被置于奴隶地位。

么，其中最为美好的东西也就丢失掉了。恩惠，最迷人的地方就在于我们施与，即使冒着一去不返的危险；在于我们把它完全交给那蒙受恩惠的人，听由他自己的斟酌意见。而如果我提起一个诉讼，并把他召集到法官的面前，它就不再是一个恩惠，而是借贷。（2）其次，感恩固然是最为高尚的一种行事方式，但是如果它被弄成一个可以诉诸法律的义务，它也就没有什么高尚可言。一个人与其说是感恩，不如说是趁着还没有被传唤到法官那里，赶紧归还存款或者清偿债务，这还有什么可赞美的呢。（3）这就糟蹋了人们生活中最为美好的两个东西——施恩与感恩。恩惠不是慷慨地施与，而那不得不作出的回报也不是出于情愿，这还有什么堪称高贵的内涵呢，它们不过是一个借贷而已。没有忘恩负义的自由，感恩也就谈不上荣耀。

（4）接下来的事情也需要考虑呢。如果真要实施这么一个法律，那么人世间所有的法院加到一起，都将难以应对。有谁不能提起诉讼呢？又有谁不会被起诉呢？所有的人都在强调他们给别人的帮助，夸大他们的付出，即使实际上那完全微不足道。（5）还有，争议的问题要想交由法官来处理，它们就必须表述为一套合乎规范的术语⑩，同时这个文书也要适当地约束法官的裁判。这就是为什么交由法官裁判的案件，要比交给仲裁人的案件更为公正，因为法官要受到那个文书内容的约束，他有他不能超越的界限；而仲裁人只有自己良心上的忌惮，此外他没有任何的束缚，他可以加，也可以减，他裁定不是出于法律与正义的激励，而是出于善良与同情的冲动。（6）审判忘恩负义之事的法官，他岂止是没有什么约束，他简直拥有至高无上的自由权。什么算是恩惠，它的价值如

---

⑩ 所谓的 formula 或者说"一套合乎规范的术语"，乃是原告、被告和保民官所起草的正式文书，它描述诉讼中的法律争议事项，并指导法官作出判决。参见《论恩惠》II 3.1, n.5。

何,这不是一个协定的事情;这完全取决于那做法官的人作出如何善意的解释。而什么算是忘恩负义,这也不是一个法律界定的问题;我们常见的是,即使一个人把他接受的东西归还回去,他也是忘恩负义之徒,而另一个人没有归还,他却要名正言顺。(7)有的案件,即使是没有经验的法官也可以写出他的判词——比如说,有的案件,那法官只需确定某个事情是否曾经发生;有的案件则存在既定的书面约定,它是解决争议的根据;而有的案件呢,有一定的法律原则适用在争议人之间。但是,在不得不揣测争议人心智状态的场合,或者是需要凭智慧来解决的争议,谁来担任那法官,这就很难从副执政掌握的名册中随机拣选——那个名册不过体现着相当的财富和骑士的门第而已。⑪

8(1)如此说来,并非这个争议之事不适合提交审判,而毋宁是,适合审判这个争议的法官还有待找寻。要审判这样的指控,任何人都要经历一番踌躇,而如果你也亲身经历一回,你对这个说法也就不会感到讶异。(2)假设有一个人拿出了一大笔的钱财,但他原本富有,他对这笔钱将不以为意。假设另有一个人也拿出了这笔钱,但却是冒着倾家荡产的危险。说到钱数,他们一样;说到恩惠,彼此不同。再假设,一个人可能拿出一笔钱来,为一个深陷债务的人赎身,但这些钱都来自他的积蓄。另一个人可能拿出了同样的数目,但他却不得不为此借贷或者乞讨,叫他自己因此背负起巨大的债务。如果一个人可以从容地施舍他的恩惠,而另一个人为了施与恩惠却不得不去接受一个恩惠,以你看来,他们的境况是不是相同?

---

⑪ 在古罗马的民事程序上,法官都是没有公职的个人,他们来自那两个比较高贵的阶层——元老院阶层和骑士阶层,而不需要任何特别的司法训练。作为骑士而为独裁官(praetor)列入名册的资格是,那个人要拥有出生市民的身份,要拥有400000赛斯特斯的财产。(约略是400000英镑或者600000美元。1个赛斯特斯约略相对于维多利亚时代的六便士。(参见 Veyne, p.9),也就是1994年的1个英镑。)

（3）有些恩惠所以重要，是因为它们来得及时，而不是数量。一片丰饶的耕地，它的物产足以叫谷物的价格都跌落下来，把它拱手相送当然是一个恩惠；饥饿中的一块面包，这也是一个恩惠。有大河浩荡其中、有行船往来其上的疆域，把它拱手相送当然是一个恩惠；对一个因为饥渴而焦灼、喉咙干裂简直都不能呼吸的人来说，如果你指给他泉水在哪里，这就是一个恩惠。孰轻孰重，这又有谁能权衡呢？当我们要问明究竟的不是东西本身，而是它的意义，这就将是一个困难的判决。礼物可以是同一个，但是不同的给予方式会叫它们的分量变得不同。（4）某某人的确给了我一个恩惠——不错，但却很不情愿，或是在给了之后又一顿的牢骚，或是带着比平时更为盛气凌人的神态，或是出手如此拖延，以至于如果他干脆说个"不"字，对我倒是一个更大的恩惠。⑫ 一件好事应当传达一份好意，而一个人的话语、犹豫或者写在脸上的神情都可能糟蹋掉这份好意，此情此景，一个法官又如何能明辨清楚呢？

9（1）有的东西所以被称为恩惠，是因为它们叫人渴望期盼，而有的东西尽管没有这样的显著，没有被标榜为恩惠，但实际上却是一个更大的恩惠，这又如何解释呢？（2）向一个人授予一个强大国家的市民权，或是把他安排进骑士席位⑬里，或是在一个死刑指控中成功为他辩护⑭，你当然可以称之为恩惠。但是，对一个人良言劝告或是阻止他纵身于罪行之中，这又当如何呢？在他就要自杀的时刻打掉他手中的长剑，在他悲痛欲绝的时候找到有效的劝慰，或是当他简直要跟随他所哀悼的人一同归去的时候，给他树立起活下去的决心，这又当如何呢？当他的健康或者平安系

---

⑫　参考 II 1—5.
⑬　字面表述是"在那十四个里"（剧院里的座位排数）。根据公元前 67 年的罗斯西亚法（lex Roscia），这十四排座位专门为骑士阶层的成员保留。
⑭　律师不允许对他们的服务收取费用，他们的服务完全是一种"恩惠"。但是，一个成功的辩护人却可以从感恩的当事人那里期待丰厚的答谢。

于旦夕之间,就守护在他的病床边,或是抓住适当的机会给他进食,或是用葡萄酒增强他正在衰微的脉搏,或是把大夫请到他弥留之际的卧榻前,这又当如何呢?(3)谁又能权衡这些事情的价值呢?彼此原本不同的恩惠,又如何放到一起来衡量呢?"我给了你一栋房子。"但是,我提醒了你,你的房子就要倒塌砸到你的头上。"我给了你一处地产。"但是,当我们遭遇海难的时候,我给了你一块木板。"我为你而战,并因此负伤。"但是,我用缄默不语挽救了你的性命。恩惠可以同一种方式给予,用另一种方式报答,两者之间的平衡很难说清。

10 (1)另外,报答恩惠不像偿还借贷,它没有指定的限期。不论是谁,如果他还没有报答恩惠,他就仍然有机会去报答这个恩惠。请告诉我,在一个人被视为忘恩负义之前,那最后的期限在哪里呢?(2)那最为重要的恩惠,却没有办法证明它们自己。它们常常心照不宣,是仅为两个人知道的秘密——难道我们必须规定,在没有证人的时候不得施与恩惠?

(3)还有,对待忘恩负义之徒,我们又能设定什么样的惩罚呢?通通都是一个惩罚,不管他们蒙受的恩惠是不是一回事?还是根据每一种特定场合所蒙受的恩惠,按照一定的比例来施加惩罚?是不是要用金钱做尺度?有的恩惠等同于生命本身的价值——或者甚至更多,这又当如何?此时课以什么样的惩罚呢?惩罚如果少于恩惠,这就有失公平;为了般配,你需要作出死刑的宣判。恩惠最终流于血债,有什么事情比这更有失人道呢?

11 (1)你也许会说,"做父母的人都有一定的合法特权。"[15]

---

[15] 在雅典,根据一个据说属于梭伦(公元前6世纪早期)的立法,儿子可以因为怠慢或者虐待父母而被起诉,而如果被证实有罪则不得担任公职。参见色诺芬,《回忆苏格拉底》(*Memorabilia*) II 2.13;埃斯基涅斯(Aeschines), I 28;狄摩西尼(Demosthenes), XXIX 103—7. 罗马法中的父权(*patria potestas*)制度赋予了家长对其家庭成员的绝对权力;塞涅卡接下来所谓的"家庭法官"就是针对这个制度而言。

他们需要特殊的对待。同样,施惠人⑯也应当如此。"我们已经神圣化了父母的身份,因为这有利于对孩子们的培养。人们需要激励,才能踏上前途未卜的行程。你对施惠者所讲的话,你却没有办法说给做父母的人听:"选择你要给予的对象。如果有什么叫你失望,你只能怪你自己。帮助那些值得帮助的人。"在抚养孩子的时候,抚养人没有什么选择的余地——那完全是一个期待与祈祷的过程。于是,为了叫他们坦然地甘冒风险,他们必须被赋予一定的权力。并且,给年轻人以管教是一件有益的事情,我们就赋予父母们家庭法官(household magistrates)的职能,好监护并约束住孩子们。⑰(2)还有,做父母的人所出的境况也与此不同。当他们已然施行了恩惠,他们就义无反顾地对那些人再施行恩惠,并且他们还要坚持下去。有鉴于此,如果他们声称他们施与过什么恩惠,就算他们实际上没有做过,这样子的声称也并没有什么不妥。而在别的案件中,不仅要问一个恩惠是不是得到了报答,还要追问那个恩惠是不是真的存在,这样做才堪称妥当。但是,父母的恩情却是被普遍承认的。(3)还有,所有做父母的人,他们施行的恩惠都是一样的;对它的评价也是古今一义。而别的恩惠则呢,它们彼此千差万别,以致天差地远;并且找不到一个规则,可以把它们都涵摄进来。与其整齐划一地看待它们,倒不如放弃给它们分类的做法更为公正。

12 (1)有的东西,要叫施惠者破费很多;而有的东西呢,虽然对受惠者意义重大,但却不需那施与恩惠的人花费什么。有的东西送给朋友,有的送给陌生的人。给予的数量也许相同,但如果你向你刚刚认识的人施与恩惠,那么它的意义就要更大一些。一

---

⑯ Koch 版原文是 *beneficorum*。

⑰ 在 gertz 版中把 *et quia utile...contineretur*(在 11.2 节结尾)等几个单词调整到 *potestas fuit* 后面来。

个人伸出援手,另一个人授予荣誉,第三个人则提供劝慰。(2)你会发现有的人身历不幸,他要找到能够安慰他的地方,没有什么比这更叫他开心,没有什么比这更重要;同时你也会发现,有的人更愿意别人照顾他的体面,而不是他的安全;还有的人,对增加他的安全怀有更多的感激,他要的首先还不是荣誉。所有的这些事情,其价值几何,这要根据法官的性情倾向而定。(3)再者,我自己固然可以选择谁将借给我什么东西,但是我还是常常发现,什么人向我施加了恩惠,而我原本不情愿从他那里接受什么东西;并且有的时候,我已经蒙受恩惠,我却还不知道。【在这种情况下,】你又能怎么办呢?向一个人施加恩惠他却毫不知情,而如果他知道这事儿,他也许会拒绝接受这个恩惠,此情此景,你也要说他是忘恩负义吗?而如果他得来一个恩惠——且不管他是如何得来,他却没有作出回报,难道你不认为他是忘恩负义?(4)有的人也许曾向我施与恩惠,但后来又对我放肆无礼。我因为接受过他的一个礼物,就必须容忍他对我的所有冒犯吗?还是说,这权且就当做我回报了他,因为那个恩惠已然被接下来的冒犯之举抵消掉?当此之时,你又如何权衡哪一个更重大一些,是你所接受的恩惠,还是你所遭受的伤害?如果要我尽力梳理这些是是非非,一天的时间也许都不够呢。

13 (1)你也许会说,"有施恩而不保护,有忘恩而不惩罚,我们这样做只能叫人们越来越不愿意施行恩惠。"是这样,但是反过来你也应当想到,如果人们要面临诉讼的危险,如果人们就算无辜也要置身一个提心吊胆的境遇中,那么,他们在接受恩惠的时候就会更加不愿意。(2)还有,这样一来,我们自己在施行恩惠的时候也会踌躇起来。没有人愿意向不情愿的人慷慨给予。不论是谁,如果他的善意行为是出于他自己的善良品质,出于善意行为本身的魅力,那么他就更愿意接受人们发自内心的感激。如果一个善意行为需要瞻前顾后,它也就不值得多少赞美。

14 (1)"但是,在那种情况下,恩惠也许会要说一些,它们却是更加名副其实。叫人们不要莽撞施行恩惠,这又有什么坏处呢?"不错,这也正是那些拒绝就此颁布法律的人的真正目的——我们在给予礼物时应当更加小心,在选择对谁给予帮助时应当更加谨慎。(2)你施惠的对象是谁呢?这是你必须反复考虑的问题。没有法律救济的渠道,也没有索要回来的权利。如果你以为法官会为你说话,你就错了。没有哪个法律会把你恢复到原来的你。你必须注意的一个东西,就是那接受者的诚信。而恩惠所以是恩惠,它们的力量和荣耀也正赖于这个诚信。而如果你要把它们当做诉讼的标的,你也就屈辱了它们。(3)"欠债还钱!"这是一个完全合理的格言,它申明了一个普适的法律。⑱ 但是,要把它适用在恩惠上,这却是十足地可耻。"偿还!"是的,但偿还什么呢?一个人所欠的一条性命?地位?安全?还是他的健康?(4)最珍贵的东西没有办法偿还。"好吧,那就用同等价值的东西来代替它们。"但这正是我要说的意思呢!如果我们把一个恩惠打扮成一个商业交易,那原本珍贵的内涵也就不复存在。就贪婪、抱怨和争讼而言,心智不需要激励;它有这种自然的冲动。实际上,我们应当尽可能地抵抗这些东西,不叫心智有任何机会来追求这些东西。

15 (1)如果做债主的人能接受劝告,仅仅要自愿偿债的人偿还债务,那该多好!如果不需要严格的要式口约⑲来约束买主和

---

⑱ 拉丁语 *ius gentium* 意即"万民法",这个概念此处指称"普适的"法律,也就是所有民族的法律都承认的普遍原则。

⑲ 拉丁语 *stipulatio*,这是罗马法中最早的契约形式,其最终口头陈述形式为一问一答:"你允诺要作出(或给与)某某某吗?""我允诺。"它于是就具有严格法(*stricti iuris*)的内涵,即它的措辞内容必须被严格履行,而不问公平与否。

卖主⑳,那该多好! 如果我们的协议和契约不需要靠加盖印章来维系,而通过诚信原则和灵魂中的公平就可以履行,那该多好! (2)但是,人们不敢期待最为理想的东西,而宁肯强迫务实。他们宁肯用强制的办法来保障诚信,他们不敢期待诚信。双方于是都带来自己的证人。一个人守着一堆的账本㉑,他要叫那作证的人做担保人,并把他们的名字加入债务人的栏目里。㉒ 而另一个人呢,他对那口头的契约㉓不满意,他要叫那债务人立字为据,叫他无从反复。㉔ (3)这就承认了人性的欺诈和邪恶,这真是一个叫人蒙羞的坦承啊! 我们更信赖戒指上的图章,而不是我们的灵魂! 这些充当证人的绅士的用处在哪里呢? 他们签名的意义又在哪里呢? 当然,在于防止那债务人否认他接受了的东西。难道你会认为,那些绅士们就是清正廉洁的真理的捍卫者? 我来告诉你,就是那些人,当要把钱财交给他们看管的时候,他们立即就要被置于同样的程序里。如此说来,与其时时刻刻担心背信弃义的事情发生,不如允许某些场合里的背信弃义,这难道不是更体面一些吗? (4)没有做担保的人,我们就拒绝给予恩惠,真是这样的话,这就是彻头彻尾的贪婪呢! 高贵而慷慨的心智,它的标志是援助,是与人为善。在施行恩惠的时候,你在效仿众神的榜样。而当你提起诉讼,要把它们追讨回来的时候,你在效仿放债的人。当我们要保护那施惠者的时候,我们为什么要叫他们与那些利欲熏心的家伙们为

---

⑳ 买卖通常是一个"合意的"契约,根据口头的同意(consensu)而成立。它比"要式口约"(参见 n.19)更为注重诚实信用(bona fide)的精神。买方和卖方可以但不必须选择订立"要式口约"。

㉑ 在写下一桩买卖或者债务的那一刻,就将形成一个不得变更的"严格法"的内容,它通常给买方或者债务人带来不利的后果。参见西塞罗在《论义务》III 58—60 节处所讲述的欺诈卖房子的故事。

㉒ 一个担保人(拉丁文是 pararius)要用独立的允诺承担债务人基于要式口约而承担的义务,他自己因此可能成为一个债务人。

㉓ 拉丁文是 interrogatio,即仅仅是一问一答形式口头要式契约。

㉔ 并且这也会毫无用处,参见 Juvenal, XIII 135—9。

伍呢？

16 （1）"如果没有对忘恩负义提起诉讼的权利，就会有更多的人变得忘恩负义。"不，忘恩负义的人只能会更少。因为人们在施行恩惠时，会更加审慎区分。除了这个原因，叫每一个人都知道到底有多少人忘恩负义，这也不是一个好主意。有多少人行为不端呢，单是这个数字就足以叫人们失掉廉耻，而且泛泛的责备不会叫任何人感到羞辱。（2）看那些女人们，她们一定不会对离婚之事感到羞愧，因为有些有着贵族血统的光鲜夺目的女人，她们在记述年数时不再是根据执政官的名讳㉕，而是要历数她们的丈夫，并且她们私奔就是为了结婚，而结婚就是为了离婚。当这种行为还不是很普遍时，女人们是要尽力避免这个行为的。但是现在呢，没有哪一个公报没有离婚的消息㉖，而那些女人们也就学会了她们耳濡目染的东西。（3）通奸的事儿，在今天还有任何羞耻的意思吗？既然世风已经到了这样的程度，如果不是为了激怒她的情夫，就没有哪个女人肯去找一个丈夫。贞洁啊，俨然成了丑陋的托词。你在哪里能找到这样一个女人呢，她是如此寒碜而懒惰，以至于她会满足于两三个情夫？除非她每一个小时都轮换一个情夫（甚至一整天的时间都不能轮流一遍），除非她在出门兜风的时候陪着一个而过夜晚的时候陪着另一个，否则她就是没有开窍，不懂风流，她不知道所谓的"结婚"不过就是只拥有一个情夫。（4）如此这般的不端现象，俨然已没有羞耻的意思，因为这个风气还在加剧。同样的道理，一旦那忘恩负义的人开始清点他们自己的数目，忘恩负义的事儿就会出现得更多，也更加风行。

㉕ 罗马此时记述历史事件的习惯方式，是以那两个当时正在担任执政官的人（内事和军事最高执政官）为参照。而当执政官任职的时间不足一年时，以1月1日就职的那两个执政官为参照。

㉖ 参见 II 10.4, n.7.

对忘恩负义的惩罚

17 (1)"你这是什么意思呢?忘恩负义而不接受惩罚,事情就是这样了结吗?"那你又是什么意思呢?不懂孝敬的人会没有惩罚吗?那满怀怨恨或者贪婪的人没有惩罚吗?那暴力而残忍的人没有惩罚吗?你难道真的以为,一个被憎恨的事情能够逃脱惩罚?你能想象出什么惩罚,比公众的厌恶更严重吗?(2)忘恩负义啊,对它的惩罚就在于不敢接受任何人的恩惠,也不敢对任何人施与恩惠;在于被每一个人戳脊梁,或是以为会被每一个人戳脊梁;在于对世间最甜蜜、最美好的东西变得麻木不仁。一个人因为疾病而看不到光明,或是耳朵堵塞失聪,你会把这等事成为不幸。而一个人完全丢失了恩惠的美感,难道你不说他是一个可怜虫?(3)他在众神面前心怀惶恐,因为众神见证了所有的忘恩负义的事情。他自己也知道他糟蹋了恩惠,这也叫他惴惴惊恐。更何况,我说过,恩惠乃是这个世间最叫人赏心悦目的事情,而他在这儿竟然得不到丝毫的欢喜,这也已足够成为一个严惩。但是再看那个满怀喜悦接受恩惠的人,他却享受着持续的、回味无穷的快乐,这不仅是因为那恩惠的礼物,其中的心意更叫他欢喜。对那知道感恩的人来说,一个恩惠就是一个永远的快乐之源,而对那忘恩负义的人呢,快乐只是一瞬。(4)你可以叫这两个人比肩为邻,一个人抑郁而焦虑,就像那些行事欺骗、赖账不还的人通常表现的那样,他拒绝对他的父母、他的保护人、他的老师作出回报,而这原本是他们应当得到的东西;而另一个人则是欢快的,喜悦的,他渴望着作出报答的机会,并从自己的这种情感中得到最大的欢乐,他的眼睛不是盯住如何逃避,而是盯住如何作出更为充分、更为丰富的回报,不仅是给他的家人和朋友,还包括那些地位比他低微的人。这样的一个男人,即使是从他的奴隶那里接受了恩惠,他想到的也不是作出恩惠的人,而是那个恩惠本身。

奴隶和主人

奴隶可以给他的主人以恩惠吗?

18 (1)但是,有的人——如赫卡顿㉗——就提出了这个问题,即一个奴隶是不是能够对他的主人施与恩惠。因为,有的人在恩惠、义务和仆役之间作出了区分。㉘所谓恩惠,它是局外人(也就是可以袖手旁观而不会受到责备的人)施行的内容;而义务则是为人子者、为人妻者的事情,或是别的任何人基于亲属关系而必须提供的帮助;而仆役则是奴隶所为,他的身份如此,他不论作出什么样的贡献都不可以向他的主人主张权利。

(3)【但是,】㉙如果一个奴隶不能对他的主人实施恩惠,那么任何人也就不能对他的国王实施恩惠,一个士兵也就不能对他的长官实施恩惠。如果你处在一个绝对的支配权之下,这种支配权究竟是哪一种,这还有什么关系吗?如果一个奴隶因为他所受到的约束和极端恐怖,而不能主张施行善意行为的权利,那么,处在国王或者长官之下的任何人就都面临着同样的障碍。他们的称号是不同的,但那凌驾于你之上的权力却是一样的。但是,国王和将

㉗ 参见 I 3.9, n.13.
㉘ 拉丁文分别是 beneficia, officia, ministeria. 做这个有趣区分的作者不详。此处的行文语境叫人比较有把握地推测,赫卡顿至少是使用了这个区分,并且他有可能就是这个创始人:在赫卡顿写就的《论义务》中,应当已经出现了对恩惠、义务和仆役的界定,并且塞涅卡就是在这里看到他提出的这个问题,即奴隶是否给他的主人以恩惠。
㉙ 在 18.1 的末尾一定逸失了一些文字,这或许就是一个结论内容,即奴隶不能对他的家庭主人实施恩惠,因为那是"仆役"的内容;而甚至是家庭的从属成员也无从实施恩惠,因为那叫"义务"。塞涅卡在接下来的 19—28 章探讨这第一个断言,而在 29—38 章探讨第二个断言及其有关内容。我们根据 Sonntag 版本调整了 18.2 和 18.3 的位置,以照顾 18.2 节开头处"另外"一语的语境,并保证了 18.2 节到 18.4 节的思想内容的连贯性。

军却可以蒙受恩惠。那么,奴隶的主人也能够蒙受恩惠。(2)另外,否认一个奴隶有的时候可以对他的主人实施恩惠,就是否认他的人之为人的权利。不管是谁来实施恩惠,有意义的是心智的状态,而不是他的地位与身份。没有谁被排除在行事公道之外;美德对每一个人开放,它接纳每一个人,感召每一个人——生而自由的人、解放自由人和奴隶、国王以及被流放的人。它不需选择高大的门第,不需选择显赫的身份;它所着意的乃是那赤条条的人。如果美德都要取决于机会,在不测的时运面前还有什么是安全的呢?一个人的心智还能指望什么坦然华贵呢?(4)就算是一个奴隶,他也可以公正、勇敢,可以拥有强大的心智。所以,他也可以实施一个恩惠,因为这个东西也属于美德的范畴。奴隶是可以向他们的主人施与恩惠的——甚至可以说,他们的主人所以存在,端的赖于他们实施的恩惠。

19 (1)一个奴隶可以向他喜欢的任何人施与恩惠,这是没有疑问的。那么为什么不能是对他的主人呢?"因为,如果他给他的主人以金钱,他也不能叫他的主人处于债务之中。[30] 如果不是这样,他每天都会叫他的主人欠债。在他的主人去别的国家旅行时,他要陪伴他;在他的主人生病时,他要照料他;他在主人的农场里劳作,直到筋疲力尽。所有的这些善意之举,如果是别的任何人实施,都将被称为恩惠;一个奴隶实施这些善意之举,则只能称之为仆役而已。所谓的恩惠,乃是一个人所做的他完全可以不做的事情。但是那奴隶呢,他却没有拒绝的能力。他没有给予任何东西,他是在服从命令。他不论做了什么他不能拒绝的事情,他都不能为此吹嘘。"(2)就依此来说,我也能够赢得这个辩论。我可以带

---

[30] 奴隶不能拥有合法的所有权,严格地说他的主人就无从欠他的钱债,因为根据法律,他自己在任何意义上所操持的财产都已经属于他的主人。

领那奴隶廓清一个问题，即在很多事情上他是自由的。[31] 首先请告诉我，假设我这里有一个奴隶，他为了他的主人的安全而投身搏斗，他全然不顾及他自己的安全，他的身体被刺穿了很多的窟窿，他的鲜血流净，他为了给他的主人赢得一个逃遁的时间，他豁出去了他自己的性命——你还要否认他的所作所为是一个恩惠吗？就因为他是一个奴隶？（3）假设我这里有一个奴隶，他不为那暴君的利诱所收买，他不肯出卖他的主人的秘密，他不为任何威逼而屈服，他承受住了任何的严刑拷问[32]，他尽他的一切所能搅乱了那审问者的怀疑，他为了忠诚而舍掉了性命——你还要否认他向他的主人施与了一个恩惠吗？就因为他是一个奴隶？（4）在一个奴隶身上体现出来的美德难道不是更为伟大吗？因为这美德更是难能可贵，因为对于一个奴隶来说，供别人驱使总归是一件可憎的事情，而所有的约束也都像枷锁般沉重，但一个奴隶竟然出于对主人的爱戴而全然抛开了他对自己身份的厌恶，他那施行恩惠的美德也就更为可爱。一个恩惠，不因为是来自于一个奴隶而不被认可为恩惠。它反而更为伟大，因为他的奴隶身份都不能阻止他施行恩惠。

20　（1）如果你认为奴隶身份可以叫一个男人成为一个十足的奴隶，你就弄错了。他那优秀的一部分是不能泯灭的。身体可以交给主人，听由他们驱使。但是心智呢，不论如何，总是它自己的主人，它的行动是如此自由，无拘无束，即使是监狱一般的肉身都不能把它关押起来，它要追随它自己的意志，它要追求伟大的目标，它要去到那远方高原，与星空为邻。（2）如此说来，因为命运而交给主人的不过是一具躯体，叫那主人买来卖去；但是，那内在

---

[31]　首先就是他运用自己心智的自由（第20章），接下来就是一个奴隶常规仆役之外的许多行为上的自由（第21—2章）。
[32]　在古罗马的刑事程序上，奴隶经常会遭受刑讯审问。

的东西永远不会被任何人占有。它的一切不由驱使。我们既不能对奴隶的一切发号施令,他们也不能在每一个事情上都唯命是从。他们不能执行任何危害国家的命令,他们也不能帮助任何犯罪行为。

21 (1) 有的事情,法律既没有规定也没有禁止。正是在这些事情上,奴隶有机会实施恩惠。只要他所提供的东西还是一个奴隶通常被要求提供的,它就只能称之为仆役。而当超出一个奴隶必须提供的限度时,它就是恩惠。当它已然到达了友谊之情的程度,它就不能再被称为仆役。(2) 有一些东西,做主人的应当为他的奴隶提供——例如食物和衣着。没有谁会把这称为恩惠。但是,假设他待他的奴隶一向慷慨,给了他一定的人文教育,教他像自由人那样学习艺术——这肯定是一个恩惠。反过来,在谈论奴隶的时候,也同样是这个道理。不论他做了什么,只要那超出了一个奴隶的本分,只要那不是因为他被指使这么做,而是因为他希望这么做,那么,那就是一个恩惠——唯一的限制条件就是:它应当有足够的意义,如果是别的任何人这么做,它也要堪称一个恩惠。

22 (1) 据克吕西波说,奴隶乃是一个"终生受雇的人"。③ 如果一个受雇的人提供了受雇内容之外的东西,那个受雇的人就施与了一个恩惠;同样的道理,一个奴隶也是如此——当他出于对主人的善意,他的作为超出他了的身份;当他敢于挺起胸膛,见义勇为,作出了即使是在出身更为幸运的人身上也堪称荣耀的事情;当他超出了主人的期望,那么,一个恩惠之举就发生在这个家庭里。(2) 如果他们没有做到他们应当做的,我们就对他们发脾气,而如果他们做的事情超出了他们被期望的、或者通常所做的事情,我们

---

③ *SVF* III 351 处如此表述。此处克吕西波的定义也意味着罗马法学家的主张,即没有"出于本性的奴隶",这和亚里士多德所坚持的意见正好相反。西塞罗(《论义务》I 41)援用并肯定了这个主张:奴隶应当被视为"受雇的人";但他没有指出给出定义的人是谁。

却不感恩,你认为这样做公平吗?你想知道一个奴隶的作为什么时候算不得一个恩惠吗?那就是当你能够说"好吧,他最好不要对我说'不'!"的时候。而当他作出了实际上他可以拒绝的事情,他的主动意愿就值得赞扬。

(3)恩惠和冒犯是彼此的对立物:一个人如果可以被他的主人冒犯,他就可以给他的主人一个恩惠。㉞但是,主人的确冒犯奴隶;这样的事情要交给一个特定的官吏㉟来审判,那个官吏的职责就是约束主人们的残忍、情欲和在提供日常必需品上的吝啬。"那又怎么样?那就意味着一个主人可以蒙受他的奴隶的恩惠吗?"不,话不当这么说,是一个人蒙受另一个人的恩惠。(4)不论如何,他的行为是出于他自己的能力。所以,他给他的主人施与了恩惠。你也完全可以不接受一个奴隶的恩惠。但是,有谁能够这般尊贵,以至于命运女神都不能迫使他需要那就算是最卑贱的人的帮助?

奴隶给主人恩惠的事例

23(1)关于这样的恩惠,我现在就要回顾几个事例,它们彼此不同,有的甚至和别的完全对立。一个奴隶赋予他的主人以生命,另一个奴隶却赋予死亡;一个奴隶解救他的主人于危难,而如果那还不足够,还要把自己陷于危难来顶替主人的危难;一个奴隶帮助他的主人死去,而另一个则用欺骗的办法不叫主人死去。

㉞ 塞涅卡正在使用一个逻辑学原理,即如果某物属于某相反的范畴,那么它就能够成为落入其他范畴的物。他的说法是,给某人以恩惠和被那个人冒犯是这个原理发挥作用的相反之物。

㉟ 即 *praefectus urbi*,城内执政官,这个官吏的职责主要是控制奴隶的人口和城市内别的犯上作乱的因素(塔西陀,《编年史》VI 11)。

(2) 克劳狄乌斯·夸迪伽里乌斯(Claudius Quadrigarius)㊱在他的《编年史》(Annals)第十八卷中讲述到,当格鲁门图(Grumentum)㊲陷于重重围困之中,并最终陷于极端绝境之时,两个奴隶悄悄投奔到敌人的阵营,并在那里证明了他们的价值。城市很快就陷落敌手,征服者们冲进城内,叫嚣乎东西,这两个奴隶跑在他们熟悉的道路上,最先到达他们曾经效劳的家庭,并把他们的女主人驱赶到征服者面前。当被问到她是谁,这两个奴隶坦言她是他们的女主人,并且是一个最为残忍的女主人,他们要把她带走,要亲手给她惩罚。他们就把女主人带到城墙外,用最大的谨慎把她隐蔽起来,直到敌人的愤怒平息。并且很快,那支劫掠之师餍足了,他们恢复了常态的罗马人的行为方式,这两个奴隶也就恢复到他们的行为方式上,心甘情愿地重新回到女主人的驱使之列。(3)她当即给了他们两个人自由,这两个人对她有救命之恩,她不以此为耻辱,尽管她曾经对这两个人有生杀予夺的权力。实际上,她更可能要为此庆贺一番呢。如果她是被别的什么途径拯救,她所接受的不过是一个妇孺皆知的、普通意义上的恩惠;但她竟是被这样拯救的,她就成了一个传奇,成了两个城市的榜样。(4)在城市陷落的混乱之际,当每一个人都只想着他自己的时候,除了这两个曾经溜掉的奴隶外,所有的人都离开这个女主人而去;但是,他们用背叛掩盖了他们的初衷,他们从那征服者那里又溜回了那个成了俘虏的女人那里,他们假意要做家庭内部的谋杀者;他们施行的恩惠尤为可贵的是,他们为了不叫他们的女主人遭遇杀戮,他们甘愿给

㊱ 克劳狄乌斯·夸迪伽里乌斯(Claudius Quadrigarius)是公元前1世纪的编年史学家,他写了一部至少有二十三卷的罗马史(现在全部亡佚,只有后来的古代作家只言片语的援引传世),内容从公元前387年的凯尔特人洗劫罗马城起,到大约公元前80年止。

㊲ 格鲁门图(Grumentum)是卢卡尼亚(Lucania)的一座内陆城镇,在公元前90—88年的"同盟者战争"(Social War)中曾被罗马军队围困;这个所谓的"同盟者战争"是罗马人的意大利同盟对罗马的反叛,最终结果是这些同盟者全部被授予罗马市民权。

别人留下谋害主人的印象。请相信我,为了做成一个非凡的事迹,而不惧背负罪犯的恶名,这绝不是一个庸碌——更必要说什么"卑贱"——的灵魂㊳所能成就的东西。

(5)马尔西人(Marsi)㊴的首领魏提乌斯(Vettius)被带到了罗马将军面前。他的奴隶就拔出那个牵引着他的士兵的剑,先刺死他的主人,嘴里嘟念着"我已经叫我的主人解脱了,我也要想想我自己",就又一下子刺穿了他自己。请告诉我,还有谁能够用更为高贵的方式拯救他的主人!

24 (1)恺撒围攻柯芬尼姆(Corfinium)㊵,多米提乌斯(Domitius)就被困在城中。他就命令他的医生——也是他的一个奴隶,叫他拿毒药来。他看见那个奴隶不肯行动,就说:"你还在等什么?看你这样子好像一切都在你的掌握之中!我要求去死,并且我自己有武器。"那个医生就同意了,给了他一种没有毒性的药剂,叫他喝下去。当多米提乌斯睡去,那个奴隶就走到他的儿子那里,说:"把我监视起来吧,直到你看清楚结果,我是不是把毒药给了你父亲。"多米提乌斯活了下来,恺撒赦免了他的性命。但是,他的性命首先是一个奴隶赦免的。

25 (1)在内战期间,一个受到"公敌宣告"的主人被他的奴隶隐藏起来,那个奴隶戴上他的戒指,穿上他的衣服,就走到那些正在搜寻他的人那里,对他们说,他不会请求他们停止他们正在执行的任务,并引颈就死。这是一个什么样的男人啊!当其时也,只要不诅咒自己的主人去死就已经成了难得一见的忠诚,他却要替

㊳ Prechac 版原文是 *non est, mihi crede, non dico servilis, sed vilis animi.*
㊴ 意大利的一个部落,正是他们的反叛点燃了"同盟者战争"。
㊵ 柯芬尼姆(Corfinium)是位于大约罗马城和比斯卡拉(Pescara)中间的一座城镇,公元前49年,正值庞贝和尤里乌斯·恺撒之间的内战期间,在被恺撒围困并破城之前,正是卢基乌斯·多米提乌斯·艾罗巴尔布斯(Lucius Domitius Ahenobarbus)的军队在此驻守。

他的主人去死！当残忍四下流行，他却要表现仁慈，当背叛到处泛滥，他却要表现忠诚！用出卖即可换得丰厚的奖赏，他却渴望舍身印证他的忠诚。

26 （1）我也要从我们自己的时代里举出几个例子来。在提比里乌斯·恺撒进行统治的时候，世道流行一场几乎渗透到每一个角落的疯狂，就是控告别人的罪行。[41] 它在这和平时期给市民风气造成的灾难，比任何一场内战都更严重。醉酒的谈话，坦率的戏言，这些都在监控之中。没有什么是安全的；任何机会都潜伏着血腥。并且人们都无需等待那被控告者的结果；结果只能有一个。曾经做过保民官的鲍鲁斯（Paulus）有一次参加一个宴会，他的戒指上镶嵌着一块宝石，上面是提比里乌斯的浮雕，光彩夺目。（2）我真是有些愚蠢，我简直不知道如何表述他伸手拿起来的那个东西——夜壶。这个举动当即就被马洛（Maro）[42]注意上了，他是当时著名的密探，他对鲍鲁斯的构陷当即开始。看到这个举动的还有鲍鲁斯的一个奴隶，他迅速地把他醉醺醺主人的戒指抢到自己手上。马洛此时正要求宴饮的宾客们作证[43]，皇帝的雕像竟然用来接触那污秽之物，他已经开始了他的指控。就是这个奴隶，他炫耀一般地叫人们看到他自己手上的戒指。你如果称这个男人是奴隶，又有哪一个宾客不是奴隶！

27 （1）在我们神圣的奥古斯都时代，言辞尽管也会给人们招致麻烦，但还不至于带来危险。鲁弗斯（Rufus）是一个拥有元老头衔的人，他在一个晚宴上抒发了他的一个宏愿，就是恺撒最好不要再平安归来，当时恺撒正计划一个旅行；他还加上一句说，每一

---

[41] 在提比里乌斯统治时，尤其是在公元23年之后，对 *maiestas*——*lese majeste*，也就是对国家和国家元首的恶意行为——之罪的指控，越来越频频多见，而其理由往往如文中所说的那样牵强。参见苏维托尼乌斯，《提比里乌斯传》58章。

[42] 此处以外，塞涅卡或者别的古代作家再也没有提到过鲍鲁斯和马洛。

[43] Alexander 版原文是表述是 *insidiae. Ei ebrio anulum extraxit, et cum Maro...*

头公牛和每一头小牛也都有这个心愿。㊹那个场合里还有一些人，他们的任务就是仔细探听。在拂晓的时候，一个一直侍候在他身边的奴隶告诉他，他在那宴席上端着酒杯都说了些什么，督促他赶紧去见恺撒，亲自去向他禀报。（2）他听从了这个建议，趁恺撒离开他的宫殿的时候在路上拦住他，信誓旦旦地对恺撒说，他的前一天简直是疯病附体，他但愿他的话影射到他自己和他的孩子身上，他请求恺撒宽恕他，请求恺撒一如既往地关爱他。（3）恺撒答应了。"但是，没有人会相信你一如既往地关爱我，除非你施与我一个什么礼物"，鲁弗斯这样说，并请求一笔金钱当做礼物，这比钱要叫人们艳羡，即使是他身边最亲近的人。他得到了这个礼物。恺撒说到："就是为了我自己，我也要谨慎行事，永远不能对你发作愤怒呢！"㊺（4）恺撒用这样高贵的做法宽恕了他，用慷慨修饰了他的仁慈。任何听到这个故事人，都要称颂恺撒——但首先要赞扬一番那个奴隶。你不需等我告诉你说，那个奴隶在这件事儿之后获得了他的自由。他的自由倒不是白白得来的，恺撒已经为他的自由支付了金钱。

结论：唯一的高贵即美德

28 （1）历数了这么多的例子，一个主人可以蒙受奴隶的恩惠，这还有什么疑问吗？为什么要因为一个奴隶的身份而贬损他的行为，而不是因为他的行为而抬高他的身份呢？我们所有的人都有着同一个来源，同一个出身门第。没有谁比别人更高贵，除非他的天性更正直，更倾向于有德性的行为。（2）有的人，要在他们的会客厅里展示他们家族的人物头像，要在门厅里摆放他们的族

㊹ 因为恺撒归来后会牺牲大量的公牛和小牛，称谢众神。
㊺ 这意思是说，"因为要表示一如既往地关爱你竟是如此的昂贵。"恺撒不但没有从惩治这个冒犯之举中获利，反倒要自己破费金钱。

谱名讳,一个长长的名单复以数不清的血统重叠,这与其说体现了高贵,不如说更叫人恶心。我们都拥有同一个根源——自然宇宙。我们的来路或有显赫,或有衰微,但每一个人的根却都要追溯到那里。千万不要被蒙蔽了啊,要知道,有的人在回顾他们祖先的丰功伟绩时,在需要编排一个伟大名氏的地方,他们就会安插一个神祇。(3)并且,也不要贬低任何人,即使他们家族的名讳都已湮没无闻,即使他们的家族不为命运女神所垂青。不管你的先人是自由人,是奴隶,还是外邦人,抬起你的头来,你要勇敢而高傲!太多的身外之事,何足道哉,你要超越它们。追本溯源,你有着伟大的出身门第。㊻(4)我们凭什么要这般自负,要故作这般的虚荣,以至于不肯自以为蒙受奴隶的恩惠呢?以至于总是盯紧他们的身份,而不是美德呢?当你自己就是情欲的奴隶,就是口腹之欲的奴隶,就是一个情妇的奴隶——就是数不清的情妇的共同财产,你还会称呼别人是一个奴隶?(5)你确实要称呼别人是一个奴隶?那就请告诉我,那些脚夫抬着你的轿子,他们要把你抬到哪里去呢?他们都身着斗篷,装扮得像光鲜亮丽的士兵,我来问你,他们要把你抬到哪里去呢?不过就是抬到别人家的门房,抬到别人家的花园,负责看管那门房或者花园的奴隶简直都没有一个正经的职责。如此说来,你不以为你可以蒙受一个奴隶的恩惠,而同时你却以亲吻别人家奴隶的手为荣幸!㊼(6)多么荒谬的矛盾啊!你要瞧不起奴隶,而同时却在谄媚奴隶,在自己的家里颐指气使,作威作福,而在家门之外却要卑躬屈膝。那些不顾良知而自矜自大的家伙啊,却正是最爱丢弃个人尊严的人。那些通过被人作践而学会作

㊻ 塞涅卡所言正是斯多葛学派的信条,即所有的理性存在都关系到神圣的宇宙理性,他们的理性也正是源自这个宇宙理性。参见《书札》(Letters)44.1:"所有的人类存在,如果追溯到他们最初的本源,都来自于众神。"

㊼ 亲吻某人的手是一种谦卑的姿态。比较塞涅卡,《书札》118.3;爱比克泰德(Epictetus),IV 1.148,7.23 等章节。

践别人的家伙啊,最是喜欢当众耍他的淫威。

父母和孩子

孩子们可以胜过父母的养育之恩吗?

29 (1)我必须把这些话都说出来。我要打消那些人的傲慢无礼,他们的一切全是仰赖命运;我要为奴隶们主张施行恩惠的权利——这个主张同样适用于为人子者的身上。实际上,就此来说,总有一个问题是,孩子们为父母所施行的恩惠,是不是有的时候可以超过他们所秉承的恩情。

(2)一个会被认可的事实是,有许多为人子的人,他们比他们的父母更为出众,更为有权势,同样也更为优秀。如果这是事实,那么就很可能,他们为他们的父母施行更大的恩惠,因为他们有着更好的命运,有着更好的意愿。(3)你也许要反对说:"但是,一个儿子不论给他的父亲做了什么,都必然是不够的;他的一切能力,都要归功于他的父亲,而他不论做什么也不能胜出他的父亲,因为如果父亲被胜出,这也要归功于父亲布下的恩泽呢。"好吧,首先来说,总有些东西,它们要从别的事物上萌芽,而它们也总是要超过它们萌芽之初。一个事物没有最初的萌芽,固然不会有后来的成长和收获,但是这并不能阻止它成为"青胜于蓝"的强者。(4)没有什么东西不是大大超出它的起源。种子是所有事物的起因,而它一旦长成,种子就只是其中微小的一部分。再看看莱茵河,看看幼发拉底河,或者任何有名的大河吧,如果你仅仅看见它们的源头,它们又将如何呢?它们叫人敬畏的浩荡,它们所以赢得美名,就在于它们奔流向前的壮大行程。(5)再看看那粗壮的树干吧,不论它是最高(如果你要审视它们的高耸之态)还是最阔大(如果你要审视它们的合围之美或者冠盖之姿),和它们比较起来,那纤细的根尖毫末真是微不足道。但是,没有这样的毫末,就不会有森林,不会有峰峦叠翠。⁴⁸ 城市里高大的神殿和堡垒⁴⁹,矗立在它们的地基之上,但是那作为整个大厦基础的部分,却不能叫人们看见。(6)别的地方也是如此,源头总是隐去,而后起者才真正显著。没有父母的恩惠在先,我所做的一切都将无从说起。但是,这却并不意味着,我作出的一切都不如那个当做先决条件的恩惠。(7)如果没有一个奶妈哺育我的童年,我就无从作出我现在凭着心智和手而作出的任何事情,我就不会享有这样的声望和荣誉,而这是我靠着自己的拼搏而赢得的东西,不论是在战争期间,还是在和平时期。很显然,你不会认为这些艰苦努力,还不如一个奶妈的工作更有意义。但是,这其中又有什么区别呢?没有一个父亲的恩惠在先,一个人就无从谈及他后来的行为,而没有一个奶妈的恩惠在先,情况也将同样如此。(8)并且,如果不论现在作出什么样的事情都要归功于初始,那么,你就应当想到,那初始还不在父亲那里,甚至也不在父亲的父亲那里。事情总可以向上进一步地溯本求源,而一个人最直接的初始来源,就是生生不息地从那个本源开始。但是没有一个人会说,他对那无从记起、无从考证的祖先的感恩,要超出他对他父亲的感恩。虽然如此,如果一个做父亲的人要把自己生育儿女的事情归功于他自己的祖先,那么他就应当对祖先有更多的感恩。

30 (1)"不论我为我的父亲做了哪些事情,就算是很多,它的价值也抵不过他给我的恩惠;如果他没有生育我,所有的这些事情无从谈起。"这样说来,如果有人治愈了我父亲一个致命的疾病,那么,我做任何事情都不能报答那个人的恩惠;如果我的父亲没有

---

⁴⁸ 在 Haase 版中把 *tolle radicem... montes vestientur* 一段从第 4 节末尾调整到 *complectitur* 之后。

⁴⁹ 此处的拼写似乎是 *templa et illa ⟨fastigia⟩ urbis*. 参见 Alexander。

被治愈,他就不会生育我呢。但是,更切近情理的说法应当是,我的能力和作为都属于我自己,它们是我的力量与意志的产品。(2)想想看,单纯的出生之事,它能意味着什么呢?那不过是一件无足轻重的、出息不明的事情,它蕴涵着善与恶的可能;它当然是万事的开端,但不能仅仅因为是开端就说比别的事情更为重要。(3)假定我曾解救了我父亲的生命,我曾叫他荣登最为显赫的地位,叫他成为他的国家里一个最有影响的市民;假定我所取得的成就不仅叫他声名远扬,而且为他创造了一个巨大的机会,叫他轻而易举地实现了他自己的成就,没有挑战,却享尽美名;假定我为他堆起来荣耀、财富,以及所有叫人们艳羡的东西,还有,虽然我比所有的其他人都更为尊贵,我却把他高高推崇在上。(4)你还是要说,"你能够做到这些,这确是多亏了你的父亲",我就将回答说:"是啊,这还用说吗,如果要做成所有的这些事情,单纯的出生就是所需要的全部。但是,对一个体面的生活来说,如果单纯的出生仅仅意味着一个细节,而你所赋予我的东西,是野兽以及某些微不足道的生物、甚至某些最为猥琐的生物也拥有的东西,那么,舍此之外,你就不要为别的东西领受荣耀了,就算是别的东西离不开你所施行的恩惠。"

31 (1)假定我曾解救了你的生命,这就是我对生命的报答。那么,就这种情况看来,我的礼物也超过了你的礼物。因为,我是在对一个有着清醒意识的人给予礼物,而我自己也清醒地意识到我的给予;因为,我给予生命,并不是为了我自己享乐的目的,也丝毫不是出于享乐的过程;还因为,叫生命得以延续也胜过单纯地接受生命,正好比如果你还不知道惧怕死亡,死亡也就不会显得沉重一样。(2)我给予生命,接受的人立即就把它派上用场;而你所给予的那个生命呢,那个接受者简直都不知道他是一个活着的生灵。我给予你生命,是在你恐惧死亡时刻;而你给予我生命,叫我从此无法逃避死亡。我给予你的生命是完整而圆满的;而你却生育了一个没有理性的生灵,它还是别人的累赘。(3)生育儿女算不得一个伟大的恩惠,你还需要说明吗?你甚至可以把我遗弃到荒郊野外呢,生下我来就是为了作践我。㊿ 那证明了什么呢?对那做父亲和母亲的人来说,他们的交合只是一个很小的恩惠,除非他们继续施行他们的哺育之举,把那个前奏继续下去,并最终成全那个礼物。(4)善,不仅仅是活着,而是要体面地活着。你要说,我的生活很是体面了;是的,但是我也可能活得很糟糕呢。你所付出的,只是叫我活着而已。这是一个赤裸裸的生命,一个没有理性的生命,如果你为此都要自以为是,把它吹嘘成一个了不起的至善,那么,你就需要反省自己了,叫你矜夸不已的那个东西,在蝇虫身上也都存在呢。(5)还有,我曾叫自己专心于美德修养,拣选了一个正直的生活,这般事宜我固然不能过分夸耀;但是,在你施行给我的恩惠里,你得到的要比你给予的更多,你给予我的是一个懵懂而不谙世事的自我,我却给了你一个叫你满怀喜悦的儿子。

32 (1)不错,我的父亲抚养了我。如果我也赡养他,我回报他的就比他给予我的要多。因为叫他高兴的事情不仅是赡养,而且还有一个赡养他的儿子;相比于行为,我的心智状态叫他体会到更大的快乐。而他给我的养育呢,不会超出我的肉身的需求。(2)现在假定,有一个人凭着他的雄辩术、或者是他的公正、或者是他的勇武,而在整个世界上赢得了卓越美名,他的强大和荣耀都已掩盖了他的父亲,而他光彩照人的形象也光大了他的出身门第。那么,他难道没有为他的父母带来不可计数的恩惠?(3)如果不是因为柏拉图和色诺芬(Xenophon),有谁会知道那做父亲的阿里

㊿ 婴儿(通常是女婴)在出生时因为有缺陷或者其他原因而被抛弃荒野的事,在此并非没有传闻。

斯顿(Ariston)和格吕禄(Gryllus)呢?㉑ 叫索弗洛尼斯库斯(Sophroniscus)不至于完全湮没无闻的,正是苏格拉底。㉒ 还有很多呢,他们仅仅因为他们儿子的殊勋而留名后世,要把他们都列举出来,要花很多的时间呢。(4)对马尔库斯·阿格里帕(Marcus Aggripa)来说,难道是他的父亲给予他的恩惠更大吗?他的父亲直到后来都籍籍无名!还是这位阿格里帕为他的父亲作出了更大的恩惠?阿格里帕,他赢得了海军桂冠的殊荣,这可是一项无与伦比的军事荣誉勋章;他给这座城市建造了如此宏伟的建筑,它们壮丽,空前绝后。㉓ (5)是那位叫做屋大维乌斯(Octavius)的父亲为他的儿子施行的恩惠更大呢,还是我们神圣的奥古斯都给他父亲的恩惠更多?要知道,那个做父亲的人全然淹没在那个养父的阴影里。㉔ 那位名叫屋大维乌斯的父亲,如果能够看到他的儿子在结束了内战之后,看护着罗马的和平与安全,他将是如何地快慰啊!在这一份荣耀里,又有多少是他的成就呢?每当他回顾他自己的身影,他都将很难相信,这样一个英雄,竟然会降生在他的门庭里。我还有必要接着说下去吗,如果不是靠着儿子的荣耀,那些原本会了无踪迹的人

㉑ 色诺芬(Xenophon,约公元前428—约354年)是出身雅典的一位将军,并是一位作家,他的传世作品包括关于狩猎(特别是猎兔)的论文、管理地产的论文,以及一些重要的史学作品和几部苏格拉底对话录。此处提及的柏拉图当然是那位哲学家柏拉图(约公元前429—347年)。

㉒ 索弗洛尼斯库斯(Sophroniscus)是苏格拉底的父亲。

㉓ 马尔库斯·维普萨尼乌斯·阿格里帕(Marcus Vipsanius Aggripa,约公元前64年—公元12年),奥古斯都终生的朋友和副手,在公元前36年,在麦里(Mylae)和瑙洛楚斯(Naulochus)的海战大捷后,他被授予海军桂冠(参见普林尼,《博物志》(*Natural History*),XVI 8)。他拥有巨大的财富,独立出资建造了万神殿、罗马最大的公共浴场、台伯河上的一座新桥和两个引水渠。

㉔ 奥古斯都诞生于公元前63年,名叫盖尤斯·屋大维乌斯(Gaius Octavius);他的父亲也叫盖尤斯·屋大维乌斯(Gaius Octavius),于公元前59年去世,他的母亲阿提娅(Atia)是独裁官尤里乌斯·恺撒的外甥女,而恺撒收养了后来的奥古斯都,并指定他成为他的主要继承人。他在公元前43年被正式确定为恺撒的养子后,得名盖尤斯·尤里乌斯·恺撒·屋大维安努斯(Gaius Julius Caesar Octavianus),并于公元前27年获得奥古斯都(Augustus)头衔。

物？儿子的荣耀照亮了他们，叫他们扬名，一至于今。

（6）更何况，我们的问题不是哪一个儿子回报给他的父亲的恩惠更大，而是做儿子的人是不是能够回报更大的恩惠。即使我援引的这些例子不足以说明问题，那些做父亲的人所施行的恩惠还没有叫儿子们超过，我们也不能断言，那尚未发生的事情，自然就没有给它留下实现的余地。如果一个单独的行为不能胜过一个父亲所施的恩惠，那么，众多的行为加起来，也许就胜出了呢。

33 （1）西庇阿（Scipio）在战争中挽救了他的父亲。⑤ 他还是一个乳臭未干的少年呢，他就策马冲入敌群中。那难道是一个微不足道的小事情吗？为了赶到他父亲的身边，他全然不顾任何的危险，全然不顾荆棘遮路，当其时也，最高统帅就陷于那危险的重重包围之中；为了冲到战争的火线上，这个新兵就从那些老兵身边飞驰而过；他纵马一跃，就超越了他的年龄！（2）还有呢，他在法庭上捍卫了他的父亲，把他从敌人的阴险构陷中解救出来⑥；他叫他第二次、第三次担任执政官，叫他享受了一路的荣耀，那曾经做过执政官的人简直都要嫉妒他呢；他用战利品接济他陷入贫穷的父亲，他用从敌人那里劫掠而来的财富，叫他的父亲富裕起来，这对于一位战功赫赫的影响来说，可是无上的骄傲。（3）如果这些还嫌不够，那就再看看，他延长了他父亲担任行省总督、享有非凡权力的期限；在把那些最为伟大的城市征服之后，罗马帝国无与伦

---

⑤ 在还是一位少年时，普布力乌斯·科尔内利乌斯·西庇阿·非洲的征服者（Publius Cornelius Scipio Africanus Major，公元前 236/5—约 183 年）——他后来在扎马（Zama）战役中打败了汉尼拔——就在他的父亲普布力乌斯·科尔内利乌斯·西庇阿（Publius Cornelius Scipio）的麾下参加了提基努斯河（Ticinus）会战（公元前 218 年），这也是汉尼拔在意大利本土对罗马人的第一次胜利。这位小西庇阿据说在这次战役中解救了他父亲的性命。大西庇阿在七年之后死在西班牙的战场上。

⑥ 实际上，西庇阿·非洲的征服者在公元前 187 年，在老加图（Cato the Elder）发动的一场控诉中，捍卫了他的哥哥——卢基乌斯·科尔内利乌斯·西庇阿·亚洲的征服者（Lucius Cornelius Scipio Asiaticus），洗白了指控他接收叙利亚国王安提阿哥（Antiochus, King of Syria）贿赂的罪名。

比地从大地的东方延伸到西方,而他也成为罗马帝国的缔造者和保护人,这就给那个原本光环笼罩的人带来更大的光环——那人开始被称为"西庇阿的父亲"!那么,这还有什么疑问吗,他非凡的孝行和勇气早已胜出了一般父母生养儿女的恩惠;我简直都说不清,他给这座城市带来更多的保护呢,还是更多荣耀!

(4)如果这还不足够,不妨设想,有一个人把他父亲从酷刑下解救出来,并把那刑具转嫁到自己身上。你尽可以根据自己的意愿来描摹一个做儿子的人所能施行的恩惠,但是,他父亲的礼物却总是简单易行,他给予礼物,并享受感官的快乐。这个礼物,他一定给予过很多人,有的甚至他自己都不知情呢;在这个礼物里,他需要一个伴侣,他需要考虑到法律,考虑他的国家,考虑为人父母会得到的回报,考虑家庭和宗族的延续,他需要考虑到任何的事情,但就是不会考虑到那个接受礼物的人。(5)我来问你,如果有一个人获得了智慧,并把这智慧传递给他的父亲,难道我们还是要继续争论,他给出的是不是超过他接受的吗?作为报答,他给出的是幸福的生活,而他接受的呢,只是活着。

34 (1)有人也许还是要反驳说:"但是呢,不管你做什么,也不管你能为你的父亲做什么,那都要归功于你的父亲。"是的,我在人文学科上的造诣也要归功于我的老师呢。但是,他们把那些人文学识传授给我们(57),我们却胜过了他们,尤其是那些为我们启蒙的老师。没有这些老师,任何人都将一事无成。但是这并不意味 269
着,一个人不论取得了什么样的成就,他都不如他的老师。那最早出现的东西,和那最为重要的东西,二者之间有很大的差别;没有那最早出现的东西,那最为重要的东西固然也不会出现,但这并不

(57) 所谓的"人文学科"(liberal disciplines),后来被划分为标准的七门(语法、修辞、辩论、算术、几何、天文和音乐),它们属中等教育的主要内容。在 *Letters* 88 中,塞涅卡解释说,它们是哲学或者智慧修养的必要准备,而不是它的替代品。

意味着二者可以等量齐观。

斯多葛学派的五个三段论

35 (1) 行文至此,我们斯多葛学派的造币厂,应当把它铸造的东西出炉了(姑且这样措辞吧)。㊳

如果有一个人施行了一个恩惠,并且有某种东西比这个恩惠更好,那么他就可以被胜出。做父亲的人给予他的儿子以生命,但是,有的东西比生命更好,所以,做父亲的人可以被胜出,因为他施行了一个恩惠,而有某种东西比这个恩惠更好。

(2) 还有,如果一个人曾经把生命作为礼物送给另一个人,而他自己不止一次地被解救出于死难,他就接受了一个比他施行恩惠更大的恩惠。做父亲的人曾经给予生命之礼物,那么,如果他反复被他的儿子从死难中解救出来,他就接受了一个比他施行的恩惠更大的恩惠。

(3) 接受来的恩惠越是必需,就越是重大。但是,活着的人比尚未出生的人更需要生命,因为后者根本不会需要任何东西。所以,相比于儿子出生时从他的父亲那里接受来的恩惠而言,做父亲的人在被儿子挽救生命时,他接受的恩惠更为

㊳ 接下来是五条提要,其逻辑上的合理性已经在斯多葛学派的理论中得到详尽的阐述,那个阐述内容恰好对应着现代的命题逻辑。前三条和最后一条就是(或者说可以很容易地化解为)肯定前件(modus ponens)的模式(也就是克吕西波所谓的"第一个不可证明的"),它们包括"如果……那么"的陈述内容,以及前面"如果"句的断言内容,和作为逻辑结果的"那么"句的内容。第四条尽管在结构上不是很明晰,但的确是一个否定后件(modus tollens)的模式(克吕西波所谓的"第二个不可证明的"),它包括"如果……那么"的陈述内容,和"那么"句内容的否定,和作为逻辑结果的"如果"句内容的否定。斯多葛学派哲学家在其伦理学理论和政治学理论的论证中,都习惯使用这种概述式的提要。因为他们认为,这个世界既是神的理性思考的结果,也到处弥漫着神的理性思考,它本身即是这种逻辑联系而成的一个结构,所以,对他们而言,把道德王国也这样展示出它的逻辑结构来,这是一个很有意义的事情。

重大。(4)"父亲所施行的恩惠不可能被儿子的恩惠胜出。为什么?因为他的生命是由他的父亲给予,而如果没有这个给予,他就根本不能施行任何恩惠。"但是就此来说,不论是做父亲的人,还是那些给予别人以性命的人都是一个道理;因为如果一个人不曾被给予生命,他就无由表达他的感恩之情。⑲所以,一个医生【相比于他施行的恩惠而言】被报答以什么样的感恩之情都不过分(因为医生总在给予人们以生命),一个水手也是如此,如果他曾解救你逃离一场海难。但是,这些人以及别的以某种方式解救了我们性命的人,他们施行的恩惠都可以被胜出。所以,做父亲的人所施行的恩惠也可以被胜出。

(5)如果有一个人对我施行了一个恩惠,这个恩惠必须靠别的许多恩惠来补充,而我对他施行的恩惠却不需别人的帮助,那么,我施行的恩惠比我接受的恩惠更为重大。一个父亲给了他的儿子一个生命,而那个生命如果没有别的辅助条件就会死去。如果这个儿子给予他的父亲以生命,那个生命无需帮助就可以延续下去。所以,那个曾经给予儿子生命的父亲,从儿子那里接受了一个比他自己施行的恩惠更大的恩惠。

这些论述会叫孝行更有人情味

36 (1)这些的论述,并不是要破坏对父亲的敬爱之情。它们不会叫孩子们对父亲变得更糟,而只能会更好。美德,它自然而然地渴望荣耀,它要领袖群伦。孝行回报恩惠,如果出于"涌泉相报"之胸襟,它就会更加具有人情味。做父亲的人也会为此而高

---

⑲ 原文是 *non potuisset... accepisset*。

道德和政治论文集

兴,而快乐,因为有许多的东西,那孝行不仅要回报它们,而且要胜过它们。(2)舍此而外,你哪里还能找到如此叫人愉快的竞赛呢?哪里还有如此幸运的父母,在施行恩惠方面,他们甘愿承认不如他们的孩子?对这个问题,如果我们不接受这个立场,那就无异于给孩子们安排好了遁词,叫他们的感恩之心怠慢下来;而我们应当鼓励他们,我们要说:

> 尽你的力量吧,我勇敢的孩子!我们开始了一个高尚的竞赛,就在父母和孩子之间的一个比赛,我们要看看谁给予或者获取得更多。(3)做父母的人不能仅仅因为来得早而赢得这个竞赛。要尽心,这适合于你,而不要丢弃勇气。你会赢得这个竞赛,他们也要你赢得这个竞赛。在这个如此荣耀的竞赛中,为你助威的可不乏领袖人物,他们身体力行,为你树立了榜样,他们命令你踩着他们的步伐,胜过父母,走向胜利,无愧于历史。

37 (1)埃涅阿斯(Aeneas)就胜出了他的父亲。在他的孩提时代,他的体重很轻,抱起来很容易;而他老迈的父亲却很笨重。但是,他背负着他的父亲冲出敌人的包围,冲出他身边正在坍塌下来的城市废墟,而那个虔诚的老人呢,他还捧着他的家族的看护神,还有供他的家族敬拜的圣物,这就叫他奔跑起来要承受双倍的沉重。他就这样背负着他冲过了熊熊烈火,啊,孝行能够做到任何的事情,他就把他背负到安全的地方,叫他成为罗马帝国的缔造者,供我们膜拜。⑥

(2)西西里的年轻人们也取得了竞赛的胜利。当埃特纳

---

⑥ 至少从公元前3世纪起,就有流行的故事说,罗马人乃是埃涅阿斯(Aeneas)及其追随者的后裔,他们在特洛伊城陷落后来到了意大利。塞涅卡所复述的这个故事,其权威版本出于维吉尔的《埃涅阿斯记》(*Aeneid*),尤其是该书第二卷中关于埃涅阿斯孝行的记述内容。

火山(Aetna)迸发出一股奇异的力量,向着城市、田野和大半个西西里岛喷出火焰时,那些年轻人就背负起他们的父母,于是,那火焰就分开了,人们都坚信这个说法。那火焰就向两侧退去,给那忠孝的年轻人们让出一条大路来,好叫他们果敢地来到安全的地带。[61]

(3) 安提柯(Antigonus)也取得了竞赛的胜利。在一场艰苦的战役中,他征服了他的敌人,他把作战赢得的奖励送给了他的父亲,并把对塞浦路斯的统治权给了他。这就是真正的王者风范啊:在能够成为国王的时候,你却不去做那个国王。[62] 272

(4) 曼利乌斯(Manlius)也胜出了他专横的父亲。他早先曾经被他的父亲放逐过一段的时间,因为他年轻时的粗鲁和愚钝。此时,他来到那个保民官面前,那个保民官对他父亲发出了审判的传唤。他请求和保民官面晤,这请求就被准许了,保民官满心指望他会出卖他的父亲,因为他恨他的父亲。(实际上,那个保民官正要把这个年轻人的流放之事拿来,借此对他的父亲提起一个最为严厉的指控,他还以为这是他给这个年轻人的一个机会呢。)这个年轻人获得了一个单独的谒见机会,他就把藏在衣服里的武器拔出来,说道:"起誓吧,撤销对

---

[61] 安菲诺摩斯(Amphinomus)和阿纳皮乌斯(Anapius)的故事在古代广为流传,他们两个是西西里岛埃特纳火山脚下卡塔尼亚(Catana)镇上的英雄。现存的拉丁语诗歌《埃特纳火山》(*Aetna*)中讲述了这个故事(第603—45行),该诗歌写作于公元1世纪的某个时候。

[62] 塞涅卡正在谈论"独眼安提柯",他是亚历山大的将军和继承人(前文II 17和《论愤怒》III 22也提到了他)。但是,此处所说到的功绩却属于安提柯的儿子围城者德米特里(Demetrius Poliorcetes,公元前336—283年),他在公元前306年打败了托勒密(Ptolemy)(埃及国王)的军队,并为他的父亲赢得了塞浦路斯。此处和在《论愤怒》III 23.1节一样,塞涅卡混淆了事实。也许他原本想写"安提柯的儿子",也许他根本就不以为意。据他的父亲讲(《说辞》(*Suasoriae*) VI 16),塞涅卡在年轻时对历史没有多少的兴趣。

我父亲的传唤，否则，我这把剑就会穿透你的身体。你来决定，我的父亲用那种方式逃脱这个指控。”那个保民官就赌咒发誓，并且他信守了他的誓言。他向人们解释了他放弃指控的原因。除了这个年轻人，还没有谁要挟了保民官而不受惩罚呢。(63)

38 (1) 这样的故事可以一个接一个地讲下去，他们救他们的父母出灾难，他们叫他们的父母脱下最为卑贱的身份，登上最为高尚的地位，他们把他们的父母从籍籍无名的民众中间推崇出来，叫后世的人永远把他们传诵。(2) 如果你敢说：“我听从我父母的话语。我向他们的威仪屈服，而不管它是温慈公正，还是偏颇严厉。我要叫自己表现得顺从唯唯。只有在这一点上我会固执到底——我为父母所做的一切，绝不叫别人胜出！”啊，这样说起来真是叫人期期向往、叫人欢欣鼓舞、叫人无法忘怀，而所有的言辞、所有的天赋才智都不足以表达其中万一呢！(3) 努力吧，我恳求你！即使你浑身疲惫，重新开始这场奋斗！那赢得竞赛的人，他们是幸福的；那输掉竞赛的人，他们也是幸福的。一个年轻人对他自己说(这样的话也只适合对他自己说出)：“我胜出了我的父亲给我的恩惠”，有什么比这更荣耀的事情呢？而一个老人能够到处对所有的人宣扬，他自己的儿子已经胜出了他所施行的恩惠，还有什么事情比这更幸运呢？承认输掉这场竞赛，还有什么比这更叫人幸福的结局吗？

(63) 塞涅卡此处可能沿袭了西塞罗的说法。西塞罗曾在《论义务》III 112 中讲述了同一个故事，并且还指出了那个保民官的名字，并指出这个曼利乌斯(第一个名字是提图斯(Titus))就是公元前 4 世纪初罗马独裁官卢基乌斯·曼利乌斯(Lucius Manlius)的儿子，也正是那个打败了一个高卢勇士、并从他的脖子上抢下他的领圈的曼利乌斯，他因此获得了一个“戴领圈的人”(Torquatus)的绰号。

第 四 卷

恩惠与感恩,它们本身就是施行的目的吗?

斯多葛学派异于伊壁鸠鲁学派的观点

1 (1)埃布提乌斯·里博拉里斯啊,在我们讨论的所有问题中,还没有哪个问题像现在摆到我们面前的这个问题一样地重要,或者用萨路斯特(Sallust)的话来说①,"更有必要仔细的探究",这就是:施行恩惠和知恩图报,它们的存在,是不是自身即是目的?

(2)你会发现,人们为了获取实惠而沽名钓誉,而对那没有报酬的美德,他们就不喜欢。但是,在可以用金钱计算的地方,没有高尚可言。做一个好人值多少钱,没有什么比这个计算更为可耻。美德,它既不靠营利来引诱人,也不会有叫人望而却步的损失。它绝不用人们贪图的许诺来邀买人心,恰恰相反,它需要人们慷慨解

---

① 盖尤斯·萨路斯提乌斯·克里斯普斯(Gaius Sallustius Crispus),《历史》(Historiae)(II Fragment 72 in Salustii Historian Reliquae ed. B. Maurenbecher (Leipzig 1891—3))。塞涅卡在《论远见》(On Providence)5.5 和《论心智的和平》(On Peace of Mind) 14.10 中也引用了这句话,但没有说出作者的名字。

囊,它更多的时候是无偿的施舍。你要接近它,你就必须抛开你自己的私利;你要行动,你必须听从它的召唤或者派遣,而不能吝惜你的钱财,有的时候甚至都不能顾虑你的鲜血,你永远不能逃避它的命令。(3)"如果我行事勇敢,或者知恩图报,我会得到什么好处呢?"好处就是——你这么做了。除此之外,没有任何承诺。如果你碰巧占到了什么便宜,你就把它当做一个额外的好处吧。美德之举,它本身就是奖励。如果一个合乎美德的事情本身即是目的,并且,如果恩惠就是一个合乎美德的事情,那么,恩惠就具有美德的品质,它们要合乎同样的条件。而任何合乎美德的事情,它本身就是目的,这已经得到反复而充分的证明。②

2 (1)就这一点来说,我们和伊壁鸠鲁的门徒势不两立,那是一群任性而娇生惯养的、对着杯盘讲大道理的哲学家,对他们来说,美德是享乐的婢女,美德要服从享乐、服侍享乐,要把享乐高高地抬举起来。你也许会说:"但是,你要享乐就不能没有美德。"③(2)但是为什么要把它放在美德的前面呢?你不要以为,这只是一个哪个放在前面的争执;这关系到美德及其力量的全部问题。如果它可以摆在第二,它就不再是美德;它是第一的位置,它必须走在最前面,它要发号施令,它要站在最高的地位。而你竟然要它在行动的时候先要请求准许!(3)"这对你又有什么分别呢?我也不认为,没有美德而能够过上幸福的生活。享乐这个东西,我固然在追随它,我固然叫我自己成为它的奴仆,但是如果缺失了美

---

② 塞涅卡也许想到了西塞罗(参见《论法律》(Laws) I 48),或者更泛泛地说,想到了斯多葛学派的著名论断,即"道德上有价值的每一种事物都是善的"以及"只有在道德上有价值的事物才是善的"(参见,例如西塞罗,《论目的》(On Ends) III 27—8,并参考 III 36;普鲁塔克,《论斯多葛学派的自相矛盾》(On Stoic Self-contradictions)1039c)。他自己在 11.4—6 节和 15—17 章继续论证施行恩惠乃是为了自身目的而存在的善。

③ 塞涅卡此处开始和一个对话者辩难,这个对话者对斯多葛学派的理论提出异议,而推崇伊壁鸠鲁学派的施行恩惠乃是出于自私利益的论调,这个辩难一直到第20章前后的内容。这个对话者不过是塞涅卡解释自己看法的一个反衬而已,塞涅卡认为恩惠有其内在的价值,本书几乎一直到结尾处都在反复以各种方式来阐述这一见解。

德,我也要拒绝它呢,我也要谴责它呢。我们的分歧所在只有一个:美德是至善的原因呢,还是美德就是至善本身?"④你是不是认为,对这个问题的回答仅仅是一个顺序上的颠倒?把靠后的东西摆到前面,这固然是一个糊涂,也显然是缺乏见识。(4)但是,叫我气愤的还不是把美德放到享乐之后,而是把美德和享乐竟然放到一起!美德鄙视享乐,美德厌恶享乐;它避之唯恐不及。美德所系,更多的是男人的苦难和迂腐,而不是你这般妇人乖巧的"便宜"呢。

3 (1)亲爱的里博拉里斯啊,我必须把这些话插进来,因为施行恩惠——这就是我们此时正在讨论的事情——乃是美德的体现,并且,如果施行恩惠却怀着恩惠之外的目的,它就成了一件可耻之极的事情。因为,如果我们在施与之时就希图回报,我们就会向着最有钱的人施与,而不是给那最般配的人。而事实是,我宁可面对一个穷人,而不是一个叫人厌恶的富人。施行恩惠,如果它要考虑一个人的财富多寡,它就不再是什么恩惠。(2)另外呢,如果只有出于私利的目的我们才去帮助,那么,那些最容易广施恩惠的人,也就是最没有必要施行恩惠的人——我说的就是有钱有势的人,我说的就是君王,他们不需要别人的帮助。而原本昼夜不停地向世间分发礼物的众神,也就不会施舍那为数众多的礼物了;他们自己的本质已经叫他们应有尽有,他们既安全又不受侵扰。如果

---

④ 斯多葛学派和伊壁鸠鲁学派一样,他们的伦理体系就围绕一个"最终的并且根本的善"——也就是"一个目的,别的每一件事情都是为了这个目的而作出,而这个目的本身并非为了任何事情而存在"(Stobaeus II 77. 16 ff. = 63A Long-Sedley)——的概念而展开。他们的分歧在于至善本身为何物。伊壁鸠鲁认为它就是享乐(只要享乐本身被正确地理解),并强调避免那些能够避免的痛苦对幸福生活所具有的重要意义。而斯多葛派哲学家则视美德为"顺应自然的生活"——个人的自然本性与宇宙的自然——他们将之简单概括为"美德"一词,这也就是他们所理解的一种心智状态,以及这种心智状态在一个人的生活中所支配形成的抉择和行动。什么是至善,这种大异其趣的不同理解就成为彼此根本对立的伦理学体系的不同基点。这也就是为什么塞涅卡在讨论的开始出,先要区分这两个学派就这一问题的不同态度。

施行恩惠的唯一动机就是为了自己,为了自己的好处,那就没有谁能够享受到众神的任何恩惠。(3)如果你张大眼睛四下搜寻,你要叫你的破费找到最有利可图的去处,你要叫它的回报来得最容易,你关心的不是它会给什么地方带去最大的帮助,那么你就不是在施行恩惠,你这是投机放贷。既然众神没有丝毫这样的心思,那么顺理成章,他们就将不再乐善好施;如果施行恩惠的唯一动机是那施惠者个人要捞到好处,而众神又不能从我们这里指望什么好处,那么众神要施行恩惠,就再也找不到他们的道理。

神施行恩惠不考虑报答

4 (1)我知道,就这事儿可以这样回答:"是的,所以神就不施行恩惠啊。他不劳我们的关心,也不关心我们,他就用他的后背对着这个世间,对这里的一切置若罔闻。或者更干脆些,正如伊壁鸠鲁所谓的最大幸福那般,他什么都不要做,他对人们的冒犯无动于衷,对给他的恩惠也不会有更多一点儿的反应。"⑤(2)谁这样说,谁就没有倾听人们祈祷的声音,谁就没有听见人们在赌咒发誓,这誓言无处不在,在私下或是公开地,人们把手举向天空。情况不会是这个样子,我来告诉你,不会是几乎所有的人类都加入到这个愚蠢的行动中来,他们要向那聋子一般的上苍、那麻木不仁的众神表白自己;肯定不会这样,除非我们清醒地意识到众神为我们施行的恩惠,它们有时候是众神自愿地赐给我们的,有时候则是对呼求者的回应——这些伟大而及时的礼物啊,它们的到来,叫我们逢凶化吉,化险为夷。(3)有谁会如此不幸,有谁会被如此遗忘,

---

⑤ 在伊壁鸠鲁的理论里,神是完全宁静而幸福的存在,他既不可能参与到世界秩序的维护上来,也不会看顾人类的道德素质。如果关心这等事情,他就将无可避免地要陷入焦虑、苦恼甚至愤怒之中,这就背离了他本质要求的宁静和幸福。参见伊壁鸠鲁,《致希罗多德的书札》(*Letter to Herodotus*) 76—7,81—2;《致墨诺扣斯的书札》(*Letter to Menoeceus*) 123—4;和《主要原理》(*Principal Doctrines*) I.

又有谁生来就注定一个如此艰难而灾难重重的命运,以至于他从来没有感受到众神的慷慨?你张开眼睛,看看那些为自己的命运叫苦连天的人,你会发现,他们并非完全没有享受到众神施行的恩惠,而且没有谁不曾从那最为慷慨的泉水里得到滴水之恩。出生之时,每一个得到同样的礼物,那个礼物难道微不足道?在后来的生活里,尽管我们经历的命运各不相同,但是自然女神把她自己许给了我们,难道这会是一个微不足道的事情?

5(1)"众神不施行恩惠。"那么,你占有、你给予、你不舍、你囤积、你攫取的那些东西,它们从何而来?那些叫你的眼睛着迷、叫你的耳朵着迷、叫你的心智着迷的东西,数也数不清,它们又是从何而来?那些叫我们奢侈挥霍的东西从何而来?要知道,供我们使用的不仅是基本的生活用品,我们已经被娇惯坏了。(2)那许多的结出各种各样果实来的树木,它们从何而来?那许多的能够治疗疾病的植物从何而来?一年四季都能见到的那各种各样的食物从何而来?要知道,连游手好闲的人都能撞见大地生长的什么东西,叫他们果腹。各种各样的生灵又是从何而来?它们有的生在干燥而坚硬的地面,有的生在水中,有的则是从天而降,自然世界的每一个地方都有叫我们享用的东西河水美丽蜿蜒,布满旷野,它们浩荡行船之处就是商旅的通衢,夏季来临,有的河流会不可思议地涨满泛滥,灌溉两岸被太阳烤焦了土地,它们又是从何而来?还有那治疗疾患的泉水,它从何而来?海滨温水汨汨,它又从何而来?还有,你们又是从何而来——

你,伟大的拉留斯湖,还有你,贝纳库斯湖

---

⑥ 斯多葛学派认为,世界上的每一种事物都是冥冥之中为了神和人的利益而安排好的。参见 Long-Sedley,54N—P。

波涛升起,像大海一样地沉吟⑦

6 (1)如果有一个人给了你几亩土地的礼物,你会说你得到了一个恩惠;那么,那宽广平坦的大地在你面前展开,你要否认它是一个恩惠吗?如果有一个人赠送你一笔金钱,并且(因为这看起来对你很重要)装满了你的钱匣子,你会说那是一个恩惠;那么,想一想神在大地上埋下的如此之多的矿藏吧,想一想他在大地上凿通的如此之多的河流,在它们流经的河床上就覆盖着黄金,想一想他各处掩埋的如此大量的银子、青铜和坚铁,同时他还赋予了你勘探这些财宝所在、并给它们作出标记的力量,你难道要否认你得到了一个恩惠?(2)如果给你一栋房子,它里面装着华丽的大理石雕塑像,它的吊顶闪着金粉的光芒或者点缀着五颜六色,你会说这是一件很不一般的礼物。但是,神给你造了一个笼盖四野的宅第,它不用担心火灾,它也没有坍塌之虞,你在它里面看到的不是薄薄的一层装饰——那种装饰比割它的刀刃还要单薄,而是全部的最为珍贵的宝石,和各种各样应有尽有的物质,它们啊,哪怕是其中最微小的一块都会叫你惊奇不已,它的顶篷在夜晚闪耀一种光芒,在白天闪耀另一种光芒,你难道还要拒绝承认你得到了一个礼物?(3)你固然很是珍惜你自己的东西,可你是不是要扮演一个忘恩负义之人?你是不是断定你自己不需要对任何人感恩?你是从哪里得到你的呼吸?你又是从哪里得到那光明?它叫你能够摆布、谐调你的行动。你又是从哪里得到你的血液?正是它的循环维系着你生命的温度。你从哪里得来那美味佳肴?它鲜美的味道叫你的味觉永远不会餍足。在你的享乐衰退的时候,你从哪里得来那叫你享乐的刺激?你又是从哪里得来那叫你枯萎、叫你腐朽的长

---

⑦ 维吉尔,《农事诗》II 159—60,此处描述的是科莫湖(Lake Como)和加尔达湖(Lake Garda)的景致。

眠不起？(4)可以肯定，如果你心怀感恩，你就会说：

> 这宁静甜美的生活，朋友啊，造化钟情
> 我赞美他就是我的神，如江之永
> 那最温顺的头产羔羊，矜矜兢兢
> 将要放到他神圣的祭坛之上，流血牺牲
> 他叫我的母牛在大地上啃草，花香四野
> 还有我悠扬的笛声，阳阳国风⑧

(5)这就是我们的神呢，他放养的不只是几头牛犊，而是整个世界所有的牧群，他叫牛羊四野里徜徉，他为它们准备好了草料，夏天的牧场过去，他就又准备好了冬天的牧场。他不只是教人们伴随着笛声歌唱，唱出那古朴、粗犷而规模初具的诗歌，那所有的旋律变换、音调节奏，不论是人体的美声还是乐器的吹奏，这些因素合成了天籁一般的音乐，这也都是他的发明。(6)你也不能把我们发现的东西说成是"我们的"，那就如我们正在成长的身体在特定的时刻发生的事情——我们的乳牙掉下来，几年之后到来青春期，我们拥有了更为旺盛的精力，当最后的智齿长出，我们青年时代的发育也就结束。每一个年龄现象，每一种技艺，在我们的身体之内都埋着它们的种子；正是神，我的主人，把我们的天赋从那最隐蔽的地方开凿出来。

7 (1)"不，那是自然，是它赋予了我这些东西。"⑨难道你还

---

⑧ 维吉尔，《牧歌》(Eclogues) I 6 ff. (此处系 Dryden 翻译)表达了诗人维吉尔对屋大维(奥古斯都)的感恩之情。

⑨ 本段以及下一段(到"他充满他自己创造的万物"为止)，除去在 7.1 节中涉及罗马史的内容，在 von Arnim 的版本中(很可能是根据推断)标记为克吕西波(Chrusippus)的一段话(*SVF* II 1024)。没有疑问的是，塞涅卡此处所言，和我们所知道的克吕西波对于"神"的看法是一致的(参见 Diogenes Laertius, VII 147)。在塞涅卡看来——整个斯多葛学派大体也是如此，神只有一个(宇宙理性)，但是与不同的"天上事物的能力或成就"相适应(正如在接下来的文字中塞涅卡所陈述的那样)，这个神却有许多的人格形象。

没有意识到,在说这话的时候,你不过是用不同的名字在称呼神?那充满整个世界及其每一个角落的,如果不是神和神的理性,哪里还有什么自然呢?你可以用不同的方式来称呼这个造物主,是他创造了我们拥有的一切,这一点你尽可以随你自己的意愿。你可以称呼他"最伟大的至善朱庇特",你可以称呼他"掌握雷电者"(Thunderer)和"支持者"(Stayer),这倒不是因为历史学家陈述的那个原因,他们说什么罗马人在溃败之时听到一个祈祷人的祷告⑩,他们的作战军队就停下逃跑的脚跟;而是因为所有的事物之所以长久存在,都是因为他的功绩,据说他叫它们都存留下来,叫它们牢固不移。(2)他也被说成是"命运",这也合情合理,因为命运就是一连串相关联的原因⑪,而他就是所有原因中的第一个原因,别的东西都有赖于他。不管你要称呼什么,只要这个名字意味着上天主宰的能力或者成就,它就适合在他身上。他对我们有多少种恩惠,他就可以享有多少种称呼。

8(1)我们的学派也把他看成是"沃土之父"(Father Liber)⑫,看成是海格力斯(Hercules),墨丘利(Mercury)。所以称为"沃土之父",是因为他是所有人的父亲,他最早发现了生育的力量,正是这个力量通过享乐的形式,叫这世道生生不息⑬;所以称为海格力斯,是因为他的膂力绝伦,而当他厌倦了他自己的工作,他

---

⑩ 在和色宾人(Sabines)的一场交战中站在罗姆路斯(Romulus)一方。

⑪ 塞涅卡此处正在复述斯多葛学派的学说主张,即每一种事物都是依照一连串注定而必要的原因而发生,这也就是"理性"或者说"神圣心智的思想过程",它与世界秩序同在,并控制着世界秩序。参见 long-sedley,55 J—S,especially L (= Cicero,*On Divination* I 125—6)。

⑫ 意大利语族中所称的植物之神,在古典时代与希腊世界的狄俄尼索斯(Dionysus)、亦即巴库斯(Bacchus)是同一个神。有关后文内容,比较普鲁塔克,《论司生育之女神伊希斯和司冥府之神欧西里斯》(*On Isis and Osiris*)367e(*SVF* II 1093)。

⑬ Prechac 版原文是 *per voluptatem* ⟨*vitae perpetuitati*⟩。

就消失在火焰中⑭;所以称为墨丘利⑮,因为理性属于他,数字、秩序和知识也都属于他。(2)不管你转到那个方向,你都会发现神在迎接你。没有那个事物没有他的踪迹;他充满他自己创造的万物。啊,凡人中你这个最忘恩负义的家伙,如果你说你并不为你自己感激神,而是感激自然,你这是在浪费你的时间。没有神,你就没有自然;没有自然,也就没有神。一个等同于另一个,只是彼此的职责不同而已。(3)你从塞涅卡这里拿去钱,如果你要说你欠"安涅乌斯"或者"卢基乌斯"的债,你并没有改变你的债主,不同的只是名称而已。不管你是称呼本名、族名,还是姓氏,他终归是这同一个人。同样的道理,你可以称呼自然、命运或者运数。它们都是同一个东西的名字,并且施加各种不同力量的是同一个神。正义、诚实、审慎、勇气、和节制,是同一个人、同一个心智上的美德。其中不管是哪一个获得了你的认同,你认同的实际上都是那个心智。

9 (1)但是(我们不要跑到另外一个话题上去)神对我们施行那最为伟大、最为重要的恩惠,而不会想到什么回报。他不需要我们给予他任何东西,我们也不能够给予他任何东西。如此说来,施行一个恩惠,它本身就是它存在的目的。唯一要考虑的好处,是那受惠者要得到的好处,在作出这个好处时,我们要把我们自己的利益放到一边。

---

⑭ 在神话中,海格力斯死在忒萨利亚(Thessaly)厄塔山(Mount Oeta)的一堆柴火中。斯多葛学派就用这个故事体现他们的宇宙学说的理论,即世界周而复始地烧毁在一团烈火之中,之后重新出现,并形成一个同样的世界秩序——它们有着完全一样的构造、演进和历史,一至于最微小的细节也是完全一样——这也就是我们现在所经历着的世界。参见 long-sedley, Chapter 46.

⑮ 墨丘利是众神的信使,他在古希腊的寓言作家那里很容易联系于"逻各斯"(logos),它不仅意味着"理性",而且还意味着"言论"(参见前文 I 3.7)。但是,塞涅卡此处独特的诠释却不见于其他现存的斯多葛学派文本。

区分仍然有其必要

（2）有的人会反对说："但是你说过,我们应当认真选择我们要对他施行恩惠的那个人,因为农夫也不会把种子撒到沙子里。⑯可是,如果那个道理说得通,我们在施行恩惠时就确实是在追求我们自己的好处,正如我们犁地和播种一样。因为播种可不是一个本身即是目的的事情。另外呢,你讨论过在哪里以及如何施行恩惠的问题⑰。而如果你施行一个恩惠本身即是目的,你就不会关注那些问题。一个恩惠,不论在什么环境里、用什么方式来施行,它都是一个恩惠。"（3）不错,对那些高尚的事物,我们追求它只是为了它本身,而不是为了其他的目的。虽然如此,即使不是追求别的东西,我们还是要问做什么、什么时候做以及怎样地做。正是这些考虑,叫这个行为高尚起来。在选择我要施行恩惠的那个人时,我是要叫我的行为真正成为一个恩惠,因为,如果它是做给一个猥琐之人,这个行为就不能说是高尚,并且也不能说是一个恩惠。

10（1）把一个寄存的东西物归原主,这是一件本身即是目的的事情。但是,这并不意味着不管什么地方、什么时间,我都要不加区分地把它交还。有的时候,物归原主的做法和直截了当的赖账⑱,两者之间没有多少的差别。我要考虑归还之人的利益,如果物归原主会给他带来伤害,我就要说"不"了。⑲（2）说到恩惠的时候,我也要做同样的事情,我要考虑什么时候施行,对谁施行,如何施行以及道理在哪里。没有理性,什么事情也不应当去做,因为

---

⑯ 塞涅卡在 II 11.4 为了别的意思使用过同一个比喻;他叫他的对手改动一下那个例子,以支持伊壁鸠鲁学派的理论,进而引出一个新的话题。

⑰ 塞涅卡分别在前文 I 11.5—12（在讨论"要给予什么恩惠"的过程中）和 II 1—17 讨论了这些问题。

⑱ Lipsius 版原文是 *palam an*,而手稿中是 *an palam*。

⑲ 参见柏拉图,《理想国》I 331c:如果某人交给你一支武器,叫你保存,而当他发了疯的时候想要回去,根据正义你就不能归还这支武器。

凡是高尚的事情都离不开理性的陪伴。（3）这样的事情我们听到的还少吗，人们在做了有失明智的捐助之后，就咒骂他们自己说："我当初怎么把它给了你呢，我宁可是把它丢了呢！"没有头脑的捐助，是最可耻的一种丢失方式。一个糟糕的恩惠之举，比起施行恩惠而没有得到回报来说，问题都要严重得多；恩惠没有得到回报，这是别人的过错，而不加区分地胡乱施与，这错误却在于我们自己。（4）但是，在选择取舍的时候，你所念念不忘的那个事情，在我的心思里却是最后考虑的东西。我要选择的是那个知道感恩的人，而不是那个能够偿还的人。有的人没有偿还而知道感恩，有的人虽然能够偿还但却忘恩负义，这等事情时有发生。（5）判断一个人，我在意的是他的心智状态。我会绕开那富有但浅薄的人，而钟情那贫穷但有德性的人。即使在穷困潦倒之中，这样的人也知道感恩；就算所有的东西都离他而去，他心底的温婉也会长存。

11（1）在施行一个恩惠时，我不是要攫取利润，不是在贪图享乐，也不是沽名钓誉。我只是想取悦一个人而已，我施与的唯一目的就是做我应当做的事情。但是"应当"意味着选择；而你也许要问，我要做什么样的选择呢？我要选择一个正直而坦诚的人，一个知道感恩而有记性的人，他应当是一个不贪图别人的财产也不过分吝啬自己的人，一个善良厚道的人。遇到这样的一个人，时运也许会叫他无从表达他的感恩之情，但我已然按照心愿实现了我的目的。（2）而如果那叫我慷慨起来的原因，是我在算计自己的好处，如果我的帮助不能赚得答谢我就不去帮助任何人，那么，对那即将远走他乡而不再归来的人，对那病重而无望康复的人，我就找不到叫自己施行恩惠的道理。不，如果我自己的生命活力在枯萎，我也不会再去施行什么恩惠，因为我的时间已不容许我把恩惠收回。（3）但事实是，即使是刚刚到达我们港口的外国人，并且哪怕他马上就要离开，他也会得到我们的帮助，这就叫你看清楚了，恩惠是一个本身即是目的的事情。我们给那遭遇海难的陌生人一条船，给他装备整齐，叫他乘船返回他的家园。他离开了，而我们简直都不知道谁是他的救命恩人。他知道他再不会遇见我们了，就把他欠我们的东西托付给众神，他对众神祈祷，要神给我们报偿，而我们呢，我们知道我们施行了一个恩惠，这叫我们欢喜，尽管它不能带给我们实惠。

（4）再请告诉我，当我们就要走到生命的尽头，开始盘算我们的遗嘱时，难道我们不是在分配我们的恩惠，而它又不会给我们带来利润？但是，你瞧啊，为了说服自己给哪一个人多少的东西，我们花费了多少的时间！而如果我们注定得不到任何人的回报，把东西给谁还有什么关系？（5）但是，如何给予，我们还从不曾像现在这般慎重，我们的判断也从没有现在这般踌躇，我们现在考虑的不是我们个人的利益，高尚的善，这才是我们此时面对的唯一问题。我们应当如何行动，当它和贪欲、恐惧以及享乐——这是一个最为松懈而又邋遢的邪恶——纠缠到一起时，我们就是拙劣的法官；而当死亡来临，它叫那些邪恶退避，它带给我们一个不会被贿买的法官，我们要叫那最般配的人得到我们的财产。这是一个对我们自己没有利害的事情，但是如何定夺，我们锱铢必较，超过了任何别的事情。（6）但是，众神啊，当一个人这样想的时候，巨大的欢喜就为他降临："这一个人，我要叫他更为富有。这一个人呢，随着财富的增加，他的地位也将从我这里获得新的光辉。"而如果我们只有在算计回报的时候才施行恩惠，那么在行将就木的时候，我们就不会再费神立什么遗嘱。

在哪种意义上说恩惠是"一个不能清偿的借贷"？

12　（1）"你说过，恩惠'是一个不能清偿的借贷'。[20]但是，借

---

[20]　参见前文 II 18. 5.

贷可不是一个什么本身即是目的的事情。"是的,但是当我们提到"借贷"这个字眼时,我们是在借用一个形象,一个比喻。同样的道理,我们也说法律是"用来决定什么是公正、什么是不公正的尺度"。㉑ 而所谓尺度,也是一个因为不得已而借用来的字眼。我们求助于这样的语言,是为了把一个事情解释清楚。当我说"借贷"的时候,你应当理解为"像一个借贷";当我说到"不能清偿的"的时候,你就明白这一点儿了。在现实的生活中,没有哪个东西是借贷而又不能或者不应当清偿。

恩惠必须施行,即使以危险或者损失为代价

(2) 施行恩惠绝不是为了自己的好处,实际上,我说过,施行恩惠常常要招致危险或者损失的代价。正因为如此,我才会去解救一个被强盗们围住的人,而我原本可以信步走开,不闻不问;我才会为一个被指控的人辩护,抵挡一群有权势的人,而我因此招致那一伙同党的敌意,甚至在我解救了那个被指控的人之后,我自己却要陷入那同一伙人的同一个指控,而我原本可以站到对面去,袖手旁观那一场争斗,它原本和我没有什么关系;正因为如此,我才会去保释一个被判决有罪的人。正因为如此,在一个朋友的财产被冻结的时候,我要去扯掉那个封条告示,叫我自己担负起他对那些债主们的债务来。㉒ 也正以为如此,我才要冒着自己被"公敌宣告"的危险,去营救一个被"公敌宣告"的人。(3) 凡是在图斯库鲁

㉑ 塞涅卡此处或许在援引克吕西波的话,他的论著《论法律》(On Law)的开场白——据罗马法学家马西安(Marcian,公元 3 世纪)所援引——就把法律描述或者定义为"正义与不正义之事的尺度或者标准"。(参见 Long-Sedley,67R)。

㉒ 参考西塞罗,《为昆克修斯辩护》(For Quinctius) 25 f. 关于罗马破产的蒙羞之事宜,参见 Crook,pp. 173—8.

姆(Tusculum)或者第布尔(Tibur)买下一处地方㉓,当做自己夏日疗养和休闲场所的人,就不会再计较它的价钱高低。㉔ 不会的,但在购置之后㉕,人们又必须照料它。㉖ (4) 同样的道理也适用在恩惠上。如果你要问它的回报是什么,我就回答你是"良知"。一个恩惠的回报是什么呢?你来告诉我,正义的回报是什么?清白无辜的回报是什么?心智强大的回报是什么?谦逊的回报是什么?节制的回报是什么?如果你是在贪图它们之外的东西,你就不是在追求它们本身。(5) 是什么引到着上苍周而复始的变化顺序?是什么引导着太阳延长或者缩短白昼?所有的这些,都是恩惠。它们施行出来,就是为了帮助我们。这是上苍当做的事情,它叫自然有条不紊地循环转动,太阳也在变换它升起和降落的地方,而这些都是为了我们的福祉,却不需任何的报酬。同样的道理,对一个人来说,在他的诸多事务之中,施行恩惠也是一个应有之义。他为什么要施行恩惠?为了避免没有施行恩惠,避免错过为善的时机。

13 (1) 对你(伊壁鸠鲁的门徒)来说,所谓快乐,就是把你小巧的身躯托付给慵懒一般的安闲;就是追求你那个宁静——它什么都不是,而更像是麻醉;就是卧在浓重的树荫下,叫萎靡不振的心智游荡在纤弱的心事中——你把这叫做超凡脱俗;就是躲在你那个花园的角落里,用酒和肉填满你那副因为缺乏运动而白皙的

㉓ 图斯库鲁姆(Tusculum)是古代一个小山城,位置离现在的佛拉斯卡蒂(Frascati)不远,西塞罗就是在这里完成了他的几部哲学著作。第布尔(Tibur)(也就是现在的堤弗里 Tivoli)则是一个时尚的、罗马有钱人度假胜地,它离罗马城不远,罗马诗人卡图鲁斯(Catullus),可能还有贺瑞斯、奥古斯都和哈德良等人都有他们的别墅在这里。

㉔ Price-yield ratio(性价比?),拉丁文是 quoto anno empturus sit disputat(或者也许是 annuo fructu——这个夺格不论是哪一种情况都是"价钱"意,而不是"时间")。这句话的意思就是说:"他们要从他们的财产里拿出他们年收入多少倍的财产来支付价款,没有人会为这个问题而争执。"(anno 等同于 annuo fructu——这个夺格不论是哪一种情况都是价钱之一种,而不是时间。参见 D. R. Shackleton-Bailey, *Cicero's Letters to Atticus* (Cambridge 1968), p.376, on IX 9.4。

㉕ Erasmus 版原文是 *cum emerit*。

㉖ 参见 II 11. 4 f。

肚皮。㉗（2）对我们而言，施行恩惠就是快乐。哪怕这是一个费力劳神的事情，只要它叫别人的生活轻松起来；哪怕这会是一个危险的事情，只要它为别人纾难解困；哪怕这会加重我们自己的财政负担，只要它缓解了别人的匮乏和拮据。

（3）我施行恩惠是不是有回报，对我来说，这又有什么关系呢？就算它们被报答回来，它们还是要再给予出去。恩惠是为了受惠者的好处，而不是为了我们。如果不是这样，我们这一举一动就是为了我们自己。这就是为什么，有很多的事情固然给别人带去了最大的好处，但它们要开列出它们的价钱来，它们因此就不能再指望什么感恩之情。一个商人，也许会给他光顾的城市带来帮助，一个医生也许会给病人带来帮助，而一个贩卖奴隶的人也许会给他的商品带来帮助，但是，他们都是为了他们自己的利益才捎带脚地施惠了别人，他们固然帮助了别人，但这也不能叫那些人背负什么义务。还没有哪个事情既要自以为是一个恩惠，又要索取自己的利润。"付出这一个而赚得那一个"，这只是商业交易而已。

14（1）一个妇人拒绝一个情人，如果只是为了点燃他的欲火，或者只是因为害怕法律或者她的丈夫，那么，我就不会说她是一个贞洁的妇人。就如奥维德（Ovid）说：

"她没有做是因为她不能做"意味着"她做了"。㉘

如果她的贞洁要归功于恐惧而不是她自己，她就应当被归为犯奸者之列。同样的道理，一个人施行恩惠是为了再捞取回来，他就没有施行什么恩惠。（2）我们饲养动物，我们指望着使唤它们或者是吃掉它们，你会说，我们这是在对动物施行恩惠吗？我们看护果树园，我们不叫它的土地抛荒，不叫他的土壤干结，你会说，我

㉗ 伊壁鸠鲁在雅典的房子有一个很大的花园，为此他的学派获得了一个诨名叫"花园"学派。

㉘《爱情三论》（Amores）III 4.4，此处引用有所变动，现在时态改为过去时态。

们这是在对果树施行恩惠吗?(3)没有谁会俯身农艺去练习什么正义和善良,或者是求助于别的什么有利可图的地方。施行恩惠的动机不能寄托在惶惶逐利的心思上,而应当是出于坦荡而慷慨的人道!你施与了礼物,你还要进一步施与新的礼物,不要等老的礼物发霉枯朽,目的只有一个——受惠者会得到的好处。不这样的话,那就是一个卑微的、不值得称道的、甚至可耻的事情,它所以成其为一种帮助,只是因为它本身有其便利之用。(4)爱护自己、宽恕自己、实惠自己,这有什么高尚可言呢?真正的施行恩惠的热情,是呼唤你远离这些做法,它号召你去面对损失,告别自私自利,用身心享受仁义之行。

道德美感就是施行恩惠的充分动机

15 (1)恩惠和冒犯彼此对立,这还有什么疑问吗?㉙ 那么,同样的道理,伤害之举本身就是一个应当避免的事情,而恩惠之举本身就值得施行。一个情况是,犯罪的龌龊叫犯罪的念头消停下来;一个情况是,那叫人想往的是道德上的美感,它本身就足以叫我们采取行动。(2)如果我说没有谁不热爱自己施行的恩惠,没有谁不喜欢看见那个接受了他的慷慨礼物的人㉚,而凡是施行过恩惠的人,也没有谁找不到施行另一个恩惠的理由,那么,所有这些说法绝非虚妄之辞。而如果我们没有体会到施行恩惠的快乐,这样的事情也就不会发生。你不是时常听见人们说这样的话吗:(3)"既然我救过他的性命,把他从危险中解脱出来,我就不能再叫他失望。他在诉讼时请求我为他辩护,去对抗那些有权势的人物,我不想这样做,但是我又能怎么办呢?我已经不止一次地做过他的辩护人。"难道你还不明白,万事都有它自己的力量?它催促

㉙ 参见前文 III 22.3。
㉚ 参考前文 II 32 和亚里士多德,《尼各马可伦理学》IX 7,1167b3 11 ff.

我们去施行恩惠,开始是因为我们应当这样做,接下来是因为我们已然这样做过。(4)尽管在开始的时候也许我们没有理由为某一个人做什么,但是既然我们已然着手做了,我们就会继续往下做。我们施行恩惠绝不是出于什么趋利的动机,要知道我们还要继续照料、看顾那给出去的东西,只是因为我们热爱我们施行的恩惠,而绝非为了我们自己的捞取;这恩惠的去处也许有失妥当,但我们仍然会给它同样的关爱,就像对待那些淘气的孩子们一样。

16 (1)这些人啊㉛,他们还要坚持说他们所以表现出感恩之情,不是因为它高尚,而是因为这样做有利可图。事情不是这样;并且证明它也很容易,用来论证恩惠之举本身即是目的的那些话,同样也可以拿来论证这个道理。

(2)我们有我们不变的原则,我们借助它进一步论证别的问题,我们的原则就是:高尚的东西所以被珍爱,只是因为它是高尚的东西。没有谁有胆量来争论,感恩是不是一个高尚的事情。每一个人都憎恶那忘恩负义者;即使对他们自己来说,那忘恩负义的人都是不中用的家伙。你且来看,假如你听人们谈论一个人时说:"他的朋友给他施与了最大的恩惠,而他没有一点儿的感恩。"你会有什么样的反应?这听起来是不是就像他做了什么丢人的事情?是不是就像他过河拆桥、并且不给自己留条后路?我猜想,你会对他作出一个判断,说他是一个衰人,他需要的是惩罚,而不是袒护。感恩不需要更多的理由,如果感恩不是一个高尚的事情,你就不会作出那样的反应。(3)别的品德,也需不会有这样明明白白的体现,要对它们作道德上的评价,也许尚需要作出一番解释。但是,

---

㉛ 塞涅卡继续驳斥伊壁鸠鲁的门徒。在捍卫了他自己的观点、并回答了伊壁鸠鲁学派对其观点的反对意见后(第9—15章),塞涅卡现在开始检讨并批评伊壁鸠鲁学派的主张,即我们彼此互惠的习惯做法原本并且始终是为了我们相互的利益。在驳斥这一主张时(第16—25章),塞涅卡认为,伊壁鸠鲁学派实际上没有这样理解、也不能这样理解这个问题。

感恩之情却很直观,它焕发的光彩不会湮没进尘埃里。知恩图报,有什么比这更知道赞美的事情吗?还有什么比这更为天经地义?

17 (1)告诉我,是什么叫我们这样做呢?当然不是利润,如果你不想做一个忘恩负义的人,你就不能念念不忘利润这个东西。当然不是虚荣,把欠别人的东西还给别人,这有什么好矫情的呢?也不会是恐惧,忘恩负义的人用不着恐惧,因为我们相信,自然已经很好地规诫了这个事情,这个事情故此就不在任何人为法律的管辖范围之内。㉜(2)没有一个法律规定要热爱父母㉝,没有一个法律规定要呵护儿女,我们总归要走的道路,我们就不需要被强制。没有人需要别人把自爱的定律强加到他的头上,在出生的时候他就有了自爱的本能。同样的道理,他也不需要被强制追求那本质高尚的东西,因为高尚本身就叫人心旷神怡。㉞美德啊,它具有如此的魅力,以至于那邪恶的人都要本能地赞许那高尚的东西。没有一个人不希望给别人一个乐善好施的印象,就算是正在为非作歹,就算是鸡鸣狗盗,他也渴望一个仁慈的好名声;就算他做了最为荒淫的勾当,他也要打扮出一副正直的外表;就算他施加陷害与中伤,他也希望那个受到伤害的人看起来像蒙受了一个恩惠一样。(3)这样一来,他们还要忍受他们陷害的那些人对他们表达的感激㉟,他们要佯装仁慈和慷慨,因为实际上他们不是这么一回事。正是因为要标榜高尚㊱,他们才要追求一个与他们的品质相反的好名声,他们要掩饰一种邪恶,那邪恶固然给他们带来他们贪图

㉜ 但是塞涅卡却长篇大论地讨论了是不是应当有这样一套法律(III 6—17)。
㉝ 但是我们知道(III 11.1),的确有法律惩治怠慢父母的行为。
㉞ 拉丁文 *honestum* 的字面意思是"honored"(被推崇的)或"honorable"(高尚的),它是表述"道德上的善"的一个标准术语,它基本上对应的是希腊文 χαλον,但有所引申,而这个希腊文单词的意思是"美丽的"(beautiful)、"美好的"(fine)和"善的"(good)(参见后文 IV 22.2)。斯多葛学派在谈及"道德上的善"时,总在主张它的"魅力"和"美妙"之处,它所以顺理成章,主要原因就在于这个呼应与引申。
㉟ 比较《论愤怒》II 33.2。
㊱ Castiglioni 版本原文是 *honesti ut se expetendi*。

的果实，但邪恶本身却叫人憎恶、叫人羞耻；如果不是这个道理，那么，他们就不会这样刻意一番地做作。没有谁要反抗自然的法律，没有谁会把自己的人性泯灭到纯粹为了堕落而堕落的地步。（4）去随便问一个靠打家劫舍而谋生的人吧，他靠偷盗和抢劫得来的那些东西，他是不是不愿意它们来得更为堂堂正正。你就知道，尽管他是靠着埋伏并打倒路上的行人而获得生计，但他更希望的还是去坦然地找到他的生计，而不是抢劫。不需为非作歹而能享受到果实，你会发现，没有一个人不宁愿如此。美德的光芒照耀到每一个心智里，这就是自然给我们的最大恩惠，即使是那拒绝遵循美德行事的人，他们也一样看得见它的光芒。

18（1）忘恩负义是一个要不得的事情，这不需要外在的理由，这就证明感恩的心态本身就合乎情理。没有哪一个事情像忘恩负义一样邪恶，它要打碎、瓦解人类的和睦。我们的生存安全离不开这个事实，即我们彼此之间作出友善的服务，我们相互帮助。正是我们相互的恩惠之举，它叫我们的生活有了保障，它叫我们得以抵御突然的侵袭。（2）假定我们是彼此孤立的个体，我们会是什么样子呢？我们将是野兽的猎物，是它们的牺牲品，是它们最甘美、最容易享用的血食。别的动物有足够的力气来保护它们自己，那些生下来就离群索居、过游荡生活的动物，它们有它们的武器装备。而人类呢，包裹他们的皮肤是脆弱的，他们没有强有力的爪子或牙齿，不能吓唬别的动物，他们赤裸而虚弱，他们的生存安全依赖于他们相互结成的友谊(fellowship)。神赋予了这个容易受伤的动物两样东西，理性和友谊，这就叫他在所有的动物之中最为强大。这就是为什么，这个一旦孤立起来就什么都不如的人，却成为这个世界的主人。（3）友谊给了他统治所有动物的权力；他固然是生长在陆地上的动物，友谊把他的统治权延伸到他自己的环境之外，甚至叫他成为海洋的主宰。正是友谊，它遏止了疾病的流行,它叫垂暮之人有其衣食,它叫病痛之人得到慰藉。也正是友谊,它给了我们勇气,因为我们可以求助它来反抗命运。(4)抛弃友谊,你也就撕裂了人类的团结,而我们生活仰赖着这个团结。而如果像你说的那样,忘恩负义之所以不可取,不是因为它本身的原因,而是因为那忘恩负义之人所惧怕的结果,那么,你实际上就会抛弃友谊,因为的确有许多的人,他们忘恩负义而又安全无虞。并且不论怎么说,那个由于恐惧才表现出来的感恩,我倒愿意把它说成是忘恩负义。

19 (1)心智正常的人,没有谁惧怕众神。因为只有疯子才会惧怕那施行恩惠的仁慈,何况也没有人会爱戴他所害怕的人。伊壁鸠鲁啊,你最终让神手无寸铁。你已然卸去了他的全部武器和力量,没有人再须惧怕他,你已经把他扔到了叫人无从敬畏的无何有之乡。㊲(2)他置身于高不可攀的围墙之内,远离了凡人的交通和视线,你没有理由再惧怕他;他也失去了施行恩惠或者伤害的手段。他在一个空间里幽闭独居,天人分离,那里没有动物,也没有人,甚至连死气沉沉的东西都不会与他做伴;他超脱了这个崩溃的世界,而不管这世界是坍塌在他的头上,还是坍塌在他的周围,他听不到人们的祈祷,对我们也无动于衷。㊳(3)就是这样,你还

㊲ 参见 IV 4.1. 和 n. 5.因为在伊壁鸠鲁学派的理论中,没有神会关心人类的事件或者举动,惧怕众神对任何人类行动或者不作为的惩罚乃是不明事理的做法。同样,惧怕自然的灾异,就仿佛它们是众神高兴或者任性的结果,这也是不明事理。斯多葛学派也认为惧怕神是不明智的,但是基于不同的理由。他们认为道德上的善乃是神的本质,他们认为神在佑护他的创造物,并对他的创造物有完全的控制力,神预先保证了任何会影响我们的事情,它们所以发生,就是为了我们的利益。而惧怕对你有好处的东西,这就是有失理性。有关节录章节参见 Long-Sedley,chapter 54,和"全书导读"p. XX f.

㊳ 根据 Lucretius(III 18—24,V 146—7)和西塞罗(《论神性》(*On the Nature of the Gods*)I 18 和《论预言》(*On Divination*)II 40)——他们两个都是公元前 1 世纪中期的作家——的说法,伊壁鸠鲁把永生的众神安放在世界之外的某个虚空里,那里除了他们实际上什么都没有;这个针对伊壁鸠鲁的说法在后来的作家那里广泛传播,并且就我们所知,它成为一个通说。但是,这个说法在伊壁鸠鲁的传世遗稿里,却找不到相关的证据,并且人们也很难弄清楚,这个说法与他的原子理论说如何相融洽,既然任何实体都由原子组成,而所有的原子都最终要分散开来,并因此毁掉这个实体。参见 Long-Sedley,Chapter 23.

想表现得崇拜他,我猜是出于一种感恩的心情,就好像他是你的父亲。或者,你并不想有感恩的意思,因为你并没有从他那里接受什么恩惠,你不过是由原子和尘埃偶然而莫名其妙地聚合成形,如果是这样,你为什么还要崇拜他呢?(4)"因为他卓越的尊严,和超凡的本质。"是的,我赞同你这个说法,不需要什么报偿,也并没有期待什么,你就是要这样敬拜他。这样说来,有一种东西,它本身即是存在的目的,而感召着你的正是它本身的价值。但是有什么东西比感恩更为高尚呢?生命有多长远,这个美德就有多辽阔。

我们的个人利益与此无关

20 (1)"但是这个美德也还是蕴含着个人利益的成分。"这么说,又有哪种美德没有呢?但是,它固然有其什么附带的好处,而只有在把这个附带的好处放到一边,它仍然感召人们的时候,这个东西才能说是"它本身即是施行的目的"。不错,感恩之举会带来好处,但是,即使那会给我带来伤害,我也要感恩。(2)感恩的目的是什么?是要赢得更多的朋友和恩惠吗?好吧,假定有一个人要招致的是怨恨,假定他认识到了,施行一个恩惠非但不能为他赢来利润,而且可能要叫他失掉很多他久已珍藏或者新近得来的东西,那又会怎么样?他就不再乐于面对这个损失了吗?(3)所谓的忘恩负义,就是在眼睛盯住另外一个礼物的时候才感恩,就是在心有贪图的时候才报答。我要说那个人就是忘恩负义,他守候在病床边,是因为有一个遗嘱就要作出来,他在从容地筹划他的继承权或者他能得来的遗产。他也许像一个有德性、尽本分的朋友一样,做到了应当做到的事情,但是,一旦他有了贪得的念头,他就是在钓鱼,就是在垂下他的钓钩。那样子就像是一个吃腐肉的鸟,紧紧地注视着生病的、奄奄一息的牛,他就伺服在附近,等待死亡的来临,他正围绕着尸体盘旋逗留。

21 （1）但是，一个感恩的心智，激励它的是那初衷的美好。我可以向你证明事实就是这样，并且它不需要用任何个人利润来诱导。感恩也要分成两个类型。如果一个人接受了一个什么东西，继而回报一个什么东西，我们就说这个人知恩图报。完全可能，他可以张扬一番，他有了夸耀的话题，有了展示的内容。但是，如果一个人满心欢喜地接受一个恩惠，满心欢喜地感念这个恩惠，我们也要说这个人有感恩的心。㊴ 并且，这是一个只有他自己清楚的事情。（2）这个掩饰起来的情感，对他又有什么好处呢？但是，就算他不能再有别的举动，他也表示了他的感恩。他体会到关爱，他接受了一份情义，他也渴望报答。别的方面也许还有那些欠缺，他本人该做的都已做好。（3）如果你是一个艺术家，就算你没有工具来施展你的艺术，你也是一个艺术家。就算那不够友善的人群用喧嚣淹没了你的声音，你歌唱的技术却没有受损。我希望作出回报；但是这样的回报之后，我仍然还有别的事情要做，这并不是为了表达感恩，而是为了偿清债务。因此，一个常见的现象是，有的人固然作了回报，他却没有感恩的心，而有的人没有回报，却有感恩的心。对这个事情的评价，就像对别的任何美德的评价一样，完全取决于那个人的心智状态。如果这个心智状态恰如其分，那么不论别的方面还欠缺什么东西，那都是时运的错误。（4）即使你沉默不语，你仍然有清楚表达的能力；就算你双臂抱拢，甚至是把它们捆绑起来，你也是一个勇敢的人。一个舵手就是一个舵手，就算是站在干燥的陆地，因为他的学识依然完整，丝毫无损，尽管有些障碍叫他的学识无从展露。同样的道理，一个人只要有作出报答的心愿，他就是一个感恩的人，哪怕是除了他自己，没有人知道他的这个心愿。（5）我还要更进一步地说，有的时候，一个人

㊴ 这是 II 31—35 章的讨论话题。

尽管看起来忘恩负义,尽管被人们误解,遭到人们的流言蜚语,但他仍然是一个感恩的人。这样的一个人,他行事的依据只能是他自己的良知。尽管遭遇浅薄,他的良知叫他自得其乐,叫他蔑视群氓的道听途说。他主宰着自己的一举一动,当汹汹之众的人们都站在他的对立面,对它宣布了驴唇马嘴的审判,他不屑于清点那表决的数目,而是用他自己的一票赢得整个胜利。(6)当他看见忠诚被当做背叛来惩罚,他也要固守在他自己的高山之巅,傲视那混杂的惩罚和侮辱。他要说:"我得到了我想要的东西,我得到了我追求的东西。我没有遗憾,我也不应当有什么遗憾。不论命运如何捉弄,都休想叫我喊出'这就是我的下场吗?我的善良初衷对我又有什么用?'我的善良,就算是在拷问台上也有它的乐处,就算是在火焰之中也有它的乐处。这些的器械尽可以从一个胳膊换到另一个胳膊,尽可以一点一点地包裹起我的整个身躯,而我的心啊,它无愧良知,它也在鲜血淋淋,它在这火焰中欢歌,它的忠诚在这火焰中闪耀出光芒!"

22 (1)现在是重新探讨下面这个争论的时候了,尽管我已经为它作过解释。⁴⁰ 在我们就要辞世的时候,为什么还要有感恩的表示呢?为什么还要把不同的人给我们的帮助再做权衡?为什么还要叫记忆回顾整个的一生,以免辜负了任何一个人给我们的帮助?任何事情都已然是希望所不能企及的东西,但是,在我们就要告别此世的时候,我们却要在这个门槛上逗留,怀着无限的感恩。(2)你能看到,这个行为的巨大回报就在于这个行为本身,你能看到,任何高尚的事情都对人们的心智具有巨大的吸引力,那高尚的美感就浸满人们的灵魂,它的明亮光辉摄取了人们的灵魂。(3)你会说,"但是,感恩的行为的确会带来许多的好处呢。人们的德行

---

⑩ 参见前文 IV 11,4—6。

越好,生活就越坦荡,他们就越是能够赢得好人的关爱和认同;清白的心底充满感恩,就将是一个无往而不适的生命状态。"是的!假如自然女神把这样一个伟大的德行作弄成一个痛苦而又不幸、冒险而又无益的东西,那倒是一件最为不公正的事情呢!但是,你要换一个考虑问题的角度:通向这个美德的大路固然常常是安全而又平坦的,但是,如果你的旅途却要经历荆棘与坎坷,如果你的旅途上到处都是野兽和毒蛇,那么,你还要坚持走向那里吗?一件有德行的事情,如果说它会带来一些附加的报酬,这也不意味着它本身就不再值得追求。每一件具有卓越美感的事情,差不多也都伴随着别的许多诱人的东西;但是,它们都是乘着美感的翅膀而来,这个卓越的美感指引着前进的道路。

23 (1)毫无疑问,人类的居住受到交替往复的太阳和月亮的调整。其中一个的热量给人们带来生命,它叫大地松软,节制过多的水分,把冬天里笼罩一切的冷酷消融。另一个的热量比较温和,但它也有穿透一切的力量,它控制着水果的成熟,而它运转的周期也和人类繁殖的首期相呼应。太阳的运转叫人们看见一年的四季,而月亮比较小的环行叫人们看见一月之中的望朔。(2)但是,把所有的这些拿开,只要太阳还在经过我们的天顶,难道它就不再是眼睛要看到的东西,就不再是我们膜拜的对象?还有那月亮,就算它只是一颗悠闲自适的星星,它也完全值得我们仰头的凝视。还有这苍穹,它给这夜晚散布出它的火焰,它点缀着数不清的星光闪闪,它叫所有的眼睛向往痴情!天工造化叫我们惊异不已,此时此刻,又有谁会想到这里面的现实用处?(3)再看一眼我们头顶上的浩瀚繁星吧,那些流动的天体像沉默不语的生命,叫我们感觉不到它们在飞行!你以为夜晚只是要把白昼分开,只是要计算出白天的日子,而它却是如此纷繁灿烂!寂寥之中,它要展现给我们多少的事情！世间多少的天数命运，就在那一道井然的天衢㊶上注定！（4）那些的星星，在你看来不过是散落着的点缀和装饰，而实际上每一颗星星都在工作。你没有理由认为只有七颗星星在那里徘徊，而其他的都静止不动。有一些星星，它们的运动我们能够领会；而有更多的数不清的神祇，它们超出了我们的视线所及㊷，它们也在来回地走动；还有一些叫我们看得见的星星，它们行进的步伐真是细微，不露痕迹。㊸

24（1）请告诉我，这样壮阔的一栋屋宇，就算它没有笼盖着你、保护着你，就算它没有养育你，你看见它就会无动于衷吗？它就不能沁入你的灵魂？对我们来说，这些存在之物的确有着最重要的价值，是我们生命不可缺少的东西，但是，那叫我们敬畏而神往的，却是它们的壮阔和深邃！

同样的道理，所有的美德——尤其是一个感恩的心智所体现的美德，都会给你带来许多的东西，但是热爱美德的原因却不在这里。美德还包含着别的内容，如果它仅仅被当做一个有用处的东西来计算，那么它就没有被真正地体会。（2）假定你所以要感恩，是因为它合乎你的利益，那是不是意味着它给你带来多少的好处，你就感多少的恩？一个猥琐的爱慕者，敲不开美德的那扇门；你要想接近她，就不要盘算心底记挂的那一串钱币。那忘恩负义的人也许会说："我的确想报答，但是一想到那花费和危险我就害怕；我的确想报答，只是我不敢得罪别人；不，我还是为自己的利益行动吧。"但是，那知恩图报的人，和忘恩负义的人，他们奉行的不可能

㊶ 即黄道带的区域。
㊷ 这即是说它们是如此地遥远，我们不能感知它们的运动。
㊸ 这正是斯多葛学派的学说，即所有的星星——不仅是行星——都在做各自的运动，而所谓的"固定不动的"星星是在彼此协调一致地运行，并且，它们永不停止而令人惊异的有规律的运行，反映了它们内部存在着神圣的心智。参见西塞罗，《论神性》（*On the Nature of the Gods*）II 54 f.

是同一个做人原则。他们的行动天差地远,他们的志趣也判若云泥。一个做法所以是忘恩负义,是因为那是他的利益所在,尽管他不应当如此行事;另一个做法所以是知恩图报,是因为他做他应当做的事,尽管那不合乎他的利益。

25 (1)我们的理想,是按照自然而生活,是效仿众神为我们树立的榜样。㊹ 但是众神在行动的时候,不论他们做什么,他们遵循的原则无外乎就是"做那应当做的事情";除非你能想得来,在那祭品的烟雾里、在那焚香的香味里,他们的工作得到了回报!(2)看看他们每天的工作和慷慨施舍吧,看看他们叫大地丰收的果实,还有那适时吹响海岸的风——他们用这风吹拂大海的波澜,还有那突然倾泻下来的阵雨——他们用这雨水疏松那待耕的土壤,充满那干涸的沟渠,叫甘泉喷涌,叫万物新生。他们作出了这一切,没有任何的回报,没有给他们自己积攒任何的好处。(3)如果人类的理性要忠实地模仿它的原型,那么,这也就是我们应当遵循的原则:不要怀着市侩渔利的心思接近那高尚的事情。给一个恩惠设定一个价格,这种做法应当叫我们感到羞耻;我们不名一文,却拥有天上的众神!

对那忘恩负义之人,我还要施行恩惠吗?

26 (1)"如果你在模仿众神,那忘恩负义的人也要收获你的恩惠。太阳升起来也要照耀那邪恶的人,而大海也要对海盗敞开它的怀抱。"这倒是一个问题,当知道一个人是忘恩负义之人时,一

㊹ 塞涅卡作为一个斯多葛学派的人物曾说过:从芝诺开始,"与自然和谐地生活"就是斯多葛学派对人类存在的"目的"(end)的构想,是通往有德行的幸福生活的关键。后期的柏拉图学派的信徒也认为,"模仿神"是人类生活的"目的"(end)。

个好人还要对他施行恩惠吗?㊺

我在这里就多说一句话,免得陷入这个疑问不能脱身。斯多葛派理论给你廓清了两种类型的忘恩负义。(2)一种是愚蠢的忘恩负义。一个蠢人也就是一个不够健全的人;因为不够健全,他身上就会有所有的邪恶;所以,他也会忘恩负义。㊻ 于是在我们看来,所有不够健全的人都是不够节制的、贪婪的、淫荡的、恶毒的,这倒不是因为他们每一个人都罪恶昭彰,而是因为他们都潜藏着这样的可能;他们实际上就沾染了这些邪恶,尽管这些邪恶没有表现出来。另一种忘恩负义就是通常所说的忘恩负义,这是一种与生俱来的邪恶习性。(3)一个在第一种意义上忘恩负义的人,他所以有这个缺陷是因为他有各种的缺陷,那好人实际上就应当对他施行恩惠;如果这样的人被排除在外,他就找不见一个他可以施惠的人。但是,他不会对另外一种忘恩负义的人施行恩惠——这一种人就是要诈取你的恩惠,并且这样做是他们天生的一贯倾向——就像他不会把钱借给一个鬼混的二流子,或者把存款托付给一个屡屡食言的无赖之人。27(1)一个人也可以因为是蠢人而被说成懦弱;蠢人的身上也总是少不了这个东西,因为不健全的人总是不加分别地纠缠着各种的缺点。但是,只有当纯粹的噪声就叫一些人情不自禁地颤抖时,我们才会在严格的意义上说他们懦弱。一

㊺ 塞涅卡从开始(I 1.2;并参见 I 10.5 等章节)就一直在强调,施行恩惠应当有所选择,要慎重看待那可能的受惠者的品格和心态,他现在开始回应他的对话者(仍然是一个辩论对手,但不再明确是伊壁鸠鲁的门徒)提出的反对意见,即这种区别对待的做法不符合刚刚申明的那个原则——众神作为完美理性的存在,他们做事的方式应当是我们效仿的榜样。

㊻ "蠢人"就是"有智慧的人"的对立面:对于如何行动,他缺乏坚定而持久的个人判断认识,而有智慧的人却有这个认识。结果就是,即使他不是由衷地要把每一件事情做成坏事,那事情也不会做得恰到好处,并且他身上带着所有的邪恶属性,而有智慧的人凭借其真知灼见而远离了这些邪恶。因为智慧是一个稀有罕见的东西,它很难在人类身上发现,差不多所有的人都要归为斯多葛学派所谓的"蠢人"。关于斯多葛学派的这个悖论,此处接下来的内容可比较 II 35.2 节处那个类似的简短阐述。

个蠢人有着各种的不足,但是他的性情呢,并非天生就要表现出所有的缺陷。一个人也许倾向于贪婪,另一个人则倾向于淫荡,第三个人则是傲慢。(2) 所以对斯多葛派的哲学家这样发问就犯了一个错误:"这是不是意味着阿基里斯(Achilles)是懦弱的？阿里斯蒂德(Aristides)㊼——他的绰号就叫'公正'——就不公正？那个用拖延战术争取了一天的时间的法比乌斯㊽就行事鲁莽？德基乌斯(Decius)㊾就贪生怕死？穆奇乌斯(Mucius)㊿就是一个叛徒？或者加米鲁斯(Camillus)(51)就是一个逃兵？"有的人身上明显地体现出某一种邪恶来,我们并没有说每一个人都明显地拥有每一种邪恶,而只是说那不够健全而愚蠢的人身上不能免除任何的邪恶。我们绝不会说那鲁莽的人就不会感到恐惧,也不会宣称那挥霍无度的浪荡子就不会贪婪。(3) 一个人五官俱全,但并不是所有的人都

㊼ 雅典公元前5世纪早期的政治家、将军,在普鲁塔克的传记作品中有他的事迹。他从公元前482年开始,就在他同时代的人物那里享有诚实的美名,这在一定程度上是因为他和他的政敌形成了一个对比,这个政敌就是伟大的特米斯托克利(Themistocles),后者似乎操纵了他的贝壳放逐程序。(据说阿里斯蒂德在这个贝壳放逐程序进行中,一个不识字、也不认识他的农夫走上前来,要求他在农夫自己的陶片上写下"阿里斯蒂德"的名字,他就问那个农夫:他在哪个事儿上得罪了你？农夫说,他没有哪个事儿得罪我,我只是听够了人们到处都称呼他"这个公正的人",这都成了他的绰号。于是,阿里斯蒂德就在那个陶片上写下了自己的名字。——译者注)

㊽ "迁延者法比乌斯"(Fabius Cunctator),参见前文 II 7.1 和《论愤怒》I 11.5.

㊾ 普布力乌斯·德基乌斯·穆斯(Publius Decius Mus)在公元前340年任执政官。人们一般相信,正是他保证了罗马人在坎佩尼亚(Campania)战役中战胜了拉丁人,当时他把自己和敌人的生命献给彼岸世界的众神,然后就冲入敌阵,舍身就义(参见 Livy, VIII 9)。这个故事可能掺杂着他的儿子在后来战争中的事迹。

㊿ 传奇的盖尤斯·穆奇乌斯·克尔杜斯·斯凯夫拉(Gaius Mucius Cordus Scaevola),他是"忍耐"的代名词。他在刺杀伊特鲁里亚国王拉斯·波希纳(Lars Porsenna)失败被捕后,他就把他的手放进祭坛的火中,显示了他不怕苦难的爱国精神。他在向伊特鲁里亚的营地出发前,就已经把他的意图告知元老院,以免被当做一个擅离职守的逃兵。参见 Livy, II 12.

(51) 马尔库斯·弗里乌斯·加米鲁斯(Marcus Furius Camillus),是公元前4世纪早期的罗马政治家和将军,在公元前387/6年的高卢人从北部意大利入侵事件之后,他被视为"再造"罗马的英雄。传说他在此之前即以侵吞公款的指控而被放逐境外,但在高卢人入侵的时候被征召回来捍卫罗马,他就招集了一支军队并击退了高卢人,并把罗马人企图贿赂高卢人撤兵的金子夺了回来。普鲁塔克记载了他的生平事迹。

有林叩斯(Lynceus)(52)的视力。同样的道理,任何一个蠢人都拥有 296
各种的邪恶,但它们并不都像某些人身上体现出的某种邪恶那样强烈和明显。每一种邪恶都可以在每一个人身上发现,但这并不是说,全部的邪恶都要昭然体现在每一个人身上。一个人也许天生就倾向于贪婪,而另一个人也许耽于葡萄酒或者肉欲,或者就算他还没有到这个程度,他骨子里的性情也会叫他朝着那个方向沦落。

(4) 还是回到我们的问题吧,如此说来,每一个人都是忘恩负义的,如果他是一个不健全的人,因为他身上有着各种邪恶的种子。但是,严格意义上的"忘恩负义",只用在有这种邪恶癖性的人身上;这一种人不会收到我的任何恩惠。(5) 如果你把你的女儿许配给野兽一般的人,他已经离过几次婚,那么,你就没有照顾好你的女儿。一个做家长的人,如果他把继承来的遗产交给一个享有败家子之恶名的人管理,那么他就是一个糟糕的家长。在遗嘱中把儿子托付给一个监护人,而人们都知道对被监护人来说,那个人就是一个强盗,那么这个遗嘱就是一个发疯的举动。同样的道理,选择一个忘恩负义的人接受自己的恩惠,那个恩惠注定就是一种糟蹋浪费,那个人也将被视为最糟糕的施舍人。

28 (1) "但是,众神都要向忘恩负义的人施行恩惠呢。"但是,他们这样做原本是为了那有德行的好人。那恩惠只是恰好也降临在坏人身上,因为他们不能被隔离出去。为了那有德行的人而帮助了坏人,总比因为坏人而辜负了那有德行的好人要好一些。这样说来,你说到的那些东西——白昼、太阳、寒来暑往、春天和秋天适宜的气温、雨水和甘泉、有规律吹起的季风——是为了所有人的利益而创造出来,这没有办法作出单个的区别对待。(2) 一个

(52) 希腊神话中阿尔戈号船上一名船员,他的视力尖锐异常,能够透视大地。

君主，他要把荣誉给那赢得荣誉的人，而他的慷慨则要恩泽广被，哪怕是那无足道也的小人物。这个国家出产的谷子，要给窃贼、作伪证的人以及通奸的人，实际上没有任何道德上的分别，那谷子要给任何一个登记在册的公民；并且，任何根据公民资格而不是美德分派的东西，都要一样地分派给好人和坏人。(3) 有一些东西就是神的礼物，他把这礼物给了整个的人类，而没有遗弃哪一个人。同一阵风吹来，它不可能在偏袒好人的时候，要叫坏人倒霉；宽广的大海叫商旅来往，人类主宰的空间日益开阔，这是为了每一个人的利益；也没有一个法律，可以禁止雨水降落在那不讲道德的坏人的田地里。(4) 有一些东西是人们共同的福祉。城郭高耸，好人和坏人一同庇护其中；而天才的作品，即使不免春风过驴耳，也要出版问世；药物对犯了罪的人也有效力；有益于身心健康的治疗手段也会治愈衰人的伤痛，但没有人为此而禁止实施那些手段。(5) 对个人进行审查和评价的做法，只适用在根据美德而奖励特殊礼物的场合，而不适用于那些不加分别地面向大众的东西。不排除一个人，还是要选择一个人，这是两个截然不同的问题。就算是一个盗贼，他也有他的权利；就算是杀人的凶手，他们也享受和平的幸福；那些劫掠别人财产的人，也可以挽回他们自己的所有；刺客以及那些在自己的同胞中挥动武器的人，也有城郭保卫他们，免遭敌人军队的袭击；而法律也要保护那最是作奸犯科的人。(6) 有的幸运，它不能只降临一些特定的人而不必给予每一个人。这样说来，对我们一同享有机会的那些东西，你就没有必要再做争论。一个东西是不是应当交给一个特定的人，只有在我能够决定这个事情的时候，我才可以拒绝对我知道的忘恩负义之人施行恩惠。

29 (1) "那是不是意味着，一个忘恩负义的人身陷迷局，你也不会给他一个建议，你不会叫他喝一口水，如果他迷了路，你也不会给他指路?(53) 还是你要做这些事情,但不会给予他什么礼物?”我要在这里廓清一个区别,或者至少是尽力分清一个彼此。(2) 一个恩惠是一个有益的帮助,但并非有益的帮助都是恩惠。有的帮助实在微不足道,算不上是恩惠。一个恩惠要成其为恩惠,必须具备两个内容。首先是一定的重要性,有的东西达不到这个标准,也就不成其为恩惠。没有谁用“恩惠”这个字眼来描述一片面包,或者扔给乞丐的一个铜钱,或者叫别人借到一点儿光亮。虽然有的时候这些事情堪比那些最伟大的帮助,但是它们毕竟事属琐细,就算是在必不可少的场合,它们也没有太高的价值。(3) 其次,这也是非常重要的一点,我所以这样行动,是为了我看中的那个受惠者的利益,我必须认为他值得这个恩惠,而我也愿意给予这个恩惠,给出这个礼物叫我感到快乐——我们刚刚谈论的那些情况,没有一个有这些内容,因为我们在出手的时候,并没有想到那接受者的德行问题;我们只是随意而为,就好像它无关紧要——那个礼物不 298
是送给一个人,而是献给人道。(54)

30 (1) 我不否认,有的时候,即使那猥琐卑微的人,也要收到我的嘉许,那权当是对他身边别的什么人的敬意。这就正如同在角逐一项公共荣耀时,有些声名狼藉的人凭借着他高贵出身的祖荫,胜过那些勤勉但没有什么家世的人。并且,这也不是没有道

---

(53) 在斯多葛学派的理论中,这些事情都是利人主义的应有之义,这也是一个人基于“一般的人道”而应当为他人担当的东西。比较 *Letters* 95.51;西塞罗,《论义务》(*On Duties*)I 51—2,III 51—3.

(54) 塞涅卡在28.6节谈过,他在原则上不会向他知道的忘恩负义之人施舍,在这一段的开头他又问,这是不是意味着他不会在任何事情上帮助那个忘恩负义的人,抑或他不过是不给那个人实际的礼物。他在作出回答时,首先解释一个真正的给予——也就是“真正的施行恩惠”(*beneficium dare*)包含哪些因素。对业已明确的忘恩负义之人作出一个细小的一般意义上的得体之举(如根据请求而指一条路等),这算不得恩惠,所以他所坚持的原则也不排除这种做法,而他也会那样做。在该30.1节,他要接着解释说,在实际上他的原则有一个例外,在某些场合下他要更进一步,对那忘恩负义之人“施与一个礼物”。

理。人们在回想那伟大的品德时,心底就会体会到神圣的东西;如果人们知道,有德行之人的遗风垂世久远,就会有更多的人乐意去做有德行的人。(2)是谁叫西塞罗的儿子做了执政官,如果不是他的父亲又会是谁?(55) 再如更晚近一些的例子,秦纳(Cinna)所以离开敌人的阵营前来担任执政官(56),还有塞克斯图斯·庞贝(Sextus Pompeius)(57)以及庞贝家族里别的什么人也做了执政官(58),都不过是因为一个人物的伟大,那个伟大形象的倒下足以叫他的整个家族崛起。还有法比乌斯·珀西库斯(Fabius Persicus),他是一个这样的人,他的亲吻甚至叫那无耻之尤的人都感到是一个冒犯,是什么力量叫他成为不止一个团体的祭司?这就是"疣"(Verrucosi)和"阿洛布若芝的征服者"(Allobrogici)、还有他们一家三百口人的功勋,为了祖国,他们一家人阻止了来犯的敌人。(59) (3)我们珍惜这
299 种品德,我们应当感念这伟大的品德,不仅是它在我们身边的时候,而且在它离开我们的时候。正如那伟大的品德给了我们不止

(55) 西塞罗有一个放荡不羁的儿子,也叫马尔库斯·图利乌斯(Marcus Tullius),他在公元前30年和屋大维(奥古斯都)一起担任执政官。并且,实际上,他曾担任军事长官和近东地区的高级行政官,他的这一段公职生涯并非庸庸碌碌。并参见《论仁慈》I 10.1.

(56) 关于格涅乌斯·柯尔涅利乌斯·秦纳·马格努斯(Gnaeus Cornelius Cinna Magnus),参见《论仁慈》I 9. 他在公元5年任执政官,是"伟大的庞贝"(公元前48年去世)的孙子。

(57) 可能指的是塞克斯图斯·庞贝(Sextus Pompeius),公元14年担任执政官(参见塔西陀,《编年史》,XVII 2),他是奥维德(Ovid)的朋友(参见 *Epistles from Pontus*,IV 5)。

(58) 这其中就包括另一个塞克斯图斯·庞贝(Sextus Pompeius),他在公元前35年担任执政官,他是"伟大的庞贝"的侄子,他没有形成什么影响,不至于和他的同名堂兄弟混淆(参见前注)。

(59) 帕乌鲁斯·法比乌斯·珀西库斯(Paullus Fabius Persicus),公元34年任执政官,并参见前文II 21.5. 他属于著名的"法比"(Fabii)家族,这个家族的成员包括汉尼拔的强劲对手昆图斯·法比乌斯·马克西姆斯·疣(Quintus Fabius Maximus Verrucosus)(参见前文II 7.1和IV 27.4和《论愤怒》I 11)和昆图斯·法比乌斯·马克西姆斯·阿洛布若芝的征服者(Quintus Fabius Maximus Allobrogicus),这个名字是由于他在公元前121年征服了阿尔卑斯山那边的一个叫阿洛布若芝(Allobrogi)的高卢人部落而得来。据传说,在公元前477年,他们整个家族除一个人之外,总共有306人阵亡在和维爱城(Veii)的冲突战役中。参见 Livy,II 46—50.

一代人的庇佑,它的恩惠流传久远,我们的感恩之心也要超过一代人的时间。一个籍籍无名的人也许养育了几个伟大的儿子,那么不管他自己怎么个样子,他都配享我们的恩惠之举,因为他给人们养育了有出息的男人。(4)而另一个籍籍无名的人呢,他的先人却是荣耀在身,那么不管他自己怎么一个样子,他可以托庇于他的祖荫。暗淡的地方,会在太阳的照耀下闪烁出光芒;那没有出息的子孙,也应当在他们先人的光照里焕发出神采。

31 (1)行文至此,亲爱的里博拉里斯啊,我想在你面前为众神辩护。我们时常会听到这样的说法:"上天竟然叫阿瑞戴乌斯(Arrhidaeus)⁶⁰登上了王位,这是什么意思呢?"你是不是就以为,这个王位就是给了他?不,那是给他的父亲和哥哥的一个礼物。(2)"为什么上天要叫盖尤斯·恺撒⁶¹掌管这个世界,这个嗜血者中最为嗜血的人?他要命令那鲜血就流淌在他的眼前,好像他在等着把它吞下去!"你是不是就以为,这个帝国就是给了他?不,那是给他的父亲日耳曼尼库斯(Germanicus)的礼物,是给他的祖父和曾祖父⁶²的礼物,是给他更早的先人们的礼物,他的那些先人们就算像任何别的市民那样,过着普通的生活,他们也仍然是卓越而高贵的市民。⁶³

---

⁶⁰ 在他同父异母的哥哥亚历山大大帝在公元前323年去世之后,腓力·阿瑞戴乌斯(Philip Arrhidaeus)成为马其顿的国王,即腓力三世(Philip III)(和亚历山大大帝的遗腹子亚历山大四世(Alexander IV)共同执政)。他有智力障碍,在公元前317被亚历山大的母亲奥林匹亚斯(Olympias)谋杀,因为她要叫她的孙子成为唯一的国王。

⁶¹ 此即卡里古拉。

⁶² 即德鲁苏斯(Drusus)和奥古斯都。卡里古拉的父亲日耳曼尼库斯(Germanicus)(公元前15年—公元19年)曾经是受到罗马人们欢迎的拥有战功的军事长官,他的妻子阿格里皮娜(Agrippina)是奥古斯都的女儿。日耳曼尼库斯的父亲是尼禄·克劳狄乌斯·德鲁苏斯(Nero Claudius Drusus)(公元前38—9年),他是奥古斯都的继子,是皇帝提比里乌斯的兄弟,并且是一个战功卓著的将军,他在日耳曼的战功为他自己和他的后人赢得了"日耳曼尼库斯"的名号。

⁶³ 提比里乌斯和德鲁苏斯来自显赫的"克劳狄"(Claudii)贵族家庭,这个家族在罗马共和国的历史上出了好几个著名人物。

(3)当你⑥⁴叫马迈库斯·斯考鲁斯(Mamercus Scaurus)成为执政官时,难道你不知道,他总是用他张开的嘴巴舔舐他的女仆的例假排泄?他可曾掩饰过这个事情?他可曾想过假装出一个做人的体面?我可以告诉你他讲过的一个故事,讲的是他自己的事情——我记得这个故事传遍了全城,并且人们就当着他的面讲论。(4)他叫安尼乌斯·波里奥(Annius Pollio)⑥⁵躺下来,他已经向他挑明他要做的意思——满口污言秽语,那个事儿他恨不得在他自己身上做呢。当他看到波里奥皱起眉来,他就又说了一句:"我说了什么不好的话吗?我要是说了,就叫它落在我自己的头上!"这一句俏皮话是他自己的口头语。(5)难道你真要把那法西斯棍棒和法官的位子,许给如此淫荡无耻的一个人?但是显然……你一定是想到了那个伟大的老斯考鲁斯,元老院的领袖!他的后人竟然是这么一个下流坯子,这也一定叫你恼怒!⑥⁶

32 (1)很可能啊,众神就这样行事。众神之所以对一些人更为宽容,是因为他们的父母和祖父母;对另一些人呢,则是因为他们将来的子孙、重孙和一直繁衍下去的后人。因为他们知道事情的来龙去脉,那要经过他们的手的事情,他们无不知道得清清楚楚;并且,所有的知识都永远摆在他们面前,明明白白,而我们却要感到费解和吃惊。我们以为突然的事情,在他们那里早就预见,早

---

⑥⁴ 此处以及本段的结尾,如果文本没有出错,塞涅卡就是在对着神(上天)说话,他的说话对象从里博拉里斯哪里转换过来,而没有一个明显的过渡环节。(接下来是一串乱糟糟的拉丁字母,直观表明原拉丁文很难理顺,以及英译者的猜测和解读。——译者注)

⑥⁵ 盖尤斯·安尼乌斯·波里奥(Gaius Annius Pollio),公元21/2年执政官,在公元32年被判处"叛逆罪"(塔西陀,《编年史》VI 9.5)。

⑥⁶ 马迈库斯·埃米利乌斯·斯考鲁斯(Mamercus Aemilius Scaurus)出身高贵的Aemilii家族,公元21年他担任执政官,此时正是提比里乌斯(Tiberius)皇帝在位。他是一个行为很不检点的演说家和诗人,在公元34年被控以"叛逆罪",自杀谢世(参见塔西陀,《编年史》VI 29.3)。他的先人马尔库斯·埃米利乌斯·斯考鲁斯(Marcus Aemilius Scaurus)——塞涅卡接下来提到的就是他——在公元前115年担任执政官,并曾经是一位权力极大的越来越领袖,为他的家族奠定了声望。

就熟悉。

（2）【众神说：】"要叫这些人⑰做国王，因为他们的先人没有做国王；他们的先人叫正义和自我克制成为至高无上的权威，他们把自己贡献给了这个国家，而不是把国家给了他们自己。叫这些人做国王实施统治吧，因为有一个好男人曾是他们的先人，那个人展现了一个傲视命运的灵魂，那个人在国家内乱的关头，为了全体公民的利益，宁可为自己选择失败，而不是胜利。⑱尽管时间经历了很多，但对他的报答却一直没有机会实现。出于对他的尊重，权且叫现在的这个人掌握统治人民的权力——这不是因为他有这样做的见识或者能力，而是因为别人为他赢得了这个东西。（3）这个人的外形丑陋，他的样子叫人作呕。⑲他的冠冕甚至都要成为人们的笑料，那时候人们要抱怨我，说我不肯睁开眼睛看个分明，说我做事轻佻，说我无知，不知道如何分配那原本属于伟大和高贵的荣耀。但是，我知道，我这是在给予另外一个人，我这是在向另外一个人偿还旧债。（4）那些批评我的人啊，他们如何能够知道那个人呢？那个人曾是那样躲避人们如影随身的赞誉⑳；那个人曾经奔赴危难，他脸上的表情正是别人脱离危难之后

---

⑰ 可能说的是卡里古拉（Caligula）和克劳狄乌斯（Claudius），他们都是克劳狄家族（Claudian family）里的不肖子孙。

⑱ 可能说的是提比里乌斯·克劳狄乌斯·尼禄（Tiberius Claudius Nero）（皇帝提比里乌斯的父亲、克劳狄乌斯的外祖父、卡里古拉的曾外祖父），他曾经站在安东尼（Antony）的一方，但是倒向奥古斯都的阵营，他甚至休掉了他的妻子莉薇娅（Livia），好叫她嫁给奥古斯都。

⑲ 克劳狄乌斯皇帝。

⑳ 可能说的是盖尤斯·克劳狄乌斯·尼禄（Gaius Claudius Nero）（公元前207年任执政官），他在公元前207年的美陶鲁斯（Metaurus）战役中杀死了汉尼拔的弟弟哈斯德鲁巴（Hasdrubal），但却谦逊地叫他的同僚和此前的政敌马尔库斯·李维·萨利那托（Marcus Livius Salinator）来庆祝余下来的胜利。参见 Livy, XXVII 9, Valerius Maximus, IV 1.9.

的表情；那个人把公共的利益当做他自己的利益！你要问，'那个人在哪里？他又是谁呢？'这你如何能够知道？这是我要掌管的问题。我知道我欠谁多少。有的人，要过很久之后我才要偿还，有的人则要预先偿还，这要看时机和我的国家里的资源情况来决定。"⑦

这样看来，有的时候我会给予那忘恩负义的人什么东西，但这不是为了他们。

如果我不能确定那个人，我怎么做？

33 （1）但是请告诉我，如果你不知道他是知恩图报的人、还是忘恩负义的人，你要一直等到你知道的时候吗？还是你要抓住这个施行恩惠的机会？这个等待将是漫长的（就像柏拉图说的，人的心智是一个很难猜测的东西）⑫，但是不作等待便是鲁莽。（2）我们对这个问题的回答是，我们不要等待绝对的肯定无疑，因为真理是难于洞悉清楚的。我们就遵照一个可能性来行事。那必须做的事情，都是这样作出来。⑬ 这就是我们播种、航行、投身战争、娶妻或者生育孩子时的做事原则。所有这些行为的结果如何，

---

⑦ 这一段话的最后一句，涉及斯多葛学派的理论，即人类之中的每一个人都首先是广大无边的宇宙国家中的一个公民，这个宇宙国家由神和所有别的理性存在构成。参见《论个人生活》，第4章。

⑫ 在柏拉图的作品中找不见哪句话严格地对应这个不免平庸之嫌的格言，尽管《阿尔基比亚得》（*Alcibiades*）133e 和《书信第七》（*Epistle VII*）342d—e, 343e 和 344a 曾被认为是这句话的出处，但这却不能令人信服。

⑬ 斯多葛派哲学家斯菲鲁斯（Sphaerus）曾经受别人欺骗，对着一个蜡制的石榴咬了一口——很显然，他误以为那是一个真实的石榴。但他回答说：不，我这样做所肯定的，并不是它的确是一个真正的石榴，而是它很可能是一个真正的石榴。而这个认识是正确（Diogenes Laertius, VII 177）。在斯多葛学派的一般定义中，一个"适当的"行为（χαθηχον, officium）——在一个特定的时间所做的正当事情——是"这样一个行为，在行动之时，它有其'很可能的'的根据"（Diogenes Laertius, VII 107；西塞罗，《论目的》（*On Ends*）III 58）。

这还不能明白无疑。当我们料想一条道路会叫我们实现我们的希望时，我们就踏上那个历程。如果你要播种，没有人会给你保证一个丰收；如果你要出海远航，也没有人给你保证一个避风的港湾；在战争中，没有人保证胜利；也没有人给你保证妻子的贞洁，和孩子们的孝敬。我们要走向理性——而不是真理——给我们指引的地方。(3) 如果在你对结果有绝对的把握之前，你就一直等待，如果真理还没有完全明朗，你就不承认任何事情，那么所有的行动都将停顿下来，生命也将陷入一片沉寂。促使我们走上这一条路或者那一条路的，是一个可能性，而不是真理；而我也将施行恩惠给一个人，如果"他将会感恩"成为一个可能。

34 (1)"但是这样的场合还少吗，一个没有德行的人占据了一个好人的位置，享受了恩惠，而那好人又像一个坏人一样，看起来叫人厌烦。外表，这是我们信赖的东西，但它却会欺骗人。"是的，当然是这样。但是，我也找不到别的东西给我的见解做向导。我要探究真相，就要依靠这些痕迹；我找不到比这更可靠的东西。我要尽可能细心地审视它们，并且我不会轻易地肯定它们。(2) 同样的事情也会发生在战争中。因为什么错误，我的武器也许瞄准了我的战友，而敌人却被放了过去，就好像他是我的同伙一样。但是，这种事情不常发生，这也不是我的过错。我的目的是要打击敌人，保卫我的市民同胞们。这样说来，如果我知道一个人不知道感恩，我就不会给他施行恩惠。但假定他委曲逢迎，他欺骗了我，我给他施行恩惠就不应受责备。我所以施行这个恩惠，是因为我以为他会是一个知道感恩的人。

(3)"假定你已经答应了施行一个恩惠，然后你发现那人是一个忘恩负义之人，你是去施行恩惠呢，还是不去？明明知道却还要去做，这就是错误的，因为你在向一个不该施惠的人施行恩惠。但是不去做也是错误的，你没有做到你答应了的事情。在这一点儿上,你们斯多葛学派所谓的坚定㉔就要站不住脚了;还有呢,你曾骄傲地宣称,有智慧的人永远不为他的行动懊悔,永远不改正他做过的事情,永远不改变他的决定。"(4)是的,有智慧的人不会改变他的决定,如果所有的情况保持不变,就像他做决定的时候一样。他从来不感到懊悔,是因为没有哪一个环节能够比当时做得更好,并且也想不出什么主意比当时的主意更好。更何况,他着手每一个事情都要留有余地:"……如果没有什么节外生枝的问题。"这就是为什么,我们说诸般事情他都有周到的安排,没有什么出乎他的意料。他已经事先想到会出现什么妨碍他的筹划的事情。(5)只有轻率鲁莽的人,才会一心仰赖命运的眷顾;有智慧的人要考虑命运的两面。他知道出现差池的机会,他知道人事的不确定性,还有数不清的绊脚石就挡在他计划的道路上。他就冷静地遵循着这个不确定的、容易闪失的事理,他抱着明确的目的,却要估量一个不能明朗的结局。他的任何筹划和实施都给自己留有余地,这个余地叫他在此不至于被动难堪。㉕

35 (1)我答应了那个恩惠,除非发生了什么正当理由禁止我施行那个恩惠。我曾经允诺给他一个东西,而如果我的祖国正需要那个东西,那又将如何呢?我曾经答应我的朋友做一件事情,而如果刚通过的一项法律禁止任何人实施那样的行为,那又将如

㉔ Lipsius 版原文是 *constantia*. 斯多葛学派所谓的有智慧之人的坚定,尤其是他所表现的宠辱不惊,是塞涅卡《论有智慧之人的坚定》(*On the Wise Man's Constancy*)一文的主题。

㉕ 在命运面前,有智慧之人的坚定还在于"保留余地"(reservation)(*exceptio*, υπεξαιρεσιç)所发挥的作用。有智慧的人承认并允许一个事实,即外在事件(道德属性中立,尽管有的事件有利、有的事件不利)不能由他完全控制,但他至少能够控制他(道德属性极其重要)对那些事件的反应。这在后来的斯多葛学派哲学中是一个比较有影响的信条,例如它体现在爱比克泰德(Epictetus)(《手册》(*Manual*)2.2)和马可·奥勒留(IV 1.2, V 20.2, VIII 41.3, XI 37)的学说中。一个和"保留余地"联系密切的心理学操作技术是 *praemeditatio*,即"预先深思熟虑"那会降临到一个人身上的坏事情,以免它们突然之间叫人手足无措,过分地扰乱一个人的心智。《论愤怒》II 10.7 节就是这种深思熟虑的一个例子。

何呢?我也许曾经把我的女儿许配给了你,但是接下来却发现你是一个外国人,而在这里又不允许异族通婚,这个禁令就是我的抗辩理由。(2)如果并且只有诸般事宜都没有变化,就像我当初许诺的时候一样,而我却没有遵守诺言,我这样的做法就是(才是)不守信用,我自己就要面对食言自肥的指控。否则的话,任何变化都给了我自由的空间,它叫我不受既有诺言的约束,我可以作出新的决定。试想一下诸如此类的情形吧,我曾答应出庭去作辩护,但后来却发现那个案件是要形成一个先例,它将不利于我的父亲;或者我曾答应陪你到国外旅游,但接下来有报告说那条道路上劫匪横行;或者就在我就要动身赴约的时候,我却被儿子生病⑯或者妻子分娩而耽搁了行程。(3)如果你坚持叫我践行我的诺言,那么每一件事情必须跟我作出许诺的时候一样。但是,有什么事情比发现你是一个没有德行、不知感恩的家伙更至关重要的事情变化呢?不管我曾答应了什么,那都是基于你配得上它的假定,而如果你根本配不上它,我都要拒绝给予。除此以外,我还将有理由对你的欺骗感到愤怒。

36 (1)但是,我也要权衡我们牵扯的这个问题的重要性。我应当怎么做,这也要看我许诺的那个数额。如果它微不足道,我就会给予那个数额,这倒不是因为你配得上它,而是因为我曾这样答应⑰;我这不是当做一个礼物送出,而是作为我自己说出的话的代价。我要打自己一个嘴巴;这个损失权当对自己的惩罚,因为我做了一个轻率的许诺:"这就是你!我希望它刺痛了你,叫你知道以后说话要谨慎!"(2)就像那谚语说的,我要为自己的舌头偿债。但是,如果这个数目比较巨大,我就不会允许我——就像梅塞纳斯

---

⑯ 塞涅卡可能在援引西塞罗(《论义务》(On Duties) I 32),他曾经说到过这个例子,用来说明什么时候不践行诺言是一个正当的做法。

⑰ 在这个情况下,根据29.2—3节所陈述的那两个原则,我不会给你施行什么恩惠。

(Maecenas)⑬说的那样——被惩罚到一千万个赛斯特斯的程度上。我要把这两个事情摆到一起来比较。信守你的诺言,这样做有它的价值;而另一方面,不要因为施行恩惠而伤害⑭到你自己,这也有它不可不提的价值。但是,这个伤害有多么严重呢?如果它是轻微的,我们可以装作看不见它。但是如果它对我将要意味着重大的损失或者羞愧,我宁可食言并为此给我自己找一次借口,而不愿意今后要没完没了地为我的慷慨找理由。我以为我许诺的言语价值几何,这就是这个问题的落实所在。(3)对那草率答应了事情,我不仅是要就此止步,而且对那错误给出的东西,我还要把它索要回来。把一个错误当做一项神圣的义务,这是失掉理性的疯病。

37 (1)马其顿的国王腓力有一个作战勇猛的士兵,他在好几次的战役中证明了他的价值。⑮ 不止一次,腓力把一些战利品赏赐给这个士兵,而这样反复的赏赐就点燃了这个士兵的贪婪。在一次海难中,这个人发现他自己被冲到了陆地上,而那片陆地属于一个马其顿人。那个马其顿人听说这事儿,跑到海边把他救了起来,并把他抬到他的庄园里。那个马其顿人把自己的床铺给他睡,把他从奄奄一息的垂死边缘解救回来,并一直照料了他三十天的时间,这一切都是那个马其顿人的花费。这就叫这个人恢复了气力,那个马其顿人就又给了这个人返回去的盘缠。那个马其顿人不止一次地听这个人表白说:"我会报答你的,只要我还能够见到我的将军。"(2)这个士兵真的把这个海难的事情告诉了腓力,但他没有提及他得到的救助的事情;并且,他当即就请求把一个人的家产赏赐给他——那个人就是曾经把他抬到家里、拯救了他的性

---

⑬ 盖尤斯·梅塞纳斯(Gaius Maecenas)(卒于公元前 8 年),因为财富和慷慨而闻名,他是屋大维信任的朋友和外交代表,他还慷慨而深具影响地赞助了一些文艺人物,包括维吉尔、贺拉斯和普罗佩提乌斯(Propertius)。

⑭ Prechac 版原文在 *te beneficium des* 的位置是 *ne*。

⑮ 塞涅卡的这个故事不知来源何处,别的古代作家都没有提到过这个故事。

命的那个马其顿房东。做君主的人总是闭着眼睛赏赐很多的东西,尤其是在战争的时候。"一个公正的人如何能对付得了这许多穿着铠甲的老饕呢,没有人能同时既是一个好人又是一个好将军。这许多不知餍足的家伙们啊,如何能够餍足? 如果每一个人都固守他自己的财富,那么这些家伙还能捞取什么东西?"(3)这就是腓力的自言自语,他同时就命令那个士兵去占有他所请求的那些家产。那家产的主人就被驱逐出去。但是那个人不肯像一个农民那样忍气吞声;一个农民在那种情况下,会因为自己没有随着家产一同赏赐出去而沾沾自喜。而是相反,那个人写一封简练而坦白的书信给腓力,腓力读着书信就发起怒来。他当即就命令鲍萨尼阿斯(Pausanias)⑧把那家产归还它原来的主人,他同时就逮捕了那个最为无赖的士兵、最为忘恩负义的客人、最为丧心病狂的遭遇海难的人,并给他刺上文身——"忘恩的人"。(4)实际上,这几个字母不应当只是给他刺成纹身,而应当刻进他的身体里,他把他的房东赶出家门,叫他的房东像一个不名一文的船难者那样流浪到大海边,而那里正是他自己遭遇船难之后躺倒的地方。(5)在他那种情况下,惩罚的适当限度也是一个问题。但是无论如何,他靠无耻之极的邪恶攫取来的东西,都应当被剥夺干净。有谁会对他遭受的惩罚感到触动呢? 行事如此不义,任何有同情心的人都不会对他感到同情。

38 (1)你是不是以为,腓力之所以要给予,只是因为他曾经答应? 哪怕他不应当给予,他也要这样做? 哪怕这意味着悖谬和犯罪,他也要这样做? 哪怕这样做的结果,会叫所有遇难的人再也找不到一片避难的沙滩,他也要这样做? 在你认识到一个错误,并对此深恶痛绝之时,中止那个错误就不是什么无常的反复。你要

---

⑧ 这个人后来刺杀了腓力。参见普鲁塔克,《亚历山大传》(*Life of Alexander*) 10.4。

坦诚地承认:"这和我想的不是一回事,我有误会。"相反,如果你坚持说"我说过的事情,不管它是什么,都是板上钉钉儿的事情,它不容置疑",这倒是一个狂妄愚夫的固执。(2)当情况有变,你也改变你的决定,这没有什么不体面。假定腓力继续叫那个士兵占有那片海岸,那也就是那个士兵因为遭遇海难而贪来的海难,那么,这岂不就禁止了任何仁慈再去看顾那遭遇不幸的人?[82] 腓力也许会说:"在我的王国之内,叫你在你不知羞耻的前额上刻上字,叫所有的人都用眼睛看清楚,这样做才更为得体。去吧,叫大家看见慷慨好客的行为是不容亵渎的,叫大家都看见写在你脸上的判决,叫大家都知道,给遭遇不幸的人提供避难所绝不是一个倒霉透顶的事情。这样一来,我的法律比刻在青铜上面都更有效力。"

39 (1)"但是你们的芝诺(Zeno)为什么还要这样做呢,他许诺借给一个人五百块钱,接着发现那个人是一个破产的人,并且尽管他的朋友敦促他不要再这样做,他还是借出了这五百块钱,因为他曾经答应了这个事情?"[83](2)我首先要说,借贷和恩惠不是一个东西,借贷就算是有失妥当,它也可以索要回来。我可以向那债务人发出一个传票,如果他破产,我也可以得到我分割的一份。而如果一个恩惠丧失,它就一下子全部失去。[84] 接下来,这个损失是一个道义上的失败,而一个坏账不过意味着经营手段的闪失。还有,即使是芝诺,如果那个借贷数目实在巨大,他也不会履行他答应的东西。那不过是区区五百块钱,用人们的一句口头语来说,那不过

---

[82] 拉丁文的字面意思是:"他是不是就禁止了所有不幸之人接触火和水的权利?"火和水代表着"一般人道"的最低限度,这也是一个困顿不堪的人可以从另外一个人那里指望得到的东西(参见前文 29.1 节)。在塞涅卡看来,如果腓力叫这个士兵继续占有这财产,那就会叫每一个人都有理由担心类似的损失,从而叫这种常见的仁慈之举归于绝迹。

[83] Von Arnim 把这个故事标记为 *SVF* I 16.

[84] 比较 IV 12.1 节,那里把恩惠描述为"一个不能清偿的借贷"。

是"花在咳嗽上的"一个数目。⑧⁵ 说过的话算数,就凭这也就值了那个价钱。(3)既然我答应了,我就出门去参加一个晚宴,即使是天气寒冷——但是如果正在下大雪,就要另当别论;既然我答应了,我就起身去参加一个订婚的礼仪,尽管我也许有些消化不良——但是如果我正在发高烧,就要另当别论;既然我答应了,我就屈身去担当那个保证人的角色——但如果你要我去担保一个不确定的数目、或者担保一个公共债务(a debt to the public account),就要另当别论。⑧⁶ (4)我说过,你给自己留有一个不言自明的余地:"如果我能够"、"如果我应当"、"如果事情保持不变"。你要确保践行之时的情势,与我许诺之时的没有什么两样。这个时候违约就意味着言而无信,反复无常。但是,如果出现了什么新的情况,我许诺之时的环境发生了变化,这变化叫我改变了我的决定,这要叫你感到意外吗?叫每一个事情都恢复原来的状态,而我也就坚定不移。我们答应到法庭上做谁的保释人,但是并不是每一个未能出庭的人都应当受到指控,那不出庭的人可以用"不可抗力"做抗辩理由。

总是应当抱持感恩之情吗?总是应当回报恩惠吗?

40 (1)再问一个问题,感恩的心情是不是要在每一个场合都表现出来,一个恩惠是不是要不停的回报?你可以相信,我还是同样的回答:在心底里感恩,这是我的本分;但是有的时候,因为我自己的时运太坏,或者因为我感恩的那个人的时运太好,要报答都

---

⑧⁵ 很显然,塞涅卡的交际圈子很是富有。在他的时代,500 第纳尔(等于 2000 赛斯特斯)大概相当于 1994 年的 2000 英镑或者 3000 美元。而在当时罗马军团里的一个士兵每年领饷 250 第纳尔,还要扣除服装、粮草等的费用。

⑧⁶ 即,为你的一个公共合同做你的担保人。所有和国家订立合同——例如在建筑工程或者军事供应方面的合同——立约人,都要为合同的订立提供保证人,并把他们自己和别人的财产抵押进来(参见 Crook, p.244)。有些公共合同所要求的巨大担保,除了那些最为富有的个人,别人都无力应承。

无由施行。(2) 如果我自己贫穷,我又如何能向一个国王或者一个富人施行报答?尤其是有的时候,有的人会把别人对他施行的恩惠看做是一个伤害,他要不停地给别人施行一个又一个的恩惠。在这样的情境里,除了一个知恩图报的想法,我还能够做什么呢?而我又不能仅仅因为还没有报答先前的恩惠,就不肯接受一个新的恩惠。它是欣然给予,我要高兴地接受,我应当充分体会朋友的仁慈美意。而忸怩于接受一个新的恩惠,意味着已经接受的那些恩惠并没有叫你满心欢喜。(3) 如果我无由表达出我的感恩之情,那又怎么样?如果我没有机会、没有办法表达,那么,耽搁下来就不是我的过错。你知道,他对我有恩惠之举,因为他确实有这个机会和这个能力。他是一个好人还是一个坏人呢?如果是有德行的好人,他就会认为我的做法合乎情理;而如果他是一个没有德行的坏人,我对这一切也就无能为力。(4) 不,如果我们的感激恰好违背了那被感激之人的心意,或者是那被感激之人在回避,而我们在强行表达我们的感激,那么,在我看来,这样亟不可待的感恩之情,在我们也是有失妥当。你曾经满心欢喜接受来的东西,在他不需要的时候你却要交还回去,你这就不是在表达你的感恩之情。还有的人,他们在遇到一个微不足道的小礼物时,会忙不迭地回敬一个别的什么礼物,真是立竿见影而又不顾时机,好洗白他们自己没有赊欠别人的什么东西。但这是拒绝的一种形式——立即回敬一个什么东西,用一个礼物抵消一个礼物。(5) 甚至有的时候即使我有能力回报一个恩惠,我也不应当去回报。何以如此?如果我的损失超出他得到的好处,如果他得到之后而不感到有多少的收益,而我回报之后却要承受一个至重的损失。不论是谁,匆忙而不顾一切代价地报答,那心态就不是一个知恩图报的人,而是一个欠债还钱的债务人。简而言之,那个急于清偿债务的人是一个不肯受人恩惠的人,而不肯受人恩惠的人不知道感恩。

人 物 传 略

　　在本文集中，塞涅卡援引的人物既有其同时代的也有稍久远一些的，他们当中鲜有多次出现者。在为数不多的出现过一次以上的人物中，有比较重要者，以下传略即为他们所做。（其他人物见正文脚注。）他们中大多数是皇帝、权贵或哲学家。

　　塞涅卡是作为一个道德家、而不是传记作家或历史学家来写作的，他所讨论的历史人物不过是他说理时用到的形象而已。但是，他的援引却能反映出这些人物在他那个时代的影响。

　　亚历山大大帝（Alexander the Great，公元前 356—前 323 年），马其顿国王，波斯帝国的征服者，后世征服者的榜样，在泛希腊化世界建立了一种东方模式的君主政体。他给塞涅卡的印象好坏参半。他一方面因为对一个朋友矢志不渝的忠诚而被褒奖（《论愤怒》II 23.2），另一方面也因为惨无人道的愤怒而被诅咒（III 17.1 f.，23.1）。他因为妄自尊大而被嘲讽（《论恩惠》I 13，II 16），并与真正而无私的英雄海格力斯形成对比（《论恩惠》I 13.1）。

　　亚里士多德（Aristotle，公元前 384—前 322 年），柏拉图最伟大的学生，建立了自己的学园，即 Lyceum 或是 Peripatos 学园（从此他的追随者就被称为"逍遥学派"（Peripatetics））。作为亚历山大大帝的老师(《论愤怒》III 17.1),在亚历山大大帝去世时不得不逃离雅典(《论个人生活》8.2)。尽管塞涅卡在一定程度上接受了亚里士多德关于愤怒的定义(《论愤怒》I 3.3),但却批评他对这种情绪的赞同(《论愤怒》I 9.2,III 3.1)。

奥古斯都(Augustus,公元前 63 年—公元 14 年),罗马帝国的第一位皇帝,原名 Gaius Octavius,是老 Gaius Octavius 和 Atia 的儿子,后被恺撒收养,并成为恺撒的主要继承人。老 Gaius Octavius 是罗马骑士,卒于公元前 59 年;Atia,独裁者尤里乌斯·恺撒的外甥女。作为恺撒的养子,在恺撒于公元前 44 年被暗杀之后,他取名盖尤斯·尤里乌斯·恺撒·屋大维(Gaius Julius Caesar Octavianus)。随后几年中,他靠着残酷无情的手段逐步取得了最高军事和民事权力,并于公元前 27 年获得奥古斯都称号。奥古斯都是一个宗教术语,意为"可敬的"。他的登基结束了罗马长达一个世纪的政治混乱、内战和军事暴政。奥古斯都生前即被维吉尔和贺拉斯奉为超人,是罗马城的救星、世界和平的保护人,死后更被元老院尊为神明。塞涅卡秉承这一传统,他尽管坦言奥古斯都统治之初不无血腥(《论仁慈》I 11.1),但仍坚持认为"我们奉若神明的奥古斯都"是君主的典范——仁慈(《论仁慈》I 9—11)、温和(《论愤怒》III 23.4—8,《论恩惠》II 25.1,III 27)和谦逊(《论仁慈》I 15)。

卡里古拉(Caligula,"儿童靴",全称 Gaius Julius Caesar Germanicus,公元 12—41 年),在他还是一个婴儿的时候,日耳曼军团的士兵就送给他这个"儿童靴"的绰号,他接替他伟大的叔父提比里乌斯成为罗马帝国的皇帝,在位时间公元 37—41 年。他在实施了不到四年的反复无常而残暴的独裁专制之后被暗杀,而他的个人随从和宫廷侍卫对此持纵容态度。他举止乖张,很多人(包括苏维托尼乌斯)认为他是一个疯子。在塞涅卡看来,他就是最高统治者所当引以为鉴的反面典型。有关他的傲慢和残忍,参见《论愤怒》I 20.7—9，II 33.2—6，III 18.3—19.5 和《论恩惠》II 12，IV 31.2 等章节。

加图（Marcus Porcius Cato the Younger，公元前 94—46 年），共和国的英雄，尤里乌斯·恺撒固执的反对者，他是罗马诞生的最接近斯多葛学派所谓"有智慧的人"的一个人物。塞涅卡的论文《论有智慧的人的坚定》就是围绕小加图展开，《论愤怒》中也提到了他波澜不惊的宽宏（II 32.2 f.）和无往而不适的智慧（III 38.2）。

克吕西波（Chrysippus of Soli in south-eastern Asia Minor，约公元前 280—207 年），斯多葛学派第三位也是最伟大的一位领袖。作为一个从别的哲学门派改投斯多葛学派的哲学家，克吕西波以其无与伦比的精力详细阐述和捍卫了斯多葛学派的理论体系，以应对怀疑论者阿塞西劳的批判，并取得了无可超越的成就，而所谓"正统的"斯多葛派哲学也正是克吕西波所塑造了的斯多葛哲学。除了一些零星资料——后世作家真伪不一的摘抄、探讨和逐字逐句的援引——之外，克吕西波卷帙浩繁的著作不见存于世。他的"论激情"一文是塞涅卡《论愤怒》所效仿的原型之一。但是塞涅卡在他的《论个人生活》（8）和《论恩惠》（I 3.8—4.6）都批判了克吕西波的观点，这可见出塞涅卡的独立之处。

克劳狄乌斯（Claudius，全称 Tiberius Claudius Nero Germanicus，公元前 10 年—公元 54 年），在公元 41 年到公元 54 年被暗杀期间统治整个帝国。塞涅卡在这一期间曾被流放八年，在克劳狄乌斯死后，塞涅卡在其著作中直接或者间接地提到他倒行逆施的残忍之举（《论仁慈》I 23.1），他含混不清的判断力（《论恩惠》I 15.1）和他个人蠢笨无礼，那份蠢笨竟至于叫人怀疑神意何以把他安排在皇帝的座位上（IV 32.3）。

伊壁鸠鲁（Epicurus，公元前 341—前 270 年），生于爱琴海东部的萨摩斯岛，父母都是雅典人，他年轻时即信奉德谟克利特的原子论,认为物质可以分解为原子和虚空。他成为原子论最著名的倡导人物,并把原子论和伦理学上彻底的快乐主义结合到一起。大约从公元前 307/306 年开始,伊壁鸠鲁来到雅典,和芝诺争收门徒——伊壁鸠鲁学派和斯多葛学派由来已久的龃龉即源于此时。伊壁鸠鲁的绝大部分著作已毁灭不存,只有一些片段和三封哲学书信保留下来(见 Diogenes Laertius,Book X),这三封书信总结了他的物理学、气象学和伦理学理论。塞涅卡虽然毫不留情地批判伊壁鸠鲁的伦理学和神学理论(尤其是《论恩惠》IV 1—25),并轻蔑他所从属的学派(参见 IV 2.1,13.1,16),但仍愿意引用伊壁鸠鲁的观点为己所用(《论恩惠》III 4.1),或者直接宣称伊壁鸠鲁之徒的看法和斯多葛学派哲学家是一样的,尽管双方立场各异——例如,关于个人生活的好处(《论个人生活》3.2)以及仁慈的卓越之处(《论仁慈》I 3.2)。

盖尤斯·尤里乌斯·恺撒(Gaius Julius Caesar,公元前 100—前 44 年),他建立罗马帝国取代了共和国,并为此而名垂史册。但是在本书中,塞涅卡几乎没有提及他的这一成就(或许《论仁慈》I 1.6 是一个例外)。塞涅卡尽管把刺杀恺撒的行动视为一个政治上的错误判断而谴责(《论恩惠》II 20.2 f.),但他更关心的那次刺杀行动的个人动机——落空的期望(《论愤怒》III 30.4 f.),并且,塞涅卡也赞美了恺撒对待庞贝手下那些失败的追随者的仁慈(《论愤怒》II 23.4)。

柏拉图(Plato,公元前 428—前 348 年),伟大的哲学家,雅典学园(Academy)的创立者。塞涅卡在本论文集中仅仅引用了柏拉图关于惩罚的开明见解(《论愤怒》I 6.5,19.7),和关于人的心智很难猜测的论断(《论恩惠》IV 33.1)。柏拉图是几则有关远离愤怒的轶事中的主角(《论愤怒》II 21.10,III 12.5),他还和苏格拉底、色诺芬等一道被援引,来作为"儿子的名声胜过父亲"的例子(《论恩惠》III 32.3）。

伟大的庞贝（Pompey the great, Gaius Pompeius Magnus, 公元前106—前48年），元老院军事力量的统帅和领袖，公元前48年在法萨卢战役中被恺撒打败，在塞涅卡看来，他一点儿也不比他的对手更高明：他并不是自由的拥护者，当时的问题不过是"罗马人要做这两个人中谁的奴隶"（《论恩惠》II 20.2）。他在其他场合是作为一个伟人而出场的，正像西塞罗和法比乌斯一样，他的英名泽被后人（《论仁慈》I 9.3；《论恩惠》IV 30.2），而他的被害之事如此恐怖，那些读到这个故事的人都会有一种类似愤怒的感觉（《论愤怒》II 2.3）。

苏格拉底（Socrates, 公元前469—前399年），哲学家，主要是通过柏拉图的对话录和色诺芬的著作而为后人所知，而柏拉图和色诺芬也曾是苏格拉底进行伦理学、政治学等方面的哲学讨论时的年轻同道。他被雅典陪审法庭以渎神罪判处死刑。苏格拉底并无著作传世。斯多葛派哲学家视其自身的伦理学理论为苏格拉底学说的复兴和延续，并因此把苏格拉底为推崇为"有智慧的人"的典范，甚而是有史以来唯一"有智慧的人"；塞涅卡推崇苏格拉底克制愤怒（《论愤怒》I 15.3, III 13.3）、面对挑衅无动于衷（III 11.2）、不惊不惧（II 7.1）的修养风范。在《论恩惠》中，苏格拉底的一则慷慨轶事尽显其高贵（I 8—9.1）。并且，他还和柏拉图、色诺芬等一道被援引，来作为"儿子的名声胜过父亲"的例子（《论恩惠》III 32.3）。

苏拉（Sulla, 全称 Lucius Cornelius Sulla Felix, 公元前138—前78年），残酷无情的军事统帅，曾一度被选为罗马独裁官。塞涅卡并没有记述苏拉所取得的政治成就，即他曾短暂地恢复了元老院的统治地位，而是记述了他的残暴——这体现在他的"公敌宣告"中（《论愤怒》II 2.3)，体现在他剥夺政敌子女的公民权上（II 34.3），体现在他处死马尔库斯·马略上（III 18.1），所有这一切都表明他是一个不折不扣的暴君(《论仁慈》I 12.1)。

提比里乌斯(Tiberius,全称 Tiberius Julius Caesar Augustus,公元前 42 年—公元 37 年),于公元 14 年接替奥古斯都。统治初期被认为是良好称治的时期(《论仁慈》I 1.6),但后来,转入一种恐怖统治,审判了数不清的叛逆罪,这就是《论恩惠》III 26 章内容的故事背景。塞涅卡也记录了提比里乌斯(计算式的)施行恩惠之时的失礼(《论恩惠》II 7.2—3),但是他对接下来的两个皇帝——卡里古拉和克劳狄乌斯——才真正是一顿贬损。

芝诺(Zeno of citium in Cyprus,公元前 335—前 263 年),创立了斯多葛学派。于公元前 313 年第一次来到雅典,在一处称为"壁画回廊"(Painted Stoa)的公共门廊处进行演讲,他的学派因此而得名。他的著作已经不存。塞涅卡在《论个人生活》中援引芝诺作为斯多葛派的发言人。本书别的地方也提到他的一个故事(《论恩惠》IV 39.1),引用了他的一句话(《论愤怒》I 16.7)。

索 引

人名和地名

除个别例外,本索引内容限于导读和正文部分出现的人名和地名,而不包括注脚里出现者。"人物传略"部分同时出现的人物,此处标志以"＊",后面"主题索引"部分还要出现的哲学家,则标志以"†"。

Accius, Lucius(poet),卢基乌斯·阿克奇乌斯(诗人),39 n.52

Achillas(general under Ptolemy XIII),阿吉拉斯(托勒密十三世手下一将军),43

Achilles(Greek hero),阿基里斯(雅典英雄),295

Actium(battle won by Augustus),亚克兴海战(奥古斯都取胜),142

Aebutius Liberalis(addressee of On Favours),埃布提乌斯·里博拉里斯(《论恩惠》的写作对象),183,193,212,236,242,244,273,275,299

Aeneas(Trojan hero),埃涅阿斯(特洛伊英雄),271

Aeschines of Sphettus(disciple of Socrates),埃斯基涅斯(苏格拉底的信徒),203f.

Aetna(volcano in Sicily),埃特纳火山

（西西里岛的火山），271

Aglaie(one of the Graces)，阿格莱亚（美惠三女神之一），198

Agrippa, Marcus Vipsanius (collaborator of Augustus)，马尔库斯·维普萨尼乌斯·阿格里帕（奥古斯都的副手），266f.

Agrippina(mother of Nero)，阿格里皮娜（尼禄之母）xiii

Ajax(Greek hero)，阿贾克斯（希腊英雄），75

Alcibiades(Athenian politician)，阿尔基比亚得（雅典政治家），203

* Alexander the Grea，亚历山大大帝，15,44,62,94,155,208f,223

Annius Pollio, Gaius (consul 21/2 AD)，安尼乌斯·波里奥,盖尤斯（公元21/2年任执政官），300

Antigonus (a successor of Alexander's)，安提柯（亚历山大手下的将军和继任者），98,223f., 271

Antipater of Tarsus (Stoic philosopher)，塔尔苏的安提帕特（斯多葛学派哲学家），xvi,13

Antony, Mark(triumvir)，马可·安东尼（三执政官之一人），43

Apollodorus(tyrant)，阿波罗多鲁斯（暴君），45

Aquillius Gallus, Gaius (jurist) 盖尤斯·阿奎利乌斯（法学家）190 n. 25

Arcesilaus(Academic philosopher)，阿塞西劳(学院派哲学家)，xvi,217,230

Aristides (Athenian statesman)，阿里斯蒂德（雅典政治家），295

Ariston (father of Plato)，阿里斯顿（柏拉图之父），266

* †Aristotle (philosopher)，亚里士多德（哲学家），5,27,35,78,94,168,179,186f.

Arrhidaeus, Philip (half-brother of Alexander the Great)，腓力·阿瑞戴乌斯（亚历山大大帝同父异母的哥哥），299

Asinius Pollio,Gaius(consul 40 BC)，盖尤斯·阿西尼乌斯·波里奥（公元前40年任职执政官），100,141

Athens,雅典,169,175,179

Attalus(Stoic philosopher)，阿塔罗斯（斯多葛派哲学家），xii

* Augustus，奥古斯都，xxvii,xxviii,46,100,113f.,129,138—43,146,147f.,211,218,232,234,261f.,267

avarice,贪婪,108

Babylon,巴比伦,97

Bacchus(god of wine),巴克斯(酒神),209. See also Liber,father

Bassus, Betilienus(victim of Caligula),比提列努斯·巴苏斯(卡里古拉的受害者),95

Bellona(goddess of war),贝娄娜(战争女神),74,143

Bion of Borysthenes(Cynic writer),彼翁(犬儒作家),13

Britannicus(son of Claudius),布立塔尼库斯(克劳狄乌斯的儿子),xiii, xiv,119

Brutus,Marcus(assassin of Julius Caesar),马尔库斯·布鲁图斯(行刺尤里乌斯·恺撒者),228

Burrus(advisor to Nero),布鲁斯(尼禄的顾问),xiv 158

Busiris(mythical king of Egypt),布西瑞斯(埃及国王),160

Caelius, Marcus Rufus (correspondent of Cicero's),凯利乌斯,马尔库斯·卢浮斯(西塞罗的通信人),5

Caepio,Fannius(executed c. 22 BC),法尼乌斯·凯皮欧(公元前22年被处死),139

*Caligula(Roman emperor),卡里古拉(罗马皇帝),xii,xxviii,15,40,71,95f. ,98,220,299

Calvin,John(1509—64),约翰·加尔文,xxxii

Cambyses(Persian king),冈比西斯(波斯国王),15,90f. ,96f.

Camillus, Marcus Furius (Roman hero),马尔库斯·弗里乌斯·加米鲁斯(罗马英雄),295

Caninius Rebilus, Caius(consul 37 AD),卡尼乌斯·莱比鲁斯,盖尤斯(公元37年任执政官)183,23

Cannae(battle won by Hannibal),坎尼(汉尼拔赢得战争胜利),44,46

Carneades(Academic philosopher),卡尼德斯(学院哲学家),xvi

Carthage,迦太基,29,169,175,180

Catiline, Lucius Sergius(conspirator),喀提林(阴谋家),95

*Cato the Younger(Stoic hero),小加图(斯多葛学派的英雄),xxiv,70,112,122f.

Catulus,Quintus(consul 102 BC),昆图斯·卡图鲁斯(公元前102年任执政官),95

*†Chrysippus of Soli(Stoic philosopher),索利的克吕西波(斯多葛派哲学家),xvi,xxv,xxvii,11,13,168,170,174,178,187,198,199,200,224,233,258

Cicero,Quintus Tullius(orator),西塞罗(演讲家),xxvii,43

Cicero,Quintus Tullius(son of the orator),昆图斯·突留斯·西塞罗(之子),141,298

Cimbri(German tribe),辛布里人(日耳曼种族),28

Cinna, Gnaeus Cornelius(consul AD 5),格涅乌斯·柯尔涅利乌斯·秦纳(公元5年任执政官),xxviii,138—40,298

*Claudius(Roman emperor),狄乌斯(罗马皇帝),xiii,115 n.26. 154,211,301

Cleanthes of Assos(Stoic philosopher),克里安德斯(斯多葛派哲学家),178,187

Clitus(companion of Alexander),克里图斯(亚历山大的同伴),94

Clodius, Publius(Roman politician),克罗狄乌斯,普布力乌斯(罗马政治家),43

Cocceius Nerva(friend of Augustus),寇克乌斯·涅尔瓦(奥古斯都的朋友),141

Corduba(town in southern Spain),柯杜巴(西班牙南部的一个镇),xl

Corfinium(town in central Italy),柯芬尼姆(意大利中心的一个镇),260

Cossus, Cornelius Lentulus(consul 1 BC),赛尔苏斯,柯尔涅利乌斯·愣图路斯(公元前1年任执政官),140

Crispus Passienus, Caius(first husband of Agrppina),斯普斯·帕西安努斯,盖尤斯(阿格里皮娜的第一任丈夫),183,211

Cynics(philosophers) xxix,犬儒主义者(哲学家),224f.

Cyrus(Persian king),居鲁士(波斯国王),97

Darius(Persian king),大流士(波斯国王),15,93

Decius Mus, Publius(Roman hero),德基乌斯·穆斯,普布力乌斯(罗马英雄),295

Dellius, Quintus(friend of Augustus),狄留斯·昆图斯(奥古斯都的朋友),141

Demochares(Athenian politician),德摩卡里斯(雅典政治家),99

Democritus of Abdera(philosopher),德谟克利特(哲学家),50,83,186

Dio Cassius(historian),狄奥·卡西乌斯(史学家),xiii,79 n.7,124 n.16

Diogenes of Babylon(Stoic philosopher),巴比伦的第欧根尼(斯多葛派哲学家),xvi,112

Dionysius the Elder(tyrant of Syracuse),老狄奥尼修斯(锡拉库扎的暴君),143

divorce,离婚,204f.,253f

Domitius Ahenobarbus, Gnaeus(consul 32 BC),戈乃乌斯·多米提乌斯·艾罗巴尔布斯(公元前32年任执政官),141

Domitius Ahenobarbus, Lucius(consul 54 BC),卢基乌斯·多米提乌斯·艾罗巴尔布斯(公元前54年任执政官),260

Egnatius Rufus, Marcus(conspirator, executed 19 BC),玛尔库斯·埃格纳提乌斯·鲁弗斯(阴谋家,公元前19年被处死),139

Ennius, Quintus(Latin poet),恩尼乌斯(拉丁诗人),112

Epictetus(Stoic philosopher),爱比克泰德(斯多葛派哲学家),xvi,xxix,xxx

*†Epicurus(philosopher),爱比克泰德(哲学家),169,173,174,244,275,288

Erasmus, Desiderius(1467—1536),伊拉斯莫(1467—1536),xxxii

Ethiopians(alias Macrobioe),埃塞俄比亚人(又名"长寿者")97,102

Euphrates(river),幼发拉底河(河流)264

Euphrosyne(one of the Graces),欧佛洛绪涅(美惠三女神之一),198

Eurynome(mother of the Graces),欧律诺墨(美惠三女神之母),199

Fabius Maximus Cunctator(Roman general),迁延者法比乌斯·马克西姆斯(罗马将军),29,69,216,295

Fabius Maximus Paulus(consul 11 BC),法比乌斯·马克西姆斯·帕乌鲁斯(公元前11年任执政官),140

Fabius Persicus, Paullus(consul AD 34),法比乌斯·珀西库斯,帕乌鲁斯(公元34年任执政官),30,298

Furnius, Gaius(consul 17 BC),弗尼乌斯,盖尤斯(公元前17年任执政官),232

Galen(medical writer),嘉林(医学作家),13 n.17

Germanicus(father of Caligula),日耳曼尼库斯(卡里古拉的父亲),299

Germans,德国人,29,55,102

Golding, Arthur(translator of Seneca),亚瑟·古尔丁(塞涅卡的翻译者),184 n.5

Grumentum(town in southern Italy),格鲁门图(意大利南部的一个市镇),259

Gryllus(farher of Xenophon),格吕禄（色诺芬的父亲），266

Gyndes(river in Mesopotamia),金德斯河（美索不达米亚的一条河），97

Hannibal(Cathaginian general),汉尼拔（迦太基的将军），29，44

Harpagus(Persian noble),哈尔帕哥斯（波斯贵族），91

†Hecaton(Stoic philosopher),赫卡顿（斯多葛派哲学家），xvi，187，199，226，230，255

Heraclitus of Ephesus (philosopher),埃菲斯的赫拉克利特（哲学家），50

Hercules(hero),海格力斯（英雄），208，209，279

Hesiod(poet),赫西奥德（诗人），198，199

Hieronymus of Rhodes (philosopher),罗德岛的西耶罗尼姆斯（哲学家），37

Hippias(tyrant of Athens),希庇亚斯（雅典僭主），61

Homer(poet),荷马（诗人），40，198，199

Hortensius Hortalus, Quintus(orator),昆图斯·霍坦修·霍塔卢斯（演讲家），112

Hours(personified seasons),时序女神（季节的化身），199

*Julius Caesar,Gaius,盖尤斯·尤里乌斯·恺撒，62，106，122，123，133，228f.，260

Julius Graecinus(victim of Caligula),尤里乌斯·格雷契努斯（卡里古拉的受害者），230

Jupiter(king of the gods),朱庇特（众神之王），199，278

Laberius, Decimus (playwright),德齐穆斯·拉贝里乌斯（剧作家），51

Lactantius(Christian writer),拉克唐修(基督徒作家)，14

Lentulus(executed 63 BC),愣图路斯（公元前63年被处死），112

Lentulus Augur, Gnaeus Cornelius (consul 14 BC),愣图路斯·奥古尔,格涅乌斯·柯尔涅利乌斯（公元前14年任执政官），233

Lepidus, Marcus Aemilius (triumvir),玛尔库斯·埃米利乌斯·李必达（三巨头之一），141

Lepidus, Marcus Aemilius(son of the triumvir),玛尔库斯·埃米利乌斯·李必达（三巨头之一的儿子），139

Liber,father(alias Bacchus),沃土之

父（又名巴库斯），279

Lipsius Justus（1547—1606），贾斯特斯·利普西斯（1547—1606），xxxii

Livia（wife of Augustus），莉薇娅（奥古斯都的妻子），139

Livy（Titus Livius，historian），李维（提图斯·李维，历史学家），40

Lodge，Thomas（translator of Seneca），托马斯·洛奇（塞涅卡的翻译），184

Lucilius（correspondent of Seneca），路西里乌斯（塞涅卡的通信者），xv n.10

Lynceus（keen-sighted hero），林叩斯（眼光锐利的英雄），295

Lysimachus（successor of Alexander），李锡马克斯（亚历山大的继任者），94，155

Macaulay，Thomas Babington（1800—59），麦考莱（1800—1859），xxvii

Macchiavelli，Niccolo（1469—1527），马基雅维利，xxvif. n.32

Macrobioe（alias Ethiopians），长寿者（又名埃塞俄比亚人），97

Maecenas，Gaius（friend of Augustus），盖尤斯·梅塞纳斯，（奥古斯丁的朋友），304

Manlius，Titus（son of hero Lucius Manlius Torquatus），曼利乌斯，提图斯（英雄卢基乌斯·曼利乌斯·"戴领圈的人"的儿子），272

Marcus Aurelius Antoninus（Roman emperor and philosopher），马可·奥勒留（罗马皇帝和哲学家），xvi，xxxi

Marius，Gaius（Roman statesman），盖尤斯·马略，（罗马政客），28 n.25，43

Marius，Marcus（nephew of Gaius Marius），马尔库斯·马略（盖尤斯·马略的侄子），94

Maro（informer），马洛（密探），261

Massilia（modern Marseille），马赛（今日拼作 Marseille），147

Messalla Corvinus Marcus Valerius（consul 31 BC），马尔库斯·瓦勒里乌斯·米撒拉·科尔温（公元前31年任执政官），141

Martin of Braga（sixth-century bishop），布拉加的枢机主教马丁（6世纪主教），xxxi，19 n.7

Mercury（god），墨丘利（神），198，279

Montaigne，Michel de（1553—92），蒙田，xxxii

Mucius Scaevola（Roman hero），穆奇乌斯·斯凯沃拉（罗马英雄），295

Murena，Aulus Terentius Varro（executed c. 22 BC），奥鲁斯·特伦提乌斯·瓦罗·穆列那（公元前22年

被处死),139

Muses,缪斯,199

Musonius Rufus(Stoic philosopher),缪索尼乌斯·卢浮斯(斯多葛派哲学家),xvi

Myndarides(sybarite),门底里德斯(锡巴里斯人),63

Nepos Marius(ex-praetor),马里乌斯·涅珀斯(前副执政),216

Nero(Roman emperor,addressee of *On Mercy*),尼禄(罗马皇帝,《论仁慈》的写作对象),xiii,xiv. xv, 119,120,121,122,123. 124,126f, 128,129,142,143,158,159

Novatus Lucius Annaeus(Lucius Iunius Gallio Annaeanus, Seneca's brother,addressee of *On Anger*)安涅乌斯·卢基乌斯·诺瓦图斯(卢基乌斯·优尼乌斯·迦流·安涅努斯,塞涅卡的哥哥,《论愤怒》的写作对象),xi,3,14,15,16. 17,34 n. 35,76,132

Numantia(town in Spain),努曼提亚(西班牙的一个城镇),29

Octavius(father of Augustus),屋大维乌斯(奥古斯都的父亲),267

Oeobazus(Persian noble),欧约巴佐斯(波斯贵族),93

Ovid(poet),奥维德(诗人),285

Panaetius of Rhodes(Stoic philosopher),罗德岛的潘尼提乌(斯多葛派哲学家),xvi,xvii

Papinius,Sextus(victim of Caligula),塞克斯图斯·帕皮尼乌斯(卡里古拉的受害者),95

Papirius Fabianus(philosopher),帕皮里乌斯·法比安努斯(哲学家),xii

Pasithea(one of the younger Graces),帕西忒亚(美惠三女神中较年幼者),198

Pastor(Roman knight),帕斯托尔(罗马爵士),71

Paul,Saint(apostle),圣保罗(传教士),3,16

Paulus(ex-praetor),帕乌鲁斯(前副执政),261

Pausanias(Macedonian minister),鲍萨尼阿斯(马其顿大臣),305

Paulus, Lucius Aemilius(consul AD 1),卢奇乌斯·埃米利乌斯·帕乌鲁斯(公元1年任执政官),140

Perugia(town in central Italy),佩鲁贾(意大利中部的一个市镇),142

Petrarch(Francesco Petrarca 1304—74),彼特拉克(弗朗西斯科·彼特拉克),xxxii

Phalaris(tyrant),法勒里斯(暴君),45,161

Phidias(Athenian sculptor),菲迪亚斯(雅典雕塑家),238

Philip(king of Macedon),腓力(马其顿国王),99,305f.

Philodemus of Gadara(Epicurean writer),斐洛德摩(伊壁鸠鲁学派作家),13,20 n.8,25 n.22,27 n.24,76 n.1

Pisistratus(tyrant of Athens),庇西特拉图(雅典暴君),88

Piso,Gnaeus(provincial governor),格涅乌斯·皮索(行省总督),15 n.24. 36f

*†Plato(philosopher),柏拉图(哲学家),xvii,5,24,38. 60,88,266,301

Plutarch of Chaeronaea(philosopher),普鲁塔克(哲学家),xxxxi,10,13

Pompeii(town in south Italy),庞贝城(意大利南部的一个市镇),183

* Pompeius Magnus, Gnaeus(triumvir),庞贝·马格努斯,格涅乌斯(三巨头之一),43 n.1,106,138,229 n.33. 298

Pompeius Pennus(consul AD 14),庞贝·珀努斯(公元14年任执政官),220

Pompeius Paulinus(Seneca's farher-in-law),庞贝·鲍林努斯(塞涅卡的岳父),168

Posidonius of Apamea(Stoic philosopher),波昔东尼(斯多葛派哲学家),xvi,11,13,14,19f.

Prexaspes(Persian noble),普列克萨斯佩斯(波斯贵族),90

Priam(king of Troy),普里阿摩斯(特洛伊国王),71

Procrustes(mythical brigand),普罗克汝斯忒斯(神话中的强盗),160

Ptolemy XII(king of Egypt),托勒密十二世(埃及国王),43 n.1

Pyrrhus(gymnastic trainer),皮鲁斯(体操教练),54

Pythagoras(philosopher),毕达哥拉斯(哲学家),85

Pythius(Persian noble),披提欧斯(波斯贵族),93

Quadrigarius,Quintus Claudius(Roman historian),昆图斯·克劳狄乌斯·夸迪迦里乌斯(罗马历史学家),259

Rhine(river),莱茵河(河流),264

Rhinocolura(town in Syria),"没有鼻子的土地"(叙利亚的一个城镇),96

Rufus(man of senatorial rank),鲁弗

斯（拥有元老头衔的人），261

Sallust(Gaius Sallustius Crispus, historian)，萨路斯特（盖尤斯·萨路斯提乌斯·克里斯普斯，历史学家），273

Sallustius Crispus Gaius (grandnephew of the historian Sallust)，盖尤斯·萨路斯提乌斯·克里斯普斯（历史学家萨路斯特的侄孙），141

Salvidienus, Quintus Rufus (executed 40 BC)，昆图斯·鲁弗斯·萨尔维迪努斯（公元前40年被处死），139

Scaurus, Mamercus Aemilius (consul AD 21)，马迈库斯·埃米利乌斯·斯考鲁斯（公元21年任执政官），300

Scaurus, Marcus Aemilius (consul 115 BC)，马尔库斯·埃米利乌斯·斯考鲁斯（公元前115年任执政官），300

Scipio Africanus Major (general and statesman)，大西庇阿（将军和政治家），29，267

Scipio Africanus Minor (general and statesman)，小西庇阿（将军和政治家），29

Scythians(tribe in South Russia)，塞西亚人（俄罗斯南部的部落），55

Seneca, Lucius Annaeus, the elder, 老卢基乌斯·安涅乌斯·塞涅卡，xi

Serenus, Annaeus (addressee of *On the Private Life*)，安涅乌斯·塞壬努斯（《论个人生活》的写作对象），167

Servilius, Marcus (consul AD 3)，马尔库斯·赛尔维利乌斯（公元3年任执政官），140

Sextius, Quintus (philosopher)，昆图斯·绥克图斯（哲学家），xxi，14，74，110

Sicily，西西里岛，142，271

* Socrates (philosopher)，苏格拉底（哲学家），xxiv，32，47，87f.，89，203，266

Sophroniscus (father of Socrates)，索弗洛尼斯库斯（苏格拉底的父亲），266

Sotion (philosopher)，索提翁（哲学家），xii，13，14

Speusippus (philosopher. nephew of Plato)，斯珀西波斯（哲学家，柏拉图侄子），89

* Sulla, Lucius Cornelius Sulla Felix (Roman statesman)，路西乌斯·科尔涅利乌斯·苏拉（罗马政治家），39，43，72，95，143

Sybaris (Greek town in south Italy)，锡巴里斯（意大利南部的希腊人城镇），63

索引

Tacitus, Cornelius (historian),塔西陀（历史学家）,xiii

Tarius Rufus, Lucius (consul 16 BC),卢基乌斯·塔里乌斯·鲁弗斯（公元前16年人执政官）,147

Tarquin (last king of Rome),塔克文（罗马最后一位国王）,229

Teles (Cynic writer),泰勒斯（讽刺作家）,xxix, xxx

Telesphorus (victim of Lysimachus),特勒斯弗路斯（李锡马克斯的受害者）,94

Thalia (one of the Graces),塔利亚（美惠三女神之一）,198

Theodotus (tutor to Ptolemy XIII),狄奥多图斯（托勒密十三世的家庭老师）,43

Teutones (German tribe),条顿人（日耳曼族一支）,28

Theophrastus of Eresos (philosopher),埃雷索斯的德奥弗拉斯（哲学家）,30,31

* Tiberius (Roman emperor),提比里乌斯（罗马皇帝）,129,216,261,260

Tibur (town near Rome),第布尔（离罗马不远的市镇）,283

Tillius Cimber, Lucius,卢基乌斯·提里乌斯·辛布尔,106

Timagenes (historian),提马盖奈斯（历史学家）,100

Trasimene (battle won by Hannibal),特拉西米恩湖（汉尼拔曾在此取得战争胜利）,46

Tricho (Raman knight),特里齐欧（罗马骑士）,146

Tusculum (town near Rome),图斯库鲁姆（临近罗马的小山城）,283

Vedius Pollio, Publius (friend of Augustus),普布力乌斯·费迪乌斯·朴立奥（奥古斯都的朋友）,15 n. 25,113,150

Venus (goddess),维纳斯（女神）,199

Vestal virgins,维斯塔神庙中的处子祭司,173,198

Vettius (Italian chieftain),魏提乌斯（意大利人的首领）,260

Volesus (provincial governor),沃勒塞斯（行省总督）,46

Xenophantus (musician),色诺芬图斯（音乐家）,44

Xenophon (Greek wrier),色诺芬（希腊作家）,266

Xerxes (Persian king),薛西斯（波斯国王）,15,93

* †Zeno of Citium (founder of the Stoa),季蒂昂的芝诺（斯多葛派创

始人），xvi，xxv，35，168，173，174，178，305

Zeus（Jupiter），宙斯（朱庇特），xvii，xviii，xix，xx，xxi，xxiii，278

主 题 部 分
并参见"内容细目"部分

acta（public gazette），活动记录，公报，218 n.7，253

affections，感情，See emotions

amphitheatre，圆形露天竞技场，115，228

ancestry "all of us have the same beginnings"，祖先"我们都拥有同一个根源"，262

anger（see also emotions，irascibility）"brief insanity"，愤怒

 brief insanity，短暂的疯癫，17，75

 can be altogether eradicated，可以完全根除，52—5

 cannot be moderated，不能缓和，25f.

 compared with other vices，与其他罪恶比较，17，4t，75，77f. 81f.

 cure of，治愈，10—13；in ourselves，我们自己的，57. 63—73，81—90，100—11；in others，在其他人身上的，112—14

 dangerousness of，的危险，18f.，74f.

 definitions of，的定义，19f.，22

 distinguished from irascibility，区别于易怒性，22；and savagery，与野蛮，44f.

 driven out by fear，shame etc.，被恐惧、羞耻等平息，26f. 35，113，115

 horrors of，（的）恐怖，17—19，73—5，77—80

 in small children，在小孩子身上，4f. n.2，20，30

 may need to be simulated，也许需要假装，54，56

 a mark of noble character，一个高贵品格的标志？55f.

 a mark of weakness，一种脆弱的标志，30

 not a good man's reaction，不是一个有德行的人的反应，30. 31f.，46f.

not a spur to virtue,不是对美德的激发,56

occasions (possible though never justifiable) for,(的)场合(可能的但却没有道理的),30,32,36,54,62f.,64,68,70,72,87,98,104,108,109,111

physical manifestations of,(的)物理表现,18,73f.,80

physiology of,(的)生理学,57f.,86

process of,(的)过程,42—5

ruinousness of,(的)毁灭,17,23,73f.,75. 92f,104,137

small-mindedness of,(的)狭隘,70,82 (see also greatness of mind)

unreliability of,(的)不可靠,35,36

uselessness of:in warfare,没有用处:在战争中,27—31;in punishment,在实施惩罚中,32,33,35;in fending off contempt,在避免蔑的时候,51f.,70

varieties of,各种各样的,22

a vice,一种邪恶,52

whole communities infected by,整个共同体被传染,78

with children. animals and inanimate objects,对儿童、动物和没有生命的物体的愤怒,4f.,63f,101,109

animals,动物

incapable of emotion,不可能有激情,18 n. 4,21f.;or of will,或意志,64;or of doing favors,或施行恩惠,228

behaviour,行为,48,52,55f.,69,102,105f.,134,144,157

an example to men,是人类的榜样,48,69,70,134

relative advantages of,(的)相对优势,235

training of,(的)训练,148,196

Aristotle,亚里士多德

defines anger,定义愤怒,20

defends anger,为愤怒辩护,27,35,78

forced to flee Athens,被迫逃离雅典,179f.

on favours,论恩惠,186

views on emotions,对激情的看法,5—8

views on the contemplative life,对沉思默想生活的看法,168

arrogance,傲慢,68,95,219—21,263

artistry (see also externals, moral indifference of),艺术技能,238,290

assent,认可,44f.,302 (see also "impressions")

ball game, analogy of,传球的游戏球赛,类比,189,224f.,237

bees,蜜蜂,133 n. 13,150f.

beneficium (*see also* favours) 184—6,恩惠

 contrasted with *iudicium* (favourable judgment),对比于"评价",211

body, only the body is at the mercy of fortune,躯体,只有躯体听由命运摆布,257

causes, not necessarily greater than their effects,起因,不一定就比结果伟大,264

censor,监察官,216,231 n. 42

children,孩子们,

 anger of,的愤怒,20

 anger with,对……的愤怒,64

 lamentations of,的恸哭,30

* Chrysippus of Soli (*see also* Stoicism),索利的克吕西波(并参见"斯多葛学派"),xvi. xxv

 analogy of ball game,传球游戏的类比,224

 analogy of runner,赛跑的人的类比,233

 author of On *Favours*,《论恩惠》的作者,187

 defines a slave,定义奴隶,258

 makes use of rhetoric,运用修辞,xxvii

 on emotions,论激情,11,13

 on the private life,关于个人生活,168,170,174,178

 on the Three Graces,关于美惠三女神,198,199,

civic crown,市民的荣冠,157,202

cognitio,一种特定的司法调查,126

common humanity, acts of,基于一般的人道的行为,297

commonwealth (*see also* kingship, prince),国家,共和国,132f.

 the rwo commonwealths,两个国家,168,174f

comparisons with the lot of others:

 helpful,与其他人进行比较:有帮助的,101f.,210f.;

 invidious,令人嫉妒的,106f.,234

conscience,良知

 bad,坏的,*see* wrongdoing

 examination of,的反省,110f.

 good,好的,有德行的,114,128,291

consulate (*see also* public office),执政官职位,106f.,234,298

contract,契约,252f.

corn dole,救济粮,296

cosmic city,宇宙之城,xxv,69,175

cosmos, 宇宙
- nature of, (的) 本质, xvii, 56, 82, 175
- contemplation of, (的) 沉思, 56, 82, 175—7
- sheer grandeur of, (的) 凛然深邃, 292f.

credulity, 轻信, 易受骗, 61f., 67

crucifixon (see also cruelty), 钉死于十字架, 6, 154, 156

cruelty (see also anger, horrors of, crucifixion, torture, instruments of, savagery), 残忍
- counterproductiveness of, (的) 不良后果, 136, 137, 148
- distinguished from sternness and savagery, 区别于严厉和野蛮, 160f
- horrors of, (的) 恐怖, 155—7
- shown by oriental potentates, 体现在东方君王身上, 92
  - Sulla, 苏拉, 72, 94, 143
  - Vedius Pollio, 费迪乌斯·朴立奥, 113f, 150
  - Caligula, 卡里古拉, 71f., 95f

curiosity, 好奇心
- to be avoided, 要被避免, 62, 87
- given to us by Nature, 大自然赐予我们的, 176

debt to the public account, 担保一个公共债务, 307

debts paid off by Tiberius for Marius Nepos, 提比里乌斯为马里乌斯·涅珀斯偿还的债务, 216

deceit in therapy, 治疗中的欺骗, 113

definitions, multiplicity of, 多重的定义, 20 n.8, 160

deposits, return of, 归还寄存的东西, 280f.

disappointment, 失望
- a motive for anger, 一个愤怒的动机, 106
- does not prevent our doing favours, 不妨碍我们施行恩惠, 194

discrimination, need for, 作出区分的必要
- in the exercise of mercy, 在仁慈之举中, 131
- in doing favours, 在施行恩惠之时, 186 n.13, 193, 207f., 280f., 296 (尽管有的东西要给予所有的人和各种的人 296f.)
- in accepting favours, 在接受赞成之时, 226—8
- in returning favours, 在回报恩惠之时, 281

education of children, 儿童的教育, 57—9

emotions, 激情
    contrasted with reason, 与理性对立, 35, 44f
    impossibility of moderating, 不可能缓和, 25f.
    a mark of weakness, 脆弱的标记, 30
    a transformation of the whole mind for the worse, 整个心智都变坏, 26
    process of, 激情的过程, 20, n. 11
    Stoic theory of, 斯多葛学派的理论, 5—10
    viciousness of, （的）邪恶, 4, 7—10
    voluntary nature of, （的）自愿的本质, 44f.

envy, 嫉妒, 234f.

Epicureanism (see also Epicurus), 伊比鸠鲁学说, 享乐主义
    approval of mercy, 对仁慈的赞同, 132
    definiton of anger, 对愤怒的定义, 20
    idea of gratitude, 对感恩的看法, 286
    innumerable worlds, 无数的世界, xvii n. 13, 175
    theology, 神学理论, 288f.
    views on favours, 对恩惠的看法, 191

Epicurus (see also Epicureanism) 伊壁鸠鲁
    calculation of pleasure and pain, 对享乐和痛苦的计算, 179
    on public life, 论公共生活, 69, 173, 174
    gratitude to the past, 对过去的感恩, 244
    sees inactivity as the greatest happiness, 把什么都不做看做是最大幸福, 275
    inconsistent piety of, 颠三倒四的虔诚, 288f.

equestrian status, 骑士席位, 249

examples, 例子
    of anger suppressed by fear, 愤怒被恐惧抑制的, 71f., 90—3
    of anger in potentates, 君王愤怒的, 93—8
    of anger well controlled, 愤怒被很好控制的, 71f. 90—3, 98—100
    of favours done by slaves to their masters, 奴隶对他们的主人施行恩惠的, 62
    of mercy, 仁慈的, 38—43
    of princely civility, 君主谦恭的,

147f.

of savagery, 野蛮的, 45f

of surpassing filial devotion, 非凡孝行的, 271f.

externals, moral indifference of, 外在之物, 道德中立的, xxii, 202, 290, 302

faith, good, 诚信, 189, 252f.

"Father of the Fatherland", "祖国之父", 146

fathers, 父亲, See parents, sons

favours 恩惠

"this most honourable of competitions", 所有比赛中最为荣耀的比赛, 200

defined, 被定义的, 202

as against: 对立于:

acts of common humanity, 基于一般的人道的行为, 185, 297

favourable judgments, 称赞, 211

investments, 投资, 189f., 194., 217, 275

loans, 借贷, 196, 227, 229, 239, 246, 282f., 306

duties and menial services, 义务和仆役, 255

trivial kindnesses, 微不足道的善意, 185, 258, 297f.

their vehicle, 他们的载体, 184f., 201f., 239f.

cannot be exactly evaluated, 不可以精确地计算价值, 185, 248f., 250

immediate reward of, (的) 即时回报, 195, 238f.

moral beauty of, (的) 道德上的美感, 285

may sometimes be done to the undeserving, 有的时候也许要施行给那不配的人, 206, 297f.

must be accepted cheerfully, 必须被欢欢喜喜地接受, 231—3

must be adapted to the recipient, 必须适合于受惠者, 221f., 222f.

and to the capacities of the donor, 并且合乎施惠者的能力, 222f., 230

must be done: 必须被做得:

graciously, 得体地, 194, 214, 215—17, 218

promptly, 及时地, 712—14

with thought and judgment, 根据思考和判断, 193, 195, 208, 209f.

without thought of the return, 没有考虑回报, 195,

275

    for their own sake,为了它们自身的目的,191,273—94

    for the benefit of the recipient,为了受惠者的利益,221,280,284,297

must be returned voluntarily,必须被自愿地回报,185,246f.

    should sometimes be concealed,有的时候必须被隐瞒,217

    the intention is all important,意愿是最重要的,203,284

necessary, useful or agreeable,不可或缺的,有所裨益的或者令人愉快的 206f.

reminders of,(的)提醒物,196,208

repayment of,(的)回报,236—41

role in ancient society,在古代社会中的作用,186f.

fear,恐惧,惧怕

    "let them hace, provided that they fear","叫他们憎恨吧,只要他们还知道惧怕",39,144,159

    "He needs must many fear whom many fear",他想叫别人如何惧怕他,他就要如何惧怕别人,52,151

    cure for anger,矫治愤怒,113

    motive for desperate courage,垂死挣扎的动机,93,144

fellowship (see also human nature)友谊,伙伴关系

    source of all human strength,所有人类力量的源泉,288

    what men were born for,人降生世间的目的,70,131f.

    depends on a feeling for gratitude,感恩之情的基础,288

fools (see also Stoics, paradoxes),愚蠢的人,蠢人,240,294

force majeure,不可抗力,227,307

forgetfulness,健忘,遗忘,242—5

forgiveness,宽宥,宽恕,126,162f

formula,正式文书,一套合乎规范的术语,160 n.5,247 n.10

Forum,广场,47,84

Fortune,时运,财富,83,102,134,204,257,280,303

freedmen,解放奴隶,233,245 n.5

friends,朋友

    choice of,(的)选择,8

    and benefactors,和施惠者,227

glory, Alexander's ignorant Jove of,荣

耀,亚历山大无知的热爱,209

god, gods,神,众神

 contemplation of,对神的思考,175

 concepts of, Epicurean,伊壁鸠鲁的观念,289; Stoic,斯多葛学派的观念, xviif., xviii n. 14 (*see also* Zeus)

 defence of,为……捍卫,299—301

 unceasing generosity of,(的)永远慷慨,194,235f.,275—8

 honoured by uprightness of worshippers,因敬拜者的诚实而被取悦,202

 a model for the prince,君主的典范,135,152

 to be imitated by all humans,所有的人都应当效仿,56,82,194,293

 names for god,神的称谓,278—8

 bestow some things on the entire human race,赋予整个人类某些东西,276

good man (*see also* wise man),好人,有德行的人,24,30,31

Graces, the Three,美惠三女神,188,196—9

gratitude,感恩,感恩之情

 corrupted by self-interest,被自私利益所败坏,290

 equivalent to repayment,相当于回报,236—41

 but not to be confused wih repayment,但不要混淆于回报,307f.

 to be valued for itself,价值在于它本身,286—8

 how to inspire it,如何激发感恩之情,212

 need not always be shown,不必总是表达出来,308

 two kinds of,两种的,290f.

greatness of mind (*magnitudo animi*),心智的强大 3 n.1

 rival concepts of,似是而非的观念,39 n.50

 rises above anger,超越愤怒,70,82,102,105,108

 a virtue especially incumbent on a prince,尤其是君主所应当具备的一个美德,134,152,153

 can be possessed by a slave,奴隶能够拥有,256

greed,贪婪,233f.

"Greek, just a",仅仅是一位希腊人,199

Hecaton,赫卡顿

 Stoic philosopher,斯多葛派哲学

家,xvi,187

writes *On Duties*,写《论义务》,187

follows Chrysippus on the Graces,关于美惠三女神遵循克吕西波的说法,199

writes on reciprocity,论及相互行为,226

on accepting favours,关于接受恩惠,230

asks whether a slave can do his master a favour,追问奴隶是否可以对他的主人施行恩惠,255

hellebore,黑藜芦,240

honestum,高尚的,美德的,道德上的善

to be pursued for its own sake,本身即是目的,273,280

with or without personal advantage,有或者没有个人利益,293f.

beauty of,的美,287

human nature,人的自然本性

benevolence of,的善意,xxi,23,131

bonds of,的联合,288

human rights,人的权利,190 n.29,256

"impressions" (*see also* assent) 印象,20 n.11,44

impulse (*see also* emotion),冲动,20 n.11,44

ingratitude,忘恩负义,不知感恩

the lowest of vices,邪恶之中最等而下之者,206

reasons for,的原因,193,212

caused by self-regard, green and envy,由自大、贪婪和嫉妒而引起,233f.

its worst form is forgetfulness,其最糟糕的形式是遗忘,242—5

should it be subject to legal prosecution?,应当诉诸法律程序吗?245—54

its punishment,它的惩罚,254f

an outrageous example,一个令人发指的例子,305

to the gods,对待众神的,235

the true name for self-interested gratitude,为了私利目的的感恩实际上就是这个东西,290,293

two kinds of,两种的,294f.

intention,意向,目的

as a factor provoking anger,作为激起愤怒的一个因素,20f.

in showing gratitude,在表示感谢之时,290

significance of,(的)重要意义,227f.

involuntary movements (*see also* emotion,impulse),不由自主的活动,43f.

irascibility(*see also* anger),易怒

    distinguished from anger,区别于愤怒,22

    education against,用来避免之教育,59—61

    physiological basis of,(的)生理学基础,55,57—9

    remedies for,对……的矫治措施,83—6

ius gentium,万民法,252 n.18

judges,法官

    sitting in judgment,坐在审判席上,34,67

    contrasted with arbitrators,对比于仲裁人,247

    on the praetor's list,副执政掌握的名册,247f.

kingship,王权,王位

    Seneca's views of,塞涅卡对……的观点,122f.

    the best form of government,最好的政府形式,122f.

    historically inevitable in Rome,在罗马历史上是不可避免的,123,229

    styles of,(的)类型,123 n.14

    a noble slavery,高贵的奴役,136f.

    contrasted with tyranny,比较于僭主统治,143—6

knight,骑士,*See* equestrian status

legal devices(*see also* wickedness),法律手段,189f.,252

leisure,recommended for the irascible,闲暇,对容易发作愤怒的人的建议,83—4

liberty,自由

    abolished in your home too,在你的家里同样被禁止,109

    no longer a possibility in Rome,在罗马不再可能,229

    "wanting nothing save licence",如果不想放纵就不再需要别的东西,130

    the way to,通往……道路,92 (*see* suicide)

litigation,诉讼,18,47f.,252f.,283 (*see also* Forum,wickedness)

lives,choice of,生活,的选择,178f.

loans,借贷,*See* favours

luxury,奢侈,*See* self-indulgence

man(see also animals, nature), 人
  compared with animals, 比较于动物, 21
  human solidarity, 人类认同, xxiv, 23, 69f., 13, 288
medical analogy (see also punishment), 医学的类比, 130
mentality (see also intention, state of mind) cast of mind, 心理状态, 281
mercy(clementia), 仁慈
  Greek words for, 希腊语单词, 120
  definitions, 定义, 124, 151, 160
  distinct from pity and forgiveness, 区别于怜悯和宽恕, 125—7, 151—4
  the royal virtue, 君主的美德, 122, 131—7, 148—50
  shown by Augustus, 奥古斯都所体现的, 138—42; Nero, 尼禄所体现的, 124, 126f., 129, 142f., 159
  to a conquered foe, 对一个被征服的敌人, 105, 153
metaphor, 比喻, 18 n. 3, 239, 282f.
mind(see also emotions, reason), 心智
  capacities of, 的能力, 176f., 236
  master of the body, 身体的主宰, 132
  physical constituents of, 的物理学组成, 58
  source of freedom, 自由的源泉, 257
  transformations of, （的）转变, 126, 160
  Stoic view of, 斯多葛学派对……的观点, 7f.
money, 金钱, 108

nature, 自然
  another name for god, 神的另一个称谓, xviii n. 14, 278
  has designed man for contemplation, 要求人沉思默想, 175
  has given man a feeling for virtue, 给了人一个美德感, 288
  has made man sociable, 叫人具有社会性, xxi, 23
  life according to nature, 根据自然的生活, 175, 292
  her way revealing herself in small things, 在细小事物上展示她自己, 150f.

oral sex, 口交, 49, 299f. (see also wickedness)
ordinary(not wise) people, 平凡之人, xvii, xxiv, 168
otium, 悠闲, 168

paradoxes,悖论,See Stoicism

pardon(see also mercy, remedies, "make allowances"),宽恕,126,163f.

parents,legal rights of,父母法律上的权利,250

parricide,punishment for,对弑父者的惩罚,34,148,154

patronage,保护人,资助人,See favours,参见"恩惠"

pity,怜悯,125f.,161—3

Plato,柏拉图

    Phaaedrus,《斐多篇》,25 n.23

    Republic,《理想国》,xxv

    Timaeus,《蒂迈欧篇》,xvii

    remarks on punishment,关于惩罚的话,24

    views on emotions,对激情的看法,5—8

pleasure,Stoic and Epicurean attitudes towards,享乐,斯多葛学派和伊壁鸠鲁学派的态度,274

power,patterns of,权力的模式,148,255f.

praefectus urbi,城内执政官,258,n.35

praetorship,副执政,106,234

    praetor's list,副执政的花名册,248

prince(see also kingship, mercy, tyrant),君主

    his mirror,君主之境,121,128

    vice-regent of the gods,众神的代表,128

    duties of above the law,超越法律的义务,124,129

    "head" of the commonwealth,国家的"首脑",132f.,133,159

    special position of,的特殊地位,136f.

    constantly under observation,时刻在人们视线之中,137

    virtues of,的美德,145(affability, civility,平易近人,谦恭,147)

private life,个人生活

    preferred by Stoics and Epicureans alike,斯多葛学派哲学家和伊壁鸠鲁的门徒都一样推崇,174

    as valuable as public life to posterity,对子孙后代而言正像公共生活一样有价值,178

probability, a sufficient motive for action,可能性,行动的充分动机,302

proscriptions,公敌宣告,43,218 n.8

promises,may have to be broken,答应的事也许要不算数,306

public life,公共生活

    Epicurean attitudes towards,伊壁鸠鲁对……的态度,174

Stoic attitudes towards 斯多葛学派对……的态度,174,179
public office,公职,106f.,201,234
punishment,惩罚
    gradations of,的轻重差等,23f.,33f.,38,146
    principles of,的原则,38,70,152—5
    the medical analogy,医学的类比,23f.,34,cf. 51,130
    punishing in anger,在愤怒中惩罚,33
    heavy use of only encourages crime,苛重使用只能鼓励犯罪,154
    inflicted unwillingly by Nero,尼禄不情愿施行惩罚,158

reason,理性
    can prescribe even the severest measures,甚至可以规定最为严厉的惩罚措施,32,even genocide,甚至灭族,37
    contrasted with emotion,比较于激情,35,36
    transformation of the mind,心智的转变,26
    has no need for anger,没有必要愤怒,27,35
    in punishment,在惩罚之时,36,37f.

"reasonableness",公道,120,125
reciprocity,相互行为,互惠,197,224f.
reflections,反思,therapeutic,治疗的
    "I too have erred","我也会犯错误",32,65f.,88,101
    "Error is universal","犯错误是一个普遍现象",47—9,101,102f.,135
    "They cannot have meant to harm us","他们不可能想要冒犯我",63—5
    "will you never stop?","难道你就不再停下来?",10f.

religion,宗教,信仰
    contrasted with superstition,比较于迷信,161
    true,真正的,202(see also god, gods)

remedies(for the cure of anger, envy etc.),矫治(治疗愤怒,嫉妒等)
    "avoid invidious comparisons",避免嫉妒性的比较,106f.,234
    delay,耽误,61,67,88f.,107
    "don't be soft",不要太虚弱,63,67f.,109f.
    "don't eye those better off than yourself",不要盯住那些比你

好的人不放,106f.

"don't take on too much",不要招揽太多的事情,83f.

examinatio conscientiae,反省良知,110—12

"Look at yourself in a mirror",看看镜中的自己,74

"make light of the provocation",别太在意那个挑衅,87f.

"make allowances",体谅,66,67f.,100f.,105

"meditate on death",想一想死亡之事,115f.

praemeditatio,事先的冥思,51,68f.,111

"reservation",留有余地,303

"suppress the symptoms",抑制症状,86

reservation (*see also* assent),留有余地,192,303

retirement,引退,退职,173,178

retribution,报应,70,152f.

"right action",正当的行为 201

roles in life,在生活中的角色,222

"Roman ways",罗马人的行为方式,罗马传统,29,259

"ruling principle" (*see also* mind),统治本源,22

savagery,野蛮,45f.,160f.

schools of declamation,辩论学校,xxix,245

self-indulgence,自我放纵,30,62f.,109f.

self-interest,自利,273,275,281,286

self-regard,自尊,自大,66,68,233 (*see also* reflections:"I too have erred","Error is universal")

Senate,元老院,xii,78. 95,124,126,143,216,231

Seneca,塞涅卡

life of,(的)生活,xi—xvi

names of,(的)名字,279

nocturnal *examinatio consientiae*,夜间反省良知,110—12

Stoicism of,(的)斯多葛学说,21 n. 13,173f.,199

accommodating wife of,(的)善解人意的妻子,110

sequence of kindnesses,善意之举的顺序,197

silver Latin,华丽的拉丁文,xxvii

slavery,奴役,奴隶制

of being supremely great,最为高贵的,136f

slaves,奴隶

anger with,对……愤怒,63,81,101,109,113

agricultural hard labour,农业的辛苦劳作,105

capable of virtue,能够拥有美德，275；and greatness of mind,和强大的心智,256；of doing their masters a favour,给他们的主人施行恩惠,190,255—73

danger from,来自……危险,15,81,156

"hireling for life",终生受雇的人,258

number of,(的)数量,154

restraint towards,对……约束,149

rights of,(的)权利,149f.,258

sons,儿子

 can outdo the favour done by their parents in begetting them,可以胜出他们父母对他们的恩惠,263—72

 examples of this,这方面的例子,271f.

 syllogisms to prove this,证明之三段论,269f.

 status in Roman law,在罗马法上的地位,190

state of mind,心智的状态,心态,(see also intention)(参见"意图")

 more important than status,比社会地位更为重要,190 n.27,256

the essential factor:本质的因素：

 in doing favours,在施行恩惠上,202f.；in accepting favours,在接受恩惠上,231,239；in returning favours,在回报恩惠上,236—8,240f.,243,308；worshipping the gods,敬拜众神,202

status,social,社会地位,社会身份

 something to be transcended,要被超越的东西,258

 notably disregarded by Caligula in his choice of victims,卡里古拉在选择他的受害者时尤其不加区分,71,95f.

sternness (*severitas*),严厉,125,160

Stoics (*see also* Chrysippus, Zeno),斯多葛学派哲学家

 attitude to public life,对于公共生活的态度,168,170,173,174,179

 contrasted with Epicureans,比较于伊壁鸠鲁的门徒,274

 cosmology,宇宙学说,xviif.

 fundamental agreements with Epicureans,与伊壁鸠鲁的门徒基本一致,132,160,174

 grounds for preferring the private life,更喜欢个人生活的理由,174

history of school, 学派历史, xvif.

human reason, 人的理性, xviii

human solidarity, 人类认同, xxiv, 131, 288

men and animals, 人与动物, xvii, 21f.

paradoxes, 悖论, 240, 294—6

philanthropic ideals of, (的)博爱观, 162f., 173

political theory, 政治理论, xxvf., 123, 228f.

reputation for harshness, 刻薄名声, 120, 162

syllogisms on favours done by parents, 关于父母施行恩惠的三段论, 269f.

theology, 神学, xviii n. 14; names of god, 神的名字, 278—80

two commonwealths, 两个国家 169, 175

values, 价值观念, xixf.

wise men and fools, 有智慧的人和蠢人, 240, 294—6

suicide (*see also* liberty), 自杀, 92

temperaments, 气质, 性情, 58, 84

torture, instruments of, 酷刑工具, 79, 145

tyrant (*see also* kingship, mercy), 暴君, 僭主, 61f., 143—6, 157, 227

values, 价值观, 价值

misjudged by the angry, 因为愤怒而被错误判断, 105f.

what we can and cannot do without, 我们可以丧失与不可以丧失的, 207

vengeance (*see also* retribution) often better forgone, 复仇常常是放弃更好, 71f.

vice, fashions in, 邪恶, 时尚的, 205f.

virtue, 美德

contrasted with pleasure, 比较于享乐, 274f.; and self-interest, 和自利, 273, 278

has no need of emotion, 不需要激情, 27, 56

irresistible charm of, (的)不可抗拒的魅力, 287f.

open to everyone, 向所有人开放, 256

wickedness, 邪恶, 47, 68f., 103, 135, 204f., 253 (*see also* reflections: "error is universal", wrongdoing)

wills, 遗嘱, drawing up of, 制定, 282, 291

wise man, 有智慧的(男)人 xvii, 34f., 47f., 125, 162, 163, 164, 174, 178, 179f., 303 (*see also* Stoics, paradoxes) wrongdoing,冒犯,不法行为

 encouraged by the sheer number of wrongdoers,被违法者惊人的数目所鼓舞,154,253

 is its own punishment,本身即是惩罚,68,102,254f.

Zeno,芝诺

 political theory of,(的)政治理论,xxv

 attitude to public life,对公共生活的态度,168,173,174,178

 on keeping a promise,关于信守诺言,306f.

 on the residual emotions of the wise,关于有智慧的人的残留激情,34f.

塞涅卡所提及的作家

Accius,阿克齐乌斯,Fragment,168 39,144,159

Claudius Quadrigarius,克劳狄乌斯·夸迪伽里乌斯,*Annals*,《编年史》,XVIII,259

Democritus,德谟克利特,Fragment 3 Diels-Kranz,83

Homer,荷马,*Iliad*,《伊利亚特》,xxiii 724,60

Laberius,拉贝里乌斯,Mime 126,52

Livy,李维,Fragment 66,40

Ovid,奥维德

 Amores,III 4.4,《爱情三论》,285

 Metamorphoses 1444—8 49;VII 545f.,《变形记》,21

Plato,柏拉图

 Laws 934ab,《法律篇》,38

 Republic 335D,《理想国》,24

Sallust,萨路斯特,*Historiae* II Fragment,72

 Maurenbecher,273

Tragicorum graecorum fragmenta,adespota 513 Nauck,159

Vergil,维吉尔

 Eclogues I 6—10,《牧歌》,278

 Georgics,《农事诗》,II 159f.,277;IV 212f.,133

 Aeneid,《埃涅阿斯记》,VIII 702f.,74;IX 612,173

unknown poets,佚名诗人,18,55,195,215

古罗马简史[*]

古罗马历经王政时代、罗马共和国，于1世纪前后扩张成为横跨欧洲、亚洲、非洲的罗马帝国。到395年，罗马帝国分裂为东西两部。西罗马帝国亡于476年。而东罗马帝国（即拜占庭帝国）则在1453年被奥斯曼帝国所灭。

上古时期

根据传说，当特洛伊城遭到希腊人进攻的时候，维纳斯女神的儿子埃涅阿斯及其追随者逃出来，沿北非西行穿过迦太基，来到罗马，是为罗马城之始。

罗马王政时代

前8世纪至前6世纪史称王政时代，先后有7个王，统治阶层包括王、元老院、库里亚会议。整个社会有贵族与平民之分。第一个王罗姆路斯在前753年建立罗马城。王政时代最后一位王"高傲者塔克文"滥政，被愤怒的罗马人赶走，传说于前509年建立起

---

[*] 本简史内容系汉译者根据自己查找的资料所加，期于方便读者阅读参考。

由罗马贵族掌权的罗马共和国。

罗马共和国

在共和时代的早期,平民与贵族的斗争进行了2个世纪。百人团会议从贵族中选出两名执政官行使最高行政权力,为期1年;而掌握国家实权的则是元老院。随着贵族与平民之间对立的加深,贵族承认了平民所选的"保民官",负责保护平民的权力不受贵族侵犯。并出现了"副执政"一职。

罗马刚建国时,还是一个小城邦。自公元前5世纪初开始,先后战胜拉丁同盟中的一些城市和伊特拉斯坎人等近邻,又征服了意大利半岛南部的土著和希腊人的城邦,成为地中海西部的大国。复经过3次布匿战争,在前146年征服了迦太基并使之成为罗马的一个行省。前215年—168年发动3次马其顿战争,征服马其顿并控制了整个希腊。又通过罗马—叙利亚战争和外交手段,控制了西亚的部分地区,建成一个横跨非洲、欧洲、亚洲,称霸地中海的大国。

随着帝国的扩张,原本的社会矛盾日益尖锐而复杂。奴隶和自由民之间的斗争、平民和贵族之间的斗争日趋激烈是这一时期的主线。公元前133年至前123年,有格拉古兄弟改革;公元前107年,在民主派支持下,马略当选为执政官并开始实行军事改革。他推行募兵制,使大批无地或少地公民涌入军队。公元前82年,贵族派支持的苏拉率军占领罗马。次年,苏拉迫使公民大会选举他为终身独裁官,开创了罗马历史上军事独裁的先例。公元前60年,克拉苏、恺撒、庞贝结盟,共同控制罗马政局,史称"前三头同盟"。公元前48年,恺撒被宣布为终身独裁官,集军政大权于一身。他厉行改革,但因独裁统治而招致政敌仇视,于前44年3月15日遭贵族派阴谋分子刺杀。恺撒死后,罗马内战又起。公元前

43年,安东尼、李必达、屋大维公开结盟,获得统治国家5年的合法权力,史称"后三头同盟"。随后屋大维将另外两人打败,于公元前27年,元老院授予屋大维"奥古斯都"的尊号,建立元首制。共和国宣告灭亡。罗马从此进入罗马帝国时代。

罗马帝国

奥古斯都创建的政治制度,史称元首制(Princeps),其实就是共和名义的帝制。奥古斯都死后,其养子提比里乌斯(一译"提笔略")继位,从此开创了皇位继承制。罗马帝国时代分为三个阶段:前期罗马帝国、3世纪危机时期、后期罗马帝国。

(一)前期罗马帝国(公元前30年至公元193年):包括奥古斯都元首统治(公元前30至公元14年)、克劳狄王朝(公元14至68年)、弗拉维王朝(公元69至96年)、安敦尼王朝(公元96至192年)。前期帝国时代,罗马社会处于相对稳定时期。

(二)3世纪危机时期(公元193至284年):包括塞维鲁王朝(公元193至235年)及其后的分裂时期。此时期帝国危机充分暴露,表现在政治方面,统治阶级内讧,人民发动起义,外族入侵。基督教迅速发展。

(三)后期罗马帝国(公元284至476年):是帝国由危机走向灭亡的时代。此时罗马帝国以公开的君主制代替元首制。戴克里先和君士坦丁统治时期,皇帝权力加强。

395年,皇帝狄奥多西死后,罗马帝国分裂为东西两部分,西罗马帝国以罗马为首都,东罗马帝国以拜占庭为首都。公元4世纪以后,日耳曼人大举进攻罗马。410年,日耳曼的西哥特人在领袖阿拉里克领导下,进入意大利,围攻罗马城,城内起义奴隶为西哥特人打开城门,西哥特人攻入罗马城,掠夺而去,随后日耳曼人在罗马境内相继建立许多王国。476年,罗马雇佣兵领袖日耳曼人奥多亚克废黜罗马最后一个皇帝罗姆路斯,西罗马帝国遂亡。

东罗马帝国一直延续至1453年,为奥斯曼帝国所灭。

与本书有关的几个历史事件简表

- 前753年——罗姆路斯和瑞摩斯建立罗马城,标志罗马王政时代的开始。
- 前715年/前673年——国王努玛·庞皮留斯在位,创建了元老院和祭司团。
- 前509年——国王卢修斯·塔克文·苏佩布被驱逐,罗马共和国建立(前27年结束)。
- 前264年/前241年——第一次布匿战争对抗迦太基
- 前218年/前201年——第二次布匿战争
- 前149年/前146年——第三次布匿战争
- 前146年——小西庇阿·非洲的征服者以迦太基的毁灭结束了布匿战争
- 前133年——保民官提比里乌斯·格拉古因颁布土地法案被杀害
- 前112年/前106年——对努米底亚国王朱古达(Jughurta)的战争,以马略(Marius)的胜利告终
- 前104年/前100年——盖尤斯·马略(Gaius Marius)被选连任五年的执政官
- 前102年——马略击败条顿人(Teutons)于 Aquae Sextiae 战争
- 前91年/前88年——同盟战争(Social wars),末次意大利同盟国对罗马的叛乱
- 前88年——苏拉统军攻入罗马
- 前83年/前82年——苏拉与罗马民主党间的第一次内战;

苏拉获胜,实行独裁统治;废黜独裁官一职,前70年恢复
- 前83年/前82年——第二次米特拉达梯战争;苏拉回到罗马,任独裁官
- 前74年/前66年——第三次米特拉达梯战争以庞贝(Pompey)最终获胜告终
- 前63年——西塞罗任执政官;粉碎平民派领袖喀提林企图夺权的喀提林阴谋
- 前59年/前54年——前三头政治;恺撒、庞贝和克拉苏缔结秘密同盟
- 前58年/前50年——恺撒发动高卢战争攻取外高卢
- 前54年/前53年——首次对帕提亚帝国作战,克拉苏败死
- 前27年——屋大维成为罗马共和国"元首"
- 14年——提比里乌斯成为皇帝
- 37年——卡里古拉成为皇帝
- 41年——克劳狄乌斯成为皇帝
- 54年——尼禄成为皇帝,68年自杀

译者的话

一

首先,我要感谢我的师妹王晶,正是她叫这个译本问世,同时也叫这个译者的话得以出现。

二

灵山法会,香烟缭绕,一片寂静。释迦牟尼世尊手里拈着一枝莲花,出示给大家看。座前更加一片寂静。不一会儿,长老摩诃迦叶,忽然心有所悟,便露微笑。世尊见迦叶心领神会,就给大家说:"我有正法眼藏,涅槃妙心,实相无相,微妙法门,不立文字,教外别传,总持任持,凡夫成佛,第一义谛。"这就是拈花微笑的故事。

我有时候就想想这个故事,顺着往下走,就又想到那个"含泪的微笑"的说法来。多美丽的画面啊,在我们的心底,当我们想见这微笑的时候。

三

老百姓有一句俗语,说"逮着蛤蟆攥出尿来",好歹毒的话。把这个说法说简单一些,就是大鱼吃小鱼、小鱼吃小虾,这就是丛林法则。在这个法则中做事,没有最后的赢家,每一个人都要提心吊胆,**也很难有长远的见识和打算,姑且靠山吃山,靠水吃水**。这种情绪反过来会进一步地强化"逮着蛤蟆攥出尿来"的心理情结。说白了,越是没有安全感,越是要表现得强大。**故此,读者诸君,你们明白我们历史上的"礼崩乐坏"的道理了吧?**

四

但是,"平等"却成了一个时髦的字眼。凡是出现"贵贱"的场合,人们似乎都本能地疑心自己吃了亏,以为自己被骂做"贱人"了。阿Q就是这个见识,他就不允许说秃,说癞。但是与此同时,他一句口头禅却是"儿子打老子",在阿Q看来,儿子就是贱货,老子就是占了大便宜。

五

天地良心,凡是当了老子的人都知道,当老子可不是一件闹着玩儿的事情,那是一副沉甸甸的责任,是一份良苦用心。

六

生活的意义在于享受幸福,它的前提是我们要有我们的幸福图景。问题就在这里,我们也许疏忽了我们心底的这个图景。这理应是一副沉甸甸的责任。

七

发鸠之山,其上多柘木,有鸟焉。其状如乌,文首,白喙,赤足,名曰精卫,其鸣自詨。是炎帝之少女,名曰女娃。女娃游于东海,溺而不返,故为精卫。常衔西山之木石,以堙于东海。

八

我以为,这不仅是写给统治者的书,也不仅是叫知识分子读的书。所以,我尽量翻译得朗朗上口,好叫每一个追求人性之高贵的人读起来轻松,权当一个浮光掠影的历程。

这姑且就是一个前言不搭后语的译者的话吧。想说的话很多,但又怕流于牢骚,我就请这书的读者开卷莞尔。我知道,在大天大地之间,在佛前,我们有会心一笑的机缘。

2009 年深秋

政治与法律哲学经典译丛

主权论
〔法〕让·博丹 著 〔英〕朱利安·H.富兰克林 英译
李卫海 钱俊文 中译 邱晓磊 校

国家、信托与法人
〔英〕F.W.梅特兰 著
〔英〕大卫·朗西曼 马格纳斯·瑞安 编
樊 安 译

论英格兰的法律与政制
〔英〕约翰·福蒂斯丘爵士 著 〔英〕谢利·洛克伍德 编
袁瑜琤 译

僭主政体短论
〔英〕奥卡姆的威廉 著 王 伟 译

论人与公民的义务
〔德〕萨缪尔·普芬道夫 著 支振锋 译

政治学著作
〔德〕韦伯 著 李强等 译

马基雅维利政治学著作选集
〔意〕马基雅维利 著 郭俊义 译

道德和政治论文集
〔古罗马〕塞涅卡 著 袁瑜琤 译